公共管理名著译丛

陈振明 主编

打造一个好政府

GETTING GOOD GOVERNMENT
Capacity Building in the Public Sectors
of Developing Countries

〔美〕梅里利·S.格林德尔 编

孟华 李彬 译

2015年·北京

GETTING GOOD GOVERNMENT
by Merilee S. Grindle
Copyright © 1997 by the President and Fellows of Harvard College
Published by arrangement with Harvard University Press
through Bardon-Chinese Media Agency
Simplified Chinese translation copyright © 2015
by the Commercial Press Ltd.
ALL RIGHTS RESERVED

感谢"厦门大学哲学社会科学繁荣计划"之
公共管理项目的支持

"公共管理名著译丛"
总　　序

　　作为当代管理科学和社会科学研究与教学的一个重要领域或专业，公共管理(学)以公共部门(特别是政府)的管理作为研究对象，其前身是形成于19世纪末20世纪初的传统公共行政学。在百余年的发展历程中，该学科的视野、范围、理论和方法不断地发生改变，出现多次"范式"的转移。在当代，随着全球化、信息化和知识经济时代的演进，国外的公共管理的理论与实践发生了深刻的变化。在国外出现了声势浩大的公共部门改革或政府治理变革的浪潮。这场改革不仅改变了公共部门管理的实践模式，而且也改变了公共部门管理的理论形态以及知识体系，出现了被称为"新公共管理"和"(新)公共治理"之类的实践模式与理论范式。较之于传统的公共行政学，今天的公共管理的研究视野、学科框架、学科分支、理论主题、知识体系以及知识的应用都已今非昔比、大异其趣了。

　　20世纪80年代初中期，我国恢复了公共管理领域的教学与研究。经过了三十余年的发展，我国公共管理学科的学术研究、人才培养、知识应用以及学科的社会建制(学科的制度化建设)成就斐然，公共管理作为一个一级学科的地位得以确立，学科的社会影响也逐步增强。然而，与西方相比，我国公共管理学科发展的起步较晚，存在着学科视野狭窄，基础不牢,学科知识体系不完整,理论研究落后于实践发展,本土化特色不够鲜明,以及对国外尤其是西方公共管理理论和方法缺乏系统全面的了解,对它的新发展及新趋势的跟踪不紧与批判、消化和吸收不足等问题。

我国全面深化改革和经济社会的快速发展,对公共管理研究提出了更高的要求。党的十八届三中、四中全会分别做出的《中共中央关于全面深化改革若干重大问题的决定》和《中共中央关于全面推进依法治国若干重大问题的决定》,对我国在新的历史起点上全面深化改革和依法治国做出了战略部署,提出了"完善和发展中国特色社会主义制度,推进国家治理体系和治理能力现代化"以及依法治国的改革总目标。全面深化改革,国家治理现代化,依法治国,建设法治国家、法治政府、法治社会,决策的科学化、民主化,都迫切需要公共管理理论的指导及其知识的更广泛应用。这为中国公共管理学科的发展提供了前所未有的发展机遇,改革与发展中的大量公共管理与公共政策问题需要系统研究,政策实践及其经验需要及时总结。新形势要求我们迅速改变公共管理理论发展滞后于管理实践的局面,推动中国公共管理的理论创新,以适应迅速变化着的中国公共管理实践发展的需要。

中国公共管理的学科发展及理论构建需要世界眼光,既要突出本土化及其传统,采取中国立场,解决中国问题,发出中国声音;又要具有全球视野,面向世界,开放包容,兼容并蓄,海纳百川,彰显中国特色。习近平总书记在2014年2月17日省部级主要领导干部学习贯彻十八届三中全会精神全面深化改革专题研讨班上的讲话中指出:"中华民族是一个兼容并蓄、海纳百川的民族,在漫长历史进程中,不断学习他人的好东西,把他人的好东西化成我们自己的东西,这才形成我们的民族特色。"公共管理的学科发展及理论构建必须具备世界的视野和开放的心态,继续紧密跟踪研究国外公共管理学科的发展、演变及其动态与学术前沿,注意借鉴和吸收全人类包括西方公共管理的理论和方法的成果,立足于我国的国情及现实的公共管理实践进行深入研究,批判、改造、消化和吸收其中的科学成分以及合理因素,进而形成有我们自己民族特色的公共管理学或中国特色的公共管理学。因此,当前我国公共管理学科发展的一项重要的任务仍然是要在突出本土化研究的同时,紧密跟踪研究国外公共管理学科的发展与演变中出现的新理论、新方法,大胆借鉴其新成果。

正是基于这种想法,我们组织翻译出版这一套"公共管理名著译丛"。所选的首批书目包括:格雷厄姆·艾利森和菲利普·泽利科的《决策的本质》(第2版),马克·H.穆尔的《创造公共价值》,小约瑟夫·S.奈、菲利普·D.泽利科和戴维·C.金主编的《人们为什么不信任政府》,梅里利·S.格林德尔主编的《打造一个好政府》,罗纳德·A.海费茨的《并不容易的领导艺术》,托马斯·沃尔夫的《管理21世纪的非营利组织》(第4版),梅里利·S.格林德尔和约翰·W.托马斯的《公共选择与政策变迁》。这些著作都是世界顶尖公共管理学院——哈佛大学肯尼迪政府学院的教学用书,主要作者是肯尼迪政府学院名师,也是美国乃至整个西方的公共管理学界的名家。

艾利森和泽利科的《决策的本质》是公共政策与公共管理以及国际关系领域的"大"经典,更是案例研究的杰作。该书的主旨是通过古巴导弹危机的案例分析,说明政府决策的过程及其本质,以理解国家的政策选择和所采取的行动。在书中,作者分别用三种概念模式——理性行为体模式(rational actor model)、组织行为模式(organizational behavior model)和政府政治模式(governmental politics model)来解释古巴导弹危机中美国政府的决策过程。该书的基本观点是:政策制定者和政策分析者以及一般的公民是根据大部分隐藏着的概念模式思考政策方面的问题,这些模式对思考产生重要影响。《决策的本质》是肯尼迪政府学院的MPP和MPA以及在职官员培训项目(executive programs)"政策分析"课程长期使用的教材。

穆尔的《创造公共价值》一书倡导公共管理的一种新途径,即公共价值及战略管理途径。作者所要回答的问题是:公共部门的管理者应该怎样根据所处的环境来思考和行动,以创造公共价值。该书的目的是创造一个概念框架,帮助公共部门管理者找出各种机遇,并充分利用它们来创造公共价值,为社会做出更大的贡献;同时也为公共事业的管理者提供一个找出问题症结的框架。作者假定,在寻求创造价值方面,社会不仅需要私人部门的管理者具有丰富的想象力以及相应的技巧,也需要公共部门的管理者具有这种能力。他在书中明确界定了什么是公共价值和战略管理,并运用大量的案例来说明公共价值及战略管理的概念框架以及在公共管理实践中如何应用公共价值及战略管理途径。作为公共价值管理途径的开山之作及政府战略管理的代表作,《创造公共价值》曾被大量引用,学术影响大。它也是包括肯尼迪政府学院在内的众多院校"政府战略管理"之类课程的教材或必读书目。

小约瑟夫·S.奈、菲利普·D.泽利科和戴维·C.金主编的《人们为什么不信任政府》一书集中探讨了不信任的根源,澄清了人们许多似是而非的认识,得出了意料之外的结论。作者们发现,不信任多半与国民经济状况、全球化挑战、冷战、官员无能、腐败等无关,不信任的原因"是一种文化与政治纷争互相影响的混合物,后者被不断增长的带有腐蚀性的新闻媒体所激化"。此书的出版在西方引起了较大的反响,不仅被公众当作理解"不信任政治"这一政治现实的权威性理论文献,而且因全书展现了当代公共管理研究的新的宽广视野,集纳了许多著名学者对前沿问题的学术见解,被许多大学列为公共管理学、政治学等领域的必读书目。

梅里利·S.格林德尔主编的《打造一个好政府》是一本专门探讨好政府以及发展中国家如何打造好政府(即政府能力建设)问题的学术著作,它主要从如何通过能力建设提升政府的治理能力方面来讨论发展中国家的治理问题。"本书力求帮助人们理解政府如何能够获得激励从而更好地运行,也力求帮助人们理解国家的能力如何能够以某些繁荣市场与民主的方式而获得发展。从那些设计用以推动公共部门人力资源开发、强化有助于实现政府公共目的的组织、改革为经济和政治交互作用设立规则的制度的特定努力中,作者们得出了比较性的经验与教训。"(该书英文原版封底说明)该书的作者们达成了以下共识:政府能力应该包括政府的人员、组织与制度能力,因而能力建设就要从这三个方面着手进行,即人员的开发、组织的强化与制度的建设,这具有相当的理论洞察力。该书是哈佛大学肯尼迪政府学院公共管理特别是政府能力建设课程的教材。

海费茨的《并不容易的领导艺术》是一本具有独特性的领导学著作,主旨是提出一种经验理论,以应对真实领导问题带来的挑战。作者围绕以下两个重要差异来构建他的领导理论:一是技术性问题和适应性问题的差异;二是领导和权威的差异。前者表明,对于需要创新和学习才能解决的问题,其行动模式不同于常规问题;后者提供了一个框架,使人们可以根据自己是否有权威来评估资源和制定领导战略。围绕这个思路,作者先界定"领导"、"适应性"和"权威"等概念,然后着重讨论有权威和无权威的领导策略,最后用具有实际指导意义的建议对如何领导和保持生存加以总结。《并不容易的领导艺术》是肯尼迪政府学院的 MPP 和 MPA 以及在职官员培训项目的"领导学"课程使用的教材。

梅里利·S.格林德尔和约翰·W.托马斯的《公共选择与政策变迁》是政策变迁研究方面的有影响的著作。作者提出的问题是:"到 20 世纪 80 年代,在有关促进发展的政策中,把政策重心的基础看作是刺激和维持经济增长和社会福利的观念已经广为接受。然而,难以理解的是为什么这样的政策能够替代那些已经存在的政策的过程。"作者力图解释 20 世纪 80 年代发展中国家改革政策的选择和变迁过程,他们的研究结论表明:政府官员在变革政策的采纳、范围和追求上具有显著的不同,人们在理解政府官员追求自身利益、阶级利益或组织利益的复杂动机和行为上存在广泛的误解,他们基于不同的动机和观点从事政策调整,既可能是受到个人和职业价值的鼓舞,也可能是出于关心公共利益和社会公共福利的目的。事实上,为公共利益做出变革追求的决策既不会更好也不会更坏,但是影响政策制定和执行的因素为将来的矫正和变化提供了前进的机会。

托马斯·沃尔夫的《管理21世纪的非营利组织》是非营利组织管理领域最早的教科书之一。该书系统介绍了非营利组织管理的理论与实务,涉及非营利组织的性质和类型、董事会、人事管理、财务管理、资金筹措、计划、领导和可持续性等方面的内容。该书初版于1983年问世(是作者在哈佛大学上课的讲义)。如作者在序言中所说,"之所以写下第一版手稿,是因为当时没有涵盖我的学生所需知识的教科书,大多数学生有一些在非营利组织工作的经验,但是他们急需一些简单、实用的建议。这些课堂资料是为满足那些完全没有受过训练或是通过工作实践略知一二的小型非营利组织的员工和志愿者的要求而写"。到2012年的第四版出版,该书已历经四十年,不仅被许多大学用作非营利组织或第三部门管理课程的教材或列为必读书目,也被实务界的管理者及专业人士作为参考书及指南而广泛使用。

"公共管理名著译丛"所译介的这些著作已经成为公共管理与公共政策领域的经典之作。它们凝结了作者多年的研究心得与教学经验,被经常引证,并被许多大学用作教材或教学参考书,在美国及西方的公共管理和政治学界产生了广泛影响。这些论著大都经过较长时间的检验,有的经过修订、再版,学术水准高。这些著作还具有很强的现实性、应用性和可读性。它们立足于当代公共管理实践尤其是美国及西方的公共管理实践,探讨公共管理实践中出现的重要问题;作者用大量的案例材料以及实践经验来说明相关的理论原理,或从大量的事实材料中提炼出可检验的理论;作者所提出的理论与方法往往具有针对性和可操作性,因而具有较高的实际应用价值。

本译丛从一个侧面反映了西方公共管理学科的研究与教学的发展与演变及其现状和理论成就,展示出其学科框架、研究途径和知识体系,可以为我国公共管理学科的教学和科研提供参考与借鉴,为我国读者特别是公共管理各专业的师生、研究人员提供公共管理学科的教学与研究资料,为我国公共管理知识体系的创新提供参考和借鉴。这些著作所提供的理论、方法、案例及经验对于我国公共部门管理者更新观念、开阔视野、增强理论素养和实践技能,对于推进国家治理体系和治理能力现代化,具有一定的实际参考价值。

这是一套迟到了十年的译丛,好在经典不会过时。本译丛的翻译出版缘起于2000年我作为"燕京学者"在哈佛大学肯尼迪政府学院和燕京学社的访学,尤其是旁听了肯尼迪政府学院举办的一个为期两周的"发展中的领袖"培训班(对象为发展中国家及转轨国家的部长和国会议员)之后的一个想法。该培训班的部分教师与参考资料是本译丛的作者及其著作,这给了我一次了解本译丛的几种主要著作的机会,觉得这是公共管理领域中难得的好书。回国前在哈佛书店买了这几本书带回来,着手组织翻译,并确定由商务印书馆出版。2003年基本完成了译丛各书稿的翻译,由于编辑等方面的原因,本译丛未能按时出版。去年我们与商务印书馆重启了本译丛的翻译出版,对各书又做了一次校译(其中的《管理21世纪的非营利组织》则按2012年新的版本重新翻译)。作为主编和主译,我选择并指定了各书的译者,在翻译过程中与各书的译者就翻译中的难点进行了认真的讨论,并最后通读了各书的译稿。我也为其中的部分著作写了译者序言,包括"政府能力建设与好政府的达成:评梅里利·S.格林德尔主编的《打造一个好政府》一书"(载于《管理世界》2003年第8期);"战略管理的实施与公共价值的创造:评穆尔的《创造公共价值》一书"(载于《东南学术》2006年第2期)和"政府信任与民主治理——评小约瑟夫·S.奈等人的《人们为什么不信任政府》一书"等。

  本译丛的翻译出版得到了"厦门大学哲学社会科学繁荣计划"之公共管理项目的支持,其中的《决策的本质》一书的翻译还得到了教育部人文社科基金后期项目的支持,特此说明。

陈振明

2014年12月28日

目　　录

前言..............1

序言..............3

致谢..............5

导　　论

第一章　打造一个好政府的必要性：人力资源、组织与制度

梅里利·S.格林德尔..............9

第一部分　评估能力建设需求：概念图示

第二章　公共部门持久能力的建设：我们能够做些什么？

玛丽·E.希尔德布兰德、梅里利·S.格林德尔..............37

第三章　强化发展中国家的人力资源能力：谁是行动者？他们有哪些行动？

詹姆斯·A.特罗斯特尔、约翰尼斯·U.萨默菲尔德和乔纳森·L.西蒙..............66

第二部分　能力建设战略

I　开发人力资源

第四章　渗透式培训：印度尼西亚财政部的支持性能力
　　　　唐纳德·F.利平克特三世...............*99*

第五章　非洲公共部门的培训与保留：肯尼亚能力建设的经验
　　　　约翰·M.科恩、约翰·R.惠勒...............*126*

II　强化组织

第六章　层级与网络：非洲公共官僚机构中组织能力建设的战略
　　　　斯蒂芬·B.彼得森...............*157*

第七章　发展中国家的政策研究机构
　　　　查尔斯·N.迈尔斯...............*176*

第八章　玻利维亚社会政策分析小组的能力建设：一位实践者的感想
　　　　曼纽尔·E.康特雷拉斯...............*199*

第九章　非政府组织的研究能力建设
　　　　马莎·A.陈...............*229*

III　改革制度

第十章　成功的经济发展及美国印第安人保留地政府形式的异质性
　　　　斯蒂芬·E.康奈尔和约瑟夫·P.卡尔特...............*255*

第十一章　制定财政纪律：赞比亚的现金预算
　　　　布鲁斯·R.博尔尼克...............*293*

第十二章　肯尼亚税收现代化计划中的能力建设
　　　　格雷厄姆·格伦迪...............*327*

第三部分　技术援助在能力建设中的作用

第十三章　参与、所有权与可持续发展

　　　　　艾伯特·怀特..............361

第十四章　为政策分析与实施进行的技术援助和能力建设

　　　　　克利弗·S.格雷..............404

第十五章　一个转型国家中的能力建设：来自蒙古的经验教训

　　　　　威廉·G.比卡尔斯..............426

参考文献..............454

作者简介..............473

前　言

一直以来,哈佛国际发展研究所(HIID)的一个核心优势就是发展与那些真正做出或实施决策的高层政策制定者和管理者的关系。它通过提供常驻顾问或短期顾问协助发展中国家的有关机构来达到此目的,它的顾问则通过与受援国同事的日常合作进行政策分析,从而为与高层官员进行讨论做好准备。由于这些工作关系经常是长期性的,所以,顾问们一般也协助政策的实施工作。

借助于这种通常以坚实的研究努力为基础的密切协作式的政策分析,政府或准政府组织的能力建设已成为一项重要的、同步推进的活动。事实上,哈佛国际发展研究所的特色之一在于,重视培养那些与我们一同工作的当地研究人员、管理人员和政治领袖,以便在哈佛国际发展研究所工作人员回国后,他们能更有效地履行他们的职责。

这种将分析研究和案例历史的完美整合,是研究所及其合作伙伴组织拥有丰富经验的证明。作为主编,梅里利·格林德尔把哈佛国际发展研究所及其研究员所从事的许多分布广泛的单项能力建设活动巧妙地编织在一起。各章的作者中大多数都有在发展中国家工作和居住的丰富经历,他们彼此分享努力之后获得的有益于能力建设的经验和方法。由此看来,对于那些对发展中国家公共部门能力建设的过程和应用感兴趣的人士来说,本书将会成为其珍贵的藏书。

杰弗里·D. 萨克斯(Jeffrey D. Sachs)
哈佛国际发展研究所所长

序　言

在哈佛国际发展研究所及其前身已存在的35年里,其工作人员作为全球的政府政策制定者的顾问一直主动参与政策革新。关于发展问题,他们也进行了广泛的研究,发表了研究成果,并开设了无数关于此问题的课程。所有这些努力背后的信念是,我们的首要任务不是为产生最好的政策结果或在学术刊物上发表完美无瑕的研究文章,而是与发展中国家合作以帮助它们开发完成这项工作的能力。

大多数外国技术援助都把当地能力建设作为首要目标,而现实常常截然不同。外国顾问容易陷入日复一日的政策危机之中,以致占据了用于支持能力建设活动的时间。但是,即使拥有进行能力建设的时间和真诚的意愿,也会缺乏大量的有关如何实现目标的既有知识。这是因为,如何在公共部门建设可持续的能力方面的知识是相当薄弱的。对一些学者和政客而言,经济和社会改革所涉及的事项与减少政府角色并把其功能交给市场之间并没有什么区别。但是,正如哈佛国际发展研究所和其他人早就知道的,一个有效的市场体制需要一个在诸多关键领域中运作良好的政府。但是,如何帮助建立组成一个运作良好的政府所需的政府机构呢?

为了更好地了解我们在能力建设方面的经历,哈佛国际发展研究所决定在1995年春天举行一次会议。如果我们能更好地理解我们自己的经历，将来我们就能更有效地提供顾问服务。我们觉得，大量的政府能力建设经验对其他学者和从业者也是有用的。为了让别人了解我们的经验，我们决定让哈佛国际发展研究所的诸位同人以其在世界各地帮助进行能力建设的经历为基础，撰写研究论文。这项工作由梅里利·格林德尔教授牵头，而本书就是其结果。

德怀特·H.珀金斯（Dwight H. Perkins）
1980—1995年间哈佛国际发展研究所所长

致　谢

作为本书主编,我要感谢德怀特·H.珀金斯,他鼓励和支持召开初次介绍本书的会议,也感谢埃伦·皮格特(Ellen Pigott),她以贯穿本书的修改、编辑、出版的技巧与耐心来鼓励和支持撰稿人。我更要感谢各位撰稿人,他们在会后长时间专注于其有关章节的写作。其中最值得一提的是唐·利平克特(Don Lippincott),在他的帮助下,本书才得以出版。在管理出版过程中对他提供协助的人还有:约兰特·戴维斯(Jolanta Davis)帮助搬运原稿;萨拉·纽布里(Sarah Newbbrry)设计了几个图形;莎伦·霍根(Sharon Hogan)对本书进行了技术编辑;黛安·本尼森(Diane Benison)准备了索引;阿利森·布利勒(Allison Blyler)与伊利巴·珀蒂诺(Eleba Patino)则分别在成书的早期和较晚阶段审阅了稿件。

梅里利·S.格林德尔(主编)

导 论

第一章

打造一个好政府的必要性
人力资源、组织与制度

梅里利·S.格林德尔

事实是,我们有太多的国家(state),同时,我们拥有的国家又太少。

——若奥·古尔赫姆·默奎奥(João Guilherme Merquior)

若奥·古尔赫姆·默奎奥在反思祖国巴西的政府管理时,捕捉到了20世纪90年代中期世界上许多国家所面临的一个两难困境。[1]对许多国家来说,"太多的国家"表明,过去几十年的发展史具有干涉主义色彩,而且经常是强行干涉的政府主导型发展战略与强调集权化的政治性控制相结合。这段历史最为常见的结果是导致了停滞不前、效率低下的经济与政治体制,这种体制对外界要求缺乏回应性,倾向于集权,并且充斥着腐败现象。具有讽刺意义的是,"太少的国家"又向我们展示了这样的现实:这些庞大臃肿、奉行强行干涉政策的公共部门,却经常在制定和执行政策、履行日常的行政职能方面表现得无能为力。这一情况经常意味着,对于一个现代国家来讲,即使是最为基本的任务,它们也普遍无力完成。简言之,许多国家在发展过程中要求实现中央的强大领导的同时,却在规划与追求这一目标上表现出显而易见的低能。

20世纪80年代的大部分时间和90年代初,许多国家在发展过程中一直忙于对"太多的国家"导致的问题做出反应。由债务和财政危机、国际压力和不得人心的中央集权的专制政体所引发的变革,赋予这段历史以双重转型的特色。许多政府致力于用市场导向的方法促进经济增长,同时,市民社会也组织起来,要求实现民主选举,要求更多地参与政策制定过程。无论是在经济学还是在政治学的术语中,压力的产生都是有利于消除或严格限制政府的控制与干涉的。在这一变革过程中,发展专家也参与进来,他们攻击国家"太过庞大,对经济生活的干涉太多,在政策的制定与实施中经常出现管理方面的错误"[2]。几乎全球的视角都集中在国家的最小化上,即收缩公共部门规模、压缩公共部门开支和减少公共部门责任,这成为对几十年"太多的国家"的一个显而易见的反应。

对"太少的国家"做出的反应却是更长时间以后才出现的。20世纪80年代的大部分时间里,国际金融机构的政策议程相当关注减少国家对经济的干预,而且它们也经常在这样的活动中担当领导者和改革主义政策的精英。稳定宏观经济环境、确保国内与国际贸易的自由化、对市场放松管制、国有企业的私有化以及缩小中央官僚机构的规模和减轻由它造成的财政拖累,这些是经济改革家的首要选择。同样,由国内和国际的倡导者推动的民主化运动,也将关注焦点主要放置在解构与受到质疑的政体结合在一起的控制体系上,这种结构体系充斥着腐败现象。最初,经济与政治改革家都认为政府必须实现职能收缩,以便为实现充满活力的经济增长和政治自由提供更多的机会。

由此,在相当长的一段时间内,改革运动忽视了一个至关重要的因素:如果市场想有效运作、民众想拥有基本的权利与自由,我们拥有的国家就必须是强有力的,而不能仅仅是最小化的。在经历了十年减少政府干涉的实验之后,经济改革家才明确地认识到增强政府能力的重要性;认识到必须使得政府具有提供有效率(efficiency)、有效益(effectiveness)和回应性(responsiveness)活动的能力;认识到政府不能仅仅具有管理宏观经济政策的能力,还必须有规范某些形式的市场行为的能力。[3]在这一方面,正如默伊塞斯·内姆(Moisés Naím)所写到的,"重新发现市场"作为经济政策的基础,最终导致"重新发现国家"。[4]民主化的改革者也同样逐渐认识到,为了确保新的参与和冲突解决方式的稳定性与合法性,拥有明确的、功能运作正常的治理机构是很重要的。

到了20世纪90年代中期,人们越来越清楚地意识到,除非政府能设计并实施适当的公共政策,能公平、透明、高效地配置资源,并能对社会福利与公民的经济要求做出有效的回应,否则,无论是市场还是民主都不能良好运作或者根本就不能运作。因此,人们便将好政府明确地添加到发展议程中。虽然人们普遍认识到打造好政府的必要性,但是,对于如何打造好政府这一问题还没有明确的答案。为了弄清政府如何才能被激励或诱导以获取高绩效,以及如何以促使市场与民主蓬勃发展的方式增进政府能力,必须展开广泛的研究,本书就是这些研究的一个组成部分。

概念与争论

为了分析促使好政府出现的活动,本书的作者们不得不以个人或集体的形式展开一系列的争论。起初,我们必须考虑概念问题:能力建设(capacity building)这一概念意味着什么?我们是否应该对能力建设、能力开发(capacity development)和能力强化(capacity strengthening)加以区分?同样,我们也必须涉及能力建设活动场地这样的争论:好政府是主要集中于公共部门的一系列变化的结果,还是会同样地影响私人与公共部门的更为广泛意义上的一系列行动的结果?我们也要面对以下问题,它们与为建设(或开发或强化)能力而需要采取的行动直接相关:能力建设活动应该主要关注改善人力资源才能的努力,还是应该关注促使组织更好地工作的尝试,抑或是应该关注改变个人和组织活动的制度背景的努力?最后,必须涉及有关能力建设过程的讨论:技术援助(technical assistance)是有助于还是有碍于这样的改革活动?在能力建设中外国专家扮演着什么样的角色?就整体而言,虽然个别章节的作者有时与大家的一致性见解相左,但是,本书在这些争论中提出了"带有倾向性的意见"(take sides)。

概念性问题深刻地影响着对于在能力建设活动中应该尝试采取什么行动的讨论。我们使用能力建设这一术语的目的在于,为一系列增强政府的效率、效力和回应性的战略提供方向性指导。我们在使用效率、效益和回应性时是非常直接的:效率与产生一个给定结果所需的时间和资源有关;效益与产生预期结果的行动的适当性有关;回应性则与需求的沟通和处理这些需求的能力之间的联系有关。

一些发展专家喜欢用能力开发或能力强化来表明这一任务是强化现有的能力,而不是建构一种原本不存在的能力。[5]例如,第三章的作者自觉地采用了能力强化这一术语,用以强调"更为重要的是要理解……(现有人力资源与组织)现在所扮演的角色以及它们的局限性,而不是建议组成新的组织、采取新的战略"[6]。然而,本书的作者们更为普遍地认为,能力建设、能力开发与能力强化是可以相互替代的概念。我们相信,如此使用这些术语可以反映出许多发展中国家或转型国家所面临的真实情况,因为在这些国家里,人们很难将创新需求、改革需求和对支持产生好政府的行动和结构的需求相互分割开来。

同时,争论也围绕着能力建设活动的适当场地展开。在那些发展资源严重匮乏的地方,打造好政府的努力应该主要集中于政府自身,还是应该同时包括增强私营部门和民间组织(如非政府组织、政党、工会和公共

第一章 打造一个好政府的必要性：人力资源、组织与制度

利益集团)的能力,是争论中尤为关注的问题。这一问题的关键在于:政府如何履行职能主要是一种政府内部操作的反映,还是一个有组织的、已被教化的和保持警戒的社会所催生的结果。

本书的大部分论文将政府的人员、活动或结构作为关注的焦点,这就意味着,本书在一定程度上倾向于从"供给方"的角度出发考虑如何打造好的政府。虽然有这样的认识倾向,大部分作者也会同意,为了使政府具有效率、效益和回应性,需求方的压力是相当重要的;而且,政府发展本身也要求在社会及其经济与政治体系中广泛存在多种多样的能力。国家、社会与经济之间在假想的边界上进行有效而持续的相互作用对政府的发展同样是必需的,这一观点是由马莎·A.陈在第九章中提出的。她指出,如果非政府组织(NGO)想要有效地参与政策讨论并成为改革公共部门政策、组织和制度的倡导者,它们就需要提高自己的政策分析与研究能力。[7] 同样,斯蒂芬·E.康奈尔和约瑟夫·P.卡尔特在第十章讨论制度对经济发展的支撑作用时,考察了社会价值观以及对权威的态度的性质。[8] 虽然我们主要关注政府的运作,但这并不能说明我们主张的是治理的"供给方"理论,它只是大部分作者的工作背景(他们中大部分都积极地参与了政府内部绩效的改善活动)的反映。

有关能力建设活动场地的讨论,提出了政府应该对什么负责这样的相关问题。本书的作者们肯定会同意,打造好政府经常始于就政府应该对什么负责和政府应该通过放松管制、私有化或者精简(downsizing)放弃哪些政府活动领域做出艰难的选择。然而,我们通常假定这些选择已经事先由政治程序做出了,因此,我们并没有就政府"应该"做什么进行过多的争论,而是将注意力集中于一些方式,在这些方式下,根据与每个国家的发展相关的哲学的、政治的和历史的原因而被认定为政府责任的活动能够得以改善。

即使主要关注公共部门以及被认定为政府适当活动范围内的活动,

我们也仍然需要解决的问题是：为了增强政府的能力使其能够高效率、高效益、有回应性地运作，应该采取什么行动？对这一问题的回答随着时间的推移而发生了变化，这反映了需求的变化和由于早期干涉战略无力"解决问题"[9]而承受的挫折。正如彼得·摩根所勾画的，20世纪50年代和60年代的努力倾向于关注制度建设，这涉及对基本的公共部门制度的纠正，这些制度允许取得独立后的政府在经济与社会高速发展的承诺下提供服务。[10]然而，到了20世纪60年代末70年代初，对制度强化的关注预示着要越来越关注现存制度在实现预期目的上的无效性。于是，人们采用了发展管理的理念，用以强调政府的发展责任尤其是满足贫穷的大多数民众的需求的责任的重要性。20世纪80年代，制度发展重新出现，它表现为对更为宽泛的结构和公认的对变革过程至关重要的行动（包括私营部门和NGO对发展过程的贡献）的关心。于是，在历经一段时间之后，对能力建设所需做的事情的界定中就包括了与公共部门、市场和公民社会相联系的行动与过程；这一新的界定表明，能力建设是发展概念的同义词。[11]

我们认为这样的概念设计太过宽泛，不能保证对打造好政府的具体行动进行建设性的讨论。通过在一次论文提交会议上对各章节的再三设计和反复讨论，作者们逐渐形成这样的共识：如果经受训练的职业公共官员负责政策的制定与实施任务，如果官僚机构有力地完成它们的工作，如果为经济和政治的相互作用而制定的公正、强有力的规则能经常得到遵守与实施，那么，即使得不到任何保证，政府仍然是在走向好政府。因此，依照我们的观点，好政府与公共部门人力资源、组织和制度的质量是有着很大的关系的。打造好政府意味着公共部门要采取包括开发人力资源、实现组织发展、改革（或创立）制度在内的各种行动。表1-1表明，能力的这三个维度的主要关注点是人事、管理或结构，该表也暗示了开发人力资源、实现组织发展和改革制度所要实施的明确行动。

第一章 打造一个好政府的必要性：人力资源、组织与制度

表1-1 能力建设活动的维度与关注点

维 度	关 注 点	行 动 类 型
人力资源开发	提供职业与技术人员	培训、薪金、工作环境、招聘
组织强化	改善特定任务与职能绩效的管理系统；微观结构	激励机制、人员的使用、领导权、组织文化、沟通、管理结构
制度变革	制度与体系；宏观结构	经济与政治体制的运行规则、政策和法律的变化、宪法改革

本书每章都将主要关注能力建设的一个维度。例如，有些作者主张将能力建设的主要关注点放在人力资源开发上的重要性，其他作者则更为强调组织或制度维度的重要性。本书的结构反映出了这些强调点的明显不同，并将对三个维度的讨论归并为三个部分。然而，细读每一章将使我们确信，治理的这三个维度是相互联系在一起的，通常的情况是，提高政府的效率、效益和回应性必须同时涉及这三个方面。[12]

在本书初步完成的时候，我们所关注的最后一组关键性问题是技术援助在能力建设活动中的作用。将会越来越明显的事实是，我们所选用的许多人力资源开发、组织强化和制度变革的案例都是以捐款项目为基础的。20世纪90年代，一些个人和国际金融机构开始对这些能力建设活动提出尖锐批评，因为根据提高公共部门官员或组织的能力以实现高效率、高效益和回应性的政府运作的要求，很明显，大量的投资没有产生预期的目的。[13]它们对总是依赖于侨民（expatriates）实现政府的重要职能的集权式运作提出了质疑，也对那些经常夺走政府中最有贡献精神的高素质人才的特定捐助项目的适当性产生了怀疑。本书作者们对技术援助在能力建设活动中的低效并不是很确定，但是，他们强调这些项目的设计和实施的环境是成败的主要决定因素。就这一方面而言，他们会同意，在很多情况下，获得好政府意味着获得好的技术援助项目。当然，这些技术援助项目必须设计精良、人员配备适当，而且，对环境变动反应灵敏。

"太少的国家"的问题：从经验中获得的教训

确实,在本书所有的章节中,环境都是至关重要的。正如每一章所展示的,人力资源开发、组织强化和制度变革都会受到来自于经济、政治和社会条件(比如,国际经济条件对国内经济的影响、历史上形成的公民社会之间的关系和国家与社会之间的关系,以及大众领袖的定位、技能和支持他们的政党联合)的广泛影响。然而,在认识到对改革的分析与方案设计必须适应各国特定的经济、政治和社会条件的同时,我们主要关注从以下特定的努力中吸取教训:开发公共人力资源,强化实现政府公共目的的组织,改革为经济、政治的相互作用设定正式和非正式规则的制度。这一系列问题被组织归类并编入本书的三个部分。第一部分提供了理解和设计能力建设干预行动的分析框架;第二部分包括人力资源、组织和制度能力发展的案例研究;第三部分考虑了技术援助在能力建设活动中的作用。

第一部分 评估能力建设需求：概念图示

第一部分的各章提出了用以详细说明多种信息的不同方法。在我们考虑能力缺陷存在于何处、哪种干涉活动能够弥补这些缺陷以及如何对这些活动进行战略性管理时,这些信息是至关重要的。这些分析框架的主要区别是它们的关注点不同。在第二章,玛丽·E.希尔德布兰德和梅里利·S.格林德尔基于五个层次的分析,提供了一个评估公共部门能力的综合性框架。能力植根于某些条件,而这些条件又存在于每一层次中,因此,要进行能力建设必须先要评估存在于每一项建设行动中的限制因素,以便知道问题出在什么地方以及如何解决这些问题。与之不同的是,在第三章中,詹姆斯·A.特罗斯特尔、约翰尼斯·U.萨默菲尔德和乔纳森·L.西蒙以一个行为者、行动和事件相互作用的动态变革过程为基础,提出了一个分析框架,解释了如何开展能力强化项目。与希尔德布兰德

第一章 打造一个好政府的必要性：人力资源、组织与制度

和格林德尔对环境的关注不同，第三章提供的是一个过程导向的分析方法。两种分析框架都隐含在第二和第三部分的大多数案例研究中，在这两部分中，分析常常是要么考虑能力建设活动发生的环境，要么考虑实施能力建设活动的动态过程。

更为确切地说，在第二章中，希尔德布兰德和格林德尔所关心的是，根据现存条件的产生原因理解公共部门的能力与能力建设活动。她们经常争辩说，能力建设活动并不是对绩效所受到的限制的根源进行全面评估，而只是倾向于关注无能力的最为具体的表现（如官员不能履行他们的职责、组织不能很好地发挥自己的功能）。当然，问题在于官员与组织的低绩效可能只是更为深刻的政治、社会和经济环境导致的功能失调的征兆。她们指出，在设计改善绩效的特定干涉活动之前，有必要对以下因素进行评估：行动环境、公共部门的制度背景、围绕完成特定职能形成的任务网络、实现特定目标的核心组织以及参与任务的人力资源的性质（nature）。这一分析框架与一个实施这些评估的方法相配套，用于揭示限制条件产生的根源，并用于找出能力建设活动最为恰当的关注点。能力建设活动可以集中于任何一个层次或任何一个层次组合，但是，我们有必要进行广泛的分析，以便识别出对实现高绩效的能力产生深刻影响的因素。

希尔德布兰德和格林德尔的分析框架被用于对六个发展中国家进行的比较分析中，这一研究的结果促使她们对许多能力建设活动的根本假设提出了质疑。例如，研究结果表明：与缺乏特定技能培训相比，对专业和技术人员的有效使用经常是更为重要的限制条件；对于绩效来说，组织中的行政结构和控制权常常不如组织文化、管理类型和沟通网络重要；对政府官员的绩效表现影响最深刻的不是工作描述或特定技能的培训，而是他们承担的工作的类型、坚持的工作规范和对他们的绩效的期望。

特罗斯特尔、萨默菲尔德和西蒙对希尔德布兰德和格林德尔的分析

框架提出了异议。他们争辩说,这一分析框架虽然提供了一个分析能力建设活动限制条件的现场图示,但是,它对环境的关注是静态的,无法用于理解这种活动发展的路径。他们转而提出了一个关注过程、行为者、行动和事件的分析框架,这一框架确实勾画出了能力建设活动如何随着时间的推移而展开。他们识别出了能力建设活动过程的四个阶段:计划设计(program design)、项目实施(project implementation)、能力获取(capacity acquisition)和能力表现(capacity performance)。这一分析框架认定,不同类型的行为者(捐助机构总部和现场工作人员、政府部长、执行机构、计划主管和顾问)对项目(program)结果的相关影响在不同阶段是不同的。同等重要的是,行为者在每一阶段都采取特定的行动,这些行动决定了随后的项目的活动和结果。对于能力发展活动的战略管理来说,行为者的知识、在项目进展的特定阶段他们所施加的影响以及他们的行动对随后的选择的暗示都是至关重要的。同样不容忽视的是,(经常与项目本身无关的)一系列重大事件能够对不同行为者所具有的影响力和他们所采取的行动产生影响。

行为者、行动和重大事件构成了过程导向分析框架的组合工具,利用这一框架,特罗斯特尔、萨默菲尔德和西蒙描述了一项旨在提高科学研究能力的项目运作历程,这个项目是在那些存在腹泻和发展中国家儿童面临的其他致命疾病的地区实施的。他们表明,在这一以捐助为资金来源的创新活动中,大量行为者如何做出随后的决定(这些决定最终界定了该计划的使命、受益人和获得的成就)。作者认为必须对需求保持敏感性,以便识别出行为者,识别出在把计划和项目从设计方案转变为现实操作的过程中要经历的可预测的阶段,还要识别出要做什么、谁将受益、时间与资源投入将产生的结果。另外,他们还提供了通过战略管理改进能力强化活动的方法的建议。

第一章 打造一个好政府的必要性：人力资源、组织与制度

第二部分 能力建设战略

第一部分所介绍的两种分析框架的概念以及它们不同的焦点是本书第二部分许多案例研究的基础。在这些案例中，有的主要关注降低或改变能力限制，有的则更为关注过程导向的分析。然而，在大多数案例研究中，要探究不同类型国家的人力资源开发、组织强化和制度变革案例，作者必须同时处理环境限制和动态过程这两个方面。他们借此暗示，对于一项研究工作而言，任何一种分析框架都不是完全有效的，在使用一种分析框架的同时，必须考虑另一种框架的适用范围。

开发人力资源

人力资源开发活动一般试图提高个人履行其职业和技术责任的能力，这样的活动要克服由社会和经济条件不发达所施加的教育和技能限制，并且要调整由公共部门职业的性质带来的限制。例如，培训和报酬标准的变化、工作条件的改善都服务于这一根本目标：为公共部门准备、吸引和留住那些有献身精神、有才干和绩效导向的专业人员与技术人才。多年以来，通过对在职培训、离职在国内或到国外读取学位或接受非学位式的培训增加投资，人力资源开发投资的力度不断加大。这些行动中的大多数是那些大规模的以强化组织完成特定任务的能力为目标的项目的重要组成部分；就这一点而论，它们证实了我们已经识别出的能力建设的几个维度具有相互关联的性质。

这一部分有两章审视了培训活动，并就这些活动的根本假设提出质疑：如何有效地组织它们，以及它们是否涉及处理那些对政府中的专业和技术人员的高绩效具有根本性限制作用的因素。同时，这两章的研究还表明，与合理地使用专业和技术人员相比，培训与技能建设的投资更容易获得成就。最后，作者从这些案例的研究中得到了一些见解，并对公共人

力资源开发的限制因素是否已经被恰当地识别出来提出了质疑。

唐纳德·F.利平克特在第四章提供了海外培训活动的几种模式。他描述了一些目标明确、行动集中的培训活动，这些培训活动能够为特定机构或部门履行职能提供适当数量的具备特定技能人员；描述了政府提高具有特定技能人员的数量的方法；还介绍了"挑选优胜者"并将其送到海外接受培训的活动，这些培训活动的目的是，期望这些人员在学成归来后，能够在提供资助的机构中担当领导角色。接着，他提供了一个替代性的模式，这一模式在印度尼西亚财政部获得了成功。"浸透式培训"(saturation training)是在一个特定机构内实施的重要革新活动，它通过大量往海外派人参加培训从而使新的知识和适当的技能涌入组织。人们希望他们回来后能够为财政部的中高级管理层提供高素质的人力资源。

通过对印度尼西亚经验的考察，利平克特发现，渗透式模式虽然花费高昂，但却是提高一个部或机构人力资源能力的有效途径。很明显，印度尼西亚的石油财富在确保几百位财政部官员受训于海外（大部分在美国）方面是一个重要的支持因素。当然，由于这种培训，财政人员的能力得到了极大的提高。这一章也暗示，当刚刚接受完培训的官员从海外归来时，他们的工作与职业机会并不总是能够反映出其技能水平已经提高。因此，采纳这一模式的限制因素并不仅仅在于财政方面；从有效地使用专业与技术人员是一种组织和管理责任的角度看，这些限制因素具有组织性质。

第五章以肯尼亚的技术与专业人员的培训与保留(retention)为基础，探讨了人力资源开发的限制因素的源起。约翰·M.科恩和约翰·R.惠勒回顾了六个将肯尼亚官员派往国外接受培训的技术援助项目。尽管人们普遍认为，由于接受完培训的人员能够在私营部门或国外找到更为实惠的工作，这样的海外培训项目不能导致公共部门能力的发展，但是，这些研究者发现，接受完培训的肯尼亚官员继续留在原部门的比例高得

第一章　打造一个好政府的必要性：人力资源、组织与制度

令人吃惊。为了解释这一结果，他们提供了有关那些回到政府部门服务的人员和离开的人员的性格的额外证据，也提供了有关回到提供资助的机构的人员和调往政府其他部门的人员的额外证据。科恩和惠勒发现，由于植根于肯尼亚公共部门工作机会性质中的既定限制因素，大部分专业与技术人员在海外受训后并不能在政府中找到具有物质或心理回报的职位，这一点儿也不会让人觉得奇怪。同那些回到肯尼亚的受训人的面谈表明，他们相信，如果有机会，他们有能力承担更大的责任，也能够更为有效地工作。那么，他们为什么要留在公共部门，特别是在其他地方为他们提供了适当机会的情况下，他们为什么还要在公共部门中工作？

科恩和惠勒指出，事实上，虽然公共部门收入低、工作条件差，回国的受训人选择留在公共部门却是合乎情理的。即使存在为私营机构或国外机构工作的机会，他们仍然选择留在公共部门的根本激励在于：公共部门的工作机会使得他们能够为一笔数量虽不太多但却相当稳定的收入做很少的工作，这样，他们就能够自由地从事其他活动，而这些活动能够带来丰厚的收入，如从事顾问工作或"兼职"（on the side）经商。这一研究结果夹杂着这样的暗示：技能高的人力资源即使明白地说出自己希望获得更有意义的工作，也不能真正接受更能充分地发挥他们的潜能的变革，因为这些变革剥夺了他们用于追求其他经济机会的时间。科恩和惠勒指出，文官制度改革（civil service reform）不可能从接受了专业与技术培训的人员身上获取更高的绩效，除非为了补偿要求公务员提高生产率所要支付的机会成本提高了薪水。

强化组织

人力资源开发的案例研究明确地识别出了培训（人员问题）和使用（组织管理问题）之间的联系，这一联系将人们的注意力引向能力建设活动的第二个关注点——组织强化的挑战。实现这样的目标可以采取一些

被大力提倡的活动,如改善人员的招聘与使用,引进更为有效的激励机制,重组工作与权力关系,改善信息与沟通的流程,改进物质资源,引入更好的管理实践模式以及实行分权,开放决策程序。本书中的四章通过对非洲、泰国、玻利维亚和孟加拉国的经验教训进行评估,讨论了组织能力如何能够得以加强的问题。在每一个案例中,作者都力图在勾勒出组织发展的限制因素的同时,探讨在强化组织能力方面获得相对成功的活动的特征与过程。

在第六章,斯蒂芬·B.彼得森区分了作为西方组织理论核心的等级制官僚结构和非洲国家非常不正式的组织网络,这些网络是官僚活动所实施与追求的,也是由文化建构的。由此,他将注意力放在过程上,通过过程,行为者得以参与决策的制定,行动也得以展开。彼得森认为,非洲社会基本上不是围绕着由非人格化的结构和规则构成的等级制而组织起来的,而是围绕着由血缘关系、宗族关系、朋友关系和职业身份组成的人际关系网络组织起来的。当人们用西方的结构与规则理念重新建构非洲的组织时,其形式可能会保留下来,但是,内容却会被非洲社会所熟悉与认可的基础网络与过程破坏。通过预览本书后半部分由斯蒂芬·E.康奈尔和约瑟夫·P.卡尔特提供的制度主义者的论争,彼得森指出,虽然同样的问题可以出现在许多截然不同的背景中,但是,人们必须找出与其特定背景相符的基于文化基础的特定解决方法(culturally specific solution)。

他认为,如果网络是官僚组织中社会与官方相互影响的基础,那么,网络也应该是对官僚组织和能力建设进行干涉的活动的设计基础。在一次对这一观点的独特应用中,他指出,信息技术是利用正式与非正式网络以提高非洲国家官僚组织生产率的有效工具。人们可以为了适应工作任务和现存的网络,而对信息技术进行独特的设计。同样,信息技术也能将完成特定工作任务所涉及的既定控制幅度内的个人联系起来,进而形成任务网络。彼得森指出,在非洲的背景条件下,更有可能产生高效益、高效率的官僚机构的组织强化活动;这种组织强化活动不应建构在根据西方组织理论可以表述为"应该是什么"的基础上,而应建构在根据相互交往的社会条件模式可以表述为"是什么"的基础上。对于大多数以组织设计变革为基础的理论来说,这是一个重大的挑战。

在第七章,查尔斯·N.迈尔斯提出了对于特定类型组织的发展来说更为通用的原则。他关注的是政策研究机构是如何设立和维持下来的,并且通过对泰国发展研究所(the Thailand Development Research Institute)和玻利维亚社会政策分析小组(the Bolivian Social Policy Analysis Unit)的经验进行研究来探讨这一问题。这样的研究机构的发展与公共部门密切相关,它们在为政策制定提供有用和及时的建议方面面临着独特的挑战和限制。正如迈尔斯所指出的,它们需要考虑到自己既不能距离政府太远,也不能距离政府太近;它们要扮演为政策选择提供资料与分析信息的中立的承办商角色;它们不但要回应短期内政策研究与建议的需求,还要对进行长期研究与建议的需求做出回应;而且,它们还要能够在政治方面、经济方面和智力方面寻找生存的条件,以保证组织的延续。

泰国和玻利维亚的政策研究机构在其存在的最初几年成功地战胜了这些挑战。迈尔斯对比了设立这两个机构的背后的动力以及它们如何吸引与激励员工,比较了它们如何界定自己的研究计划,如何与国际合作者、援助机构合作以提高能力,也对比了它们如何确保自身的生存能力以及在财政、政治和智力方面影响政策讨论的持久能力。他认为,这些组织成功的原因在于它们在非正常环境中的创新以及它们迎接内部与外部挑战的方式。他指出,对于许多国家提高政策质量、在公共部门能力开发活动中引进和保持创新精神来说,这种机构的发展就是重要的承诺。然而,坚持、努力与运气对于这种机构的生存与兑现诺言是必要的。它们在发展中所处的环境经常充满着政治风险,而它们自身在应付与它们的设立和早期发展有关的行为者、行动和重大事件方面又是脆弱的。

在第八章中,曼纽尔·E.康特雷拉斯,这位在一个赤贫国家里负责评估社会服务提供活动的效率、效益和公平的经济学家、玻利维亚社会政策分析小组的首任主任,对"良好开端"(getting off on the right step)的重要性进行了深刻的思考。他将对环境和过程的分析相结合,并通过一个"内部人员"的视角,集中讨论了政策机构设立和保持的外部环境,探讨了机构内部用于鼓励高绩效的激励与管理体系的性质。在外部环境方面,强大的政治支持(也就是迈尔斯所指的获得"教父"的支持)和因质量高、关联性强的研究结果而给政策相关群体以深刻印象的能力是康特雷拉斯的分析的核心所在。

在转而分析对政策机构的成功革新具有贡献作用的内部因素时,康特雷拉斯强调了反映出组织所需完成的任务的组织规则与管理体系的重要性。由此,他认为,在下列情况下研究活动的质量与承诺将会得到提升:当要求产生结果的时间紧迫而有关参加人员和报告关系的规则又灵活机动时;当人们实行团队工作时;当管理者鼓励将扩大研究群体与提高技能、增强群体感相联系时。康特雷拉斯认可了希尔德布兰德和格林德尔有关管理类型、组织文化和非金钱报酬是公共部门组织获取高绩效的重要因素的研究,并且认为,它们对于研究机构可能是尤为关键的因素。他强调了特罗斯特尔、萨默菲尔德和西蒙所探讨的战略管理决策质量的重要性,还通过证明研究机构由于年轻人到海外寻求培训机会和有经验的人员被提升到政府中的高层职位而造成的高流动率对政府具有积极作用,进一步拓展了对科恩和惠勒所提出的有关保留的可疑效果的理解。

在第九章,马莎·A.陈采用了由希尔德布兰德和格林德尔提供的分析框架,并且扩展了对NGO的研究能力的讨论。她注意到了这些组织的兴趣的提高、它们在发展中所扮演的角色以及它们对治理所做出的贡献。然而,她认为,对这些组织来说,为了不辜负许多人对NGO组织所抱有的高期望,必须开发出更高的能力以便参加政策辩论、强化其倡导者角色。

因此,它们必须开发出实施与政策相关的研究的更强大能力,这种能力建设涉及以下活动:强化其技术和战略技能以改善它们自身的绩效,提供政策对不同选民的影响的信息,以及在贫困、环境和性别歧视的政策讨论中成为有影响力的"选手"。

陈发现,在提高政策分析技能和科研能力的活动中,NGO 面临着与迈尔斯和康特雷拉斯所讨论的政府中的研究机构相同的限制条件。对于 NGO 来说,与培训相关的人力资源开发问题、涉及激励和分配机制的组织管理问题以及寻找制度"空间"以提出它们的见解并进行辩护,是它们所面临的最为重要的几个挑战。陈利用孟加拉国农村促进委员会(the Bangladesh Rural Advancement Committee,BRAC)的案例证明,除了与研究机构相关的一般性问题以外,NGO 还面临着一系列特定的挑战,这些挑战与以下事项有关:它们所能承担的研究的类型,辨认研究工作要使用的适当的并且经常是复杂的分析框架,为指导和实施社会科学研究而雇用并留住接受过适当训练的人员。她总结道,对于那些进行研究能力建设的 NGO 来说,任务相当重要、相当紧急也相当困难。

改革制度

上述讨论强化组织的章节表明,这一任务经常会涉及一些要对某些事项进行重新调整的问题,这些问题是由外在于单个组织的一些力量所引发的,如烦琐的文官制度规则、低收入标准、其他组织反生产的(counterproductive)活动、缺少将几个组织联系起来以完成复杂任务的体制等。在见证或参与能力建设活动时,很少有人不会对这一点留有深刻的印象,那就是组织深深植根于其环境中的程度以及为了提高组织能力必须考虑到这一环境的程度。正是由于这一原因,能力开发经常需要涉及制度变革问题。

制度变革意味着改变组织和个人进行决策和采取行动的游戏规则。

在本书中,我们采用了道格拉斯·诺斯的制度概念,即制度是"一个社会的游戏规则;……规范人类相互交往活动的人为框架……(和)政治、社会或经济交易的体制性激励"[14]。这样一来,通过制度变革,能力建设将会涉及这样一些革新活动:法制的发展、政策规则的调整、责任机制的改进、规范性框架的调整,以及传送有关市场、政府、公共官员的信息和将市场、政府、公共官员的绩效进行结构化的控制体制的发展。在最为广泛的层次上,制度变革牵涉到影响经济和政治交往的结构以及规定有关市场与公民社会事项的方式。

正如前面所指出的,传统上,许多能力建设活动的重心放在人力资源开发和实施特定任务的组织(或项目)上。在20世纪80年代和90年代,当政府越来越意识到有关发展的政策框架的重要性时,能力建设的制度层面开始获得越来越多的关注。而且,由于20世纪90年代许多改善政府绩效的努力是由改善市场运作和提高民主的可持续性的目标推动的,许多国家都进行了重要的制度变革。它们的成功或失败不仅与新的游戏规则的质量和可接受性有关,而且,正如后面的章节中所要指出的,也与变革的时间和地点的适当性有关。其中的三章讨论了制度变革的问题,这些制度变革能影响公共部门绩效的性质和政府实施与发展相关的活动的能力。这三章还描述了有助于能力建设的环境与过程。

在第十章中,斯蒂芬·E.康奈尔和约瑟夫·P.卡尔特提供了一个引人注意的案例,用以说明治理制度与更为深刻地植根于社会或文化中的有关法定权威的理念之间的一致性。他们从美国印第安部落那里获取了资料,据此评估在控制寻租活动和解决集体行动问题中发挥着有效作用的制度形式。他们认为,在经济发展过程中,某些社会提供了能够为高效地生产公共物品创造机会的法定制度;另一些社会则不能产生这样的制度或这样的结果。这种区别的产生部分地是由制度的性质决定的,因为制度必须确保政府成为一个中立的和有权威的规则执行者。当然,这样的制度被社会接受的程度也同等重要。作者指出,在美国印第安部落中,虽然存在制度与管理原则的显著不同,但是,如果制度能有效地控制寻租活动并确保规则的实施,如果植根于文化中的合法性观念与历史上形成的治理制度之间相"匹配"(fit),那么,经济发展就能够被极大地推进。

康奈尔和卡尔特对两个部落的自我管理制度进行了评估。与那些经济没有得到发展和那些称得上是美国最贫困的少数民族的大量部落相比,这两个部落曾经有过成功的发展经历。它们之间的明显不同在于其建立起来的正式的政府结构,其中一个部落实行议会民主,另一个部落实行传统的神权政治。将两个部落联结起来的是它们的治理制度在解决集体行动问题和制定为社会所接受的经济活动规则方面的有效程度,即它们的制度具备文化的合法性并为更为广泛的社会规范所支持。康奈尔和卡尔特的研究结果表明,要寻找有助于经济持续发展的高效率、高效益的游戏规则,必须同时关注广泛存在的权威问题,这就要求鼓励合作并实施稳定的游戏规则,当然,还要关注确定法定权威规范的特定文化背景。他们认为,这一研究结果将导致为相同的治理问题找到不同的解决方法。

在第十一章,布鲁斯·R.博尔尼克研究了一个更为明确的制度问题。在政府已经几乎处于全面财政崩溃的情况下,可以采用并实施什么样的规则?利用赞比亚的一个相关案例,作者描述并评估了一个在政府中强制实施财政纪律的新体系,这一政府面临着恶性通货膨胀却没有有效地控制公共支出的传统。在这一案例中,施加于整个公共部门的有关预算控制的新规则帮助政府建立起了货币管理的规范,并改善了宏观经济政策制定的信息基础。这些新规则力求识别出那些参与财政控制过程的行为者,尽可能地控制它们的行动,并预测哪些事件可能会破坏新制度设立的纪律。博尔尼克指出,现金预算制度是一项严厉的举措,它适合于1993年赞比亚政府所面临的严重的经济危机,但实施时间不能太长。它不仅提高了政府管理宏观经济的能力,而且在人们普遍感觉到公共支出严重缩减的情况下,增强了公众和投资者对政府能否控制局势的信心。

博尔尼克描述了现金预算制度是如何运作的,介绍了这一制度施加于财政管理上的游戏规则,说明了这一制度创新如何提高了赞比亚政府稳定经济的能力。他也展示了现金预算的副作用,即它如何提高了对信息的要求,如何将人们的注意力吸引到了政府的低税收能力上。他对强制实行现金预算原则的成本进行了评估,评估包括这一变革对长期政策、投资规划以及向预算办公室和中央银行提出的要求的影响。然而,他总结道,现金预算是一种简单而直接的制度创新,这一创新能适用于像赞比亚那样经受着长期经济滑坡和严重的宏观经济失衡的国家。

现金预算是一种能够在整个系统范围内都会引起反响的制度创新。同样,国家税收活动(revenue generation)的改革也需要广泛、大量的组织变革,并且意味着系统化的变革,这一点在第十二章格伦迪所分析的税收现代化项目中得到了印证。以一个在肯尼亚实施的这种计划为例,格伦迪论证了能力建设应当以产出为导向,因为这样可以通过产出在提高特定结果(如提高了政府税收)中的有效性来评估投入的价值。他向我们展示了,开发有效的税收体制如何需要多种有关能力建设的干预性活动,这些活动可以是制定新的法律法规、设计以计算机为基础的信息系统,也可以是预算体制、人事管理体制和行政体制的改革。由于这样的项目是要在整个系统内引入新的运作程序,这就需要对改革应该是一般性的还是特定的(general or specific)、全面的还是部分的(comprehensive or partial)做出选择,也要确定改革的顺序。

在对肯尼亚的税收现代化项目进行的分析中,格伦迪证明,当一项以产出为导向的能力建设的干预活动是特定的、全面的并有适当的顺序时,这项活动将是最有效的。虽然这样做增加了改革的复杂性,但是,由于改革活动涉及多个层次的能力,因此,多项干预活动的全面性与协调性就成为成功的关键。有关能力建设活动的顺序、时间和速度安排的问题对于增强肯尼亚政府的国家税收征集能力是至关重要的,这主要是因为不同层次的改革(培训、组织发展和行政改进以及法律法规的变化)相互强化并导致了更大的可持续性。格伦迪总结说,系统范围的改革(如肯尼亚所采取的改革)需要投入大量的时间,这种需求在那些由捐助者援助的计划中经常不能得到满足。这一结论搭建了一条通向本书最后一部分的桥梁,在这一部分,我们关注的是开发公共部门能力过程中的技术援助。

第三部分　技术援助的作用

本书是哈佛国际发展研究所发起的一项活动的产物,这项活动的目的是评估在特定国家实施的诸多能力建设项目的影响,并探讨从这些以及其他经历中人们所能吸取的较为普遍的教训。因此,许多案例研究反映的都是哈佛国际发展研究所在30多年的发展咨询和应用研究方面的经历。在多年的时间里,哈佛国际发展研究所曾经在几个不同的国家工作,而在这些不同国家中进行的工作却经常具有同样的基础。这些活动的核心总是集中在就开发人力资源、强化组织和改革制度讨论打造好政府的必要性上。因此,与之相适应,本书中有几个章节涉及了就技术援助在能力建设中的实用性而展开的争论,并用这几个章节作为全书的总结。

在第三部分的案例研究中,作者们认定,在依据提高了的能力确定投资是否得到回报时,技术援助项目的设计是一个重要因素。虽然这一观点可能是不言而喻的,但是,他们发现,有充足的理由就他们所参与的项目的设计提出批评,这些项目经常是相互交往过程的结果,是在特罗斯特尔、萨默菲尔德和西蒙的分析框架中开发出来的。当然,技术援助项目实施的背景也同等重要,这种背景包括人力资源的能力、组织的特征和项目运作的制度环境。在每一章中,作者都内在地审视了项目和它的根本假设、决策制定过程,外在地审视了项目所处的背景,以便对投资的积极与消极作用做出评估。虽然作者们根本不同意那些认为为能力建设提供技术援助是浪费金钱和精力的人的观点,但是,他们仍然提醒人们不要认为获取成功轻而易举——这种想法经常融入在项目活动的进展中。

在第十三章,艾伯特·R.怀特探讨了技术援助的受援者确立所有权和致力于获取组织发展目标的艰难过程。他指出,虽然参与发展项目已经成为一个"苹果派"式的话题,所有的人都认识到了它的明显利益,但是,很少有人关注鼓励参与、培养自力更生和责任感的途径。他采用管理学的语言(组织行为、培训和咨询服务)评估了在巴基斯坦实施的两个项目。为了实施项目,人们付出了极大的努力,甚至为了鼓励组织和其经理人员承担所需要进行的改革的责任,不惜以"做好工作"(get the job done)这样直接的项目压力(immediate project pressures)为代价。部分地由于怀特在这一章提供了对项目如何随着时间而推进的清晰且以过程为导向的描述,这一章的意义格外重大。

怀特总结说,在发展中国家,与那种管理者通常只是目光短浅地关注项目产出而忽视可持续发展所需要的深刻的文化变革和激励机制变革的项目相比,关注能力建设的发展援助项目更需要推动者。他认为,要想在发展中国家改善组织或项目的绩效,必须首先招聘和选拔不同类型的技术援助人员和顾问。为了获取与沟通、相互交往和推进建设过程有关的技能,必须摒弃那种领导和实施技术援助使命的人所经常抱有的狭隘的技术专业化观点。

在第十四章,通过援引技术援助用于政策分析和实施领域的能力建设时不断出现的失败例证,克利弗·S.格雷也对人们对技术援助的期望抱有戒备心。在提醒我们能力建设通常不是技术援助唯一的甚至经常不是主要的目标(对一个国家的发展来说,提供直接的政策建议可能会有更为直接甚至更为持久的影响作用)的同时,格雷坚持认为,它是或者应该是一个关键的目标,而且必须采取创造性的步骤以便实现它的使命。通过对技术援助在能力建设中所做出的贡献的"可测量性"(measurability)

第一章 打造一个好政府的必要性：人力资源、组织与制度

提出质疑，格雷提出了早先在利平克特、科恩、惠勒和康特雷拉斯所写的章节中讨论过的人员保留与利用（retention and utilization）问题。他接着强调，追求短期、机会主义议程的政治领导和机构管理者对能力建设普遍缺乏兴趣和足够的支持。如同一条普遍的规律，当地对能力建设的有效需求是难以预测甚至是转瞬即逝的。因此，根据格雷的看法，技术援助的承办商应该以一种灵活的眼光看待它们的要求，这种灵活性就是，通过帮助那些有需求的机构以及投资于任何具有明显才能的地方（名义上接受投资的机构的内部，或者在其外部），寻求机会目标。

在第十五章，威廉·比卡尔斯也对为能力建设提供技术援助的做法持批评意见。他采用蒙古这一转型经济体中宏观经济管理的案例，展示了资助计划为什么会成为问题的一部分而不是解决方案的组成部分。他认为，从计划经济向市场经济转型的国家必须为有效的技术援助提供条件。所有政府活动的性质都在接受基本的再评估；作为接受者的政府比平时更愿意接受外部人员的建议，这就启动了变革它们自身的过程；由于过去社会主义政府领导下普遍高水平的教育发展，培训活动很可能会异乎寻常地有效。由于这样的条件，蒙古和其他转型国家能够作为技术援助有用性的实验性案例。

虽然存在许多赞成意见，比卡尔斯却发现改革的紧迫性被那些捐助活动削弱了，因为这些活动占用了蒙古用于解决其最为核心的经济政策改革问题的时间和精力。另外，他还发现，政府中的个人与组织对改革计划的性质仍然存在争议，改革计划仍然具有意识形态色彩，利益相关者的抵制也阻碍了改革的进程。而且，不同机构和捐助者在政策和制度的"地盘"（turf）上的竞争，以及经常发生的为计划选择最为适当的组织的失败，都有助于强化改革反对派的立场。另外，捐助者也经常被维持其对改革过程的影响的目标所驱动，这就削弱了他们更为有效地集聚资源的能力。为了获得更大的成功，能力建设活动必须以那些在意识形态上支持

改革的组织为中心，必须对外援在推动或阻碍改革的过程中所具有的政治影响力进行仔细评估。比卡尔斯与克利弗·S.格雷共同指出，技术援助项目应该基于改革的承诺来寻求协作者，并保持应对失败的灵活性。要想获得这种灵活性，可以在改革承诺没有得到兑现的条件下，将援助活动转移到其他组织；也可以将注意力集中于那些有责任感的改革者，无论在政府的哪个角落可以发现他们。

结论

　　创建强有力的民族国家是世界上好几个国家所面临的挑战。虽然许多国家在20世纪80年代和90年代实行了意义重大的经济与政治改革，但是，大多数国家都不具有履行市场经济和政治民主所要求的职能的能力。紧跟着20世纪前后的经济与政治改革的步伐，发展专家日益对提高政府绩效产生了兴趣，打造好政府具有了更为明确的必要性。

　　本书的各章集中关注那些为支持市场与民主而建设国家能力的活动。然而，它们基本上都认同变革过程中的困难。打造好政府需要时间、承诺、创新理念、一致意见的达成，需要公共部门工作人员改变行为与规范，也需要新的游戏规则、技术援助方面的高效率设计和资源配置以及很可能是相当好的运气。正如本书许多作者所表明的，培养更为强有力的国家干预活动需要一些分析工具，这些分析工具能够探究低绩效产生的根源，也能够提供对变革过程的洞察。他们还证明，国家能力的建设还需要采取有效的活动以开发人力资源能力，尤其是要开发那些技术和专业人员的能力；需要强化组织的革新活动，尤其是集中于激励与管理体制的活动；需要进行制度变革，尤其是要处理那些对政府更有效地致力于国家发展活动来说具有根本性影响作用的限制因素。另外，一些作者强调技术援助项目在公共部门能力建设中的积极作用，但是，他们也知道，只有在项目本身设计精良而且其实施环境有助于变革的情况下，这些干预活动才是有效的。打造好政府是一个费时、费力、多种因素混杂的过程,它充满着失败和浪费资源的机会。

关于是否有必要通过新一轮的改革提高政府绩效的问题,默伊塞斯·内姆对比了20世纪80年代和90年代的许多经济改革,他写道:"下一次改革浪潮的英雄将不会是一小撮精通宏观经济管理复杂性的强有力的技术官僚。他们将是大量的中层公共部门经理,他们熟练地建构着对于国家运转来说不可或缺的组织结构和后勤。"[15]这些"英雄"需要理论与实践两方面的发展专家的支持,这些专家将设计和实施能力建设的干预活动,以便提高政府在广泛活动范围内的绩效。"英雄"们的工作很可能不如那些在第一次改革中扮演了关键性角色的经济技术官僚那么引人注目,但是,他们在最终提高世界上所有地区的国家的可持续发展潜能方面的贡献将会是同等重要的。

注释

1. João Guilherme Merquior, "A Panoramic View of the Rebirth of Liberalisms," *World Development* 21, 8(1993):1265.

2. Merilee S. Grindle, "Sustaining Economic Recovery in Latin America: State Capacity, Markets, and Politics," Graham Bird and Ann Helwege, eds., *Latin America's Economic Future* (London: Academic Press, 1994):304.

3. 确保实现更高效率和更大效力(增强成本与影响之间的联系)可能是人们最为经常地提到的公共部门的需求,这一需求常具有高成本和低收益的特征。然而,政府(尤其是那些公开宣称要实现民主化的政府)也必须能够对公民的需求做出反应,并能够鼓励公民参与公共物品的设计与提供。关于公共部门绩效的更为一般性的材料可参阅 Milton J. Esman, *Management Dimensions of Development: Perspectives and Strategies* (West Hartford, CT: Kumarian Press, 1991)。也请参阅 Arthur Goldsmith, "Institutions, Planned Development, and Socioeconomic Change," *Public Administration Review* 42, 6(1992)。

4. Moisés Naím, "Latin America's Journey to the Market: From Macroeconomic Shocks to Institutional Therapy," *ICEG Occasional Paper* 62, International Center for Economic Growth (San Francisco: ICS Press, 1995)。也可参阅 Tony Killick: *A Reaction Too Far: Economic Theory and the Role of the State in Developing Countries* (London:

Overseas Development Institute, 1989); Paul Streeten, "Markets and States: Against Minimalism," *World Development* 21,8(1993)。

5. 参阅 Esman, *Management Dimensions of Development*。

6. 参阅本书第三章, James A. Trostle, Johannes U. Sommerfeld and Jonathon L. Simon, "Strengthening Human Resource Capacity in Developing Countries: Who Are the Actors? What Are Their Actions?"

7. 参阅本书第九章, Martha A. Chen, "Building Research Capacity in the Nongovernmental Organization Sector"。

8. 参阅本书第十章, Stephen E. Cornell and Joseph P. Kalt, "*Successful Economic Development and Heterogeneity of Governmental Form on American Indian Reservations*"。

9. 要想更好地了解这段历史,请参阅 Peter Morgan, "Capacity Building: An Overview"(为治理研究所的能力开发研讨会准备的论文, Ottawa, Canada, 1993年11月22—23日)。也请参阅 Esman, *Management Dimensions of Development*。

10. 参阅 Morgan, "Capacity Building"。

11. 要更多地了解人们对政府能力思考的演进过程,请参阅 Mick Moore, *Institution Building as a Development Assistance Method: A Review of Literature and Ideas* (Stockholm: Swedish International Development Authority, 1995)。

12. 与之有分歧的一个观点见 John M. Cohen, "Capacity Building in the Public Sector: A Focused Framework for Analysis and Action," *International Review of Administrative Sciences* 61,3(1995)。

13. 请特别参阅 Eliot J. Berg, *Rethinking Technical Cooperation: Reforms for Capacity Building in Africa* (Washington, DC: United Nations Development Programme/Development Alternatives, Inc., 1993); Edward V. K. Jaycox, "Capacity Building: The Missing link in African Development"(非洲—美洲学会"非洲能力建设:有效而持久的伙伴关系"研讨会讲稿的抄本, Reston, VA, 1993年5月20日)。

14. Douglass North, Institutions, *Institutional Change and Economic Performance* (Cambridge: Cambridge University Press, 1990),3.

15. Naím, "Latin America's Journey to the Market," 12.

第一部分　评估能力建设需求：概念图示

第二章

公共部门持久能力的建设
我们能够做些什么?

玛丽·E.希尔德布兰德、梅里利·S.格林德尔

为什么许多国家长期以来不能推动并保持经济与社会的持续发展?最近几年,针对这一问题的一个回应相当引人注目:因为政府不能正确地为国家在发展中的作用定位;因为政府不能组织和管理好这样一些系统——它们用于识别问题、制定政策以处理问题、为追求政策目标而实施行动以及在一段时间内坚持这些活动。许多人曾经指出,由于政府对发展起着阻碍而非推动的作用,因此,不可能有什么发展。[1]

有些人将国家单独列为导致发展中国家低绩效的原因,出于对这一分析的反思,20世纪80年代的政策处方都强调需要极大地缩减政府在经济生活中的活动;在这十年的大多数时间里盛行一种最小化国家的理念,这一理念在很大程度上是根据什么是国家不应该做的而界定的。然而,实施这些政策的经验却表明,市场如果要高效益、高效率地运作,就需要有强有力的国家的支持,而最小化国家在处理过于集权的政策制定、过

分热心的规则、公共企业不适当的激励以及被扭曲的市场这样的现实问题时,不可能对这一市场需求给予足够的关注。[2] 而且,由于1990年联合国开发计划署(UNDP)第一个《人类发展报告》的发表以及来自于发展中国家和NGO对经济危机和结构调整措施的社会性后果的日益关注,为国家制定社会议程的理念获得了极大支持。[3] 赋予新民主以合法化地位的重要性也为对社会需求做出反应增加了砝码。同样,可持续发展理念也强调国家要能够采取行动保护环境、规范市场和制定社会政策以消除贫困。[4]

由此,有效的政府绩效成为有关国家在发展中的作用这一变化了的理念的核心,也成为国家为市场导向的经济、安全和多产的人口(security and productive populations)以及民主政治体制创造制度条件的核心。虽然存在这些强化国家能力的必要性,但是,有关如何提高公共部门能力的看法仍然是不确定的;调查显示,大量能力开发活动所产生的结果非常少。事实上,很多国际机构最近几年提供的报告指出,就有效地提高组织或个人绩效使其达到新的水平而言,能力建设活动的投资并没有获得回报。[5]

大致上,极少数能力建设的积极经验部分地植根于一系列根本的假设,这些假设强调许多这样的创新:组织或培训活动是能力建设革新活动合乎逻辑的场所;行政结构和金钱回报决定了组织和个人的绩效;当结构与控制机制正常发挥作用时,组织就能良好运作;个人绩效的改善是技能和技术经由培训活动产生转移的结果。这些假设需要经受严格的检验。

组织强化或培训活动是开发能力的最有效手段吗?很明显,能力建设活动集中于组织和培训活动是以这样的信念为基础的:组织与其雇员能够有效地应付大量对绩效产生影响的限制条件。[6] 然而,组织与受训者不能在真空中操作,他们履行职责的能力深深地受到他们所操作于其中的广泛的背景条件的影响。而且,组织和个人绩效所受到的限制的程度和类型因国家的不同而不同,同时,在任何给定的国家中也会因时间的不同而相异。确实,在某些国家,从组织或个人层次所诊断的绩效问题可能是那样深刻地植根于经济、社会和政治低效中,以至于要改善绩效必须主要关注这些条件。虽然广泛的背景条件对于组织和个人活动的重要性来说是显而易见的,但事实上,许多能力建设活动在设计时都没有考虑到这一环境因素。

行政结构与金钱回报是公共部门绩效的有效决定因素吗?集中于公务员和公共雇佣制度改革的能力建设活动常常对薪金等级制度和雇佣条件等结构因素给予特别的关注。近年来,财政约束通常会导致这些改革。[7] 然而,即使在那些已经实施这些改革以改善绩效的地方,这些改革也是建立在这样的信念之上的:如果公务员收入高、职责明确并且工作于设计精良的官僚体系、规则和程序之中,他们的绩效就会提高。然而,最近的研究表明,这样的改革不能导致产出的提高,除非它们将公共部门的管理体系设计成绩效或结果导向的。这就成为美国和其他工业化国家"改革政府"的重要起点,并且已经对发展中国家的公务员制度改革产生了影响。

组织中的结构与控制机制有助于实现高绩效吗?诚然,能力建设活动最终必须在那些能够更好地履行其所承担的责任的组织中表现出来。典型的情况是,为提高组织绩效而设计的干预活动集中于改善完成特定任务的系统和引进新的技术,关注提高人事管理中的金钱激励和强化责任与控制机制。然而,与报酬和控制机制相比,组织文化对于绩效来说是更为重要的决定因素。大多数运作良好的组织都具有强调灵活性、解决问题、参与、团队工作、共同的职业规范和强烈的使命感的组织文化。而且,虽然有证据表明,低绩效经常源于承担完成独特任务的特定组织的范围之外,但组织文化仍然能够抵消那些根源于更为普遍问题的限制因素所产生的影响。

集中于技能和技术转移的培训能使公务员获得更高的绩效吗？相当典型的情况是，培训活动在很大程度上关注提高技能水平，尤其是要提高那些对于引进新技术来说非常必要的技能。[8] 然而，很多国家的公务员经常抱怨说，他们所做的工作没有意义，所具有的技能不能有效地用于工作中，而且，他们的工作绩效好坏与其职业发展无关。这些抱怨表明，对人力资源的限制更有可能产生于不能提供给人们有意义的工作以及不能有效地使用他们的技能，而不是产生于与培训本身相关的问题。而且，许多能力建设活动的假设可能是将注意力集中于那些从改善绩效的角度来看不能产生最多回报的干预活动。

在六个国家中实施的研究的结果对以上所讨论的每一个假设都提出了质疑，这些研究结果将在本章中给出。该研究的目的是对一个分析工具进行测试，这一工具用于识别能力差距（capacity gaps）并设计干预战略。在本章中，我们描述一个分析框架或者说概念图，它强调公共部门培训活动、组织绩效和行政结构的"嵌入"（embedded）性。在将这一工具用于对六个国家（玻利维亚、中非共和国、加纳、摩洛哥、斯里兰卡和坦桑尼亚）的案例研究后，它被证明有助于识别能力差距，能提供为敏锐察觉低绩效根源的干预活动进行战略设计的工具。[9]

评估能力差距的分析框架

为了便于研究，我们将能力界定为高效益、高效率和持久地执行适当任务的才能。进而，能力建设指的是改善公共部门组织单独或与其他组织合作执行适当任务的才能。[10] 在一系列不能加以削减的公共部门职能（如制定法律、建立秩序、设立经济与政治交易的游戏规则）之外，我们无法明确地提出一个有关这些任务的普适性列表。适当的任务是由必要性、历史或者在特定背景下的形势所界定的，因此，当把这个概念用于研究时，必须对任务在给定国家中的适当性加以确定和评估。

第二章 公共部门持久能力的建设：我们能够做些什么？

同样,效益、效率和持久性的尺度也必须加以明确。由于许多影响公共部门活动结果的因素是不受特定干预行动所控制的,所以,能力指标需根据一系列任务明确的问题来识别,这些问题包括:任务是否被有效地识别出来了？为完成任务是否已经采取了适当的行动？为了完成任务是否对资源进行了有效率的利用？完成任务的才能是否能持续一段时间？在大多数情况下,这些问题都难以回答,但是,与国民生产总值的增长或婴儿死亡率下降是否是对特定干预活动的反应这样的问题相比,它们更容易处理。

任务可以被界定得非常狭窄,它可以只涉及一个组织或组织中的一个单位的行动。许多公共部门的任务对于发展来说很重要,然而,它们却需要几个组织的合作行动。在这种情况下,我们就要求助于执行特定任务的组织网络。对于执行一项特定任务的能力的研究经常集中于一个特定组织的活动,但这种研究必须包括涉足于这一任务网络的所有组织。

我们的分析框架识别出五个维度,相应地,对能力和能力建设活动的影响因素也在五个层面进行了分析。这些维度和分析将所有影响组织实现特定目标的因素都包括在内。图 2-1 以计划运作顺序的形式将这五个维度列出,正如图中所展现的,能力的这五个维度是动态的、交互作用的。

- 行动环境为政府活动设定了经济、政治和社会环境。行动环境（如经济增长的速度与结构、政治稳定性程度和政府合法性程度、一国之内的人力资源状况）能够显著地影响发展任务的实施。图 2-1 展示了几个最有可能影响公共部门能力的因素。改善行动环境条件的干预活动要产生结果必须经过一段较长的时间,因为它们是要试图改变基本的经济、政治和社会结构。
- 公共部门的制度背景包括这样一些因素:政府与政府官员运作所

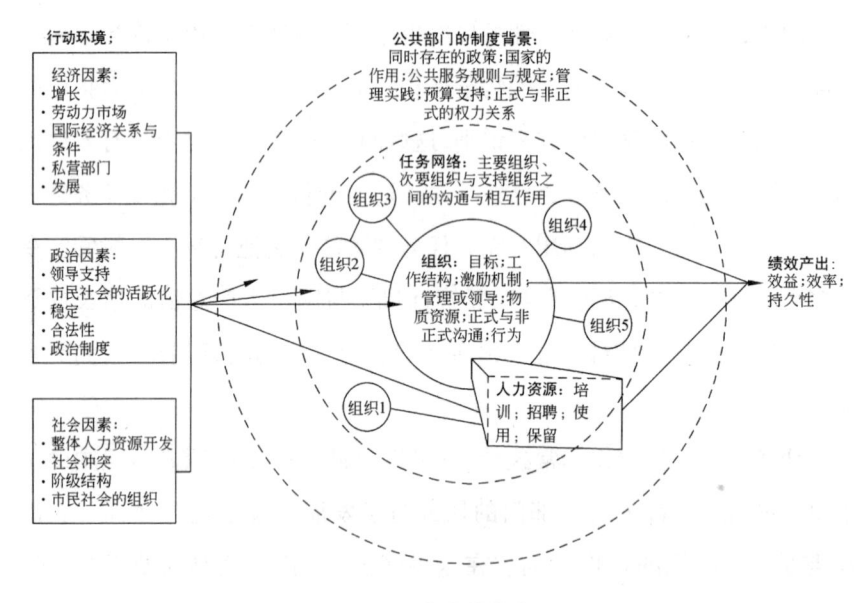

图 2-1　能力的维度

需的规则与程序；政府为实施行动不得不投入的财政资源；政府开发活动所需承担的责任；同时存在的政策；影响公共部门功能的正式与非正式的结构。制度背景条件能限制或推动特定任务的完成。

- 任务网络指的是涉足于完成任何给定任务的组织群。网络鼓励沟通与合作的程度以及网络中单个组织有效履行职责的能力大小都会影响到绩效。网络可以由公共部门内外的组织构成，包括NGO和私营部门的组织。主要组织（primary organizations）在完成一项给定任务中发挥着核心作用；次要组织（secondary organizations）对于主要组织的工作来说是必不可少的；支持性组织（supporting organizations）能够为任务的完成提供重要的服务或支持。[11]

- 组织是构成任务网络的基本单位，也是实施诊断性研究通常所要选择的有利起始点。组织的结构、过程、资源和管理类型影响到

第二章 公共部门持久能力的建设：我们能够做些什么？

组织目标的设立、工作的设计、权力关系的界定和激励机制的提供。由于这些因素能够影响组织的产出并塑造组织成员的行为，因而能够促进或限制绩效。

- 能力的第五个维度集中于如何对人力资源进行教育，如何将他们吸引到公共部门中来，以及在他们从事这一职业时，如何使用并将他们留在公共部门中。这一维度尤其关注管理、职业与技术潜能，关注培训与职业生涯对一项给定任务的整体绩效的影响程度。图2-1展示了组织绩效与人力资源之间的交互联结关系。

在玻利维亚、中非共和国、加纳、摩洛哥、斯里兰卡和坦桑尼亚，国家研究人员对每一层面的因素如何影响特定任务的执行以及这种影响的程度进行了评估。首先，我们挑选出了政府必须履行的两项广泛职责——管理宏观经济和提供服务，就此确定了我们必须要加以研究的任务。对于每一项职责，我们进而又明确了履行它所要求执行的任务。对于宏观经济职能，研究者评估了六项政府制定预算的能力。对于服务提供职能，他们评估了加纳、摩洛哥和斯里兰卡减轻农业负担的能力，评估了玻利维亚、中非共和国、加纳、摩洛哥和坦桑尼亚提供妇幼保健服务的能力。我们所关心的是，识别出那些限制或推动政府高效益、高效率和持久地执行发展任务的能力的因素，并且对在弥补能力差距的过程中哪些干预活动是最有效的进行评估。[12]

研究过程涉及一系列步骤，这些步骤对于六个国家是通用的。研究者首先制作了一张图，这张图描述了各组织承担各自特定任务的情况。然后，评估组织网络外围那些对执行任务起着重要影响作用的背景因素，这种评估涉及对公共部门制度背景和广泛的行动环境的分析。第三步是挑选出那些至少涉及两个组织的任务网络，并基于其对任务绩效的重要性加以研究。一旦选定了组织，研究的重心就是它们和它们的人力资源。继而，研究者要重新评估制度背景和行动环境，依据是它们对所研究组织的影响和它们使人力资源得到最大化利用的能力。研究使用了多种方法,包括同关键的信息提供者的面谈、档案研究和绘制组织示意图。

研究结果:能力差距与矫正措施

该研究展示出了多种多样的因素对绩效产生限制的程度,同时,也暗示了能力的五个维度相互依存的程度。通常,提高绩效的干预活动是最难实施的,而且,要想在广泛的行动环境中获得结果必须花费最长的时间、涉及最广的空间。在组织网络、组织本身或者人力资源的准备与使用层次上出现的限制因素很可能更容易处理,也能够更快地得以矫正。然而,该研究的一项重要发现是,如果在能力的其他维度上出现的限制因素更为复杂,那么,在人力资源、组织或组织之间层次上所引入的矫正措施就可能无法提高绩效。我们将在每一维度上和它们对能力建设干预战略的意义上就这一案例研究的结果做出简要说明。

行动环境

发展任务是在复杂的环境中执行的,人们能够认识到这一事实,却经常在进行能力建设干预活动的设计时忽略它。案例研究清晰地表明,行动环境在限制或促进政府执行发展任务的能力方面是一个至关重要的维度。我们的研究涉及了广泛的可能性。摩洛哥的经济发展水平相对较高,教育体制影响深远,政治体制稳定而具有合法性,这些因素结合在一起,塑造了一种有助于获取相对较高的政府绩效的环境。而在中非共和国,一系列专制的传统政体和成功的军事政变,非常低水平的人员开发以及长期的经济停滞,产生了一种使公共部门获得高绩效的潜在可能性无法存在的环境。斯里兰卡在独立后投资于教育和人力资源开发,这为政府提供了高质量的人力资源储备。但是,从20世纪70年代以来,种族冲突、教育质量的下降以及公共服务的日益政治化却使得公共部门原有的强势丧失殆尽。

其他地方的档案中普遍记录着20世纪80年代的经济危机对公共部门能力所产生的影响,我们的研究也证实了这一点。所有六个国家都降低了政府雇员的实际收入,这导致政府内得力人才的流失以及政府工作雇员投入的时间和精力的减少,从而使得六国蒙受了不同程度的损失。[13]政府无力为必须完成的工作支付供应品、设备和交通工具的费用,这也造成了绩效的低下。在加纳,低工资与薪资紧缩(salary compression)导致了许多最优秀的政府官员的流失,并严重地限制了政府培训新招聘人员的能力。在坦桑尼亚,合格人员的流失以及官员们将注意力和精力转向能带来收入的业余活动对公共部门的能力产生了直接的负面影响。有才之士的匮乏(brain drain)是加纳、斯里兰卡和坦桑尼亚面临的一个重要难题。

我们的案例也涉及几个广泛的政治因素,它们对能力有着根本性的影响,但其他研究却很少提到。中非共和国是一个极端的政治功能失调的案例,在这个国家,由于政治制度的不稳定、非合法性以及无效性,即使是最为平常而简单的任务都不可能得到执行。[14]在加纳,军事统治岁月的典型标志是无数次的政变,这同样给独立前后所培育起来的能力带来了负面影响。在坦桑尼亚,民众在公共决策方面的低水平参与严重地限制了政府设计与实施适当项目的能力。六个案例也暗示了在民主与能力之间存在着复杂的关系。在独立后的斯里兰卡,民众对政治生活的广泛参与是与培养强有力的公共服务和长期投资于人力资源开发紧密相连的。然而,玻利维亚和中非共和国的案例却表明,至少在较短的时期内,民主与高水平的政治化和低效率是相互兼容的。人们可以预期政治自由会对能力建设环境产生潜在的积极影响,但这种影响只能通过一个长期的过程才能获得。另外,在中非共和国、斯里兰卡和坦桑尼亚,政治领袖个人对公共部门能力的强化与弱化起着直接的影响作用。

这些案例证实，低水平的人力资源开发和广泛的社会冲突是导致巨大能力差异的最为重要的原因之一。我们一方面无法回避摩洛哥和斯里兰卡之间的相似性，在那里，投资于卫生与教育的长期传统导致了强有力的人员开发以及高水平的能力；另一方面，我们也难以否认中非共和国和玻利维亚所形成的比照，在那里，人员开发资金长期匮乏，投资也鲜有成效，而且长期以来公共服务领域日渐难以招进优秀人员。同样，哪里的人力资源开发水平高，哪里的人们就更能够要求政府获得高绩效。高水平的社会冲突非常不利于能力，正如斯里兰卡和中非共和国的案例所证实的，在斯里兰卡，长期存在的能力遭到破坏，而在中非共和国，这样的能力却从未能够发展起来。

正如人们可能预期的那样，对于高绩效和低绩效起影响作用的因素倾向于"聚集在一起"。从这一意义上讲，在那些整体绩效水平最差的国家会发现低增长、政治不稳定和低水平的人力资源开发，而高绩效的操作者在所有这些维度上却发挥着积极得多的作用。另外，我们也发现，行动环境中的条件并非是静态的，而是有可能也确实是伴随着时间的推进而变化的。尤其需要指出的是，经济危机与经济停滞导致了能力的恶化。另一方面，在玻利维亚、加纳和坦桑尼亚，不断提高的政治稳定性、政治自由与政治领袖的更替为能力建设提供了新的机遇。

最为重要的是，案例研究表明，在评估能力差距时，作为一种限制因素的行动环境在某些国家比在另一些国家更为重要。毫无疑问，在中非共和国，除非基本的经济发展、政治责任感和社会稳定条件得到了保证，否则，其他维度任何有助于改善公共部门绩效的行动都不可能实施。相反，在摩洛哥，能力建设活动无须过多地关注培育一个整体上是积极或至少是良性的行动环境。在其他的案例中，在行动环境远非理想的情况下，其他层次上的干预活动则可能采取了很多措施以弥补已经识别出的能力差距。

第二章　公共部门持久能力的建设：我们能够做些什么？

在那些对于发展来说行动环境算作是功能失调的一个因素的地方，改善这一层次的条件就是至关重要的第一步。在像中非共和国这样的国家，有效的能力开发可能会在可预见的将来受到一些行动的影响，这些行动在一个较长的时期内有助于开发人力资源、达成社会共识，也有助于私营部门与 NGO 履行政府不能完成的职责。

即使在那些行动环境并不能完全限制公共部门绩效的地方，也必须要评估行动环境对能力差距所产生的作用。同时，在设计其他维度的干预战略时，也必须关注这样的背景因素对干预活动可能造成的影响或者可能产生的将其推离运行轨道的作用。而且，行动环境中的不利因素对公共部门绩效来说一般具有非常直接的意义，它们限制了善意而稳定的政府获取资金与人力资源的可能性。最终，只有当所有的国家都能促进基础广泛的经济增长战略、对人员开发进行充分的投资，并且能够创立有效地调解经济与社会冲突的稳定而合法的政治制度时，这几个国家的公共部门才将会建立起持久的能力。对行动环境的评估也能帮助我们识别出那些特别有利于能力建设活动的因素，如存在良好的劳动力市场条件或者改革主义者掌握着政治领导权。

公共部门的制度背景

我们发现，所有的六个国家都存在着与公共雇佣性质相关的问题：公务员整体收入低下、无力解雇人员、高绩效获得的回报太少、招聘程序不能吸引合适的人才、晋升过多地依赖于资历与身份而非绩效。对此，我们并不感到惊讶，这些情况在近年来有关公共部门失败的讨论中已经被广泛提到。要想改变这些状况而非找到弥补或回避它们的措施，需要在整个公共部门制度的层面上采取行动。

案例研究清楚地说明，不充足的预算支持能通过其对公共部门薪金水平和操作支出与投资的影响，从根本上影响能力。研究者指出，即使在摩洛哥和斯里兰卡这些薪金没有像其他案例中那样严重下降的地方,降低薪金也会相当严重地破坏既有能力。为基层提供服务所需的庞大体系与计划承受着很大的压力,这些压力来自于计划资金、交通工具、建筑与维修、设备、所需物质的提供、雇员薪金和激励资金等方面的严重短缺。坦桑尼亚案例的研究结果尤其生动明显。适于向大部分人口提供基本卫生保健服务的国家基础设施,因为缺少人员、医药、交通工具和设备而白白浪费,几乎没有得到利用。在几个国家中,接受捐助支持与不得不依赖政府预算的地区或任务之间存在着巨大的绩效差距。

在所有六个国家中,经济改革计划都是公共部门制度背景的一个重要组成部分,但是,它们对能力的影响却是复杂难辨的。财政稳定政策既包括削减公共部门薪金的预算节俭,也包括倾向于提高城市中产阶级所面临的物价水平的价格与汇率政策。节俭意味着紧缩预算以控制各部门的日常支出和投资。[15]而同时,改革者强调改善宏观经济管理的政策框架,注重强化组织的能力,这种能力直接有助于提高其管理宏观经济或管理某些案例中所选定的最为重要的领域(如农业)的才能。在摩洛哥和加纳,预算的准备由于结构调整计划和捐助而得到根本性改善的事实尤其突出,同样,它们的农业附加(extension)服务也得到了改善。相反,在所有国家中不太重要的领域则被忽视并弱化了,这些领域经常包括社会服务的提供。

从传统上讲,发展行政非常关注设立用以界定和构造公共部门活动与雇佣条件的规则、规章和程序。然而,我们的案例表明,规则、规章和程序在支持或限制绩效方面是一把双刃剑。一方面,为做事情和做对事情而设置的有效的规则和程序,对于日常的职能和迎接长期发展的挑战来说都是至关重要的。例如,玻利维亚的行政管理发展缓慢,在管理日常的政府事务时存在相当大的困难。另一方面,这些规则和程序会导致僵化和过度复杂的要求,它们事实上有碍于完成重要任务。摩洛哥就陷入了这种进退维谷的两难境地,它有非常发达的行政管理,同时却经常由于它的规则、规章和官僚制度而"运作失灵"。它运作缓慢、笨重,不能像它应该做到的那样运行。

我们的案例研究在诸如削减公务员规模的行政改革方面证实了其他几项研究的成果。[16]这些改革对于公共部门的能力来说,有着重要而又经常是负面的影响。例如,自愿退休计划和受到激励的退休计划会导致政府中最好的人员流失,因为这些最有可能在政府之外找到好工作的人选择了这一激励。这一问题在斯里兰卡尤为严重。而且,预期的临时解雇人员数量的持续增长在其他国家尤其是坦桑尼亚造成了一种不确定的和士气低落的气氛。虽然缩减公务员队伍的规模对于提高绩效可能是重要的,但是,在案例研究的国家中,实施缩减的主要结果却是预算赤字的净增长,而并非能力的提高。

六个国家公共部门的能力都受到国家所扮演角色的变更的重大影响。例如,农作物销售和种子供应的私有化改变了农业附加服务的背景,鼓励人们更为关注农业附加服务的核心工作。在加纳和摩洛哥,这些变化以及对农业生产的重新强调促使附加服务更为直接地关注对生产的帮助。不过,由于对最新界定的国家角色没有取得完全一致的认识,有些国家的制度变革趋于缓慢。

很明显,这一制度背景所提供的条件为组织能够和不能够完成什么任务设定了参数。在我们所研究的某些案例中,这些参数限制性很强,以至于不首先处理它们就无法开展工作。坦桑尼亚就是这样的例子。在其他案例中,假如改变制度背景是一项尤为繁重的任务,那么,参数就会宽松得足以使能力问题在其他层次上得到解决。或许玻利维亚符合这一情况。在斯里兰卡、摩洛哥和加纳,在讨论制度背景的同时,也可以同时考虑其他层次的干预活动。但在所有的案例中,都需要对强化这一背景给予适当关注。

较为传统的实践活动关注设立一系列详尽的规则、程序和其他机制,以控制公共组织的活动和政府官员的行为。与之相反的是,我们的研究表明,集中关注影响公共部门制度背景下的绩效的少数基本条件是有用的。首先,必须提供薪金,这将会把合格而有才干的人员吸引到公务员队伍中来。至少,不管公共部门到底有其他的什么工作福利,公务员必须知道他们能挣到足够的钱维持生活。[17]然而,仅仅是薪金水平并不一定能为公共部门吸引到合格的人才,其他的重要因素还有:其他雇佣机会、与政府工作相关的地位和职业身份的高低。其次,必须还要提供一些最低限度的结构与过程。在其他类型的干预活动由于绩效的提高而发挥作用之前,必须存在基本的组织结构、工作描述、雇佣程序、报告关系、供应链和信息系统。然而,由于意识到公共行政很有可能会变得"运作失灵"、呆板、缺乏反应性,所以,应当强调在公共部门中依据最低限度的结构化关系的要求建构基本的组织结构。

除了这些基本条件之外,我们的研究还表明,由于公共部门制度背景的变化,人们应该集中精力从事那些将会提高个人与组织绩效的活动。虽然近期许多改革关注公务员队伍的规模、工资等级和雇佣条件,但是,这些议题对于改善绩效来说是看似必要而并非充分的条件。为了鼓励政府官员在其职位上更加高效率、高效益地工作,需要设置高绩效的标准并经常将其用作人事管理的工具。在公务员体制的普遍标准之内,组织需要更大的雇用和解雇人员的自治权。同时,需要改进招聘程序和职业行为规范,以便赋予公务员适当的身份与地位,并要允许组织监控、评估、执行这样的标准。很明显,这意味着公共部门在招聘、安置和提升方面偏离了以保护者为基础的或者说形式主义的标准,放弃了高度集权的制度体系。它表明,允许人们进入并在公共部门中发展的标准必须是:特定的技能、管理才能、"适合"于职位以及绩效记录,而组织应该成为这些标准的实施者。为了提高组织致力于绩效改善的程度,规则必须直接明了并保持一贯性,以便确保透明度和公正性,但是,它们又必须为组织提供清晰的绩效标准、灵活机动地解决问题的空间,并保证组织对决策(这些决策对于产生它们所负有责任的结果来说是至关重要的)的控制。

任务网络

在六个案例中,复杂的任务绩效网络涉及许多公共部门组织和国际机构(如世界银行、国际货币基金组织、捐助机构和捐助项目),有时,也会有一些当地或国外的私营部门组织和 NGO 参与进来。网络中的组织既有中央的也有行政层次较低的单位,还有地区或省级政府组织。在这些网络中,对绩效产生限制作用的不利之处来自两个渠道:缺少担任任何一项给定任务所需角色的组织,或者这些角色的绩效表现不高;网络中的组织之间缺乏有效的相互作用。

例如,几个国家的预算过程都受到了严重的阻碍,因为中央预算办公室的执行部门没有能力(或缺乏持久的能力)提供精确的开销信息或设计预算提案。这一问题在玻利维亚、加纳、摩洛哥和坦桑尼亚尤为突出。在后面的案例中,地区和地方政府在提出预算提案或监控支出方面的无能,使得各部门向财政部提供报告的缺点更加复杂化。在坦桑尼亚,这些不利之处如此广泛以至于预算过程只不过是"纸牌屋"(house of cards)。

我们发现,就许多对绩效很重要的不同形式的相互作用来说,任务网络中的组织之间可能会缺乏有效的相互作用。如果整体的政策框架是为了引导发展任务,那么,制定政策与实施政策的个人之间的协作是非常关键的。尤其是在服务提供中,要确保服务能够提供给预期的受益者,就需要进行协作。不同提供者(包括单独的政府计划、私营组织和捐助项目)之间的协作导致了特定的挑战。另外,人力资源的素质也会受到培训机构和需要受过良好训练的人员的组织之间的相互作用的影响。

在我们所研究的所有国家的农业附加服务与妇幼保健服务中,都存在着中央与地方、政策制定与实施、目的与资源、培训与技能需求之间缺乏有效联系的现象。在加纳和摩洛哥,不充分的协作导致农业附加服务发展迟缓。在斯里兰卡,新近刚刚负起责任的机构不得不建立一个新的任务网络,以确保活动能真正有所成就,而由其所导致的分权化使得附加服务的提供出现了临时性崩溃。

经常出现的问题是任务网络中的沟通只在一个方向上发生。这一问题赋予了中非共和国和坦桑尼亚妇幼保健服务以特有的特征,在这两个国家,一个中央组织向低层次机构传送信息,却不允许它们对项目设计和实施提出见解。在玻利维亚和摩洛哥,在培训和招聘职能的履行中不允许作为客户的组织就预算的制定提供意见,玻利维亚和坦桑尼亚的妇幼保健项目也是如此。相反,摩洛哥农业部就其培训计划帮助制定了培训课程,它还有效地将工作机会与所招聘人员的素质相匹配。结果,其附加服务就由那些接受了更为适当的培训的人员提供。

如同任务网络的弱点能阻碍绩效一样,有效的相互作用则能够支持获得良好绩效。加纳为了解决协作问题,农业附加服务被重新加以组织,以便明确报告关系,强调不计其数的公共与私营部门服务提供者之间的协作,同时,也强调政策制定与实施之间更为有力的协作。另外,加纳还建立了一个沟通和培训机构以协调研究、附加服务与培训工作。摩洛哥则成立了多学科的小组,通过指导、监督和转移技术专长,推动了附加服务的中央与低层机构之间的联系。

与那些集中于整个公共部门的活动相比,任务网络层的能力建设活动更容易确立目标。而且,这样的干预活动无须为了做到不同凡响而围绕着整个任务网络展开,而是能够集中于那些特定弱点已经被识别出来的部分。这样一来,强化任务网络的努力就应该瞄准最为关键的弱点:整个政策框架是否已经将目标与特定任务的机制确定出来了;任务网络中最弱的组织有哪些;它们对于任务绩效的重要性程度如何;在组织之间的相互作用中,哪里的沟通与协作出现了崩溃现象。

我们的研究清楚地表明,在那些组织之间的协作与沟通存在严重问题的地方,用组织图加以弥补是不会产生有效结果的。能力建设者需要为相互作用和协作设立积极的机制。人们可以建立沟通与协作的正式渠道(如高水平、技术化的沟通委员会,互相关联的管理者或建议者委员会,联合举办的专题学术讨论会或研讨会,以及重新部署办公室或改良技术),以便使得沟通更容易进行。同时,也可以激发非正式的沟通以补充、支持这些正式的相互作用机制。在我们的案例中,"地盘争夺战"(Turf battles)明显地对提高绩效具有反作用力,其中,那些由集中于某些活动而非同一网络中其他活动的捐助资金所激发的"地盘争夺战"尤为有害。

增强协作机制必须任务明确。例如,预算职能中的有力协作既可以由监督委员会(这些委员会将高层官员集中在一起讨论发展中取得的进步与存在的问题)促成,也可以由技术人员的联合培训活动激发。服务提供任务的协作,可以通过激发客户群、使它们组织起来而实现,也可以通过现场办公室与总部之间更为热情的"往返参观"而改善。所有这些机制的一个重要目的是,使沟通在多个方向上更为密切地展开,并且集中于任务绩效和问题的解决。

组织

这一分析框架强调组织内在的性质。由于许多因素不受组织的控制,组织绩效的低下就不能总是归咎于它们。然而,我们从研究中所获得的一系列最为重要的研究结果却证明,组织绩效与组织文化的力量和导向是联系在一起的。我们所研究的国家提供了 29 个组织作为研究案例。其中一些运行得较好,然而其他的组织,即使是在同一国家运行得也很差或者只能说还可以。我们的研究成果集中于那些将运行好的组织与运行差的组织区分开来的特征上,尤其是在这样的研究结果无法通过组织之外的因素加以解释时。

在解释为什么有些组织比另一些组织运行得更好时,我们的案例表明,在一个组织内,问题解决导向以及人力资源与这些人力资源如何被引导、使用和得到酬劳之间的动态交互作用是很重要的。强调使命感和结果导向的绩效的组织文化,对于建立这些积极的交互作用以及在使存在这一分析框架的其他层次上的限制的情况下,也能保证某些组织具有生产力,是至关重要的。

毫无例外的是,绩效好的组织能够谆谆诱导其组织成员产生使命感和对实现组织目标的责任感,而那些绩效差的组织就不能提供同样的使命感。例如,在玻利维亚、加纳、摩洛哥和斯里兰卡,预算过程所涉及的几个技术组织中,专业人员分享着一种精英地位的荣耀感,他们为自己工作的困难性与专业化而自豪,而且为其所从事工作的重要性而献身。在玻利维亚,几个卫生组织的明显不同在于,它们致力于其使命的神秘性的程度是有区别的。在加纳、摩洛哥和斯里兰卡的农业研究所中,一种作为科学家的精英身份的荣耀感与科学家的国际性团体的联系这两者结合在一起,强化了他们达到高绩效标准的责任感。在所有国家中,中高层雇员所具有的职业正直(professional integrity)感总是与高水平的绩效表现相联系。[18]

与将生产率和报酬相联系的评估所暗示的相反,实现组织目标的责任感有时与薪金水平是无关的。例如,在玻利维亚的案例中,公共部门与NGO的医疗人员的薪水非常接近,但是责任感和使命感却有着根本性的差别。在其他涉足于预算过程的经济机构中,那些中坚性的组成单位与公共服务的其他群体相比,常常能从高收入中获益。然而,同样经常出现的现象是,作为精英组织的组成部分、分享着对国家发展的重要性以及享受一个特定组织所拥有的传统声望(如斯里兰卡的中央银行),这些都是导致高绩效的重要因素。培育一种高声望、专业正直和组织使命感的文化或许能抵消一些限制因素的影响,这些因素产生于受到经济性束缚或呆板僵化的公共部门的制度背景中。

工作结构、权力关系、沟通与行为规范也是在组织层次上区分绩效高低的因素,而且它们也与组织文化的特征相关联。对于这些因素中的每一个,高绩效组织都展示了强调公平、参与和灵活性的管理类型。在玻利维亚的NGO卫生组织和斯里兰卡的农业研究所中,职业人员明显地看重为组织决策提供建议的机会,并对这些机会做出了积极的反应。在加纳的一个农业研究所中,有关政策与解决问题的团队工作的非正式对话提高了绩效。而任务的政治化与经理人员的偏爱则不利于低效组织产生有效绩效。

而且,组织文化与管理类型(包括树立好的榜样、共同掌权、允许参与决策制定、咨询以及鼓励等因素)之间的联系,在绩效好的组织中经常是很明显的。在它们的激励体系中,我们同样可以明显地看到组织文化与管理类型的联系。虽然许多激励超出管理权的控制范围,如在薪金水平由公务员制度设立时或者在那些招聘与提拔由中央操纵的地方,情况就是如此,但是,这些案例为非金钱激励并不比金钱激励次要提供了证据。[19]在绩效好的组织中,以下做法是很明显的:海外留学机会、组织使命感、因绩效好而被提升、因为绩效最佳而被挑选出来、职业群体的荣耀感、获得绩效目标的友好竞争、参与团队工作以及其他此类实践。而且,在绩效好的单位中,对高绩效的激励与对低绩效的惩罚是配合实施的,工作人员也意识到长期低绩效的后果就是被开除。

看起来,组织文化的力量与导向同样会影响到物质资源对于特定组织的绩效的重要性。当然,在绩效最差的组织中,有些组织在陈旧、破烂的老建筑中办公,不可能获得现代技术或交通设施,也严重缺乏基本的办公设施(如桌子、铅笔和灯泡),而绩效好的组织一般有更为舒适、方便的办公条件。然而,在很少的几个案例中,绩效好并发现工作使其获得了心理报酬的工作人员，将这一切归功于他们的物质环境的保持甚至是改善。很明显，组织如果没有设备和必需的交通工具就不能实施适宜的工作，但是，一些受到极大激励的组织找到了弥补这些糟糕的物质资源的方式。

这些案例表明，组织面临的限制很少与工作的结构化、使命的界定和职位的描述（这些工作是许多公共行政强化项目的焦点）相关，而是更经常地与以下因素有关：为目标导向的绩效提供有意义的工作和激励、在职业雇员中宣传组织的神秘性以及鼓励工作中的问题导向。

根据我们的案例研究结果可知，组织文化最为重要的特征是宣传以使命为焦点的组织的神秘性。这种神秘性可以通过几种方式建立。入职培训（induction training）包括一个非常重要的成分：以使命为焦点的课程和讨论。经理人员可以强调绩效评估、团队评估、办公室评估和项目活动评估有助于组织使命的重要性。团队中实施的工作也可以帮助建立和提升一个组织的神秘性。在服务导向的组织中，客户的参与有助于增强使命感和责任感。

有效组织文化的一个重要成分是传递明确消息的能力，它"对于绩效来说是有价值的"（performance counts）。例如，开放而竞争的招聘程序强调，那些被挑选出来的人员将是那些基于他们的价值而"赢得"了竞争的人，他们要理解组织利用绩效作为职业价值的衡量尺度。[20]同样，职位描述、招聘规则、报酬和提升能传递绩效预期的信息，如果持续应用这些手段，就能暗示雇员为了留在组织中、得到提升或者提高薪金必须要做些什么。

我们的案例也表明，目的集中的入职培训能够也应该用于宣传合意的组织规范和绩效预期。新进人员的试用期、定期且可续签的合同与绩效评估相联系，是有关绩效的信息在组织中得到沟通的其他方式。提升、认可以及金钱和非金钱的激励是对高绩效的重要奖励方式。另外，最佳的绩效可以被挑选出来给予认可和奖励，这正如低绩效必须被确认并遭

第二章 公共部门持久能力的建设：我们能够做些什么？

受惩罚一样。

组织必须能够为专业和技术人员提供有意义的工作，并鼓励他们对履行职业行为规范做出承诺。[21]确立专业地位也能鼓励工作人员的道德行为，并培养其完成使命的责任感。专业与技术人员也能通过参加或成立专业人员联合会而受到激励。与国际上相关群体的联系也可以产生强烈的专业地位感，并强化对组织工作重要性的认识。

当组织拥有一些自治权或拥有为领导权提供更大活动领域的"机动空间"时，培育绩效和结果导向的组织文化的能力就能得到强化。另外，组织使命可以采取以下方式加以界定：鼓励积极解决问题和为适应变化的环境而做出创造性的调整。经理和工作人员可以以相似的方法进行培训，这些方法强调发现问题和评估解决问题的可选方案。通过团队工作发现问题并提出解决方案是经常使用的一种培育这种组织文化的手段。

组织要对那些知道如何宣传绩效导向文化的经理做出回应，要引导这样的经理去发现解决问题的方法并为高绩效提供激励，而不能让他们通过应用规则与规章来行使权力。他们能够在组织内或组织与它的环境之间进行有效的谈判，也能鼓励下属参与决策制定和对客户需求做出回应。有时，他们必须能够保护他们的组织不受来自很不友好的环境的一些负面影响。

组织也要回应外部力量对有效绩效的要求。组织需要从外部力量那里获得实现更大目标的要求，它们的绩效也必须以从成功中获取荣耀、从失败中获取耻辱的方式而受到监控。组织要推动客户对组织施加提供有效而即时服务的压力。同样，对信息的需求也能够改善信息本身的可获得性与精确性。组织应该知道，当选民遇到或好或差的绩效表现时，或者当单个的政府官员对他们的需求做出或未做出反应时，他们有办法与重要的"其他力量"进行沟通。

人力资源

在案例研究中,人力资源的培训形式是多种多样的。各国之间一个显著的不同在于,大学与技术培训是否会将人们培养为能够适应他们将要从事的工作的人员。在某些案例中,低水平或不充分的专业培训导致组织必须通过内部培训计划来弥补这一缺陷。同时,在职培训计划的效果有着显著的不同。入职培训通常是一种成功的培养人们承担其责任的方法,尤其是当任务明确并且与宣传组织的神秘性相联系时更是如此。正在进行的和计划的职业更新培训一般与在职培训一样也会取得成功。很少取得成功或者有时对高绩效产生反作用力的是特别进行的在职培训计划与专题学术研讨会。同样,不同组织和国家的离职学习的有用性也有所不同。当个人因为离职学习的好成绩而得到奖励时,以及当离职学习与职业生涯开发和回到组织后的职责密切相关时,这种培训方式往往是最为有效的。

在案例研究中出现了一个将开放、竞争的招聘程序与雇员绩效相联系的模式。毫无疑问,最有能力招聘到合适人才的组织是这样的组织:向报考者发布了公告和提供了竞争机会,考试或面试严格,或者两者都很严格,以及有某种形式的复审委员会以确保实现招聘目标。在这些案例中,新进人员最有可能急于承担组织的使命,有效地参与组织的文化,并且为实现目标而工作。另外,当招聘工作由组织而非公务员或其他公共部门的机构管理时,它的运作最有助于提高绩效。

我们的案例表明,虽然培训和招聘是开发能力的重要方面,但是,组织对人力资源的有效使用却是决定政府官员是否能高效工作的最重要因素。因此,组织的人力资源问题经常不是获取高素质人才,而是将他们招聘进组织后如何使用他们。很明显,在几个案例中,专业人员对于他们的工作是否有意义以及是否适合于他们所接受的培训的水准是很敏感的。

当他们相信他们是在发挥自己的聪明才智完成他们认为有意义的任务时,他们更有可能受到激励,从而对组织做出贡献。当这样的人无所事事、被日常的行政事务所束缚或者因为缺少交通工具或计算机而不能从事他们的活动时,他们就得不到激励。

很明显,人才的使用与留住高素质人员的能力是相关联的。薪金水平在留住人才方面有一定的作用,但是,更为重要的因素是对组织的使命感和参与感、工作满意度、职业地位和对高绩效的认可。事实上,这些因素使得有些组织即使在薪金水平下降或者工作安全感丧失的情况下,也有可能留住工作人员。与人们的直觉相反的是,合同期的长度与留住高素质人才的能力相关。与年度绩效评估有着明显联系的一年一续签的合同能够导致持续的人员高保留力(retention)。另一方面,公务员雇佣保障经常与基于资历而非绩效的提升结合在一起,这就意味着,只有低绩效者才会留在组织中,而高绩效者则转而寻找那些有更多回报或者更为有趣的工作。高度政治化的环境降低了绩效与雇佣之间的联系,从而对组织的人才保留力具有有害的影响。因此,整体来说,保留力看起来对绩效奖励和工作满意度是非常敏感的。这一研究成果是很有用的,因为它暗示人们,即使财政非常紧张,仍然可以通过努力创造有效的组织文化和改善组织的管理工作来提高人才保留力。

由此,许多人力资源"问题"其实是使用的问题,即个人被安排了什么工作以及引导他们工作行为的是哪些激励措施。除了关注绩效、激励体系、工作满意度、解决问题、管理和提出要求以外,我们的案例研究还对能力建设者如何克服人力资源限制提供了一些额外的洞察。

例如,案例表明,在培训专业和技术人员的制制度与招聘和使用这些人才的组织之间建立联系是很重要的,而这并非是一项非常繁重的工作。大学的官员和培训机构可以定期与从它们之中招聘去的组织经理人员会面,如果合适的话,还可以让招聘组织里有声望和影响力的领导人员担任培训机构的委员职务。被招聘进公共部门的培训机构毕业生,则可以通过反馈渠道,向培训机构的领导和老师反映培训是否适当。

稍微有些困难的任务是对培训机构的课程设置加以指导,从而强调与雇佣相关的技能。尤其需要加以强调的是分析技术、管理开发和解决问题的技能。另外,在评估对专业和技术人员进行额外培训的方式和时机时,需要较多地考虑组织的特定需求,这是对培训机构提供的最适当的帮助。离职在国内或到国外学习的机会应该与组织和个人的需求明确联系起来。专业与技术人员必须开发或更新他们的管理技能,或者如在某些案例中所要求的那样开发或更新与职业相关的技能,额外的培训必须与工作绩效相联系。同样,名声很高的培训机会,如海外培训,应该与确保受训人员回到捐助组织的某些措施相联系。

结论

这一章中提供的概念图是评估影响政府执行发展任务的能力的整体性框架。案例研究表明,它对于找出限制能力提高的最重要因素存在于何处是非常有用的。案例研究还表明,这些限制因素在国家内部是相互关联的,并且不同国家存在着相当大的差异。因而,干预活动需要战略化,需要敏锐地关注框架所勾画出的能力的不同维度之间的相互关系,并采取不同的应对措施。在少数国家中,仅有的有效行动过程的目的可能是:通过为基本的经济、政治和社会稳定性创造条件,而着手处理"坏政府的根本原因"。然而,在大多数案例中,干预战略更有可能将目标锁定在公共部门内部的条件上,并且,这些战略设计的根本关注点在于那些看似对有效的绩效产生最大限制的因素。

我们在前面曾经暗示,许多能力建设活动开始于一系列的假设,这些假设涉及这样的活动应该集中在何处,什么样的活动在开发或强化能力中是最为有效的。这一章所进行的研究对这些假设的有用性提出了质疑,并且对思考开发能力的活动应该从何处、如何进行提出了几个替代方案。

- 能力建设活动应该集中于何处？要挑选出最有可能建设性地解决低绩效问题的场所,必须以对相关的大量因素的评估为依据,这些因素包括所有这些行动要发生于其中的行动环境。在许多案例中,通常将关注点放在组织或培训上,这可能并非是最有效地解决问题的行动场所。
- 哪种激励机制和交互作用有助于产生高绩效或者低绩效？基于研究,我们认定以下的假设是适当的:与规则、规章或程序以及工资等级相比,强有力的组织文化、良好的管理实践和有效的沟通网络更有可能导致高效益的公共部门绩效。
- 何时、何地培训成为一种提高绩效的有效手段？我们的案例研究表明,与特定技能的培训相比,有意义的工作机会、一致赞同的职业规范、团队工作和基于绩效的提升对个人绩效的影响可能更大。

建设有效的国家能力意味着持续地开发和有效地使用人力资源,意味着对任务导向的组织实施建设性管理,也意味着培育能推动问题解决的制度背景和有助于保持这种能力的经济、政治和社会条件。这必然是长期的、困难的、充满挫折的过程,不时地会被失败所打断,但也不时地会显现出成功的可能性。打造好政府不是一件轻而易举的事情。然而,有一些方法和战略相比之下更为有效,也有些特定的干预活动很有可能会导致更好的结果。这一框架和案例研究的结果已经暗示了其中的一些方法和活动。

注释

本章原载于 *Public Administration and Development* 15, no. 5, 1995, 本次重印得到

了 John Wiley and Sons limited(Chichester, Sussex, UK)的许可。

本章是由联合国开发计划署(UNDP)资助的一个大型研究项目(INT 项目/92/676)的一部分,发表于 *Public Administration and Development* 15, no. 5, 1995, 第 441—463 页。我们对 UNDP 的 Gus Edgren 和 Sheila Smith 以及世界银行的 Nimrod Raphaeli 邀请我们实施这一研究表示感谢。玻利维亚的 Guillermo Pacheco Revilla、中非共和国的 Nzapayeke、加纳的 Ghulam Adamu、摩洛哥的 Abderrahmane Haouach、斯里兰卡的 Nimal Sanderatne 和坦桑尼亚的 Rwekaza Mukaandala 在他们的国家进行了有效的案例研究。Lisa Garbus、Dale Johnson 和 Ellen Pigott 帮助本项目进行了卓越的编辑工作,Dan Seimann、Sarah Dix 和 Sarah Newberry 对本项目的完成起了推动作用。我们对他们的帮助表示深深的谢意。

1. 请特别参阅 Jagdish N. Bhagwati, *Foreign Trade Regimes and Economic Development: Anatomy and Consequences of Exchange Control Regimes* (Cambridge, MA: Ballinger,1978); David C. Colander, ed., *Neoclassical Political Economy: The Analysis of Rent-Seeking and DUP Activities* (Cambridge, MA: Ballinger, 1984); Anne O. Krueger, "The Political Economy of the Rent-seeking Society," *American Economic Review* 64, 3 (1974); Deepak Lal, "The Political Economy of the Predatory State," Discussion Paper 105 (Washington, DC: Development Research Department, World Bank, 1984); T. N. Srinivasan, "Neoclassical Political Economy: The State and Economic Development," *Politics and Society* 17, 2 (1985); World Bank, *Towards Sustained Development in Sub-Saharan Africa* (Washington, DC: World Band, 1984)。对许多国家无法实现兴盛的另一个解释强调国际政治经济条件对发展中国家的负面影响。

2. 由 Miles Kahler 提出的"正统的自相矛盾的论点"(orthodox paradox)将人们的注意力引向这一问题:根据最小化主义者的国家角色方案,所需的改革需要有一个相对有效的国家工具,而这一需求是值得质疑的。请参阅 "Orthodoxy and Its Alternatives: Explaining Approaches to Stabilization and Adjustment," 见 Joan Nelson ed., *Economic Crisis and policy Choice* (Princeton, NJ: Princeton University Press,1990),55。到了20世纪80年代末,一些发展专家开始承认,强调最小化是"反应过度",并且指出有效的国家行动对于推动平衡发展是重要的。请特别参阅 Tony Killick, *A Reaction Too Far: Economic Theory and the Role of the State in Developing Countries* (London: Overseas Development Institute, 1989); Peter Evans, "The State as Problem and Solution: Predation, Embedded Autonomy, and Structural Change," 见 Stephan Haggard and Robert Kaufman ed., *The Politics of Economic Adjustment* (Princeton, NJ: Princeton University Press, 1992); Paul Streeten, "Markets and States: Against Minimalism," *World Development* 21, 8(1993, Autumn)。对东亚发展成功的研究强调了国家对于成功来说就像对失败一样是起着核心作用的。请参阅 Robert Wade, *Governing the Market: Economic Theory and the Role of Government in East Asian Industrialization* (Princeton, NJ: Princeton University Press,1990)。其他对西方市场化历程进行的研究暗示,最小化国家的理念的产生是历史记录的误导。"新制度经济学"指出,由公共权力(如聚敛私

第二章　公共部门持久能力的建设：我们能够做些什么？

人财物的权力和合同批准权）创立或执行的制度对于西方国家的资本主义经济发展是至关重要的。请参阅 C. North and R. Thomas, *The Rise of the Western World*（Cambridge: Cambridge University Press, 1973）和 Oliver E. Williamson, *The Economic Institutions of Capitalism*（New York: The Free Press, 1985）。

3. 这一议程强调：除非政府致力于向人力资源开发特别是健康、教育和社会安全网络投资，贫困的水平与程度不能降低，经济增长也不能持续。请参阅 1990—1993 年 UNDP 的 *Human Development Reports*（New York: Oxford University Press）和世界银行 1990 年（关于贫困问题）和 1993 年（关于健康问题）的 *World Development Reports*（New York: Oxford University Press）。也请参阅 Nancy Birdsall, David Ross and Rickard Sabot, "Inequality and Growth Reconsidered"（为 1994 年 1 月美国经济联合会在马萨诸塞州波士顿举行的会议准备的论文）。

4. 请参阅关注环境问题的 *World Development Report 1992*, 也请参阅世界环境与发展委员会的 "Bluntland Commission" 报告 *Our Common Future*（New York: Oxford University Press, 1987）; Richard Sandbrook, "Development for the People and the Environment," *Journal of International Affairs* 44, 2（1991）和 Maurice F. Strong, "ECO 92: Critical Challenges and Global Solutions," *Journal of International Affairs* 44, 2（1991）。

5. 参阅 Eliot J. Berg, *Rethinking Technical Cooperation: Reforms for Capacity Building in Africa*（Washington, DC: United Nations Development Programme/Development Alternatives, Inc., 1993）; Edward V. K. Jaycox, "Capacity Building: The Missing Link in African Development"（非洲—美洲研究所会议上发言的抄本，African Capacity Building: Effective and Enduring Partnerships, Reston, VA, 1993 年 5 月 20 日）。也请参阅 C. Gray, L. Khadiagala and R. Moore, *Institutional Development Work in the Bank: A Review of 84 Bank Projects*（Washington, DC: World Bank, 1990）。分析家指出，许多政府，尤其是那些非洲政府，在实施基本的政府职能或为制定与实施有效的公共部门政策提供专业化技能方面，总是依赖外部的顾问。参阅 John M. Cohen, "Foreign Advisors and Capacity Building: The Case of Kenya," *Public Administration and Development* 12, 5（1993）。对技术支持项目的评估大致上也认定，强化制度与建设能力的活动很少有效或者只是技术支持的组成部分而已。关于发展中国家公共部门绩效的更为普遍的情况，请参阅 Milton J. Esman, *Management Dimensions of Development: Perspectives and Strategies*（West Hartford, CT: Kumarian Press, 1991）。

6. 参阅 Mick Moore, *Institution Building as a Development Assistance Method: A Review of Literature and Ideas*（Stockholm: Swedish International Developmnet Authority, 1995），以便回顾提高组织绩效的战略如何随着时间的改变而变化。

7. 要了解这些改革活动的经验，请参阅 David L. Lindauer and Barbara Nunberg eds., *Rehabilitating Government: Pay and Employment Reform in Africa*（Washington, DC: World Bank, 1994）; Mamadou Dia, *A Governance Approach to Civil Service Reform in Sub-Saharan Africa*（Washington, DC: World Bank, 1993）; L. Adamolekum, "A Note on

Civil Service Policy Reform in Sub-Saharan Africa," *International Journal of Public Sector Management* 6,3(1993)。

8. 要进行一般性的观察,请参阅 Derek Brinkerhoff,"Technical Cooperation and Training in Development Management in the 1990s: Trends, Implications and Recommendations," *Canadian Journal of Development Studies* 20,3(1992)。

9. 六个进行案例研究的国家由 UNDP 和世界银行挑选出来。要查阅全部报告,请参阅 Ghulam Adamu, *Ghana: Pilot Study of Capacity Building*(Cambridge: Harvard Institute for International Development, 1994); Abderrahmane Haouach, *Morocco: Pilot Study of Capacity Building*(Cambridge: Harvard Institute for International Development, 1994); Rwekaza Mukandala, *Tanzania: Pilot Study of Capacity Building*(Cambridge: Harvard Institute for International Development, 1994); Guillermo Pacheco Revilla, *Bolivia: Pilot Study of Capacity Building*(Cambridge: Harvard Institute for International Development, 1994); Andre Nzapayeke, *Central African Republic: Pilot Study of Capacity Building*(Cambridge: Harvard Institute for International Development, 1994); Nimal Sanderatne, *Sri Lanka: Pilot Study of Capacity Building*(Cambridge: Harvard Institute for International Development, 1994)。要获得对分析框架和研究结果分析的更为详细的资料,请参阅 E. Hilderbrand and Merilee S. Grindle, *Building Sustainable Capacity: Challenge for the Public Sector*(Cambridge: Harvard Institute for International Development, 1994)。

10. 我们的定义介于将能力等同于发展的广义概念与将能力等同于人力资源培训的狭义概念之间。这两种概念的例子请参阅 Peter Morgan,"Capacity Building: An overview"(为 1993 年 11 月 22—23 日在加拿大渥太华召开的"治理制度方面的能力开发"大会准备的论文),和 John M. Cohen, *Building Sustainable Public Sector Managerial, Professional, and Technical Capacity: A Framework for Analysis and Intervention*(Cambridge: Harvard Institute for International Development, 1993)。

11. 例如,在预算制定过程中,财政部的预算办公室经常是制定预算的主要组织;中央银行的宏观经济或统计部门则是次要组织,它为预算办公室提供重要的信息;全国培训机构的计算机培训部门则可能是一个支持组织。

12. 在选择所要研究的任务时,我们挑选那些涉及基本的人力资源能力和依赖几个不同组织之间的相互作用的任务。预算制定需要多个组织部门之间经常的合作,典型情况下包括财政部办公室、计划部中的机构和中央银行、职能部门、统计和其他技术支持机构。这一任务同样需要受过培训的经济学家、会计、预算专家和高效的管理者,以及信息技术和其他技术领域的专家。预算制定对于公共部门和经济来说都是很重要的,它是一个用特定的产出和可予以评估的绩效加以界定的过程。妇幼保健和农业附加服务需要受过训练的人员,需要涉及从制定研究与培训政策的总部和培训机构到现场办公室在内的所有单位之间的相互作用。这些单位也经常会承担由政府不同层级的组织所担负的责任,有时也会同 NGO 或者商业组织这样的私营部门组织一起承担。每一项此类活动的产出都可以用不同的指标加以衡量。

13. 有几个案例验证了这一经历,请参阅 Lindauer and Nunberg, eds., *Rehabilitating Government* 和 David C. Chew, "Internal Adjustments to Falling Civil Service Salaries: Insights from Uganda", *World Development* 18,7(1990)。

14. 在这一方面,中非共和国接近于"崩溃的国家"这一概念。请参阅 William Zartman ed., *Collapsed States: The Disintegration and Restoration of Legitimate Authority* (Boulder, CO: Lynne Rienner,1995)。

15. 要了解关于结构调整政策对公共部门绩效的影响的讨论,请参阅 David Hirschmann, "Institutional Development in the Era of Economic Policy Reform: Contradictions and Illustrations from Malawi," *Public Administration and Development* 13 (1993)。

16. 请参阅 Lindauer and Nunberg, eds., *Rehabilitating Government*。

17. 在许多国家中,这一薪金水平无须与私营部门持平,但是,它必须至少足够确保政府官员工作中无后顾之忧。报酬处于一个合理的水平,可以吸引人们到公共部门和技术职位上工作,却并非为了报酬的原因,而是为了其他如职业声望、处理重要问题的机会这样的原因,或者有时为了非薪金的利益,如住房,在某些国家,它的重要性足以超出薪水本身,对于高层官员来说更是如此。政府要提供一定水平的预算,以便能够为雇员家庭必需的支出与投资提供稳定的薪金,为此,它们需要判断哪些活动是最重要的,然后集中精力在这些领域进行能力建设。这种精力的集中有助于更好地使用有限的财政和人力资源,有助于鼓励政府向私营部门或 NGO 授权。

18. 请参阅 Moore 在 *Institutional Building*,29 上发表的有关职业规范与行动的重要性的讨论,以及对它们在发展中国家公共部门绩效方面的作用的低估的讨论。

19. Moore 在 *Institutional Building* 中暗示,在现在的能力建设方法中,人们更为关注金钱激励机制,而对非金钱回报却较少考虑。

20. 请参阅 Judith Tendler and Sarah Freedheim, "Trust in a Rent-Seeking World: Health and Government Transformed in Northeast Brazil," *World Development* 22, 12 (1995)对这一结果的讨论。

21. 请参阅 David K. Leonard, "Professionalism and African Administration," *IDS Bulletin* 24,1(1993)。

第三章

强化发展中国家的人力资源能力
谁是行动者？他们有哪些行动？

詹姆斯·A.特罗斯特尔、约翰尼斯·U.萨默菲尔德和乔纳森·L.西蒙

二战后,帮助欠发达国家建设独立的职能国家制度的努力发端于20世纪五六十年代的"制度建设"(institution building)理念;到了六七十年代,这一活动的重心转向对现存制度的"制度强化"(institution strengthening);然后,在80年代,其关注点更为狭窄,集中于"发展管理"和"制度发展"(institutional development)。[1]在20世纪80年代中期和90年代,捐助者和公民意识到,先前对公共部门制度建设的投资经常无法带来人们所期望的政府在预测、识别、预防或管理发展难题方面的重要能力的改善,因而,对"能力建设"的关注随之出现。[2]

与制度发展的语言从关注建设转向关注强化非常相似的是,将来的能力建设的语言也转而强调能力强化。[3]除非我们在提到那些特别地使

第三章　强化发展中国家的人力资源能力：谁是行动者？　他们有哪些行动？

用了"建设"这一术语的作者时，否则本章使用"强化"这一术语。简言之，我们假定，通常欠发达国家中已经存在组织和人力资源。与建议成立新的组织和提供新的战略相比，更为重要的是理解它们现有的角色与局限。[4]我们做出了战略性的选择，以便强调这一点：通过强化既有的机构而不是建设新的机构，能力通常能够得到有效的提高。

"能力建设"这一术语在发展文献中通常用多种不同的方式加以界定。有的将能力与技能开发和人力资源开发相联系，而其他的则将其与强有力的制度相联系。例如，科恩将人力资源能力界定为：公共部门的制度在实施既定职能方面的能力，这些既定的职能通过履行这些任务的个人承担制度角色而得以运作。[5]更为通用的能力概念也已经出现：在第二章，希尔德布兰德与格林德尔将能力界定为"高效益、高效率、持久地执行适当任务的能力"[6]。他们提供了公共部门能力建设的五个维度（行动环境、制度背景、任务网络、组织与人力资源）和将这些维度图解化的分析框架。但是，不用行动者、行动和事件来勾画能力的维度，有可能将分析的注意力从起催化作用的事件上移开，也有可能使分析忽视人们如何回应外部和国内发展活动的细微的策略差别。[7]

我们关注希尔德布兰德与格林德尔的分析框架以及其他人类似的分析工具是因为，它们提供的行动场所比行动本身更为完善。这在一定程度上是一个写作手法的问题，因为行动经常通过一系列复杂的箭头标记而被置于模型中，这些标记所遮掩的比它们所揭示的要更多一些，而事实却要复杂得多。希尔德布兰德与格林德尔的分析框架应该补充进对交互作用的描述与分类。[8]

我们主张，强化公共部门能力需要对行动场所进行图解，但是，同样需要对建筑工程学（研究通过结构实现对张力和压力的分配与控制）的理解。[9]示意图有助于将人们的注意力集中于相关的路径，却不能勾画出适应与抵制的路径。例如，在挑选主题、国家、组织与个人时，组织中的人员致力于特定的过程和策略,他们与各个竞争力量展开谈判,以做出解决、控制或支配各种张力的妥协。我们强调这一决策制定程序的原因在于,它在确定什么是能力以及强化谁的能力的过程中扮演着至关重要的角色。这些动态的步骤在希尔德布兰德与格林德尔的分析框架中显然是被遗忘了。依赖于这样的策略性与战略性决策的结果,不同类型的培训与技术援助成分被关联起来。对不同层次能力的关注将导致不同类型援助活动的混合:学位教育与技能开发对于个人能力来说更为适当,而制定规划与编制预算方面的帮助则对组织能力更为适当。

因此,本章不但描述结构,也描述人力资源能力强化的过程。我们首先提供一个通用的过程导向的分析框架,它适用于欠发达国家的状态,并集中关注在结构与制度中以关键性力量出现的行动者、行动与事件。然后,我们用这一框架解释应用腹泻病研究(ADDR)项目的设计与运行,这一项目的目的是建立和强化公共医疗卫生学的研究能力。

我们提供的这一框架是作为希尔德布兰德与格林德尔的能力维度示意图的建筑工程学的补充而出现的。希尔德布兰德与格林德尔认为,她们的分析框架"能够用于评估限制因素、能力差距和机会,也是开发干预战略以建设更为有效的完成发展任务的能力的基础"[10]。我们则认为,他们的分析框架提供了一系列重要的组织原则,这些原则有助于引导对不同维度能力的讨论,但是,开发干预战略所需的分析框架必须更为明确、更为关注权力和影响的起源和(数学与生物学意义上的)向量。

将人力资源能力强化概念化的分析框架

图3-1展示了我们分析人力资源强化的框架,这一分析框架描述了能力强化不同阶段的行动者、行动和事件。它强调人、人的行动以及结构性力量(它们在决定人力资源强化计划的过程与结果时作用于人们)之间的关系,并对它们进行分类。

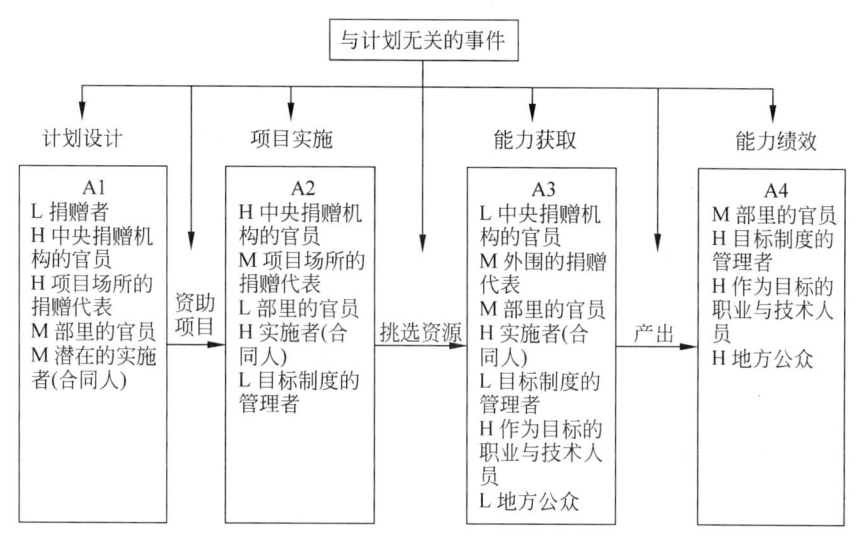

第三章 强化发展中国家的人力资源能力：谁是行动者？他们有哪些行动？

```
                        ┌──────────────┐
                        │与计划无关的事件│
                        └──────────────┘
     计划设计      项目实施        能力获取         能力绩效
  ┌─────────┐  ┌─────────┐   ┌─────────┐      ┌─────────┐
  │   A1    │  │   A2    │   │   A3    │      │   A4    │
  │L 捐赠者 │  │H 中央捐赠│   │L 中央捐赠│      │M 部里的 │
  │H 中央捐赠│资│ 机构的  │挑 │ 机构的  │产    │ 官员    │
  │ 机构的  │助│ 官员    │选 │ 官员    │出    │H 目标制度│
  │ 官员    │项│M 项目场所│资 │M 外围的 │      │ 的管理者│
  │H 项目场所│目│ 的捐赠  │源 │ 捐赠代表│      │H 作为目标│
  │ 的捐赠代表│ │ 代表    │   │H 部里的 │      │ 的职业与│
  │M 部里的 │  │L 部里的 │   │ 官员    │      │ 技术人员│
  │ 官员    │  │ 官员    │   │H 实施者 │      │H 地方公众│
  │M 潜在的 │  │H 实施者 │   │(合同人) │      │         │
  │ 实施者  │  │(合同人) │   │L 目标制度│      │         │
  │(合同人) │  │L 目标制度│   │ 的管理者│      │         │
  │         │  │ 的管理者│   │H 作为目标│      │         │
  │         │  │         │   │ 的职业与│      │         │
  │         │  │         │   │ 技术人员│      │         │
  │         │  │         │   │L 地方公众│      │         │
  └─────────┘  └─────────┘   └─────────┘      └─────────┘
```

关键：行动者群，A1—A4　　行动者的影响层次：低(L)、中(M)、高(H)

图 3-1　人力资源能力强化计划中的行动者、行动与事件

我们认为这一分析框架是对前一章所提出框架的补充,因为,它关注人力资源而不是公共部门的制度,而且,它给出了一幅有关能力强化过程的更为动态的画卷。适当质量层次的适当任务的绩效是能力强化的最终展示,然而,成功的绩效也是不同利益集团成员之间一系列交互作用与协商的最终结果,是那些经常与任何特定的能力强化计划无关的外部事件的最终结果。

能力强化有许多形式与渠道。我们的分析框架尤其能代表那些由外部的捐赠引起并通过特定计划实施的能力强化活动。我们认识到,大多数能力强化活动不是在外部捐赠下实施的,也可能不作为特定的能力建设计划加以组织,而是个人创新(送孩子在国内或去海外上学攻读学位)或地方组织创新(开办计算机应用的培训课程)的结果。这些活动是非正式的并且经常是特定的,它们不被设计成一种共享的活动,因此,最初人们很难注意、改变和评估它们。这一分析框架经过些许的调整就可与特定的计划相关联,而这些计划是由正式的国家部门活动(如教育部设计

69

的新的奖学金计划或医疗研究委员会对一个全国研究资助计划的支持)加以组织的。对框架进行进一步的调整,还可将其与由特定制度加以保证的日常活动(政府课程改革、农业附加服务工作和基础教育)相关联。我们强调外部捐助的例子是因为它是我们的经验的基础,也因为它更为重视一系列的阶段,在这些阶段中,行动者、行动和事件交互作用。

图3-1 识别出通过所组织的计划强化人力资源能力的过程中的四个基本阶段,包括设计阶段(例如,导致一项特定的捐赠或政府革新活动)、项目实施阶段(一个合同人或行政单位被挑选出来以实施项目,并付诸于实践)、能力获取阶段(采取了不同的培训和其他活动,非正式的经历增强了技能)以及绩效阶段(能力在任务绩效中得以表现,并被评估)。虽然在图中这些阶段以线性方式被加以解读,但是,基于它的过程由于反馈环和演化中的变化而趋于复杂化。例如,受训者的低绩效信息,可能改变了能力获取阶段人员选拔或培训活动的内容;或者新的捐赠关注点有可能改变一个既有项目的实施方式。

分析框架中的"行动者"这一术语指的是特定组织中或其他背景中的人员,而不是组织本身。我们主张,在概念上关注人力资源而非组织,对于"通过定义扩张"进一步诠释能力建设概念是很重要的。[11]在致力于强化人力资源能力的计划中,相关行动者的名单很长(见框图3-1),而且这一名单依据所要强化的能力的类型(如研究对沟通或预算)和部门(如医疗卫生、教育、财政和农业部门)而变动。

这一分析框架表明,所涉及的行动者名单在一个能力强化项目的每一阶段都可能发生变化,而且,同样的行动者在不同阶段可以产生不同层次的影响。为了使得模型简单明了,这些行动者以影响层次的高、中、低这样的图解方式展现在图表中。例如,在目标教育制度中的所长、主任和会计人员对于项目实施阶段(当合同人是挑选出来的时)的影响不如他们在获取阶段(当他们的人员获得了技能或执行新的任务时)的影响大。

相反,捐赠机构的官员在设计阶段的议程确立中发挥着巨大影响力,而在获取阶段(当一个捐赠的接受者可能进行实验、分析材料或获得特定证书时)的影响力很小。能力强化项目的行动者对项目不同阶段的不同激励做出反应,而对项目的评估,也需要根据评估的是哪一阶段和涉及哪些行动者,挑选不同的方法,设置不同的成功标准。

> **框图3-1 强化人力资源能力项目中的行动者**
>
> - 捐赠人(例如世界卫生组织,即由各成员国组成的世界卫生联盟这样的国际组织;美国的公共捐赠人、美国人民或他们的议员;私立基金会、理事会等)
> - 发起国的捐赠机构的官员
> - 项目现场的捐赠机构官员
> - 项目现场的政府相关官员(通常是联邦部长,有时也可以是省或地方官员)
> - 负责实施项目的实施机构(合同人)的工作人员
> - 目标制度的行政官员(所长、校长、主任或会计)
> - 目标制度中的职业人员(科学家、教师或其他技术人员)
> - (由捐赠机构、实施机构或地方政府雇用的)外部或国内的咨询人员
> - 项目现场的地方公众

能力建设过程每一阶段所涉及的各种各样的行动者相互谈判,并根据他们的个人与制度权力、见解与激励做出决策,这就导致了特定的行动。行动是项目存续过程中不同阶段的协商与决策的显现,包括问题界定、就项目的关注点和方法进行协商之后对项目进行授权、分配资金、选择要强化的资源、实施多种被设计用于建设或强化能力的活动(学位与非学位培训、捐赠设备或设施、沟通技术的改进等等)。

事件指的是决定或影响能力强化项目过程的事情。这样的事件对于特定的能力强化计划来说，经常是外部的，或者是非相关的。这些事件包括关键人员的更换、相关办公机构的撤销、战争与国民闹事、双边政治的变动、因选举或策略而导致的政府更迭、自然灾害和其他重要的并经常是非预期的变动。这一分析框架暗示，除了方法本身的有效性与适当性以外，这样的事件能够在决定能力建设活动的成败中发挥关键性作用。

图 3-2 强调了能力强化过程的权变性。虽然各阶段内部存在一些确定的安排，但是，在项目推进的每一阶段都可以包括多种可能的行动者组合。因此，每一个决策都导致了一个特定的行动者组合，激发了某些行动并阻止了其他行动。例如，一个捐赠人可能决定通过一所大学、一个 NGO 或一家私营的咨询公司来实施一个特定的项目。这些决定中的每一个都将相应地在选择目标制度和被授权人（grantees）时产生不同的行动者组合。同样，一所被挑选出来实施一项能力强化计划的大学可能将其行动的焦点放置于帮助个人获取研究技能上，但可能因此而妨碍了那些需要进行财务管理、长期规划或建立与其他组织之间联系的行政官员的技能提高。

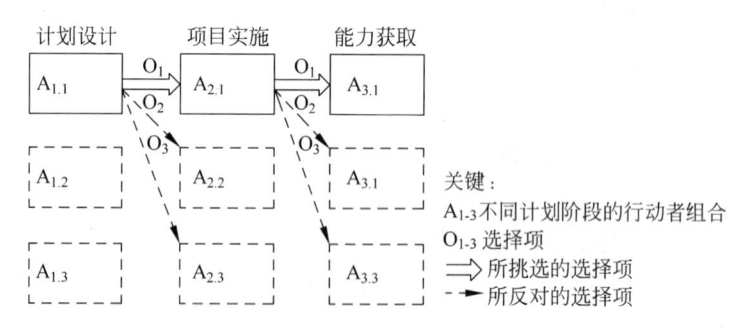

图 3-2　能力强化计划设计与实施中的决策制定

在讨论了作为一种特定人力资源开发形式的研究能力强化问题之后，我们将用这一分析框架解释一个项目的实施过程，该项目是由要求强化卫生保健学研究能力的一项特定法令引导的。

第三章 强化发展中国家的人力资源能力：谁是行动者？ 他们有哪些行动？

作为人力资源开发特定形式的研究能力强化

专业与技术技能是人力资源能力的一个重要组成部分，这样的技能是一个国家描述难题，设计适当的方案、政策和计划以解决难题的能力的关键成分。研究能力的强化是发展文献中一个相对较新的观念，它日益成为人们试图提高低收入国家科学质量的一个重要组成部分。人们认为它同时能够带来经常与广泛的社会收益。[12]在本书中的第七、第八、第九章中提供了能力开发的案例研究，这些案例研究证实，这一能力在有关国家发展研究中的重要性正不断提高。

我们将研究能力界定为人力资源能力的一个组成部分，它与个人、组织和国家识别重要而基本的应用性问题并收集、处理、分析和传播解决这些问题的信息的持久才能密切相关。这一能力对于以下三个目标来说非常重要：即时提供有用的信息，转移创造和使用这种信息所需的技能，加深并拓展人类的知识。我们的研究能力定义强调一系列明确的步骤，这些步骤是识别和实施研究工作并将这样的研究与重要的国家大事相联系所必需的。具有研究能力就意味着，能够在一段时间内持久地进行识别、实施与联系的过程。

这样一来，研究能力就不仅是回答问题的才能，它也包括提出新的问题以便一个研究群体能够对新挑战做出反应并对自己的假设提出质疑的才能。因此，研究能力包括确认信息可能如何被应用的才能，也包括将这一信息用于显示相关问题与场所的技能和联系。

投资于研究能力建设或强化的捐赠人已经给出了一个多样化的概念组合。例如，从20世纪70年代以来，联合国开发计划署（UNDP）—世界银行—世界卫生组织（WHO）有关赤道疾病的研究与培训（TDR）的特别计划已经对用于强化发展中国家的科学家实施高质量研究能力的多种多样的活动提供了支持。在20世纪80年代中期，TDR将它的关注点收缩至与研究和研究培训、人力资源开发更为直接相关的活动上来。[13]然而,它因此忽视了组织的财务管理、长期规划与研究者和政策制定者之间的联系。TDR将研究能力强化界定为:

> ……一个个人和集体发展的阶段化过程……集中于三个层次……个人层次的支持对基本的个人成就和职业发展进程做出反应。制度层次的支持通过设计精良的计划对建设强有力的研究团体和聚合研究活动的需求做出反应。与其他生产性群体的集体联系是研究能力强化活动在这一阶段的重要成分。由于强有力的核心团体在这一层次出现,因此,组织网络层次为这些团体能够全心全意从事计划的全球性集体研发活动提供了进一步的支持……[14]

这些定义在反映捐赠人的优先考虑的同时,也显示出广泛的能力建设定义中存在着概念混杂。正如一个分析家所指出的,"制度研究仍然是散乱的,不存在可以接受的并与不同发展背景下的不同类型的制度相关的统一理论。具体来说,缺乏适合于发展中国家研究机构使用的有关制度分析和发展的整体理论"[15]。由于定义将被用于设立发展的评估标准,所以,多样化的定义限制了人们对计划进行比较的能力。

虽然我们在图3-1中提供的分析框架对于以计划为基础的人力资源能力强化来说是通用的,但是,它与研究能力强化也有着特定的相关性。例如,计划设计阶段的行动者要做出以下决定:支持哪种研究,在哪些国家哪种制度下,应该由谁分配资金,整个计划的实施应该花费哪些东西以及应该提供什么样的技术援助。项目实施阶段的行动者要决定以下事项:谁应该接受资金,接受多少资金,为哪些特定活动接受资金(学位和非学位培训、单一场所和多中心的研究设计、哪些特定研究主题)。能力获取阶段的行动者决定以下事项:转移什么类型的知识与技能,开发什么样

第三章 强化发展中国家的人力资源能力：谁是行动者？他们有哪些行动？

的激励机制以帮助或维持这些计划,实际转移或获取的是什么知识。绩效阶段的行动者决定以下事项：研究的基础设施的哪些组成部分(户外场所、实验室、计算机设备)和哪些研究项目要持续一段时间,要采取哪些活动以获取地方而非外部的支持,用于确定能力强化工作成功的标准有哪些。

随着部门与国家场所的变化,参与研究能力强化过程的不同阶段的行动者的类型以及他们的社会声望与权力的性质也会发生变化。例如,许多强化财政研究能力的工作将焦点放在经济学家身上,他们在许多国家是与政府有着密切联系的地方职业精英。卫生保健研究能力的强化工作经常涉及医生,他们与政府的联系有时相对较弱,而教师研究能力的强化工作所涉及的行动者通常更为远离权力中心。而且,各国之间在这些评分的高低上存在着不同。对权力与影响的此类评估是很重要的,因为这与行动者所组成的网络相关,与研究从国家、政府中所获得的财政及其他支持的水平相关,也因为此类评估与研究者和政策制定者之间能够形成的特定类型的联系相关。

最后,虽然有些事件(战争和政治动荡、自然灾害)可能会立刻影响到所有的能力强化活动,其他事件对强化研究能力的影响却可能与其对强化通信或预算能力的影响不同。例如,一个政权对大学的关注与其对研究的关注是紧密相关的,政权变化可能会对教育和研究投资产生特定的影响,却不会对通信或预算产生影响。

研究能力的强化需要采取多个维度上的合作性行动。在选择适当的方法时,社会背景、科学的地位与生产率以及研究组织的声望都必须加以考虑。我们将自己的通用分析框架用于分析应用腹泻病研究(ADDR)项目的组织工作的情况,这一项目是适当选择的一个例子。

行动者、行动和事件对 ADDR 项目的影响

在 1985—1996 年间,ADDR 项目通过 16 个发展中国家的当地科学

家对大约150项研究提供了资助和支持。ADDR项目是一个科学发展项目，由一个政府机构（美国国际开发署，USAID）提供小额财政资助，用于应对儿童生存问题〔腹泻、急性呼吸道感染（ARI）和微量营养素的欠缺〕。在这一时期，由三个美国学术研究机构（哈佛国际发展研究所、新英格兰医疗中心和约翰—霍普金斯大学的卫生与公共健康学院）组成的联盟负责实施ADDR项目。在项目存在的10年间，ADDR计划花费了接近1,700万美元，为300多位重要的合作研究人和其他接近1,000位研究人员与现场工作人员提供了研究机会，雇用了多位科学咨询人员和评估者，到1995年年底共产生了200余篇科研论文。

这一项目研究为治疗病中的儿童提供了新的、廉价的并且在当地可以获得的饮食，提供了新方法以减少内科医师和药剂师开出不适当的药方和新的以社区为基础的教育项目，也促成了有助于卫生保健计划的有关疾病重要性与成因的描述性研究。ADDR项目资助的科学家在尼日利亚创立了正式的研究者—社区联系计划，在墨西哥开发出了新的全国疾病控制战略，在印度尼西亚组成了全国资料中心，并且帮助巴基斯坦制定出了全国ARI政策。这些知识与政策的资源是该项目对卫生保健工作做出的最为重要的贡献。

ADDR项目以指令形式规定，要通过一个特定的疾病捐助计划来强化全国的研究能力。这一广泛的指令要求构造一个复杂的计划，从而避免根据先前所采取的方式对建筑工程学问题做出反应。ADDR的目标在于提高研究技能和改善研究生涯（人力资源），在于开发研究组织与研究网络，也在于将研究与政策环境相联系以及对科学界的组织工作施加影响。本章以下部分表明了，行动者、行动和事件是如何组合起来，以便在我们所组织的框架的每一阶段产生特定的结果。

第三章 强化发展中国家的人力资源能力：谁是行动者？ 他们有哪些行动？

计划设计：挑选国家、组织、研究者和研究主题

研究能力强化项目必须开发一系列策略性战略以确定要支持哪些国家、组织、研究者以及主题。由于这些战略决定了所有随后的行动，所以，从项目设计与实施的角度来看，它们是能力的一个核心维度。然而，这些战略经常不能被那些接受支持的力量看到。有时，这些战略是通过在项目实施者（如一所大学或捐助计划）的代表们和它们的资金来源（例如，双边捐赠机构的项目官员，这种双边捐赠机构如 USAID、加拿大国际发展研究中心或私营基金会）之间达成妥协而开发出来的。有时，它们则是项目实施者基于其对捐赠者和接受者之间的既有人事与组织关系的调整而开发出来的。

选择国家

强化或建设研究能力的项目首先必须要确定在哪些国家投入其资金、组织其活动，这对于那些由双边发展机构资助的项目来说尤其是一个事实，因为这样的计划混杂着外国的政策与人文关怀。一个极端是有着发展完备的研究设施的所谓发达国家，这些国家经常需要更为昂贵、更为复杂的项目以推进它们的进一步发展，因为它们的研究需要昂贵的实验设施、大规模的干预性设计或者复杂的实验性设计。另一个极端是有着非常有限的研究团体和科学传统的欠发达国家，在这些国家，即使是小额的研究项目启动资金也能产生戏剧性的新资源。介于二者之间的是那些有着规模虽小却已经确立起研究团体的国家，这些研究团体有着在研究时既使用简单的描述性方法又使用较为复杂的实验性方法的需求与能力。对这些国家中的任何一个进行投资都仍有可能受到来自于像公民骚动或经济不稳定这样的社会限制因素的打击。

ADDR 项目开始时，它不但有能够合法地从 USAID 那里接受资助的

国家名单,还面对着一个将拉丁美洲、亚洲和非洲国家包括进去的指令。USAID 与 ADDR 项目的人员通过协商挑选国家,其标准是:腹泻病问题的程度、ADDR 项目联盟成员的人事与组织联系以及全国科学团体的接受能力。该项目也寻求对腹泻病应用研究的结构性支持,例如,腹泻病(CDD)计划的政府管理者或者重要的 NGO 是否有兴趣开展这样的研究,USAID 是否在一个国家中获得过对于研究的持续支持,以及承担 USAID 任务的国家对 ADDR 活动是否感兴趣。根据对 USAID 现场工作人员的直接咨询以及对研究组织的实地考察,ADDR 项目决定对以下八个国家提供资助:孟加拉国、泰国、印度尼西亚、巴基斯坦、肯尼亚、尼日利亚、墨西哥和秘鲁。厄瓜多尔、危地马拉、喀麦隆、象牙海岸(今译科特迪瓦。——编者注)和加纳则成为 ADDR 项目后来予以强调的国家,它还为在扎伊尔〔即今天的刚果(金)。——编者注〕、塞内加尔和哥斯达黎加开展的独立项目提供了资助。

在挑选国家的过程中,捐助机构与国家政府之间变动的政治议程会影响到该项目所拥有的保证其活动得以延续的能力。例如,ADDR 与 USAID 的合作协议迫使该项目所有的资助研究和所有的受援国家都要获得 USAID 和地方的 AID 代表团的通力合作。这样一来,ADDR 项目就经常受到美国外交政策变动的限制。在限制对巴基斯坦实行进一步的财政与技术援助的政策出台之后,在这个国家的 ADDR 项目就无法持续下去了。由于喀麦隆和象牙海岸的 USAID 代表团的解散,这两个国家的 ADDR 项目也不得不对其研究投资组合加以限制。在这两个案例中,政治与经济背景使得 ADDR 强化能力的努力处于一种危险的境地。由于 USAID 对非民主政府的限制,尼日利亚的 ADDR 项目在 1995 年就被迫早早停止。1991 年,在泰国发生政变之后,同样的限制也适用于这一国家。另一方面,ADDR 项目在秘鲁却能够在其长期的动荡期间(1988—1992 年)持续提供资助,因为这一时期许多捐赠者撤出,使得这一项目的资助成为一些地方研究组织的重要支持源泉。

选择组织与研究者

挑选好国家之后,就要确定组织与研究者。ADDR 项目利用其挑选国家的一套亚标准选择它所需要的许多关键性组织。在 ADDR 项目的工作人员与顾问们缺乏人事信息的地方,他们尤其要询问以下问题:研究者很有可能成为将来的公共卫生研究的催化者吗? 组织拥有大量的腹泻病研究者吗? 它能提供有助于研究的环境吗? 它能与其他研究组织建立联系吗? 如果不行,那么,它是否仍然代表着研究活动重要的现实或潜在的基础?

在其他例子中,该项目凭借美国学术界与外国研究人员、研究组织以前的关系来确定组织与研究者。在 ADDR 项目早期的几年中,它的技术顾问团成员基于自己的国际经验确定潜在的资助接受者,因此,他们在这一挑选过程中起了很大的帮助作用。组织之间的联系也同样重要。例如,利马的营养研究所就是这样的一个案例,它与约翰—霍普金斯大学的卫生与公共健康学院有着长久的合作研究历史。这种长期的合作关系能够增强一个地方组织研究能力的持久性,因为合作通过许多长期的研究项目而得以延伸。

其他研究资助者、当地的 USAID 代表团或单个的科学家也对地方组织提出了建议。ADDR 项目决定资助一些来自于拥有较高地位的组织的研究人员,在大多数情况下,这些组织的较高地位是先前的能力建设努力的结果。这些组织包括肯尼亚医学研究所、尼日利亚大学医学院(University College Hospital in Nigeria)、泰国朱拉隆功(Chulalongkorn)大学、秘鲁营养研究所以及加纳诺古奇(Noguchi)研究所。这一项目还向声望不高的组织提供了资助。有时这种资助用于扩大资助项目在一个国家中的地理范围,而有时却是为改变少数民族在竞争全国研究资金中的不利而提供支持。

选择研究主题

由谁决定什么主题有利于额外的研究？对ADDR研究主题的来源加以检查，我们可以获得对多种影响的总体认识。ADDR项目早期的工作重心是腹泻病，这反映出这些疾病在导致儿童死亡中的重要性以及对此类疾病进行充分治疗的手段没有得到合理利用，也反映出美国议会为儿童生存计划（在这些生存计划中，腹泻病是一个重要组成部分）提供了专项资金，同时，它还反映出像腹泻病和几年后的ARI这样的纵向疾病控制计划是组织服务工作的重要途径。ADDR项目对于案例管理、食物与流质物的重视以及对腹泻病的持久而深入的特别研究反映了项目开始阶段研究主题的重要性。1989年，干预活动作为一个研究主题被添加进来，1991年拉丁美洲传染病的发作使得霍乱又成为新的主题，同年，也开始了对ARI与营养不良的研究。后三项主题是由美国议会对USAID的年度预算提供的专项资金资助的，这表明了捐助者在项目设计阶段的持续影响。另一个重点是由ADDR项目的工作人员加进来的，那就是对职业化描述实践的研究，这表明了实施者自己的影响。这些主题继而由国家研究人员根据他们自己在获取阶段的兴趣加以再解释。

总之，ADDR的这些例子表明项目官员和资金来源如何决定着将活动焦点放置于何处。进而，这一决策又决定了要强调什么主题、哪些国家，相应地，它也就决定了谁有机会提高他们的研究能力。

计划实施阶段

ADDR项目在向发展中国家的研究者提供技术援助的过程中，面临着一个特定的培训挑战。为了在一段时间内能够独立地运作，这些研究者需要一些其学位教育所强调的能力以外的技能。这些技能包括如何选

第三章　强化发展中国家的人力资源能力：谁是行动者？ 他们有哪些行动？

择一个好的研究问题,设计一项研究提案,制定预算,找到稀缺的资金与其他资源,实施实地研究,以及分析和应用研究结果。

ADDR 项目对这一培训挑战做出的反应,产生了一系列特定的实施战略,也将一组特定的行动者卷入到这一活动中来。以下讨论将说明有关采取特定类型行动的决定是如何做出的,要对哪些行动加以争论,以及在后面的阶段中要将哪些行动者群体包括进来。

强调地方化设计与应用

ADDR 项目的主要目标在于,强化研究能力,以便通过设计和实施一个应用研究项目而提供基本研究方法的培训。这一努力涉及使研究者有能力在当地环境条件下去操作一系列具体步骤。他们要确定与自己国家的卫生政策或国际政策相关的研究问题,需要指出如何培训他们的现场工作者,如何为这些人员支付工资,如何组织现场工作的后勤管理,以及如何管理许多在实施一个研究项目中要面临的其他问题。最后,在收集完资料以后,他们需要对其进行分析,需要详细描述研究结果,还需要对这些结果进行传播以及将其应用于所选择的问题或政策中。

在 ADDR 实施的前六年间,工作人员对于使用模式化的研究草案(model research protocols)和多中心的研究设计展开了激烈争论,并决定弃之不用。反对者认为,这将在有助于研究者识别他们自己的问题以及开展其自己的研究的同时,不利于实现项目的中心兴趣点,将导致研究者不能实施在别的地方设计的项目,使得设计、传播和应用工作弱化。支持者则认为,这是建立全球研究问题可比性的最佳途径,除此之外,别无其他方法,而且,这也是发达国家科学研究正在走的路子。在 ADDR 项目最后四年里,它利用草案模型进行了少数有限的多中心研究。这一草案模型根据实施场地和当地研究兴趣进行了修改与调整。然而,如果用发展的术语来分析,这些力图保持研究者主创性的努力看起来只取得了有限的成功。这些项目的许多研究者感到，他们实施的是在别的地方设计的研究。另一方面，这些项目的结果也促使多种多样的国际机构改变了它们的政策，以便产生强大的国际影响。

这一争论表明，一个集中于当地研究者自主权的早期战略项目决策如何导致了某些类型的结果（国际比较性资料），如何强调一项特定类型和规模的研究工作。小型研究项目被认定优于较大的计划，当地的创新与应用也被认为比国际性的比较更有价值。因此，这些项目的行动列表更为强调本国科学家而不是国际机构或外国科学家。（参阅在第十三章中所表达的对参与的同样关注。）

这一争论也展示了实施阶段外部事件的相关性以及地方行动者适应外部捐助限制的方式。在国际层次上，USAID 的关注点与资助的变化导致 ADDR 项目研究主题的兴趣点不断起落：在计划开始时，难以对想要同时研究腹泻与 ARI 的研究者提供资助，而到了计划结束时，这样做就具有政治上的适当性。对腹泻与 ARI 的比较治疗感兴趣的研究者对计划早期的非灵活性做出的反应是，从 ADDR 项目资助之外获得少量的额外资助。这样一来，他们将项目资金用于支付其项目的主要成本，以证明了他们从其他渠道获取用于非腹泻病研究的资金是正当的。

国际资助的重点同样导致 ADDR 项目对研究战略的兴趣点随之发生变化。USAID 对全球研究的兴趣不断增长，这为后来 ADDR 项目对国际多中心研究的投资提供了激励，虽然这样的研究设计并不为早期的项目工作人员所重视。

国内培训与外部技术援助相结合

在设计阶段完成以及项目资金拨付给哈佛国际发展研究所和其他 ADDR 项目联盟中的大学之后，有关将关注点主要放在发展受援国当地科学家身上的决定就做出了。捐助者（USAID）的整体设计明确地建立了

第三章　强化发展中国家的人力资源能力：谁是行动者？ 他们有哪些行动？

一个提供研究资助的过程，但是，这一设计并没有对受援者的质量或支持方式做出明确规定。这些问题留待由实施机构决定。其他的许多研究能力强化项目曾集中于国外学位培训、与国外学者的师徒关系或很少有技术援助的资助，而 ADDR 计划项目则在整个研究项目中将国内培训与外部技术援助结合起来。

使用同行评议过程与强调质量

ADDR 项目的工作人员面对着经常并不将卫生研究作为国家重点项目的国内政策，这导致了公共卫生研究的人力与财政资源的有限性。有些国家即使拥有官方的全国研究委员会，对于资助意义重大的研究项目也会缺乏政治意愿与资金。某些案例没有全国竞争提案的选择过程，资金的分配也是基于与科学内容和提案质量无关的选择标准。在这些例子中，研究资助能够解释的是研究者的地位而不是研究的成果。

ADDR 项目的提案开发方法包括：提案前的提议、提案评论以及参与有关提案开发的专题研讨会。许多向国际资助机构提交了研究提案的研究者希望接到是否认可的最终答复，而不是附带再次提交提案的请求的有关方法与概念的批评。因此，这一反复进行的提交过程令一些研究者很惊讶。有些人选择不再提交提案，其他人继续努力，在进行了五次修改后得到了资助。这一方法本身有助于挑选出那些对他们的项目最为投入的研究者。

项目的实施方案包括处于不同职业生涯阶段的研究者。该项目不但资助年轻的研究者，也资助作为老前辈的研究者，而且无论他们是来自于名声较大的团体还是来自于刚刚建立的团体，都被一视同仁。同强大的小组一样，那些来自于不太出名的大学的较弱研究小组也得到了资助，因此，当地的研究者面对着的是他们自己国家同部门的竞争者。例如，在一个国家，ADDR 项目资助了一个由一位公共卫生护士领导的项目，开始，她还认为自己不可能"竞争得过"其所在项目中的其他更有名望的同事。因此,技术援助需要根据不同的需求在多个层次提供支持:有的研究者需要培训描述性统计能力,其他的只是缺少实施他们已经学会的复杂的多样化分析的计算机。

最终由 ADDR 项目开发出来的研究支持模式的范围包括:问题识别、资料收集与分析以及研究结果的传播与应用。这一分阶段的研究支持模型为在两到三年内与一个研究小组进行密切合作提供了机会。在 20 个重要提案得到资助的地方,ADDR 项目与研究者的合作延续了四年多时间。

提供多种技术援助

由外部捐助者组织的能力强化项目必须确定在哪个层次、用哪些工作人员为其目标候选人提供支持。ADDR 项目用许多提供技术援助的方式进行实验。在超过 10 年的时间里,我们使用了"室内"多学科的项目专家和接近 150 位外部技术顾问与评估人员。我们任命了全职的驻地长期顾问,雇用了侨民作为长期的临时性咨询人员,并且依靠几个生活在受援国家的侨民作为临时驻地顾问和短期咨询人员。

ADDR 项目的技术援助是在研究过程中分多个阶段提供的。该项目试图将研究小组与在整个项目中对小组提供建议的适当的外部咨询人员相匹配。项目工作人员或咨询人员经常要涉足问题识别、研究问题的提炼或对提案草稿的复审这些基本步骤。为了保证全国研究小组对项目的控制权,咨询人员要更多地扮演一个指导者而非合作研究人员的角色。因此,咨询人员的沟通技能如同他们的技术技能一样重要。

该项目也尝试了多种形式的长期技术援助。它将驻地顾问派往两个国家工作两年时间,并在另外五个国家雇用了当地的侨民作为临时顾问。

ADDR 项目在各个国家使用当地咨询人员方面的经验是有限的。使

第三章　强化发展中国家的人力资源能力：谁是行动者？ 他们有哪些行动？

用侨民有可能导致较高的持续性,但是,在一些例子中,这种方法却引发了同事之间的怨恨与敌对。在使用外国咨询人员的情况下,沟通问题而非技术错误会更为经常地导致这种敌对情绪。在四个国家里,雇用侨民作为项目专题研究会的推动者被看作是发达与不发达国家的制度性合作与共同掌权的重要标志,同时,它也有助于提高当地对有关技术内容与ADDR 项目专题研讨会的行政管理活动的了解。至少有四个 ADDR 项目专题研讨会的侨民参与者随后基于项目模型在他们的国家组织了类似的专题研讨会。

通过项目研究者或高素质的当地工作人员为其他国家的项目提供咨询的方式,ADDR 项目还尝试由不发达国家向不发达国家提供咨询。例如,一个南亚的霍乱专家小组在 1991 年霍乱爆发之初被派往拉丁美洲,拉丁美洲的一些研究人员很乐意向这些已经治疗过上千例病例的工作人员学习,其他人则觉得亚洲的儿童与保健体系与拉丁美洲大不相同,不能提供有益的经验。

选择不同的行动者提供技术援助产生了不同的结果。每一类行动者（例如外国驻地顾问、短期的外国咨询人员、短期的侨民咨询人员）的选择都进一步塑造了接受培训或其他能力强化战略的行动者组合,并对这些行动者之间的政治与科学联系产生了影响。第四、第五和第十四章将对这些问题进行探讨。

能力获取阶段

项目方法适应当地文化与限制因素

ADDR 项目的人力资源开发被精心设计,从而使它能够允许通过设计与实施一项研究项目的所有步骤而进行研究人员的短期集中培训。这一设计要求围绕提供资助过程中的一系列限制因素展开工作,并且要求在所资助的研究过程中尝试不同类型的技术援助。[16]

在为所资助的研究提供支持的过程中,ADDR项目的工作人员发现,他们需要对起主导作用的科学与科学发展的西方模型加以调整,以便为不同文化背景下的外国科学家所使用,因为某些文化中的组织和科学实践与西方背景下的组织和科学实践是不同的。[17]例如,该项目接到了一项来自于东南亚的一个研究小组向哈佛道德评论委员会(Harvard's Ethical Review Committee)提出的申请。这一申请详细说明了委员会所告知的获得社区内参与人员的同意是不必要的,因为省长已经授权推行这一研究。虽然这一基本原理对于哈佛道德委员会来说是陌生的,但是,委员会决定对此不予论争。同样,该项目还要接受某些亚洲国家用于晋升的当地激励机制,这一机制使得研究者印刷并分发大量的报告而不是将它们发表在国内或国际的科学杂志上。[18]ADDR项目努力提高这些出版物的质量,并且尽量激励研究者也能为政策制定者写一些东西,而不仅仅是力图将所有的作品都转换为杂志上的文章。

强化组织与个人

ADDR项目被设计用来强调人力资源开发,但是,这一项目也力图强化研究组织、政策与研究环境。事实上,虽然公共部门能力的构图可以将个人职业生涯的发展与制度强化放置于两个不同的维度,但在实践中,它们经常是同时发生的。

ADDR项目采用的一些方法能够立刻在两个层次上发挥作用。例如,有关提案开发与资料分析的专题研讨会为单个的研究人员提供了技能,然而,它们同样也改善了组织内部与组织之间的沟通,为组织向他人提供这样的服务提供了模型,并且提高了研究者的名声与合法性。对研究者和他们的组织来说,帮助研究者学会如何影响当地的政策以及强调这一行动是研究过程的一个合法部分是有益的。

第三章 强化发展中国家的人力资源能力：谁是行动者？ 他们有哪些行动？

ADDR项目的工作人员只对组织问题的一个有限的子集给予了关注，这些问题中最为重要的是试图达到以下目标：最小化组织对职业生涯的限制，提供物质资源，鼓励跨学科与部门间的合作，改善财务管理，以及建立道德评论委员会。

职业生涯限制

在获取阶段，ADDR项目试验了几种用于应对或最小化发展中国家研究生涯的结构化限制的方法。在每个国家，该项目对有限的几个关键组织投入财政与技术资源，这一投资为部门或组织提供了相对长期的资助，帮助其会聚或保留了大量核心研究人员。在组成多学科小组的地方，持续的资助使得小组能够有更多的时间涉足新研究领地，有更多的时间逐渐认识到不同学科与个人的优势与弱点，也更有机会发现组织研究与分析工作的新方式。因此，这一战略影响到的不仅是参与的行动者数量，也影响到他们所代表着的学科的范围。

ADDR项目为科学家继续进行研究、关注地方事务以及继续居住在其祖国提供了激励。这些激励包括自己的研究机会，薪金支持，获得国外的著作与咨询，有机会参加科学会议和得到分析、写作与传播的帮助。通过向数量有限的研究小组提供多项资助，ADDR帮助墨西哥、秘鲁、尼日利亚、巴基斯坦、印度尼西亚和泰国的科学家维持其研究兴趣达五年以上。这一持续研究的经历进而又帮助这些研究者获得了来自于ADDR之外的资助。

物质资源

该项目也努力改善物质资源，创造有助于研究的条件。通常，发展中国家的高校研究机构长期缺乏物质资源。除了最有名的研究中心以外，图书馆很少能够购买基本的研究性著作，特别是科学杂志。尤其是在非洲,研究机构经常无法获取最新的计算机硬件与软件。ADDR项目通过提供精挑细选的书籍、杂志论文、计算机、软件和互联网而向研究组织提供了有限的援助。这些资源,尤其是与计算机相关的资源,并不总是与特定的资助相关。

跨专业合作

应用性研究经常由于缺乏专业间的沟通与合作而受到牵制。在那些没有自然形成多学科小组的地方,ADDR项目鼓励研究者与其他部门或高校建立适当的联系。一种强制的合作模式有时是会发挥效用的,尤其是在ADDR项目的专题研究会上或者是在研究小组与它的咨询人员之间。该项目希望对在能力绩效阶段有多少这种小组持续发挥作用做出评估,也希望评估它们何时能够不再依赖于ADDR项目的支持。

财务管理

管理外部资金能够形成一种挑战。在那些外国货币稀少的国家,存在着延期支付与操纵汇率的制度激励,某些机构中运作缓慢的官僚程序导致从机构账户向研究者个人拨付补助金出现了问题。在一个国家,几个大学的会计在分配与支付补助金上很不合作。在另一个国家,研究者起先对该项目将资金转账至大学账户非常担心,因为他们有充足的理由担心自己将再也得不到这些钱。

在两个任命了驻地顾问的国家中,该项目能够与那里的高校财务管理人员进行更为密切的合作。轻松而经常的接触使得会计、项目工作人员与科学家之间更为信任。驻地顾问能够用当地银行的当地货币支付资金,这使得研究者能够更快地获得资金,也导致从外币汇率波动中攫取利润的激励丧失。在没有驻地顾问的国家计划中,与ADDR项目工作人员断断续续的联系和美元支票的使用使得财务管理更为困难。

第三章　强化发展中国家的人力资源能力：谁是行动者？他们有哪些行动？

就像当地的支付延误与腐败并不能解释全部问题一样，每一美元也有着它自身的规则。例如，ADDR项目补助金的10%是作为行政费用使用的，它用以支持会计人员、租金、权力、维修与其他非直接的研究项目支出。一些组织以前没有管理过这样的资金，而其他的组织已经基于国际会计公司的计算设立了超过补助金10%的非直接成本率。在某些组织中，尤其是那些财务管理程序不完备的组织，10%的补助金成了冲突发生的有力渠道。由于它并不与特定的预算类别相联系，因此，就成了人们争抢的奖金。

道德评论

强化组织研究能力的努力也需要强调研究实施中的道德。但是，发展中国家的许多研究机构没有道德评论委员会来充分控制研究的设计与实施。因此，ADDR项目强调在提案提出过程中这种委员会的重要性。USAID规定，哈佛大学要复查在项目资助的研究中用人作为试验对象的潜在危险。由于意识到这一过程的局限性和维持当地道德评论委员会的需求，该项目也强调在适当的组织中建立制度化的评论委员会的重要性。

建立联系

ADDR项目的目标在于，通过多种战略加强研究网络、疾病控制计划与政策制定者之间的联系。该项目的专题学术研讨会通常为向大量的政策制定者介绍研究结果提供良好的机会。在介绍最终研究成果的ADDR项目资料分析专题研讨会上，与会者包括了全国政策制定者与国际组织的代表。ADDR项目还组织了单独的专题学术研讨会，从而将政策制定者与研究者召集在一起，讨论在政策制定中使用卫生研究的局限性与激励。政策制定者可能难以接受对他们认为具有政治微妙性的问题展开研究。例如，对于一个国家的政策制定者来说，对疾病率与行为的种族差异进行讨论是不能允许的;而在另一个国家,政策制定者认为,在一个受到忽视的群体中开发地方干预措施的工作与国家卫生保健计划的目标无关。

当项目工作人员知道了什么在发生作用,当地方层面上发生了变化时,由该项目提供的援助类型也随之发生了变化。这一灵活性强调外部事件的重要性,因为当地人事与政策的变动导致了不同类型的行动。例如,在国家层面上,伴随着政策与对卫生保健研究的支持的变化,在巴基斯坦国家计划实施期间(1988—1994),曾经有五位不同的卫生总干事(directors general of health)任职。在尼日利亚,卫生部职责的变化导致其工作人员对ADDR项目活动的态度从根本不感兴趣转为完全支持。在墨西哥,由于一位ADDR项目支持的研究者被提升到了卫生部一个高层职位上,从而提高了腹泻病控制计划的权力,并增大了项目研究被提上国家研究议程的机会。

绩效阶段

从捐助者的角度来看,绩效阶段是能力强化项目正在进行的、无定论的最后一个阶段。当单个受训者和接受了计算机或借助于外部支持开发了研究领地的组织利用它们的技能、设备和其他资源更为有效地运作时,或者当这些努力失败时,就进入了绩效阶段。捐助者有时在这一阶段实施结果评估,虽然在其主要的援助结束之后的很长一段时间,几乎没有哪个捐助者还会做这项工作。

从接受者的角度来看,这当然是这一过程的开始。在学会做一些新的量化分析、获得国外的学位后回到祖国、建立了新的实验室或者重新组织了行政过程之后,外部援助的接受者面临的挑战是,将这些新技能与结构整合进复杂的现存背景与预期组合中去。

与实施和获取阶段相比,ADDR项目在绩效阶段的作用是较小的。

第三章　强化发展中国家的人力资源能力：谁是行动者？　他们有哪些行动？

这是由设计导致的：项目被认定为一种五年内的发展项目，而不是一种培育新的独立的研究捐助者的持续努力。（事实上，假如这种情况确曾存在过，最初的项目设计就可能过于复杂，也可能涉及了太多的行动者。）但是，在这一阶段，该项目对帮助科学家维持他们研究生涯的几种新援助形式进行了试验，并开始对研究类型和很有可能会持续下去的激励机制的类型展开评估。

向研究者提供传播补助金

我们已经充分讨论过 ADDR 强调应用性研究。作为强调应用性研究的一个组成部分，该项目努力了解研究者如何传播与应用他们的研究结果。与研究者的讨论表明，在帮助研究者组织关键性会议、出版与分发关键性文件或者更有效地接近作为潜在听众的政策制定者的过程中，对特定传播与应用方案的小额补助金（1,000—2,500 美元）能够起到帮助作用。这些补助金是向以下人员提供的：已经成功地完成了项目的研究者、已经认识到研究的应用性价值的研究者以及已经设计出了传播与应用方案的研究者。要确定这些小额补助金是否能有效地改变政策还为时过早，但是，它们确实使得许多专门的项目成果得以出版，也确实导致了媒体对项目的广泛关注。更为重要的是，它们有助于研究者将更多注意力放在向同事、大众和政策制定者传播其研究结果的复杂性上。

向出版发行、行政命令和期刊发表这样的正式渠道提供这一信息，同样也会使得研究者更易于通过非正式渠道传播其研究成果。无论是在餐桌上还是在精心组织的会议上，精心构思的逸事奇闻与引人注目的统计数字的简单介绍都能够收到实效。

构造并维持本土联系

在几年的时间内，ADDR 项目的受援者通常有机会在该项目的专题学术研讨会、政策(研究)碰头会以及国内或国际会议上相互影响。为实现这一目标,该项目提供了车马费的资助。除此之外,几个国家的ADDR项目受援者还主动组织了全国范围内的利益集团。尼日利亚的ADDR项目研究者成立了一个由多学科研究者组成的NGO——全国卫生网(the Nationwide Network for Health)。该项目资助的巴基斯坦ARI研究者组织了一个致力于全国ARI计划的网络。在墨西哥,ADDR项目研究者是一个研究腹泻病的跨机构(卫生部与墨西哥社会保障研究所)工作团队的主要组成人员。

多途径出版

除了努力帮助研究者出版并发行他们的作品之外,ADDR项目还建立了一个广泛传播项目文件的出版网络。它的年度报告强调各研究投资组合中产生的关键成果,并且包括所有主要研究的摘要与结果。ADDR也出版或发行会议报告,为相关的国际科学杂志组稿。最后,它还印刷专门的时事通讯,用以向临床应用者和政策制定者进行广泛传播。

为促使研究者在设计阶段组织多学科研究小组,ADDR工作人员建立了激励机制。然而,在ADDR项目所资助的研究的后续阶段中,跨专业经常会受到学科理解力、多学科小组中成员的不平等角色以及出版权竞争的限制。公共卫生或医学界代表与卫生社会学代表之间的合作,大多数情况下仍然是多学科的。真正的学科间或跨学科的科学在该项目中并未获得,并且仍然是其将来要面临的一大挑战。[19]

评估项目活动

虽然指标仍然有待于提炼与评价,但是,最初的调查已经引导我们得出这样的结论:ADDR项目对于我们所资助的研究者的任务执行能力有着重要影响。这些任务包括:技术性任务如资料分析和详细描述,战略性

第三章　强化发展中国家的人力资源能力：谁是行动者？　他们有哪些行动？

任务如设计预算、管理现场工作人员和管理资金。我们并不期望它会对个人在组织中的职业生涯产生重大影响，因为我们的研究者受到多方面支持，也因为研究资助对职业生涯的影响需要更长的时间才能显现出来，何况这很难测量。我们预期它对组织的影响相对较小，因为我们的资金是与基础研究相关的，而且我们只是偶尔地关注组织结构。最后，我们预期它对政府的影响是有限的，这要取决于他们将研究继续下去的能力。然而，一些ADDR项目的研究结果已经对政府政策产生了重要影响，而且，其他的研究也有希望在将来产生类似的影响。

结论

本章提供了一个用于分析强化或建设人力资源能力项目的框架，并将这一框架用于一个特定的强化卫生研究能力的项目（虽然我们认为，该框架并不局限于这一特定类型的计划）。对ADDR项目活动的介绍与分析强调了在每一项目阶段的几项关键活动。它展示了在不同阶段哪类行动者是重要的，表明了他们如何走到一起进行谈判。它也通过在创造新机会的同时使其他机会丧失，通过在鼓励新行动者的同时排除其他行动者，展现出外部事件如何影响行动者和行动。

我们提供了一个强调能力强化方法的案例，它仅用于处理研究能力，而且与改变组织政策的需求相比，它更看重获取技能与技术竞争力。它主要关注在那些全国卫生研究水平较低的国家中强化卫生研究能力。而且，需要根据其他部门、国家和人力资源能力的类型调整战略。

除了研究结果本身之外，ADDR项目所获得的所有成功都主要基于它对科学研究的人性方面的关注。该项目更愿意强化既有结构而不是建立新结构，更愿意评估既有激励机制与限制因素，更愿意发展与受援者的关系并将这种关系维持下去，也更愿意将科学作为沟通的过程。这就使得ADDR工作人员将他们自己仅仅看作是许多相关行动者中的少数，进而采取了对当地的程序和限制条件更为敏感的行动。

我们认为,集中于行动者、行动和事件是我们所提供的分析框架的优势。力图强化人力资源能力的计划必须拥有一些示意图,这些示意图的用途是:识别相关的行动者和组织,理解示意图没有展示而在建筑工程图和过程的流程图中必须要加以展示的张力、压力与相互竞争的力量。通过涉足项目领域示意图以外的事物并且关注动态的人类交互作用,我们的模型能够将注意力集中于战略决策点上。它也能提高人们对一些事件(这些事件事先并未被预见到但却经常是决定项目方向与结果的关键性因素)的影响的注意力,这些独特的注意力能够改善人们对潜在的要求革新的文化与政治问题的预测,因而能够理想化地将人们引向未来更好的设计。这一框架对权变性、过程和谈判的关注现实地勾画出了影响人类行为的挑战。

注释

1. P. Morgan, "Capacity Building: An Overview"(为加拿大渥太华研究所有关治理能力发展的专题研讨会准备的手稿,1993); A. A. Goldsmith, "Institutional Development in National Agricultural Research: Issues for Impact Assessment," *Public Administration and Developent* 13(1993):195-204.

2. 随着概念的迅速推广,它也迅速地失去了意义。例如,USAID 在最近的重组中将一系列的教育与国际培训计划置于"人类能力开发中心"之下,意味着这一术语与培训是同义词。一项由 USAID 资助的卫生项目的一份最新的时事通讯以同样的方式写下了这样的标题, "Quality Assurance Training in Chile: A Comprehensive Strategy for Motivation and Capacity Building"[*Quality Assurance Brief* 3(2), 1994 年夏,Bethesda, MD: Center for Human Service]。

3. 也请参阅 D. Habte, "Building and Strengthening Research Capacity in Health: The Challenge to Africa," *Journal of Diarrhoeal Disease Research* 10(1992):73-78。

4. D. Marsden, "Indigenous Management: Introduction,"见 Susan Wright, ed., *Anthropology of Organizations*(London: Routledge,1994),36。

5. J. Cohen, "Capacity Building in the Public Sector: A Focused Framework for Analysis and Action," *International Review of Administrative Sciences* LXI,3(1995),409;以及 J. M. Cohen 和 J. R. Wheeler 所写的本书第五章。

6. M. Hilderbrand and M. Grindle, *Building Sustainable Capacity*: *Challenges for the Public Sector*,为联合国开发计划署准备的报告(1994 年 3 月):10,以及 Hilderbrand 和 Grindle 所写的本书第二章。

7. 在某些方面,这一强调源自于政治学与人类学的学科性差异:我们所使用的模型既认可了有关社会关系的系统化的正式与非正式安排,即所谓的"社会结构",也认可了对环境或明确的社会工作安排的反应,即所谓的"社会组织"(R. Firth,"Essays on Social Organization and Values," *LSE Monographs on Social Anthropology* no. 28[London:Athlone Press, Univ. of London, 1964])。正如 Raymond Firth 所写,"一个结构化原则就是一个提供了社会行为准绳并代表着它所确认的秩序的原则。社会组织的概念有一个补充性强调点,它认可了根据给定结果进行的行动调整,也认可了变动环境中的控制手段,这些变动的环境是依据外部环境的变化或解决结构化原则之间的冲突的必要性所设置的"(Firth,"Essays on Social Organization" 61)。

8. G. Walt and L. Gilson, "Reforming the Health Sector in Developing Countries: The Central Role of Policy Analysis," *Health Policy and Planning* 9(1994):353-370. Walt 和 Gilson 在这一论文中强调了相似的内容。他们认为,卫生政策对改革的内容给予了太多的关注,而忽视了行动者、过程与背景。

9. 在建筑工程师 M. Levy 与 M. Salvadory 的 *Why Buildings Fall Down*(New York: W. W. Northon & Co., 1992)一书中,可以发现一些有助于讨论发展问题的概念与暗喻。这些观点包括:制度中冗杂性的重要性、前进中的失败问题、建立持久联系的重要性、运动的反响与扩大以及可塑性的重要性。

10. M. Hilderbrand and M. Grindle, *Building Sustainable Capacity*: *Challenges for the Public Sector*,为联合国开发计划署准备的报告(1994 年 3 月):15-16。

11. J. Cohen, "Capacity Building in the Public Sector: A Focused Framework for Analysis and Action," *International Review of Administrative Sciences* 61(1995),408.

12. Commission on Health Research for Development, *Health Research*: *Essential Link to Equity in Development* (New York: Oxford University Press,1990).

13. A. M. Pearce, ed., *Strengthening Health Research Capability*: *A Reivew and Major Policy Directions in Tropical Disease Research*(Geneva:TDR,1992),2.

14. Pearce, ed., *Strengthening Health Research Capability*.

15. M. N. Kiggundu, "Managing Research Institutions in Developing Countries: Test of a Model," *Public Administration and Developmnet* 14(1994):201.

16. J. A. Trostle and J. Simon, "Building Applied Health Research Capacity in Less-Developed Countries," *Social Science & Medicine* 35(1992):1379-1387.

17. 也请参阅 T. Nicholson, "Institution Building: Examining the Fit between Bureaucracies and Indigenous Systems,"见 S. Writht, ed., *The Anthropology of Organizations*(London:Routledge,1994),68-84。

18. J. Trostle, "Why Publish? Differences in Institutional Incentives to Disseminate Research Findings."(为 HIID Research Retreat, Kennebunkport, Maine 准备的手稿,

1993年5月。)

19. 也请参阅 J. Sommerfeld, "Cross-Diciplinary Collaboration in International Public Health Research: A Challenge for Research Capacity Building Efforts in Developing Countries"（为 HIID Research Retreat, Newport, Rhode Island 准备的手稿,1994年5月）。

第二部分 能力建设战略

I 开发人力资源

第四章

渗透式培训
印度尼西亚财政部的支持性能力

唐纳德·F.利平克特三世

国家发展中一个最为重要的方面涉及发展中国家的机构与捐助者为发展教育和培训所明确表达战略的方式。如果不能获取技能,各国就会发现要摆脱对外部咨询人员的依赖是很困难的,对此有许多例证。然而,虽然有大量有关多种多样的先进教育培训计划的著作,对这种培训的不同方式的利弊分析却极少。这种分析的一个例证是,对根据离开工作岗位参加培训的时间进行升序排列的培训选项(即在职培训、当地的短期课程、当地的学位教育、外国短期课程、专家讨论会和专题学术研讨会,以及国外的学位教育)加以检测。在最近的几十年中,人们对这些方法中的哪一种能够带来"最大收益"(biggest bang for the buck)已经进行过充分的争论,争论的问题是:什么样的培训计划组合对于给定的环境来说是适当的以及人们能够用有限的资源做什么。然而,全世界最好的国家中的大多数人将会同意,对于有前途的专业人员来说,高素质的学术机构中的先进教育是优先的选择。许多(事实上是大多数)向这些国家提供高水平建议的外部顾问拥有西方学术机构的高等学位;无论好坏,发展中国家的政府官员、大学教授以及其他领导者可能也需要这样的学位,以便实施或模仿进行同样复杂的深入分析。

以下是国外高等学位教育经常追求的战略:

- 目标明确的集中化(targeted, narrowly focused)教育与培训
- 资源集合与多机构的(the pooled-resource, multi-institution)方法〔例如,美国大学的拉丁美洲奖学金项目(LASPAU)与印度尼西亚政府海外培训办公室(OTO)〕
- "不计成败"(hit-or-miss)法
- "关键个人"(key individuals)法

我将在这些战略之外加上"渗透式培训"(saturation training)并通过印尼财政部的案例研究对它进行分析。采用这一战略是为了解决财政部分析能力欠缺的问题,而且该部门使用这一方法的经历能够为其他国家提供有益的教训。这些战略中的每一个都要花费成本,也都能带来收益。

"目标明确的集中化"方法是决定一个机构或部门能够精确地确定它未来三到五年内的需求的战略。例如,它由此预测在那一段时间将需要五位经济学家、三位工商专业的人员(一位学财政学、一位学会计,另有一位学市场营销)、两位公共经理、一位农业政策经理和一位环境工程师。然后,它就能够为这些岗位挑选素质最好的人员,并试图将他们安排到最好或最适当的研究生教育计划中去。这是一个高回报、高风险的战略:如果这种安排是准确的,三到五年之后需求大致会是相同的,这是一种理想化的利用海外教育的成本收益方法。而另一方面,如果计划发生变化,例如如果一个有着明显不同的计划与想法的新政府(或部长)掌握了权力,或者如果外部环境要求政府的关注点多少要有所不同,这样的培训可能就不再完全适当,而且,最坏的情况是,培训可能不再具有相关性。潜在

第四章　渗透式培训：印度尼西亚财政部的支持性能力

的回报是政府能够确实得到它们想要以及已经计划要得到的东西，风险则是培训可能被证实是无关的或无用的。

"资源集合"法将来自多个不同却相关的组织、接受相同的学位培训的个人集中在一起。在国际行动中西部大学联合会(MUCIA)项目中，印尼政府的官员来自于几个不同的政府部门。在美洲大学的拉美奖学金计划(LASPAU)的发展培训(TFD)计划中，164位攻读学位的人员来自于拉丁美洲与加勒比地区大学的23个不同系所，攻读农业、工程、教育、卫生与社会学的硕士学位。[1]这一方法的优势在于，一个核心的智囊团或主办机构能够汇集自身的资源（尤其是它在评估、安置与监控学位攻读者方面的能力），从而获得丰富而综合的理论知识，并将其作为正在进行的事业的基础。这一方法的不利之处在于，除非个人异常勤奋，否则，在能够获得这些学位教育的机会和大学的接收率等既定条件下，人们获得的理论知识也不可能是相同的。例如，一个组织可能会发现，它的所有工作人员都只在一所或两所大学中接受了培训，这就部分地使得这一方法的目的难以有效实现。

"不计成败"法的最佳例证是，委派组织中的少数关键个人到多所大学或到与这个组织建立了正式或非正式联系的同一所大学的战略。如果大学—个人的选择匹配是理想的，或者如果这所大学拥有满足被挑选出来的个人的多种理论要求的资源，这一方法就能够发挥良好作用。导致这一战略无效的情况是，既要让这少数个人在培训中获得成功，又要让他们回来后还待在本国的组织中，这种对少数个人的依赖性具有目标不清、低回报的性质。

"关键个人"法（在这一方法中，所挑选的"正在升起的明星"是培训的焦点）在有些情况下是最有效的，例如，农业部的三个人在三个相关的农业领域接受培训，学成后回到农业部，然后获得晋升。然而，这种情况的假设性太强。如果这些人中只有一位仍然待在农业部，那么七年之后，这一培训对于农业部来说其回报的重要性又如何呢？农业部很可能在总体上并不会因为这种海外培训而发生较大变化。25年之后，人们可能都不会再想起曾经有过这次培训。另一方面，有些人可能会认为，即使那些人离开了农业部，如果他们仍然留在那个国家，那么总体上说，他们就仍然对社会做出了贡献。

渗透式培训是用新知识的池塘对一个特定组织进行彻底灌溉，在这一案例中，特定组织是指印尼财政部。这里的知识包括计划用于提高未来绩效的相关理论培训。这一方法在提高一个组织的工作人员的分析能力方面有着许多优势。

首先也是最重要的，渗透式培训是彻底的，任何个人只要表现出具有理论潜力、有效的工作产出和习惯、创新性，都可以接受这样的海外学位培训。而且，由于拥有这样一个适当的计划，组织很自然地能够吸引那些非常聪明并受到激励的雇员，还能吸引那些自认为是这种人的其他人。

其次，与目标化培训不同的是，一个设计精良的渗透式培训计划将横跨与一个给定组织相关的所有学科，而不只是强迫个人研究他们通常不想涉足的一些领域。通过提供一个研究领域范围以及向个人提供部分选择权，组织能够展示接受培训的个人的优势，从而提高研究生教育的成功率。更为重要的是，受训的个人相信他们所接受的普通理论与应用性知识和机构当前的需求是相关的，而不必担心出现因环境变化而使其学位变得无用的可能性（正如在目标化培训中所出现的情况那样）。当然，这就降低了目标化方法中固有的风险。

渗透式战略的另一个优势是，由于专业雇员在早期就意识到这些机会，因此，他们就会受到激励，为了在与同事竞争培训机会时取得成功而努力工作。同时，培训机会相对较大，不会使人们因竞争而灰心丧气。如果计划设计完善，那么，雇员在完成了规定年限的服务之后，才有资格获得这一培训机会。

第四章 渗透式培训：印度尼西亚财政部的支持性能力

从机构的角度来看，新知识的注入是影响巨大的，它不仅增强了那些在他们先前的同事（通常是更为年长者）回来之后也步入这一渠道的人员的雄心，而且还提升了组织整体的知识体系。正如在印尼财政部的案例中所展示的，当几百位雇员回到一个组织的许多不同部门或分支机构中时，与相对少数将要用"暴露"于其他培训方法之下的人相比，他们的新分析方法与分析技术对其所接触的众多同事产生了影响。如果为回归者设计的方案是高明的，如果回归者被广泛安置在机构的各处，它就真的将会是一个非常有效的战略。

最后但并非最不重要的是，这一对人力资本的根本性投资会促使以对特定问题的不同想法与战略方法进行争论的形式出现的竞争健康化。无须依靠广泛的想象力人们就能意识到，这样一种方法能够将分析与管理技能提高到没有采用这种战略之前所无法想象的地步。如果自始至终计划的设计都是完善的，那么，这样的目标就能够实现。

很明显，这种方法的主要障碍在于它的财力。毫无疑问，对于大多数国家来说，印尼财政部在采取这一方法时的奢侈是难以企及的，从接受培训的个人的数量角度来看更是如此。然而，财政部雇用了几千位专业人员，因此，为了获得渗透效果，它不得不培训几百位核心专业人员。在较小国家的财政部，可能只有500位雇员或者更少，培训数只需达到30—50位专业人员可能就会实现相同的（分布性或其他）目标。

对渗透式方法的另一个批评是，一个部门在相对较短的时期内，可能无法吸收那么多受过良好教育的个人。这种认识当然有些合理性，当所讨论的组织没有采取措施确保这些回归者受到挑战和得到更多的回报时更是如此。印尼财政部所使用的一个方法是将最好的雇员培养到博士层次，并向他们中的佼佼者提供最富挑战性、高层次的职位。对于这种方法来说，印尼是尤为肥沃的土壤，因为许多受过高等教育的雇员在它的各个部门里工作。然而，普遍存在的问题是，这么多受过高层次培训的专业技术官僚使得印尼更有可能承受"上端"而非"下端"的风险,尤其当回归者仍然留在原来的部门中时更是如此。关键是要提前为成功地吸收这些人员做出规划,同时保持受训人员安置的灵活性,并且在为他们安置岗位时要考虑到他们的新专长与现时的组织需求。应该承认的是,这本身就是一个挑战。

虽然许多学术著作相当悲观地认为,培训不能有效地帮助发展中国家的各部门提高能力,但是,印尼的案例为我们提供了一幅很有希望的画卷。[2] 与其他案例相比(如本书第五章中所讨论的肯尼亚的案例,在那里,即使从最好的角度来说,结果也是非常复杂的),这一计划中相当多的海外学位接受者仍然待在原来的部门中。而且,许多人尤其是那些获得博士学位的人,与没有获得海外学位的同事相比,以更快的速度晋升到更为重要的位置上,这显示出这些学位获得者的价值,也表明财政部致力于建设内部能力。

印尼财政部的培训计划

从1981年年末、1982年年初开始,哈佛国际发展研究所帮助印尼政府建设了一支经过理论培训的年轻的专业化队伍,他们需要具备做出合理、见闻广博的决策所必需的分析能力。(虽然哈佛国际发展研究所在此之前就基于特定基础在培训以及向大学提供印尼官员人选中发挥了作用,但是,正式的部门培训计划直到1981年才开始。)哈佛国际发展研究所尤其潜心于提高印尼财政部的分析能力,它对这一活动的密切关注长达10年以上。用于更新分析能力的主要方式是在美国进行海外学位培训。在1994年,由哈佛国际发展研究所与财政部签订的合同资助的348位官员在美国拿到学位后回到印尼。其中,24人获得博士学位,其他人获得硕士学位。自1995年中期起,有50多位其他官员被美国的硕士教育计划(或其他渠道)招收为学生。

虽然财政部有上百位受过印尼大学培训的专业人员,但是,由于他们

第四章 渗透式培训：印度尼西亚财政部的支持性能力

既缺乏经验，也缺乏教育，所以，很少有人能够进行政策分析或规划。因此，大约在1980年，财政部主要领导人与哈佛国际发展研究所共同制订了一个更为广泛的培训计划，这一计划包括在印尼之外进行正式的研究生教育，它在提高这一大型组织的分析能力方面最为有效。[3]他们都认为，经济学硕士学位在提供分析技能方面是最有效的，而这种技能将是财政部最有发展前景的年轻专业人员学成归来后进行有效分析研究所必需的。随后，他们又确定了工商管理、公共管理与法律对于财政部官员来说也是适当的理论学科。

结果，1981年，哈佛国际发展研究所在坎布里奇成立了一个培训办公室，作为这一方案实施的领导机构。在它成立的第一年，有12位财政部官员到美国接受硕士学位培训。在第二年，官员数量翻了一番。表4-1展示了每年获得学位的人员数量，图4-1提供了财政部这些学位获得者的累积组合（the cumulative buildup）。全部官员数量中的一小部分（少于10%）来自于其他两个部——贸易部与外交部。

表4-1　印尼财政部—哈佛国际发展研究所培训项目海外研究生学位的获得者

返回年份	获得学位的数量	未获得学位的数量
1984	17	3
1985	11	2
1986	19	1
1987	16	1
1988	33	1
1989	35	1
1990	20	3
1991	46	2
1992	46	1
1993	68	—
1994	37	—

（续表）

大学(整个1993年)		
美国大学(12)	宾夕法尼亚大学(2)	俄亥俄大学
博尔州立大学(5)	圣路易斯大学(12)	密歇根大学
贝勒大学	南伊利诺伊大学卡本代尔分校(6)	内华达大学里诺分校(3)
加州大学弗雷斯诺分校(3)	南伊利诺伊大学爱德华斯维尔分校(2)	纽黑文大学(3)
卡内基—梅隆大学(16)		新奥尔良大学(3)
凯斯西储大学(2)	南卫理公会教派大学	圣母大学(5)
克莱蒙特研究生院(6)	斯坦福大学(3)	俄克拉何马城市大学(5)
科罗拉多州立大学保险学院(6)	纽约州立大学宾厄姆顿分校	俄勒冈大学
康奈尔大学	锡拉丘兹大学(2)	匹兹堡大学(6)
德雷克大学	得克萨斯科技大学	罗切斯特大学
杜克大学(6)	塔夫兹大学	圣迭戈大学
杜肯恩—福德汉大学(3)	图雷恩大学(3)	南加利福尼亚大学(3)
乔治敦大学(2)	布里奇波特大学	得克萨斯大学阿灵顿分校
乔治·华盛顿大学	芝加哥大学	弗吉尼亚大学(3)
佐治亚州立大学	科罗拉多大学博尔德分校(9)	华盛顿大学
哈佛大学(5)		威斯康星大学麦迪逊分校
伊斯诺伊州立大学	科罗拉多大学丹佛分校	威斯康星大学怀特沃特分校(9)
印第安纳大学(5)	达拉斯大学(2)	怀俄明大学
约翰·霍普金斯大学(3)	特拉华大学(6)	犹他州立大学
堪萨斯州立大学	丹佛大学(3)	范德贝尔特大学(10)
孟菲斯州立大学	底特律大学(2)	弗吉尼亚联邦大学(2)
密歇根州立大学(2)	哈特福德大学(18)	韦克福雷大学(3)
新墨西哥州立大学(2)	夏威夷大学(2)	华盛顿大学(3)
新社会研究学院(2)	伊利诺伊大学(20)	西伊利诺伊大学(10)
北卡罗来纳州立大学(4)	堪萨斯城市大学(4)	西弗吉尼亚大学(2)
西北大学(2)	肯塔基大学(2)	威廉斯学院(2)
俄亥俄州立大学	缅因大学(2)	耶鲁大学(3)
佩瑟大学	马里兰大学	迈阿密大学(5)
		英国伯明翰大学

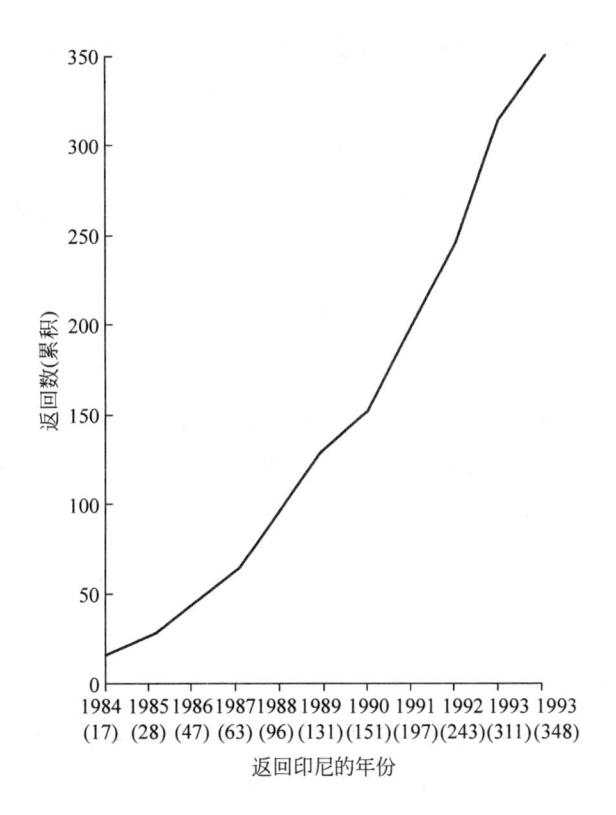

第四章 渗透式培训：印度尼西亚财政部的支持性能力

图4-1 印尼财政部—哈佛国际发展研究所培训项目海外研究生学位获得者

从表面上看，那些建立一支专业分析家队伍的综合性努力看起来正处于发展过程中，而且这些努力是基于特定部门或政府的要求而展开。然而，进一步的探究式评估（基于与政府和哈佛国际发展研究所官员的讨论、从与他们的无数次会面中获取的第一手资料以及与其多年的书信交往及分析）所支持的却是多少有些不同的结论。对此案例的回顾显示，虽然有一个培训尽可能多的人的总体计划，却没有涉及特定需求与预期结果的主导性方案。

虽然有对许多人进行培训的方案，挑选受训人却更多地基于以下因素：申请人在离开前的筛选计划中同时获得理论潜能与英语能力考核的成功，单个主管人员所采用的用于产生和"推出"合格候选人与培训议程的创新,申请人的(其他)主管愿意让他们出去两三年以获得硕士学位,以及在所讨论的特定期间用于海外培训的资金数量。[4]

伴随着项目的进行,人们越来越清楚地认识到,主要目标是在资金还能维持的时候尽可能多地培训专业人员。这一政策的主要意义(或其中所缺乏的)是,它看起来获得了自己的生命(因为能够获得资金)。留给哈佛国际发展研究所和雅加达的项目经理的工作是用可能最"常识"性的方法为这艘船掌舵。

在1982—1995年间,培训资金来自于两个主要渠道。在早些年,通过印尼政府和哈佛国际发展研究所之间的直接合同就可以得到资金。从1989年起,世界银行通过与印尼政府签订的专业化人力资源开发(PHRD)合同,成为主要的培训资金来源。通过PHRD合同,世界银行向印尼政府提供了大约1亿美元资助,其中的1,700万美元用于印尼财政部的培训计划,而在1,700万中,接近1,000万由哈佛国际发展研究所培训办公室管理。向财政部分配的其他PHRD资金,通过其他国际资助机构主要用于在英国和加拿大的培训。最终,大约4,500万美元通过哈佛国际发展研究所用于培训计划。

受训人员的年度累积数字

为了分析受过培训的学成归来者在人才保留与晋升中取得了怎样的成功,有必要将全部回归者缩减至1993年8月学成归国者的数量,因为最近的可获得的高层政府官员名录是1994年年初公布的。[5]在1982—1993年间,哈佛国际发展研究所对300多位财政部官员或其下属人员在美国大学(参阅图4-1)中获得研究生学位提供了资助。在这一数字中,21位获得了博士学位,他们中除一人之外全部毕业于美国的大学。有8位没能拿到博士学位,另有3位在1994年获得博士学位,22位被招收到博士教育计划中,还有其他50多位官员在1995年被招收进硕士教育计

第四章 渗透式培训：印度尼西亚财政部的支持性能力

划中。(参阅表4-1与表4-2中海外研究生学位获得者与博士学位获得者数字。)预期的通过率(博士学位大约75%)与1995年攻读博士学位的人员大致接近,即这些人中的16%或17%应该能够获得博士学位。[6]总之,到1998年,在这一培训计划的支持下,大约36位专业人员将获得美国博士学位,4位获得英国博士学位。加上来自相关组织或其他部门的人员,大约有28到30位受过培训的人员曾是财政部雇员。

表4-2　印尼财政部/哈佛国际发展研究所培训项目博士学位获得者

返回年份	获学位数	未获学位数	大学	研究领域
1986	2	—	匹兹堡大学	经济学(1)公共行政(1)
1987	4	—	科罗拉多大学、范德贝尔特大学、匹兹堡大学、俄亥俄州立大学	经济学(3)政治学(1)
1988	2	—	马里兰大学、弗吉尼亚大学	经济学(1)法学(1)
1989	4	1	圣母大学、伊利诺伊大学、卡内基—梅隆大学	经济学(4)
1990	1	1	南加利福尼亚大学	公共行政(1)
1991	4	1	伊利诺伊大学、南加利福尼亚大学、南伊利诺伊大学卡本代尔分校、科罗拉多大学	经济学(4)
1992	2	2	伯明翰大学(英国)、密歇根州立大学	公共行政(1)经济学(1)
1993	2	3	伊利诺伊大学、克莱尔蒙特研究生院	经济学(2)
1994	3	—	艾奥瓦州立大学、肯塔基大学、凯斯西储大学	经济学(2)会计学(1)
1995*	5	2		
1996*	4	1		
1997*	4	2		
1998*	4	1		

* 这些年的更新情况请参阅注释6。

在1982年以前,财政部官员中只有少数人从西方国家的大学中获得了博士学位。[7] 通过这一计划成为西方培训的首批经济学家的官员中的大多数是在加利福尼亚大学伯克利分校获得博士学位的,他们被通称为"伯克利黑手党"。这些人在经济政策分析与制定中扮演着领导角色,而且,在有些案例中,他们至今仍然是领导者。在设计与推进这一培训计划中他们也起着重要作用。大多数观察家将印尼的经济成功归功于这些领导人的经济政策制定技能。除了博士学位之外,人们相信还有几十个人在那段时间获得了硕士学位。因此,在培训项目进展期间,主要通过美国的教育计划,由哈佛国际发展研究所资助的官员就使得财政部受过高等教育的专业人员数量名义上增长了10倍。

硕士学位研究生的成功

在这12年间(1982—1994),尤为引人注目的是硕士学位研究生的成功率。在那些进入研究生教育计划的学生中,只有14位没有获得硕士学位(参阅表4-1),通过率达96%。根据见多识广的哈佛国际发展研究所工作人员、财政部高级官员和学生自己的认识,有几个因素对这一引人注目的成功率起了决定性作用。[8]

- 大多数学生有着较强的动机。他们整体上是聪明的、受到高度激励的个人,能够相当严肃地看待他们的理论研究责任。同时,他们也是被精心挑选出来的,他们在印尼的理论成就是决定其在美国取得潜在成功的因素。
- 财政部管理人员努力确保只有那些最合格和有才干的官员才能去海外留学。尤其值得一提的是,这些管理人员测试了候选人员的理论能力、英语能力、在雅加达模拟研究生课程中的成绩,并进行了心理测试(它考察创新性、对新情况的适应性以及团队导向等因素)。

第四章　渗透式培训：印度尼西亚财政部的支持性能力

- 雅加达和美国的几个学术中心提供了精心设计的预备课程。这些课程使用基本的英语材料，它们在印尼公务员与美国大学环境之间搭起一座桥梁。预备计划也是在允许参与者参加研究生教育计划之前的一个有用的、最后的筛选工具。
- 哈佛国际发展研究所培训办公室具有将学生与适当的大学教育计划相匹配的能力。在给定的学生多种多样的理论与英语能力、研究生教育的不同关注点的条件下，为了保持低失败率，这就成了关键性的一步。失败通常发生在少数案例中，在这些案例中，教育计划要么不能如实地说明它们的重点，要么掩盖了一个暗藏的归因程序(a hidden attribution agenda)。[9]
- 哈佛国际发展研究所培训办公室的密切监控与支持确保学生得到任何一次成功的机会。一个关键性的战略是尽快认识研究生导师或指导员或者同时认识这两者，以便向他们解释该计划的目标，并强调哈佛国际发展研究所希望尽早了解任何学术困难以便及时采取适当的补救措施(如数学家教、额外的英语课程、论文编辑或人事咨询)。同样，培训办公室人员还花费大量时间进行实地或电话联系，以评估学生的前景，诱导犹豫不决的导师，寻找其他的学位教育机会。

硕士学位获得者的晋升率

虽然获得硕士学位的成功率相当高，然而，由于至今仍然不能得到详细的资料，要对这些人实施相对高水平的政策分析和获得基于功绩的晋升的能力进行评估多少会有些困难，而且，第三和第四等级雇员对政策制定做出的贡献也要承受高度主观的评判。[10]在任何一种情况下，大多数硕士学位的获得者都以超常的速度得到提升，290 位获得硕士学位的学生中只有 8 位在 1994 年年初晋升到第二等级(图 4-2)。这并不令人惊奇，因为从历史上看,即使是素质最高的个人也不会在 45—50 岁甚至更老之前升入第二等级。

从另一个视角观之,保守性的估计表明,财政部内获得海外硕士学位的回归者的保留率超过 90%(保留问题将在后面讨论)。这样一来,财政部获取其未来领导人的人才库是很大的。虽然有关晋升率与硕士生的职业生涯的详细资料相对欠缺,但是,回归博士生的资料非常可靠,这些资料进一步揭示出财政部官员对个人高学位的注重。

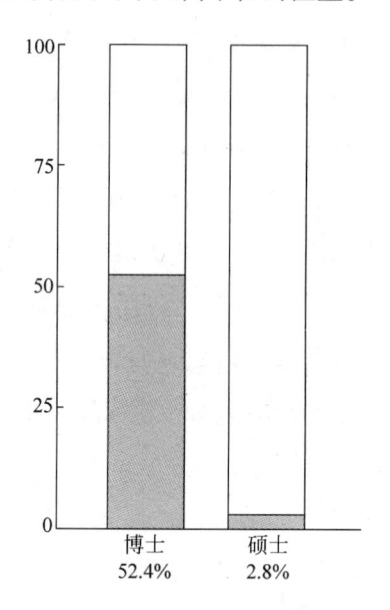

图 4-2 印尼财政部/哈佛国际发展研究所培训项目海外研究生学位获得者升任第二等级百分比(1993 年 6 月间)

博士生

在 20 世纪 80 年代早期,培训计划的管理人员(来自于财政部与哈佛国际发展研究所)积极地讨论挑选出少数官员读完硕士再读博士的效用。当时,财政部里受过最好教育的人员相对较少,他们集中占据着组织的高层岗位。由于只有少数受过教育的最高等级精英实施经济政策管理,财政部几乎没有能力为政策制定过程提供信息投入所需的研究,更不用说允许底层人员提出政策建议。

这些讨论部分地是由那些希望获得博士学位的人员的一些请求所激发的,但是,让一些人继续攻读博士学位的想法在培训计划之初就被考虑过了。在1984—1988年间(包括1988年),20位由哈佛国际发展研究所资助的学生以平均每年4位的速度开始攻读博士学位。虽然这一数字比最初设想的要大,但它在财政部所预期的能够以合理的方式和时间加以吸收的范围之内。而且,大多数参与者认为,攻读博士学位的退学率(the attrition rate)肯定会明显地高于硕士学位退学率。

博士学位获得者的晋升率

很明显,在财政部里,博士学位是官员们得以晋升的垫脚石。截止到1995年,1985—1993年间在财政部—哈佛国际发展研究所培训计划支持下获得博士学位的21位人员中,有11位晋升到第二等级。在去美国攻读学位之前,他们中的极少数已经处于第三等级,而大多数则处于第五等级或更低。获得博士学位的官员中半数晋升到第二级,这本身就是非常引人注目的,因为升到这一等级通常要花费5—10年的时间。[11]图4-1和4-2通过将获得博士学位的官员与只获得硕士学位的官员进行比较(虽然后者显然比没有海外学位的同事更快地得到晋升),强调了博士学位获得者晋升到更高层级的令人吃惊的比例。

大多数博士生的毕业论文选题都是与印尼形势相关的具有相对应用性的课题。许多美国大学的导师尤其是那些有过在发展中国家工作经验的人坚持认为,印尼的博士生应该写与他们的祖国相关的论文,而且,如果可能的话,所写论文要直接与处理印尼重大问题相关。框图4-1提供了论文题目的样本。

这样一来,大多数返回印尼的博士不仅思考、分析和试图解决(或者至少提出建议)他们的国家所面临的现实经济问题,还创造出了一个他们回国之后可以依赖的专门技术的小环境。另外,在他们写作的过程中,许多人回国收集资料、提炼论题,并向同事、上级主管、在金沙萨的哈佛国际发展研究所顾问和其他人员咨询。这些咨询有助于让他们对最新的发展状况和已经进行的研究情况了如指掌,也使得他们能够进行有用的接触。

框图 4-1 博士论文题目例子

- 印尼中央与地方政府的关系:如何提高地方税收效率与公正性[a]
- 财政效率与公正:对国家销售税的分析[b]
- 对印尼石油税收影响范围的一般均衡分析[b]
- 印尼收入群体的消费税负担:以烟草为例[b]
- 印尼贸易的计量经济学模型[b]
- 开发一种理论框架用于建构制定应对印尼外债的适宜公共政策的模型[b]
- 印尼劳动力供给税的影响[b]
- "新秩序政府"下印尼纺织业的政治经济学[b]
- ASEAN 国家《海洋法》会议的政治意义[b]
- 指数化的理论与历史:以墨西哥外债为例
- 印尼国内迁移的理想模式
- 外商在印尼直接投资的影响
- 印尼城市不动产税:对纳税人遵从性的评估
- 印尼财产税的经济学

[a] 该论文由一位晋升到第一等级的官员所写。
[b] 这些论文由晋升到第二等级的官员所写。

第四章 渗透式培训：印度尼西亚财政部的支持性能力

一些批评家怀疑，印尼受训者是否真正理解用于指导研究小组或政策分析活动的经济理论。他们的质疑主要来自于两个不同的视角：一个视角是那些怀疑招收学生的教育计划是否足够严格的人所采用的，另一个视角是那些怀疑在许多研究生院中存在对非英语国家学生和非西式教育学生实行双重标准的人所采用的。让我们首先回答第二个问题。哈佛国际发展研究所培训办公室的人员确实见到过来自于发展中国家的学生被加以特殊的分配，这种分配是根据所需的分析水平、书面和口头英语表达水平、政治无知和文化意识欠缺的水平这样广泛的标准而实施的。

四个培训办公室的咨询人员都不怀疑，一些富有同情心的教授，尤其是那些曾经在发展中国家工作过和对流行于许多教育制度中的死记硬背式教育方法非常熟悉的教授，有时会向那些不时出现成绩不及格现象的学生提供额外帮助。另一方面，同一批顾问人员也同一些教授面谈过，这些教授不仅指出他们不会对外国学生"马虎"，而且他们还说，自己不希望再有印尼学生，因为这些学生无助于他们成为美国大学的教师。一般说来，那些花费更长时间才能拿到学位的人被迫通过更为严格的教育，因为他们的导师不愿意给外国和母语非英语的学生以特殊的待遇。

至于这些教育计划的水平是否足够高，我们的回答是，许多博士和硕士生进入了表4-1和4-2中所列示的那些高质量大学。超过2/3的财政部人员进入了《戈尔曼报告》(*The Gourman Report*)评出的排名为"很强"、"强"、"好"和"可以接受"的大学。[12] 另有17%进入的大学排名为"差强人意"，3%进入了排名为"不够好"的学校。[13] 超过1/3的学生就读于排在"很强"和"强"类别中的大学。更为引人注目的是，根据《戈尔曼报告》，获得博士学位并晋升到第二等级的11位学生中，有8位接受了在他们各自的研究领域中排名在前的大学的教育。

这一质量控制就人员安排与成果水平来看，与许多由其他资助者进行的将大量学生安排在很大的团队中的做法相比较，其成效是显著的。[14]

被选送到美国大学的印尼官员基本上是得分较高的学生,他们在印尼的学术成绩、印尼举办的理论潜能测试和他们在攻读美国研究生教育计划时集体的高成功率就是明证。而且,哈佛国际发展研究所培训办公室将学生安排在高水平的博士教育计划中的努力也是相当成功的。

实施全面的重新整合的障碍

虽然财政部有着将博士学位获得者晋升到最高职位的明显意愿,但是,正如表 4-2 所展示的,它对回归的硕士却看不出有着同样的心愿。为什么财政部将硕士学位获得者晋升到高级职位的动作如此缓慢呢?一个原因就是一些财政部高级官员历来依赖移居国外的顾问(expatriate advisor),而对回国的受训人缺乏信心。[15]可是,真正发挥作用的因素本质上是外在的,与西方培养的专业人员分析能力是否提高是无关的。全面的重新整合更有可能在排除某些障碍的情况下发生。

第一,财政部在监督培训计划中的角色随着时间的推进而形成了一种仁慈的忽视模式(a mode of benign neglect)。虽然早期培训管理由当时的"培训独裁者"以一种相对强权的方式实施监管,但在后来的几年中,由于培训管理层不再是继任的培训首长的核心关注点,对培训的管理也就变得更为松懈。

第二,通常需要积极的措施(即使以最小的规模)来改变官僚机构运作的方式。惯性是实施有效的重新整合的反作用力,即为回归者提供真正适当的工作和职业安置需要付出巨大的努力,以便发现最佳的位置和最好的规划来确保安置的可能性。例如,这可能需要创造一项新工作或者甚至是将现任官员从职位上赶走。很难想象公务员体系中还会有比这更为有效的"惯性点"了。

第三,即使哈佛国际发展研究所拥有了解任何一个给定项目什么时候开展的确凿记录,相关的后续项目也很快就接上来了。这些后续项目

第四章　渗透式培训：印度尼西亚财政部的支持性能力

是将项目转交给印尼分析家的瓶颈，而且，正如前面所指出的，后续项目也是使人们惊慌失措的原因，这对于某些回归者来说尤为如此。

第四，许多财政部高级官员已经相当习惯于顾问提供的服务和建议，他们对政策文件和建议中的完善分析和判断甚是赏识，也非常希望在他们寻求这样的分析时能迅速得到回应。在这种形势下，他们对于信任"新手"的建议是有顾虑的。其他一些官员对于未经测试的下属能否真正具备足够的分析能力感到怀疑，他们没有耐心让工作人员在实践中学习，不能容许他们提出错误的建议。少数人还对工作人员处理机密资料不放心。他们在政治上是否具有可信性？经济信息是否可能被透露给能够获得不当得利的个人或公司？西方的民主思想是否破坏了他们对印尼政府的忠诚？他们是否拥有腐蚀其对历史形成的以年资为基础的体制的忠诚的知识精英理念？[16]他们能否领导别人？总之，高级官员认为，两代间的人员调整需要小心翼翼地加以管理。

第五，在回到印尼后的第一年（从这一国家和公务员队伍中离开两到八年以后），受训人尤其会经常失去方向感。很少有正式的程序重整能够帮助他们认识到低估了所面临的困难。他们经常被安置在不能充分利用他们所学技能的位置上，而且也不知道是否能够迅速晋升到能够充分施展所学的职位上去。在这种情况下，更为令人吃惊的是并没有发生从财政部调离的现象。有时，相反的情况也会发生。我们所采访过的一个人在回来后，就立即被安置在领导一个重要研究机构的位置上，原因是他的前任刚刚退休。在美国的一个大学里当了八年的硕士生之后，他突然就拥有了50多位工作人员和一个有关设计与实施的研究议程。在去美国之前，他几乎没有什么管理经验，而且他的研究生课程中也没有人力资源管理。这就为任职的失败埋下了伏笔。

第六，返回的受训人与派他们出去的主管人员都清楚地意识到，公务员的低工资几乎肯定会使返回者仅仅为了维持他们作为美国研究生时已经习惯了的生活方式的外表而寻找其他工作——经常是在大学教学或从事顾问工作。由于这种情况,在收入方面只有那些被安置到很高职位的前受训人才能超过其他有利的工作机会所能提供的薪金。这样一来,大多数返回者不愿意展示可信的分析判断能力,不想花费必要长的时间以便开辟出稳定的职业升迁道路。他们的上司也知道,在下午四点之后才给他们打电话为时已晚。

第七,真实的官僚人员在将经济与管理理论(或者是实践性的课程,如案例研究)应用于现实世界中的复杂问题时,肯定存在着学习曲线所描绘的现象。大多数人在工作中不得不经历一段"反复试验"的时期,这就增加了选出不适当的政策和在印尼经济中产生有害影响的可能性。

保留

由印尼财政部和世界银行项目管理下的印尼各部门的人员保留率是相当惊人的。根据保守估计,在1995年年初,获得硕士或博士学位的雇员仍然为政府工作的明显超过90%。[17]事实上,据估计,90%多的人还在为以前工作过的部门效力,而其中只有很少一部分晋升到高级职位。

为什么他们在获得学位回到印尼后还会待在政府中呢?部分原因在于文化忠诚、对权力的崇拜与敬畏和缺少其他选择机会。印尼市场的全面开放,尤其是金融服务业的开放,可能会在将来腐蚀这些因素的牵制力,但是,到1995年时,经济自由的长期影响与在总统任期内实现首次方针转变的预期所具有的影响相当低。[18]

个人在动身赴美之前与财政部签订了一份"合同"的事实,也有助于实现高保留率。合同迫使这些人员从回到印尼开始要为政府服务五年时间,否则就要被迫双倍偿还教育费用,而这笔钱能高达几十万美金。培训办公室的记录表明,只有一位回国的学生在一家东印尼的美国矿业公司

第四章 渗透式培训：印度尼西亚财政部的支持性能力

为其出钱赔付这笔费用之后被挖走。或许还曾有其他的案例，但是，高昂的费用加上离开政府的例子很少，使得其他许多人都不可能获得这些机会。

另外，在印尼，职业公务员拥有重要的地位。许多公务员住在各部门捐资兴建的住房群中，有专车接送他们上下班，并享受着许多其他的便利。公务员确实相信，他们的职业在社会中是属于精英层的。根据对几位官员的采访，可以看出，虽然私营部门能够提供更高的薪金，这一可见的地位却有助于将官员留在政府中。[19]

而且，在政府中服务的印尼人对政府非常忠诚，在他们的心目中，这代表着他们的文化遗产。由潘查希拉(Pancasila)(互敬合作五原则)所支配的"大印尼"理念，自独立(1948年)以来就是一个主要的文化主题，20世纪60年代中期"新秩序"掌握政权之后，更巩固了它的地位。因此，事实上，所有出生在这种文化时代的学生都被教导要尊重他们的新国家并以它为荣，要努力让各种族和睦相处。而且，他们是完全成长在后苏加诺、"新秩序"时代的潘查希拉精神中的第一代，在这一时代，更多地容忍不同政治、社会经济和文化群体而不是搞两极分化成为一种规范。[20]与之相关，受训人对政府所持的态度是，对政府向他们提供的在海外学习并获得高等学位的特权有施以回报的道德和伦理责任。[21]

另一个提高保留率的因素看来是文化因素。爪哇人是印尼人口中发挥着支配作用的种族群体，他们通常是落后于形势的，因为他们不愿意做不曾预料到的事或者捣乱。[22]不管这一极为普遍的文化特征有多么正确，事实上，回归者中似乎很少有人愿意"跳槽"离开政府，部分原因在于这样做会使他们被人认为是采取了不适当的行为，并且将冒受到冷遇甚至遭到排斥的风险。这种担心因为军人专政的现实而得到充分强化。

同样，对年资的敬重看来也产生了有限的损耗作用。印尼社会在传统上就高度敬重年资，而且，这种敬重渗透到了文化的每一个方面。虽然在西方"年轻文化"的影响下,这一相对被动的亚洲人观点已经在某种程度上被摧毁,但是,对年资的敬重却仍然起着支配作用,在20世纪90年代中期的政府官僚体制中更是如此。然而,已有证据显示,贤能统治正逐渐取代年资(年长而且在当地受教育的部门官员很可能会说是很快而非逐渐)。这一证据得到了本章所描述的大量资料的支持,获得学位而回归的官员被提拔并且在飞黄腾达的道路上走得比他们那些"留在国内"的对手要快得多。然而,旧体制并没有完全消亡,仍然有些人非常有效地阻碍着这一领域的进步,尤其在硕士受训人得到晋升的机会上更是如此。

所有被派往国外攻读学位并成功地完成学业的人,都记着培训指导者这句离别话语:"我们将成为我国未来的领导人。"在很长时间内,这一想法留住了大量公务员,而且当他们听说和亲眼看到那些早期回国的同事得到升迁时,他们对职业发展所抱的希望就更大了。由于这一点被精确地证实了,回归者更有可能盼望回国以便获得他们"应得的回报",甚至努力工作以确保这一希望能够变为现实。当然,这一过程的一部分是自我选择性的:最雄心勃勃、最受激励的公务员奋发努力获得更高的地位和更大的责任,并且首先利用了海外培训机会。

另外,许多回归者还从事兼职工作,经常是教学或咨询工作。这些工作使得他们获得了大量的收入,从而督促他们继续留在公务员队伍中以等待晋升到更高等级的机会,并且使他们获得了在其他领域工作的经验。当然,当官员升到更高职位上时,就很难从事兼职工作了,因为部门工作变得更为重要也更为费时。这些要求只对少数官员产生压力,但是,却明显地值得他们牺牲更多的自由。

最后但显然不是最不重要的因素是,很少有印尼政府工作人员拥有在私营部门从事全职高薪工作的经历,大多数人是在大学毕业后很短的时间内就进入了公务员队伍。直到20世纪80年代中期,金融服务领域还基本上由政府控制,机会相对较少。由于解除管制以及许多新银行、新的金融服务公司进入了这一市场领域,公务员队伍低收入工作长期以来所具有的吸引力可能会受到侵蚀。

总结

哈佛国际发展研究所与印尼财政部之间长达13年的培训项目取得了许多成就,最为重要的是强化了组织的人力资本基础。即使不去探究400多位官员的技能与理论知识是否被最为有效地利用,财政部也获得了与1982年相比无可比拟的强大分析能力。受过良好理论培训的官员原本只有不到几十人,现在提高了十倍多。

到20世纪90年代中期,这些资源得到了合理的配置,而且在很多案例中,为了确保雇员做出根本性的贡献,个人被恰当地安置在了合适的岗位上。这并非断言财政部的一切工作都是好的,它并不是完美无缺的。财政部内阻碍成功的传统障碍仍然存在:与功绩无关的过时的年资制、固执的主管因为妒忌而守护着他们的权力、政治争斗、腐败以及其他因素。然而,公务员制度正向一个更为关注知识精英的方向迈进。

因此,财政部内的新变化是一支接受了西方理论培训的干部队伍。当我们采访他们时,他们明确地表达了要留在财政部的意愿,一来是因为他们相信财政部会为他们的职业发展提供机会,二来是因为他们确实认为自己能够对国家的经济发展做出贡献。[23]而如何使这支庞大的官员队伍从工作中获得利益回报和挑战,这一事项要留待财政部做出决定。为此,财政部明确地指出了它将如何为回国的博士学位获得者提供以上机会。但是,我们不太清楚的是,它是否同样向获得硕士学位的大量官员提供了机会。

财政部在更新其内部能力方面做了几件很值得称颂的事情。首先,它将资源用于培训。其次,它设立了一项制度,并开发出一个海外培训选择程序,这一程序确实是知识精英型的,它包括工作绩效、理论潜能、英语水平和心理准备这样的因素。再次,它设计了一个非正式的体系,使得归国博士学位获得者能够在很大程度上规避年代久远、深深植根于文化中、直接与知识精英政治相对立的年资制。最后,虽然不能像对待博士学位获得者那样迅速地晋升硕士学位获得者,但是,它设法将他们中超过90%的人留在了财政部。因为即使那些硕士学位获得者不能普遍得到迅速晋升,但是,与那些"待在国内"的同事相比,他们中的许多人还是能够更快地升迁。

财政部遭遇的失败与其获得的成功是同样多的。首先,无论是从将回国人员安置在最适合其新技能的职位方面看,还是从对他们的回国时间进行安排以充分发挥其技能方面看,财政部都没能建立一套重新安置回国官员的综合性制度。换言之,培训办公室的管理人员与人力资源管理者之间缺乏协作。

其次,财政部没能建立起一套用于测定回归者所学或专业的制度,从而无法对组织所拥有的新技能有一个全面而精确的认识,相应地也就不能恰当地安置人员。从长期来看,在早期对培训需求进行评估对于选出合适人选参加海外学习极为有利,同时,这也有助于将官员安排进财政部最为需要的教育计划中(如五位金融分析家、两位公共财政专家、七位税务人员等等)。

再次,虽然回国的硕士学位获得者因为拿到了学位而获得荣誉,但是,由于他们失去了在财政部的实际工作时间,这种荣誉经常被抵消。换言之,为博士学位获得者建立的优惠制度却并不适用于占回归者总数90%的硕士学位获得者。在某些案例中,允许官员攻读博士学位的部分原因在于使高级管理者能够规避内部年资制。这种做法使得这些官员成为特定的案例,但是,财政部并非是要采取正式的变革以使得组织能够更为有效地使用其受过良好培训的官员。

最后,财政部为了培训这些人花费了4,500万美元,但这一国家从培训中所获得的收益仍然不甚明了。要实现成本回收即使用不了几十年也要花费几年的时间。然而,如果这一群体中的许多成员晋升到经济规划精英的高等职位上去,并且做出了明智的决策,那么,收益将会成倍增长。

最差的情况是,在1995年,财政部拥有了一个由受训人组成的可以利用的大军械库。最好的情况是,财政部可能拥有大量有才干的人,在21世纪初,这一优势将引起发展中或发达国家机构的嫉妒。

注释

1. Maria Teresa Tatto, "An Assessment of the LASPAU/AID Training for Development Program in Latin American and Caribbean Universities,"(哈佛大学研究生教育学院博士论文,1987)5.

2. 可参阅 Elliot J. Berg, *Rethinking Technical Cooperation: Reforms for Capacity Building in Africa* (New York: United Nations Development Programme/Development Alternatives, Inc., 1993)和 Clive S. Gray 所写的本书第十四章。

3. 20世纪70年代末,印尼一位职位非常高的官员告诉一位哈佛国际发展研究所顾问,事情已经发展到这样的地步,如果他需要进行任何形式的计算,都只能靠自己。这一事件现实地激发了海外培训。

4. 官员们还要进行一项"心理测试",很明显,这一测试并非是依据科学化要求设计的,它用以测试他们的态度、革新水平、在美国努力学习的意愿以及回到财政部的意愿。印尼国家银行培训项目也实施了同样的计划。

5. 请参阅 *Kabinet Pembangunan VI beserta Buku Alamat Pejabat Negara Republik Indonesia 1994*(或 Book of Addresses of State Functionaries of the Republic of Indonesia)(Jakarta: Badan Penerbit Alda,1994)。

6. 从1997年起,这一预测就越来越精确:在1995年和1996年,这一群体中总共有9人获得了博士学位(多为经济学),有3人被淘汰(因此,有75%的成功率)。而且,正在攻读学位的12位官员中还有8或9人将在1997—1998年拿到学位。至于硕士生,65位官员在1995—1996年拿到学位,只有1人在这段时间失败。总之,到1996年年底,400多位政府官员在这一计划的支持下拿到研究生学位并回到印尼。

7. 事实上,这一数字可能超出事实。根据几位哈佛国际发展研究所顾问和大量印尼官员的共同回忆以及不断累积的信息,1980年财政部只有两位博士学位获得者。如果还有其他人的话(这很值得怀疑),他们也不可能占据显要或具有影响力的官职。

8. 作者本人曾通过正式和非正式的方式与几十位这样的官员(他们在美国攻读学位时)和不同的印尼培训管理者面谈,以探究促成所描述的成功的关键性因素。

9. 在一些案例中,作者与看来根本不在乎"开除"外国留学生的研究生院和系的高层领导进行了面谈,他们认为,这样的行动将有助于增强其在全国的排名。

10. 海外硕士学位获得者在晋升上所节省的时间看来长达3—7年,如果他们在此之前已经晋升到第三等级,会相应节省更多时间。在某种程度上,等级制在公务员体制中所发挥的作用是难以说清的。从表面看来,等级数字越小,则等级越高。基于与印尼官员的面谈可见,传统上,一个获得印尼学士学位的年轻人在财政部中将要用10年时间才能升到第四等级。假设他运气好、很成功,那么,七八年后他会升到第三等级,如果他更为幸运也更为成功,那么再经过大致相同的时间大概在其50岁时可以升到第二等级。退休年龄是55岁,这人要继续留在财政部里,除非他在55岁之前晋升到第二等级,在这种情况下,他可以工作到60岁。

11. 根据先前对硕士学位获得者如何更快地晋升的讨论,我们可以看出,根据其年龄的不同,博士生比非海外研究生学位获得者平均节省大约10年时间。很难对这一数字加以精确化,因为以高层支持者(他挑选有发展潜力的人)形式出现的一只"看不见的手"经常施加干预,从而规避了正式的晋升途径。在这一体制中,人际交往的重要性是不容低估的。当一位辛勤工作的支持者以个人对财政部分析工作的贡献为标准挑选出一人进行"异乎寻常的晋升"时,组织的最好状态就能出现。不知何故,如果一个人拥有博士学位,他就很容易通过这种方式被"挑选出来"。

12. Jack Gourman, *The Gourman Report: A Rating of Graduate and Professional Programs in American and International Universities* (Los Angeles: National Education Standards, 1993).

13. 有4.5%的官员进入的学校没有列在这一目录中。

14. 在参加几次全国海外留学生事务联合会的会议过程中,以及在多次对几个帮助海外留学生获准进入美国大学的预备计划的实地考察中,作者对一些把受资助的政府官员与"自费"学生实现同样安置的非主流方式越来越熟悉。一位资助者使用的一种典型方式是:将同一国家的所有学生安排在同一所大学,这既是因为无法使他们进入其他大学,也是因为不愿意花时间做更多的工作。当然,也有一些组织在安置人员方面有着良好的经验,将安置记录与它们的记录相比较是一项很有趣的工作。

15. 近年来,财政部倾向于减少在其各办公室中工作的外国顾问的数量,并且取得了相当大的成功。然而,这些顾问的核心力量仍然在财政部中存在着,虽然向许多这样的顾问敞开的汇报渠道可能已经不再像五年前那样直接。

16. 几位财政部核心官员和顾问曾经怀疑,重要的领导素质能否在传统的理论背景下(无论是西方式的还是非西方式的)学到。少数人曾经断言,"领导力差距"是他们所观察到的能力建设活动的核心问题。

17. 当一些印尼官员被问到保留率问题时,他们给出了一条"证券行情线"(stock line),即"并非90%,而是多于95%"。令人吃惊的是,这一并未得到证实的数字看起来非常精确。作者曾花费数月时间努力查明印尼财政部人事目录的"虚构性",但却失败了。同时,我们只能证实只有一位"退学者"(attritor),他存在心理问题。即使先前已经被一家美国矿业公司挖走的人,最终也选择要留在财政部。

第四章 渗透式培训：印度尼西亚财政部的支持性能力

18. 从长期来看，这将会对人员保留产生最大的威胁，因为一个更为自由和开放的经济制度可能会将雇员从财政部引诱走。如果高级官员是谨慎的，他们就会努力提拔那些最具生产力、最聪明的官员，以免他们跳槽。

19. 根据一位官员所言，获得公务员第三等级的地位所带来的收益无异于拥有了一个"小王国"。而获得了第二等级的地位并且工作和生活在城市之外，很明显是获得了更多的额外津贴。

20. 请参阅 William H. Frederick and Robert L. Worden, eds., *Indonesia：A Country Study*（Washington, DC：U. S. Library of Congress, 1993），请特别参阅第47-105页。

21. 在1987—1994年间，作者与真诚地表达了这些观点的几十个人进行了面谈。他们中的少数人看来并不是那么真诚。无论如何，因为大多数人希望在财政部的官职上能够取得成功，而不希望有显著的变化或者存在不利于晋升的长期现实的障碍，所以有关诚实意愿的问题是没有实际意义的。

22. Frederick and Worden, *Indonesia*, 47-105.

23. 请参阅注释21。

第五章

非洲公共部门的培训与保留
肯尼亚能力建设的经验

约翰·M. 科恩、约翰·R. 惠勒

为了将一位官员长时间地留在政府中,必须培训四位或五位官员……(这一)严重的人员保留问题……已经达到了令人吃惊的比例……(它)必须得到彻底的解决……(必须努力)改变和完善对政府受训专业人员的管理和使用,以便创造一种环境,使得研究生愿意在公务员队伍中享受具有挑战性和回报丰厚的职业生涯。

——保罗·S. 哈多(Paul S Haddow)[1]

自从20世纪90年代以来,非洲政府与各援助机构,都开始在减少用于昂贵的侨民技术援助上的外援数目的同时,重新关注公共部门人员的专业水平与绩效。重新关注这些早就设定的目标的压力来自于人们的广泛共识,即过去创造公共部门能力的活动大部分遭受了失败,官僚机构仍然很弱,仍然缺乏技能熟练的工作人员,对于侨民顾问的过多依赖仍然普遍存在。肯尼亚公共部门的能力建设活动历时近30年。在这段时间里，六个由外部力量资助的能力建设项目得以实施，它们主要集中于培训公共部门的经济学家、计划人员、统计人员和财务经理人，同时向肯尼亚提供侨民"差距弥补顾问"，这些顾问在培训活动实施过程中帮助公共部门实现正常运作。[2] 这六个项目都包括在国外大学中培养硕士生的庞大培训计划。

我们在本章中提供了一个案例，它表明，对过去的能力建设活动加以全盘否定的做法应该受到质疑。[3] 同时，我们探索并展示了几个要点。第一，我们认为，为目标人员确定并提供培训相对容易，而有效地使用这些人员则较为困难。第二，我们在检测了那些受训人的保留水平后发现，虽然存在着不好的服务条件，但这些人员的保留水平比预期的要高。第三，我们证实，与其他研究所提供的原因相比，受过硕士教育培训的经济学家和计划人员选择留在政府中的原因要更为复杂多样。第四，我们展示了虽然不为人知但却不易更改的收入降低、人员保留力上升的机制。第五，我们承认，对公务员队伍绩效改进的关注不但要求关注人员的有效使用，而且也要求关注充足的薪金与收益。

非洲公共部门的能力建设

近期对能力建设活动的研究强调两个相互联系的要点。它们首先表明，制度建设与人力资源能力建设有助于几个亚洲国家的成功，而大多数非洲政府和一些拉丁美洲政府由于不能实施制度与人力资源能力的建设，从而导致了不充分的规划、政策制定与实施。[4] 其次，它们还说明，由于公共部门无力留住受过培训的工作人员，由于政治与财政危机破坏了公共部门的机构，也由于公共部门难以用解决保留问题的方式改革公共服务，许多非洲国家的能力建设活动未能取得成效。[5] 最近的研究显示，能力建设失败的原因在于：因不现实的支付水平与较低的士气而导致的制约政府预算的经济因素,高级公务员对技能熟练的公共部门人员的领导力欠缺,社会分裂在为少数人创造了利益的同时疏远了多数人,以及政治排斥或压制将技能熟练的工作人员挤出了公共部门(在一些案例中甚至挤出了国门)。[6]

对非洲公共部门能力建设的日益高涨的关注,在很大程度上源自于资助机构,它们资助了大量要求公共部门加以管理的项目。另外,结构化调整方法需要技能熟练的经济管理者和专业人员。然而,正如在一份世界银行内部报告中所强调的,许多项目表现不佳,世界银行所提出的大量限制条件都没能充分实施。[7] 资助机构对于这一问题的产生是有责任的,因为它们以单个的代理商自居,而且将受援国的管理能力和职业能力欠缺看作"司空见惯的事情"(commons)。每一个资助机构都假定,需要实施自己的项目、履行自己提出的条件的管理与专业化服务即将出现。当发现要找人来实施这样的服务出现问题时,它们就号召进行能力建设,要求对增加政府机构中的专业人员与管理者更为关注,并且确保他们工作得更加有效。[8]

有些研究指出,在培训投资持续了40年后,非洲仍然有许多耗资巨大的侨民顾问和咨询人员,这就更加强化了上面的要求。[9] 而且,由于资助机构更为关注帮助政府解决看来无法解决的发展问题,此类顾问的数量、服务范围和花费可能还会增加。作为一种选择,只有当非洲政府得到更好的帮助以建设持久的人事能力(该能力用于设定它们自己的战略和政策议程,根据环境变化调整议程,通过它们自身的结构化调整来实施这些议程以及与资助机构进行有效协商)时,发展过程才有可能加快。[10] 这一变革要求更为关注当地的管理、专业化和技术能力建设,以便实施对于发展过程来说至关重要的活动,同时,也更为关注大量减少昂贵的西方大学的数量,减少当前正在为非洲政府提供所欠缺的这种能力的咨询公司专家的数量。[11]

第五章 非洲公共部门的培训与保留：肯尼亚能力建设的经验

不幸的是，不断提高的强化人力资源能力建设的要求是建立在传统智慧与逸事式事件的基础上的。批评者几乎没有进行什么评估性的案例研究，以便系统地分析培训与人员保留的成功与失败。为此，本章力求提供充足而详细的资料，从而为寻求强化公共部门人员管理、专业化和技术能力的非洲政府和资助机构提供洞察力和指导。

在既定的资源有限性、问题难度以及改善政府绩效的迫切要求的条件下，将能力建设的目标锁定在特定类型公共部门人员身上是至关重要的。[12]因此，本章将只关注力图培训和保留经济学家、计划人员与统计人员的项目，这些人员在以下方面对于政府来说是至关重要的：设计长期的国家持续发展战略，制定完善的政策以回应全球和地区经济趋势的影响，应对复杂信息系统的迅速扩张，吸收并利用海外援助资源，管理和强化预算结构与过程，设计并实施用于执行政策的计划和项目，帮助私营部门的企业家和公司识别、吸收和适应新的增长诱导技术（growth-inducing technologies）。[13]

公共部门建设目标能力的经验

1970—1994年间，有六个项目在肯尼亚各部得以实施，这些项目要在提供顾问服务的同时建设公共部门目标人员的能力。这六个项目的设计与关注点非常相似。它们为涉及培训、保留和有效地使用有限的公共部门人员的问题和困难提供了洞察力。

这些项目中的四个力求强化肯尼亚规划与国家发展部（MPND）的全国、部门和地区的计划编制能力：约克大学项目（1970—1982）、农村规划项目（RPP）（1976—1985）、农村发展资源管理（RMRD）项目（1986—1992）和长期规划（LRP）项目（1985—1993）。第五个项目——技术援助组合（Technical Assistance Pool,TAP）项目（1977—1994）集中于两个发展规划部门：肯尼亚农业部（MOA）与肯尼亚牲畜发展部（MLD）。最后，第六个项目——预算与经济管理项目（BEMP）（1990—1994）的目的在于帮助肯尼亚财政部（MOF）进行预算与财政管理。[14]

这六个项目都包括广泛的培训计划、微机与支持设备的供应和有经验的技术援助顾问的提供。多数项目投资于那些向政府官员提供长期的硕士学位培训和短期海外培训的计划。这些项目也管理集中化的地方专题学术研讨会与讨论会，特别是有关预算、地区规划与微机操作问题的会议。项目顾问并不占据特定的职位，也不会有特定的肯尼亚官员被安排到他们身边工作，以便在培训后最终替代他们，而是要与他们所服务的机构的所有官员（既有刚从大学毕业的人员，也有高层官员）共同工作。在执行任务的过程中，顾问人员要提供专业化的知识，这些知识主要是在强化与顾问人员共同工作的官员的分析与政策制定能力的同时，引进改良的方法与体系。

能力建设目标与成就

对项目活动的临时评价与最终报告显示，这些项目在提供差距弥补顾问服务与培训政府经济学家、计划人员、统计人员及管理者方面是相当成功的。然而，这些报告也清楚地表明，它们在与政府进行合作以确保那些受过培训的肯尼亚人在目标部门中得到有效使用与保留方面是很不成功的。对这一经验的总结见表5-1。

该表中有几点需要说明。通过比较，在1995年年初，总共有570位肯尼亚人占据着政府的经济学家、计划人员与统计人员的职位。其中有315人在MPND，而这些人员中，213人在中央，102人在省、地区的地方办公室。剩余的255位官员服务于其他部门和机构，包括实施TAP项目的MOA和MLD。虽然难以判断政府所需的经济学家的绝对数字，但是，根据其所雇用人员的规模来看，绝对数字并不是主要问题，主要问题在于他们的技能水平以及对他们的有效使用。

表 5-1 1994 年由六个项目培训的经济学、计划编制与管理学硕士人员所在的位置

项目中硕士受训人的当前位置	约克大学项目(1970—1981[a])	技术援助项目(1977—1985)	农村规划项目(1977—1985)	农村发展资源管理项目(1985—1992)	加拿大长期规划项目(1985—1995)	预算与经济管理项目(1990—1994)	总计
能力建设目标部门	10 23.8%	10 22.2%	5 33.3%	23 56.1%	5 26.3%	5 71.4%	58 34.3%
其他政府部门、机构或半国营集团	16 38.1%	11 24.4%	2 13.3%	5 12.2%	10 52.6%	0 —	44 26.1%
公共服务部门总和	26 61.9%	21 46.6%	7 46.6%	28 68.3%	15 78.9%	5 71.4%	102 60.4%
私营部门、NGO、资助机构或大学	7 16.7%	19 42.2%	4 26.7%	12 29.3%	4 21.1%	2 28.6%	48 28.4%
退休或死亡者	9 21.4%	5 11.2%	4 26.7%	1 2.4%	0 —	0 —	19 11.2%
受训人总计	42 100%	45 100%	15 100%	41 100%	19 100%	7 100%	169 100%

能力建设项目

[a] 约克大学计划对 70 位经济学家、计划人员、管理者和工程师进行了硕士培训,其中的 42 位来自当时的经济与规划部。剩余的 28 位是为公共建设工程部、交通部、环境部和内罗毕市议会培训的。在 42 位接受经济学与计划编制培训的财政部人员中,作者只能对其中的 40 位进行追踪,而假定其他两位要么死亡要么退休。

资料来源:1991 和 1995 年,作者们回顾经济学家、统计学家服务安排系统时提供的人事信息。

表 5-1 提供了受过培训的人员的数字资料,他们被部门留住以扩大其技能熟练人员的队伍(目标部门)。该表确定了那些离开目标部门但却仍然为公共部门服务的人员的位置,也识别出了那些离开公共部门的人员。然而,要对所有这些人进行准确的追踪是很困难的,因为他们习惯于更换工作,有时为援助机构工作,有时为咨询公司、NGO 或私营部门的组织服务。因此,该表没有将非公共部门的类别包括进来。这一资料收集于 1994 年 12 月。

在表5-1所提供的数据中,有几个问题缺乏可信而全面的经验性证据。虽然如此,我们仍然能够通过利用所获得的部分数据与人事消息解决这些问题,其中,有关的人事消息是通过作者们在所有项目中的长期经历以及与许多接受他们培训的肯尼亚人的长期接触而获得的。[15]这一信息将产生一些假设性的答案,它们可能对那些寻求为非洲设计更为有效的人力资源能力建设项目的人是有用的。

最为根本的问题在于,这些项目在建设人力资源能力方面是成功的吗?表5-1表明,在所有的六个项目中,目标部门内受过硕士层次培训的人员的当前保留率为34.3%,这一保留率的变动范围为22.2%—71.4%。如果采用公共部门较为广义的保留率,那么整体的保留率升至60.4%,变动范围为46.6%—78.9%。不同的保留分类的差距是很大的。在大多数案例中,除了死亡或退休以外,离开公共部门的决定是由个人自愿做出的。[16]从一个目标部门跳到另外一个政府机构是高层管理者做出调任决定的结果,但是,有时也是由个人的请求导致的。这样一来,目标部门的人员流失既是个人自愿决定的结果,也是强制的管理决定的结果。例如,LRP项目在目标部门中的保留率较低(26.3%),而在公共服务领域中的保留率却很高(78.9%),这反映出的是将目标部门受过培训的人员剥夺走的管理决策,而非个人的选择。除了用时间流逝所产生的代价来解释之外,还没有有关各项目之间的不同的现成答案。然而,这并不能解释为什么TAP与RPP的保留率远低于其他项目。

在缺乏比较性资料的情况下,这些保留率水平是否预示着成功还是一个值得探讨的问题。然而,受过六个项目培训仍然选择留在目标部门中的人员数量相当大,而且,公共服务领域的整体保留力看来也比存在逸事性事件的条件下所能预期的要高。

不过,保留水平能足以证明昂贵的海外研究生培训的正当性吗?关于对这些项目是否成功的评估有两种观点。为六个项目提供资金的援助

第五章 非洲公共部门的培训与保留：肯尼亚能力建设的经验

机构认为，如果受过培训的人不能被目标部门有效地使用和保留，以接替顾问所提供的职能和专业性工作，能力建设活动就是不成功的。例如，一项对肯尼亚财政和规划部门能力建设的 UNDP 评估发现：减少依赖外国专家的政府整体战略应该建立在明确界定的可测量目的（objectives）的基础之上，并且要根据机构的利害关系详细说明现实时间段内的目标（targets）与进度。而且，对于提高国内专业人员在无外援的条件下令人满意地执行任务的能力的问题，该战略也应该能够明确地加以解决。[17]

另一方面，肯尼亚政府官员认为，只要本国人力资源中受过培训的人员数量上获得了净增加，培训就是成功的，当那些离开目标部门的人仍然留在公共部门中时更是如此。在第十四章中，克利弗·S.格雷也持这样的观点。肯尼亚官员认为，从规划部门转向其他部门的经济学家仍然履行着规划部门向政府提供经济政策与分析的职责。有些人将这一论断进行了扩展，将那些离开政府部门而到相关机构、资助机构或私营部门的人也包括进来。

当评估单个项目时，应该使用更为狭义的成功的"替代"概念。另一方面，只要一位受过培训的官员仍然留在公共服务领域中，政府的能力就得到了增长。然而，本章的意图在于对保留力的历史进行分析，并提供对已经取得的保留力水平的洞察，而不在于评价每一个项目的相对成功性。因此，考虑"保留度"的两个方面是很重要的，也就是说，既要考虑目标部门的保留度，也要考虑公共服务领域的保留度。

第二，应该期望那些受过硕士层次培训的人员在他们将要取代外来顾问的目标机构中待多长时间呢？在任何官僚体制中，都存在人员的流动，但这些接受项目培训的人员的流动原因又是什么呢？为了回答这一问题，必须考虑时间的腐蚀性，这种腐蚀性既是渴望获得技能熟练人员的公共部门中正常职业发展的结果，也是法定退休年龄为55岁的公共服务领域的结果。然而，只要考虑了不同时间段内人员流失的数量，那么为每一项目计算年度流失数就是证据充分的。[18]以年度离开的百分比形式加以表达的人员损耗结果列在表 5-2 中。

表 5-2　六个项目的受训人年度损耗率

项 目	受训人数	到 1994 年年底的离开人数	年数	年度损耗率
约克大学项目				
目标部门[a]	42	32	19	−6.9
公职[b]	42	16	19	−2.5
农村规划项目				
目标部门	15	10	14	−7.6
公职	15	8	14	−5.3
技术援助组合项目				
目标部门	45	35	11	−12.8
公职	45	24	11	−6.7
农村发展资源管理项目				
目标部门	41	18	6.5	−8.5
公职	41	13	6.5	−5.7
加拿大长期规划项目				
目标部门	19	14	6	−19.9
公职	19	4	6	−3.9
预算与经济管理项目				
目标部门	7	2	2	−15.5
公职	7	2	2	−15.5
所有项目的平均数				
目标部门	169	111	9.8	−9.6
公职	169	67	9.8	−4.3

[a] "目标部门"包括那些离开目标部门却仍然待在公共服务领域的硕士受训人。

[b] "公职"包括那些最终离开公共服务领域的人员。

资料来源：1991 和 1995 年，作者们回顾经济学家与统计学家服务安排系统时提供的人事信息。

不幸的是,缺乏有关公共部门整体损耗率的公开发布的数字,因此要确定肯尼亚公共部门管理人员与专业人员的损耗率并不容易。最近一项有关在 1992 年 1 月至 1994 年 6 月间经济学家与统计学家从服务安排系

第五章　非洲公共部门的培训与保留：肯尼亚能力建设的经验

统中离去的研究，描绘了有关这一问题的部分画卷。[19]在这段时间内，106位专业人员离开了经济学家和统计学家服务安排系统(SSES)。假定在此期间的替代数等于离开数（看来此案例就是这种情况），年度损耗率为5.4%。这样一来，那些受过项目培训的人员的损耗率(4.3%)看来就要比此段时间内整体SSES记录所显示的要少一些。然而，这一较低的数字可以用个人从SSES中退休的较大数字加以解释，尽管硕士受训者是从年轻官员中挑选出来的。在此期间，退出SSES的这106位官员中有55位处在通常由最近回来的硕士受训者占据的位置上。[20]这里仍然没有得到解决的问题是，其他非洲与西方公共部门中此类人员的年度比较损耗率是多少。

图5-1从不同的角度讨论了这些损耗率。它尽力捕捉时间对损耗的纯影响。[21]它是建立在这样的假定基础上的：目前没有客观而标准的"损耗率"可以适用于任何单个的硕士培训项目。最接近的标准可能是：承认时间将会对损耗产生影响，承认最近完成的项目在目标机构中的人员损耗很可能更低，并且通过分析表5-1中的资料类型着手将损耗率勾勒出来。

在图5-1中，六个项目的资料以年度顺序排列出来，并且将每一个项目的中点作为与保留类型相关的人员安置信息点的年份（约克＝1975.5；RPP＝1981；TAP＝1984；RMRD＝1988.5；RP＝1989；BEMP＝1992）。每一个项目都包括两个方面：目标部门的保留率与公共部门的保留率。该图还给出了这些保留类型的曲线，其中每一类都给出了一个大致的"最佳实践"包(an envelope of "best practice")。这一术语暗示了肯尼亚的良好项目所拥有的自然损耗率，而不去理会那些在本章其他地方所谈论到的与保留相关的因素。在存在任何其他标准的情况下，假定肯尼亚公共部门硕士受训人有一个常态的保留率，并且保留达到了最佳状态，那么，大多数将重心放在硕士学位培训上的能力建设项目的保留与损耗率就应该落在这些曲线上。

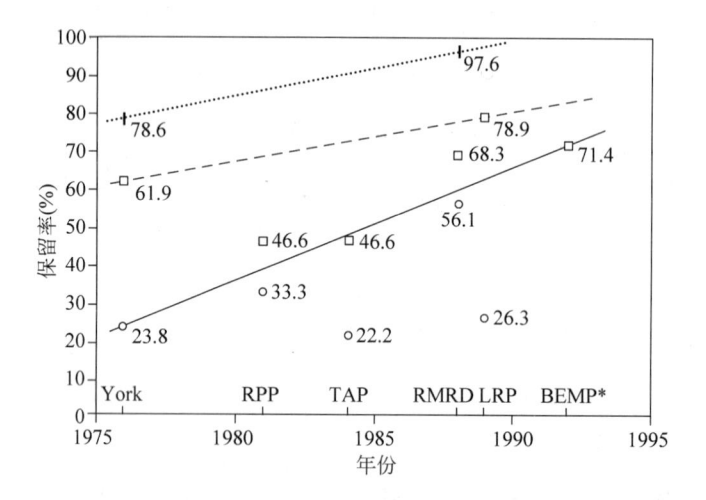

图 5-1 接受六个项目的经济学、计划编制与财政管理硕士层次培训的官员的损耗与最佳保留实践

关键:

○ 目标部门

□ 公职

—— 最佳实践——留在目标部门

------ 最佳实践——留在目标部门或公职

…… 所有未死亡或退休的受训人

RPP 农村规划项目

TAP 技术援助组合项目

RMRD 农村发展资源管理项目

LRP 长期规划项目

BEMP 预算与经济管理项目

* 对 **BEMP** 来说,目标部门和公职是等量的。

资料来源:经济学家与统计学家服务安排系统的有关人事信息。

图 5-1 表明,如果只考虑目标部门内部的保留率,那么,有三个项目(约克、RMRD、BEMP)属于最佳实践。看来,唯一能将这三个项目区分开的是它们的年代。RMRD 与 BEMP 项目是最近进行的,它们与最早进行

第五章 非洲公共部门的培训与保留：肯尼亚能力建设的经验

的约克项目相比具有更高的保留率。有两个项目（TAP、LRP）远离这条曲线，这表明，项目年代的不同并不能对明显的低保留率做出解释。然而，如果保留率的标准被界定为硕士受训人留在公共部门的话，那么，情况就多少会有一些变化。图中的虚线表明，约克和RMRD项目非常接近于最佳实践，但是，有趣的是，根据这一标准，LRP项目看来非常不错，而RPP项目看来很糟。TAP项目的保留率也较低。

20世纪80年代中期，TAP的顾问人员总结道，很大程度上由于职业的灵活性、SSES的领导不时地对经济学家进行岗位变换的趋势、低薪水导致的外推力、不充分的利益回报与糟糕的管理等原因，受过培训的硕士生最多只会在目标部门待上五年时间。TAP的顾问人员相信，如果有经验的硕士学位毕业生能够在部门中待上四至六年，他们就能够为进入目标部门的新的学士学位毕业生提供榜样和激励作用。RMRD顾问认为需要更长的时间，这主要是因为该项目的目标在于为有效的地区规划建立机制，并且要培训计划人员以便他们将这些机制发扬光大并融入组织中。对于这两个项目来说，政府决策的制定者、援助机构的人员和顾问普遍认为，人员保留时间仅达到两年就意味着失败。但他们也认识到，在实施过程中，100%的保留率也是不可能的。而且，有效地完成既定工作并终止或减少对侨民顾问的依赖只需具有足够水平的保留率，与这一保留率相比，实际的数字并不重要。

由于所有项目的主要目标都在于减少对技术援助的需求，因此，第二个问题就应该是，目标部门中侨民顾问的减少是否是能力建设成功的指标。如果采用这一指标，那么，MPND的四个项目就已经获得了成功，因为部门中这种专家的数字从1986年的46位下降到了1995年中期的2位。[22] 下降的主要原因看来是，有足够数量的受训人留下来操作由顾问人员设计好的规划与微机系统，而且对肯尼亚官员的培训足以使得他们有能力管理这些系统。另一方面，顾问人员人数的下降也是潜在地由援助机构在1991年做出的一项决定导致的,该决定要求冻结项目资金直到政府实施根据先决条件同意进行的结构化调整,这一决定减少了提供给在肯尼亚政府中工作的顾问人员的资金。[23]

第三个问题是,那些受过培训的最好、最聪明的人员是否留在了公共部门。基于人事判断以及与169位受训人员中的多数所进行的广泛的专业性接触,我们给出了试探性的答案:那些最有可能离开目标部门的人员是最有才能也最有雄心的人。一个相关的问题在于,这些官员是回来后马上就离开,还是在公共服务领域工作了一段时间受到挫折之后才离开。尝试性资料表明,相对来说,更有雄心、更有才能的硕士毕业生培训回来后会更快地离开,这在很大程度上是由外部的高薪以及公共服务领域晋升缓慢的事实(尤其是中等职位以上)造成的。[24]

第四个必须要问的问题是,20世纪80年代末和90年代初由这些项目资助的硕士学位受训人数得以增长,根据这一事实,目标部门的保留水平应该达到怎样的程度。那些仍然留在目标部门的人可能回去得太晚,从而无法找到比他们的先辈在20世纪80年代所能找到的薪金更高的工作。例如,留在TAP的目标部门中的10位官员中的9位是在1990年和1992年接受培训的。与之形成对照的是,RMRD培训的23位经济学家中有21位是在1990年以前接受培训的。虽然缺乏结论性的证据证明保留率在上升,但是,实际数字仍然得到了提高。如果正如数字所暗示的,那些离开的人中大多数是回来之后很快就采取了行动,那么,前景就是,机构中硕士毕业生的核心力量在这些人回来之前就已经建立起来了。

第五个问题是,目标部门人员保留率如何受到经济低迷与私有化的影响？在20世纪70年代末和80年代初,许多离开政府部门的人员到私营公司、半国营集团、援助机构或由援助机构和NGO雇用的咨询公司中工作。然而,在公共部门之外,为经济学家提供的雇佣机会受到了肯尼亚20世纪80年代末和90年代初经济低迷的影响。因此,这段时间内留在

第五章 非洲公共部门的培训与保留：肯尼亚能力建设的经验

公共部门中的数字得以提高,原因是私营领域为拥有硕士学位的肯尼亚经济学家和规划人员提供的工作机会减少了。在这段时间内,公务员队伍的薪水由于通货膨胀而严重受损,从而为高素质人员在其他地方寻找雇佣机会创造了主要条件。

第六个问题是,由于受到援助机构和主要的 NGO 为其地方办公室寻找高素质人才的事实影响,目标部门保留率要达到什么样的程度？另外,这种实践活动要持续多久？根据 1994 年年末作为受训者的作者们收集的资料,48 位离开公共服务领域的经济学家中有 33 位(或者说,169 位受训人中的 19.5%)加入了援助机构或国际 NGO。而且,在 1977 年和 1988 年之间,由 TAP 培训的 20 位经济学家中的 15 位直接为援助机构或国际 NGO 工作,或者为它们的项目工作。[25]然而,该项目培训的最后 22 位官员中虽然有一位官员因接受了世界银行项目提供的充足薪金而为合并后的农业、牲畜发展与市场推广部(MALD)工作,但是没有人为援助机构工作。[26]这段时间的长度可能太短以至于不能确定这种现象的发生是否是因为现在援助机构总部的人员数量是足够的；不能确定与那些在相当长时间内不能回来的当前受训人相比,各机构是否更喜欢任用提供季节性服务的经济学家；也不能确定是否因为外国援助的减少,援助机构的这一需求也降低了。

一些专家承认,半国营集团是获得受过硕士学位教育的人员的主要政府机构,这在很大程度上是因为,它们拥有公务员体制所无法比拟的薪金与福利。事实上,接受过六个项目培训的 169 位政府经济学家中的 17 位(10%)现在在半国营集团工作。

RMRD 所拥有的高出预期的保留率也可能与另一个因素相关。该项目安排了较高比例的受训人到项目现场岗位上工作,那里的生活费用低,而且还有中央工作人员所没有的利益(如政府住房)。这一高保留率也可能是由能够带来收入增加的猖獗的寻租活动导致的。地区层的职位为储存与项目相关的招标和建筑租金提供了根本性的机会,而这又导致1991年斯堪的纳维亚的支持者中止提供巨额的农村发展资金(RDF),因为有资料显示地区官员存在腐败现象。考虑到RDF案例和20世纪80年代中期以来肯尼亚公共部门高速增长的腐败现象,这完全是一个适当的问题。[27]

SSES内部的岗位转换弱化了MPND目标单位的能力建设活动。政府政策增加了服务于其他部门规划单位的经济学家的数字和年资,也增强了他们从事部门规划的能力。使得其他部门规划单位得以强化的革新导致的结果肯定是,在为MPND实施的能力建设项目中接受过培训的官员将要流失。那些MPND负责人可能会争辩说,受过培训的经济学家正在从事对国家来说最为重要的工作,但这种岗位转换是否考虑到了该部门的机构所要承受的负面影响却值得怀疑。实施这种岗位转换的趋势部分地是通过对英国殖民地服务体系的继承而得到的,这种服务体系以能够服务于任何职位的通才为基础。今天,这一制度遗产被用于判断从目标单位将人员转移出去的行动。[28]

第七个问题是,有关人员保留的资料在多大程度上反映了每一项目所获得的能力建设的整体成功。这一问题的答案要视几个额外因素而定。我们所回顾的所有六个项目都包含其他的培训成分。例如,RMRD还实施了其他能力建设活动,这涉及:对9位部门官员进行短期、专门的外国课程培训,为接近100位省级和地区级的规划人员提供六个每年一度、为期一周的培训研讨会,在规划部门和肯尼亚行政学院建立计算机培训课程。这些课程培训了1,000多位高级官员和参谋人员。另一方面,LRP项目没有对短期课程提供资助,也很少举办专业化培训研讨会。BEMP项目除了为7位官员提供硕士培训之外,还委派65位财政部官员参加专门的短期外国培训课程,并且四年时间在内罗毕组织了许多大规模的培训讨论会。很明显,对一个项目的所有培训活动进行详细评估并

第五章 非洲公共部门的培训与保留：肯尼亚能力建设的经验

且对那些受训人的使用和保留率进行分析，这其实就涉及所有六个项目的能力建设活动所取得的成功。

第八个问题是，那些受训人的等级和影响力与那些留在公共部门的人员的数字总和是同等重要的吗？例如，在所有项目中，约克项目的保留率最低。这在很大程度上是因为它是所有项目中最早进行的，它的年度损耗率与所有项目相比是适当的。或是，在10位仍然服务于所选定的财政与规划部门的经济学家中，有1位成了规划部的常任秘书（permanent secretary），1位成为财政部政府投资方面的常任秘书，还有3位升到了首席经济学家的位置上。[29]再者，这一成功也是该项目所处年代的结果，是肯尼亚体制中存在的坚持到底就能最终升到更高职位的事实的结果。几乎所有受过RMRD和LRP项目培训并且留下来的人员在1994年时仍然是中层经济学家和规划者，其职业发展充满不确定性并且责任有限。这就是说，较早受到这些项目培训的人员中的几个，在1995年爬上了晋升的梯子并且进入了中层职位，从而担负起不断增加的政策制定责任。

总之，六个项目所培训的硕士人员中有102位或者说60.4%选择仍然从事公职。虽然作者们并没有获得比较性的资料，但是，这一保留水平比当前有关这一题目的文章所暗示的要高。[30]项目的目标部门内部的保留率相对较低，大概为34.3%。虽然这一数字低得有些令人沮丧，但是，它仍然有可能比当前预期的要高。这些资料导致的最终问题是：既然存在可以广泛感觉到的低收入、糟糕的管理、缺乏公平和令士气受挫的公务员体制，为什么还会有那么多人选择留下来？

为什么高素质的经济学家留在公职上？

与其他非洲国家的专业人员相比，肯尼亚公务员队伍中的专业人员所面临的限制与去激励因素并没有什么不同。简单地说，去激励因素的清单包括：低收入和较差的利益，缓慢的晋升与缺乏对努力工作和创新的回报,可以设想到的不理想的职业发展,主管人员不充分、导致士气受挫的管理,大材小用和缺乏激励作用的人事安排,对高效力的工作绩效来说至关重要的物资、设备和交通工具得不到充足、可靠的持续预算支持。[31] 而且,MPND 还特别地经受着来自于拙劣的组织结构和松散的责任与角色的困扰。它没有部门远景目标,以便应对迅速变化的经济环境和解决可以感觉到的政府角色问题。这些问题还配合着一个"形象问题":经济学家与规划人员经常不为人所尊重。在政策制定过程中,他们经常被绕过去,或者发现自己提出的对特定事件的意见受到忽视。最后,从 20 世纪 80 年代起,肯尼亚采取了一个引人注目的行动,将公务员体制政治化,从而增强了决策中的政治影响力。经济与规划分析屈从于短期的政治需求。公务员体制被弱化,再也不能以中立立场执行规则或程序。作为这些限制因素的结果,一位官员难以感受到他对国家发展做出的贡献,也难以获得其他的工作满意感。

看起来,在这些环境条件之下,那些受到激励的官员在政府以外寻找职业生涯发展机会的行为是可以理解的。然而,六个项目培训的人员中接近 2/3 选择留在 SSES 和公务员队伍中。为了理解这一高出预期的保留率,我们采访了部分受过六个项目培训的官员。与"滞留者"的面谈共进行了 18 次,面谈过的人员大约占留在公务员队伍中的人员总数的 20%。[32] 虽然只有两次面谈的对象是那些获得硕士培训后离开公务员队伍的人员,但应该承认,较小的数字也能够提供对比,随着时间的推进,"离开者"并没有大量的追随者。

1995 年,经济学家们的毛收入有一个变动范围,从一个副职首席经济学家的每年大约 175,000 肯尼亚先令(3,500 美元)到一类经济学家(economist I)的刚刚超出 100,000 肯尼亚先令(2,000 美元),因此,所有受访者都要考虑是否能够收支相抵。[33] 通过比较可知,如果一个经济学家处于私营部门市场的最上端的话,他可以要求的毛收入是其在公共部门的10倍。[34]虽然获得了边际收入的增长,他们仍然不能应付物价的上涨,同时,从20世纪80年代以来实际收入也下降了。除了住房以外,政府津贴对公务员的毛收入几乎产生不了什么影响。而且在内罗毕,政府住房非常有限,只有一位受访者得到了政府住房。那些在地方机构工作的人员则占据着政府住房。在内罗毕,住房的提供相当于至少每月15,000肯尼亚先令(300美元)的现金,而住房津贴却少于3,000肯尼亚先令(60美元)。其他津贴都只具有边际价值而且经常没法得到。例如,预算约束经常导致官员的差旅费和离职津贴被取消。

然而,只有一位受访者完全依赖于政府薪金。另有其他收入的人员中的14位其爱人从事全职工作,还有12个人通过一些途径补充收入。很明显,复杂而完善的处理机制已经被开发出来,从而使得官员能够通过其他途径增加可怜的公共部门收入。虽然难以对家庭总收入进行精确估计,但面谈者中超出一半的人承认,他们的薪水只是其全部收入来源的一个很小的组成部分。

除了爱人工作得到的收入之外,很典型的情况是,政府经济学家通过经营公司或拥有一家外部公司的股份、从事咨询业(地方上的公司或他们自己的公司)来增加自己的收入。对于那些更为高级的官员来说,更为重要的收入来源是与项目工作(如评估或专题学术研讨会)相联系的援助机构提供的谢礼和慷慨大方的津贴。纯粹的私营部门咨询工作和与捐助项目相关的半官方工作之间的差别经常被弄得模糊不清。从事私营部门工作的必要性与机会反映出的是一个并发症,它凭借低收入具有了产生的理由,而糟糕的管理与纪律又促进了它的发展。利用工作时间和设备获取私营部门收入的活动极大地增加了官员的收入,这种机会对留在公务员体制中提供了主要的激励。我们难以估计用于私营部门事务的工作时间的比例,这些数字的变动范围可以从多于50%到少于10%。比例的波动可以相当大,在这一过程中,决定因素是外部工作而不是有没有时间。那些利用这些机会的人非常清楚,他们的雇佣安全给他们提供了虽然数量较小但却很正常的政府薪金,也确保他们将来领到养老金,而这笔养老金为其能够增加的极大的额外(有时是不稳定的)收入提供了满意的"底线"。由于他们感觉到私营部门是要求长时间、全心全意工作的冷酷的工头,从而强化了这一认识。

多数面谈者对现状非常满意。他们在考虑其生活质量时是与私营部门中的人相比较的,因为松弛的管理与对其时间的低要求为他们个人选择从事多种多样的挣外快活动提供了机会。看来,允许公务员进行最大化选择的灵活性被赋予很高的价值,而政府决定允许公务员在40岁自愿退休并保证其获取全部退休金则更加强化了这一感觉。如果在提前退休之前的时间里能够为将来建立一家公司或一个工作网络,而同时又能得到一些固定收入,那么从某种意义上说,公务员就享受着私营与公共部门的最佳利益。

这一形势对于任何实施公务员体制改革和提高公共部门生产力的努力都有着重要的意义。任何试图增加公务员产出的努力都将遇到强烈的抵制,除非报酬提高到了私营部门的水平。在税收和赤字限制的既定条件下,报酬增长的前景是很渺茫的,而且近期使公务员体制获得新生的努力也很可能要遭受到挫折。[35]

在上述条件下,官员留在公共部门中是因为工作满意感的说法虽然经常被提起,但却多少具有讽刺性。超过2/3的回答者将这一原因作为重要理由。工作满意感的概念包括从所完成的工作获得的及时回报、责任水平和用来满意地完成工作的工具。几乎所有参加面谈的官员都声称,他们从工作中获得了满意感,可是却又抱怨说,他们的努力由于缓慢的晋升机制而没有得到认可。那些在援助机构资助的岗位上工作的人员尤其满意,他们的工作本身就是焦点,而且他们更有条件使用一些设备(尤其是计算机),也更有可能获得旅行和日常用品方面的支持。而且,

第五章　非洲公共部门的培训与保留：肯尼亚能力建设的经验

在很多案例中，援助机构还提供了政府不会提供的一些津贴，如"夜班"费。

另外两个利害关系其实是由所有受访者提出的——管理与晋升。所有的中层官员都认为他们部门中的管理是糟糕的，但他们也承认，更好的管理将几乎肯定会减少他们在工作时间从事私营部门工作的机会，因此，他们对此肯定存在感情上的冲突。然而，那些像缺乏引导与反馈和缺乏团队工作的事件如同缺乏清楚的工作计划和"救火活动"的流行一样得到了负面评价。

有关晋升的情形受到普遍的指责。超过半数的受访者声称，他们已经超出应该晋升的期限达两年以上。有趣的是，他们的指责既是依据拒绝承认所做的工作也是依据拒绝提高报酬而加以表达的。由于害怕公务员会受到种族、宗教或人身的攻击，公务员体制禁止以功绩为基础的晋升。[36]晋升只是基于"任职于某一等级的时间"和马马虎虎的年度评估。这一体制阻碍了获取成就的努力，降低了有希望的官员的士气。晋升也受到规划部门职业阶梯等级很少的事实的影响。年轻官员在五年之内就有可能升为处长（section head）。在那之后，要晋升为数量有限的司长或部长（head of the limited number of divisions and departments）就有问题了。职业阶梯的短缺使得官员泄气，因为他们知道，处在他们那一等级上的人很多而高层职位又鲜有空缺。

最后，腐败问题与不受法律支配的收入来源在每一次面谈中都被提及。那些在内罗毕工作的官员声称，他们没有机会获得租金，因为他们不能控制财政。虽然只能谈论什么导致了腐败，可是这里面仍然可能有一定的真实性。我们所面谈过的两个地方机构的官员（field-based officers）都认为，寻租的机会虽然存在，但是，可以得到的租金水平却经常被夸大。据说，每个人都承认腐败在公共服务领域中尤其在较高层次上是盛行的，但是，有人以高级官员没有时间从事外部工作为由为这种腐败开脱。

145

他们能够离开吗?

在我们所面谈过的18位官员中,有15位在硕士培训之后的某一时间点上曾经在公共部门之外积极寻找就业机会。这些人中的5位在面谈时正在寻找这种机会,他们给出的理由总是希望获得高薪水和更好的服务条件。令人吃惊的是,在对这一问题做出回应时,他们并没有广泛提及工作满意感和更好的监督管理。那些不再希望离开的人中的大多数声称,只有高薪水并不足以成为离开公共部门的充足诱因。这是一个真实的理由,还是对过去没能在私营部门找到雇佣机会的一个合理化解释,仍然值得推敲。但是,它确实提出了这样一个问题:官员们对公职之外薪金丰厚的雇佣机会的现实渴望到底有多少?

在1995年年中,经济学家的就业市场吃紧。由于20世纪80年代以来肯尼亚所经历的普遍的经济不景气,经济活动与投资停滞,因此私营部门的就业机会受到了限制。援助机构中的雇佣机会也处于同样低迷的时期。雇佣机会低迷反映了肯尼亚援助性预算的降低,也可能反映了援助机构满足于他们对地方工作人员的要求,反映了现有责任承担者仍然没到退休年龄的事实。NGO部门仍然在扩张,但是工资水平(尤其是地方NGO的工资水平)并不明显高于公职官员。因此,与1995年的情况有着天壤之别的是,在20世纪70年代末和80年代初,对经济学家的需求急速膨胀,由于供给较小,拥有硕士学位就如同拥有了在高薪金的私营部门工作的通行证。[37]

对较少的工作机会日益加剧的竞争意味着,雇主可以非常挑剔,而求职者的素质要承受更严格的审查。典型的政府经济学家的情况又怎样呢?值得注意的是,大多数最好的经济学专业学生所接受的是地方性硕士课程,而且如果他们成绩优良,在毕业时,这些专业的学生要到肯尼亚大学的教师职位上供职。其他好的经济学毕业生直接进入了私营部门。

第五章　非洲公共部门的培训与保留：肯尼亚能力建设的经验

所以政府并没有获得每届毕业生中最好的、最有才华的经济学学生。而且，随着时间的推移，标准好像还在下降。作者们所查阅的档案表明，在20世纪80年代末和90年代初接受培训的人员的研究生档案里的考试成绩，明显低于他们那些在70年代末和80年代初的前辈们所取得的成绩。事实上，他们的成绩比美国大多数研究生教育计划所要求的西方入学者的最低成绩还要低很多。所以，以转包合同人身份与康奈尔大学共同工作的RMRD项目设计了一个战略，以确保24位受训人能够进入康奈尔大学接受一年专业性研究计划的硕士教育，这一计划是为那些在职专业人员设计的而并非学术教育。[38]该计划提高了肯尼亚规划人员、经济学家和统计学家的技能，但是，为了促使他们回国，并没有发给他们学术证书。[39]只有时间的流逝才能表明这一战略是否取得了成功，也才能证明有限水平的学术培训是否限制了他们将来的效用。然而，康奈尔的转包合同使得官员接受了为将来的公职所实施的培训，对于他们来说，这种培训可能无法在别处获得，而培训也能确保他们将来离开公共部门时拥有更好的经济状况。

虽然面谈主要以所挑选出的官员为基础，可是，我们仍然能够得出这样的结论：1995年，除了最好的也是最有活力的政府经济学家之外，其他人寻找外部全职工作的机会受到了严格限制。对他们来说，最佳的状况是，他们可能会获得咨询工作机会或为一家咨询公司暗地里提供临时服务。虽然这一情形预示着可以较好地实现人员保留目标，但它对于提高生产力没有任何作用，我们会在后面讨论这一问题。

成就、失败与将来

在25年期间，这里所评论的六个项目为169位官员提供了进行硕士培训的资金。这些项目取得的一个成就是大约60%的受训人仍然在公职上工作，这必然有助于增强政府实施经济政策和分析工作的潜在能力。

147

在这段时间内，无数侨民顾问致力于建立计划编制体系和行政程序，以便为政府经济学家提供操作框架。虽然，由于没能充分使用那些受过培训的人，政府高效益、高效率地实现其命令的现实能力看来还不具备实现的条件，但是，其基础已经建立起来了。

数字本身并不能推进能力建设，也不能为能力建设项目的效益和效率提供根基。那些受过培训的人需要被有效地使用并发挥其生产能力，但不幸的是，肯尼亚的情况并非如此。

在对结构化调整的要求做出反应的过程中，大多数肯尼亚政府机构的角色变化迅速。政府部门和机构的职能、战略和组织必须适应这些变化。就这一点来说，肯尼亚规划部就是一个很好的例证。经济规划和政策干预需求的下降（或至少是变化）并没有反映在规划部的内部组织和人员安排上。它的各分支部门责任观念模糊，而且缺乏任务导向的工作规划。重复性的努力经常发生，而且各单位在应该负责的特定任务上存在着不确定性。授权与工作安排是随意进行的，而且官员对他们的努力如何有助于广泛的环境缺乏清晰的认识。经常出现的情况是，政府经济学家和规划人员的技能水平不足以应对政府面临的日益复杂的经济、发展和结构调整问题。而太过频繁发生的事情则是，被引进来应对这些问题的体系、程序和规则根本没有得到实施，从而进一步导致了挫折和低绩效。在更为个人化的层次上看，部门领导和任务经理经常不能鼓励人们实施工作计划，或者不能为那些在他们手下工作的人提供有意义的工作描述。对该部门存在的问题的冗长而枯燥的叙述到此并未结束，但却无须再进行详尽描述。

这些问题表明，管理与人员使用不仅仅是一个自生自灭的常识性问题。差距弥补顾问通过强大的培训计划而实施的技术能力建设并不足以解决问题。政府与援助机构必须跳出这一简化的观念，必须承认对像公务员队伍这样庞大的劳动力队伍实施管理是一项非常必要的技能，因为

第五章 非洲公共部门的培训与保留：肯尼亚能力建设的经验

他们执行着种类如此广泛的任务。而管理公务员队伍的必要技能要求组织必须实施研究、培训并获得资源。本章所讨论的所有项目的一个主要失败之处在于，投资于强化管理技能和解决组织问题的资金太少了，然而，认识到这一点却无异于"事后诸葛亮"。虽然合理化是公务员体制改革的一个目标，但是，除了简单地假设数字减小将创造一个精简而有效的组织之外，还有必要考虑提高生产力的问题。

政府必须立刻关注增强激励和提高工作与创新活动的"精神"回报。通过更有吸引力的服务安排系统、透明而即时的晋升、团队工作与支持性的管理以及提供计算机和相关设备，从而改善职业发展，这是一个非常迫切的要求。人们能够很好地认识到预算限制，但是对重新配置运营与维持活动的资金的论争却是无法压制的。最后，如果最好和最聪明的人在接受完培训回来后就马上离开公共服务部门，那么，就必须实施提供更大责任的特定计划，以便受训人能够立即施展其所学的新知识与技能。

然而，低收入仍然是最为普遍的限制因素，它不利于提高公务员队伍的生产力和激发更大的有效性。本章早先提供的证据与观点表明，为了确保官员不去从事外部高收入的活动，以避免其忽视官方的职责，政府需要极大地提高报酬。这里存在着一个不能解决的问题，因为政府根本就没有（即使只是接近）私营部门所能提供的工资的资源。当前支出的很大比例已经用于支付工资。即使对雇员人数进行最严厉的削减，也不能省出足够的资源，而这却将导致巨大的短期成本。

除了忽略这一问题或提供在未来某个时间增加工资的承诺之外，看来没有什么令人满意的解决方案。功绩制工资、绩效奖金、迅速晋升所挑选出的官员和其他类似的想法都是有帮助作用的。然而，激励并非完全依赖于金钱回报。虽然所有不满都来源于当前的工资水平，但是，仍然有一些强有力的证据表明，工作满意感、参与和富有同情心的管理对于公务员来说，能够成为非常重要的激励。最后，虽然读起来有些玩世不恭或存在亵渎之嫌,但不应该忘记的是,专业化的公职已不存在,而更强烈的批评与彻底的改革的号召都来自于侨民观察家。

注释

1. Paul S. Haddow, "The Post-Graduate Training and Utilization of Professional Planners and Economists in the Government of Kenya: Recommendations to the Government and Donor Agencies" (为经济规划与发展部和加拿大国际发展署准备的报告,1982年7月),ANNEX 3,118-121。差距弥补顾问是 Cohen 识别出的六类顾问中的一类。John M. Cohen, "Foreign Advisors and Capacity Building: the Case of Kenya," *Public Administration and Development* XII,5(1992),493-510.

2. 这类顾问被用于这样的项目中:在培训政府官员以替代顾问成员的过程中,通过提供所需的专业知识将顾问与培训内容结合起来的项目。这些顾问人员是在部门的请求下由援助机构资助的,这些部门认识到,它们缺乏制定政策、塑造行政体系的专业能力并且想要使它们的人员受到这些技能的培训。J. M. Cohen, "Foreign Advisors and Capacity Building: the Case of Kenya," 496.

3. 大多数被具体地总结在一本书中,参阅 Elliot J. Berg, *Rethinking Technical Cooperation: Reforms for Capacity Building in Africa* (New York: United Nations Development Programme/Development Alternatives, Inc., 1993)。

4. E. R. Morss, "Institutional Destruction Resulting from Donor and project proliferation in Sub-Saharan African Countries," *World Development* XII,4(1984),465-470;World Bank, "The Bank's Work on Institutional Development in Sectors: Emerging Tasks and Challenges" (由公共部门管理与私营部门发展分部准备的报告,1991年5月);Haven W. North, "Capacity Building and Technical Cooperation—Managing the Connection" (为纽约的 NaTCAP/UNDP 准备的论文,1992年6月);Jennifer Widner, "Reform Bargains: The Politics of Change",见 David L. Lindauer and Michael Roemer, eds., *Asia and Africa: Legacies and Opportunities in Development* (San Francisco: Institute for Contemporary Studies Press,1994),59-97。

5. United Nations Development Programme, "National Capacity Building: Report of the Administrator" (提交给在纽约召开的有关项目规划与实施第四十次会议的报告,1993年1月),3.

6. United Nations Development Programme, "Strategy for Assessing UNDP Effectiveness in Capacity Building During the Fifth Programme Cycle" (由设在纽约的政策与项目评估署中央评估办公室准备的报告,1993年3月);David C. E. Chew, "Internal Adjustments to Falling Civil Service Salaries: Insights from Uganda," *World Development* XVIII,7 (1990),1003-1014;Robert Klitgaard, "Incentive Myopia," *World Development* XVII,4(1989),447-460.

第五章 非洲公共部门的培训与保留：肯尼亚能力建设的经验

7. World Bank Portfolio Management Task Force, "Effective Implementation: Key to Development Impact," 即人们所知的"The Wapenhans Report," (Washington, DC: World Bank,1992); "Africa: World Bank," *Oxford Analytica* (1993 年 6 月 3 日)。

8. Arturo Israel, *Institutional Development: Incentives to Performance* (Baltimore: The Johns Hopkins University Press,1987)。

9. 接近 100,000 位驻地外国顾问为撒哈拉以南非洲国家的公共部门工作,每年成本超过 40 亿美元,大约 35% 的官方发展资助用于这一地区。World Bank, *Sub-Saharan Africa: From Crisis to Sustainable Growth* (Washington, DC: International Bank for Reconstruction and Developemnt,1989),181. 其他的研究将这一数字限定在 40,000 以内。Berg, *Rethinking Technical Cooperation*,71-77.

10. United Nations Development Programme, *Human Development Report 1990* (New York: Oxford University Predd, 1991), 1-7; World Bank, "The Bank's Work on Institutional Development in Sectors: Emerging Tasks and Challenges"(由公共部门管理和私营部门发展分部准备的报告,1991 年 5 月); OECD, "Principles for New Orientations in Technical Cooperation"(设在巴黎的发展援助委员会发表的声明,1991),第 1 段,7 行;Edward V. K. Jaycox, "Capacity Building: The Missing Link in African Development"(非美研究所会议上的讲稿,African Capacity Building: Effective and Enduring Partnerships, Reston, VA,1993 年 5 月 20 日)。

11. Beatrice Buych, *The Bank's Use of Technical Assistance for Institutional Development* (Washington, DC: World bank,1989),2;J. Bossuyt,G. Laporte and F. van Hoek, *New Avenues for Technical Cooperation in Africa: Improving the Record in Terms of Capacity Building* (Maastricht: European Center for Development Policy Management, 1990),3,59; Berg, *Rethinking Technical Cooperation*; Jaycox, "Capacity Building."其他人持相反的观点,他们号召更多的移居国外者帮助非洲国家对其支离破碎的经济与政治进行重建,例如:William Pfaff, "A New Colonialism? Europe Must Go Back into Africa," *Foreign Affairs* LXXIV,1(1995),2-6。

12. John M. Cohen 在他的一本书中回顾了目标能力建设的重要性,参阅 "Capacity Building in the Public Sector: A Focused Framework for Analysis and Action," *International Review of Administrative Sciences* LXI,3(1995),407-422。

13. United Nations Development Programme, "National Capacity Building,"7,14-16; World Bank, "The Bank's Work on Institutional Development in Sectors: Emerging Tasks and Challenges"(由公共部门管理和私营部门发展分部准备的报告,1991 年 5 月), 54;World Bank, *Handbook on Technical Assistance* (Washington, DC: Operations Policy Department,1993), i-yi; Lawrence Whitehead, ed., "Special Issue: Economic Liberalization and Democratization: Explorations of the Linkages," *World* 14.

14. 对这些项目中的四个(RPP、RMRD、TAP、BEMP)进行的详细研究包括对培训内容的广泛性与复杂性的分析,参见 John M. Cohen and Stephen B. Peterson, "HIID's Advisory and Training Experience in Kenya,"见 Dwight Perkins, et al., ed., *Assisting*

Development in a Changing World: *The Harvard Institute for International Development* (*1980-1995*) (Cambridge: Harvard Institute for International Development, 即将来临的 1997 年)。

15. Cohen 是 TAP(1979—1982)、RPP(1985)和 RMRD(1985—1990)的负责人(chief-of-party)与培训官，也是 BEMP(1990—1992)的培训官。Wheeler 是 RMRD(1990—1992)的负责人和培训官、BEMP(1992—1994)的培训官。他们都亲自同肯尼亚政府及为哈佛国际发展研究所和非哈佛国际发展研究所项目提供资助的援助机构一起，经历了表 5-1 中对所有项目的能力建设经验的评估。

16. 在某些案例中，官员被迫退休或"为了公众的利益"而退休，这或者是由不适当的行政或人事安排导致的，或者是由于与上级存在政治冲突。

17. Hussein Abby, "Assessment of Capacity Building Needs for Economic Management in Kenya"(为联合国开发计划署准备的报告，Nairobi, 1994 年 6 月)。

18. 这段时间是计划实施完成的 1994 年中期，举例来说，RMRD 项目从 1985 年实施到 1992 年，其中点是 1988 年。在这段时间里发生了年度混合人员损耗，因此，它长达六年。

19. SSES, 1974 年由人事管理高级理事会建立并于 1985 年进行了修订。它试图建立起与其他服务于政府的专业化群体(医生、律师、工程师和建筑师)可加以比较的服务条款。参阅 John M. Cohen, "Expatriate Advisors in the Government of Kenya: Why They Are There and What Can Be Done About It," *HIID Development Discussion Paper* 376(Cambridge: Harvard Institute for International Development, 1991 年 6 月), 23, f. n. 72; 也请参阅 the Ministry of Planning and National Development, "Review of Individuals Departing the Scheme of Service" (Nairobi, n. d.)。

20. 作者们所掌握的资料表明，在这 106 位官员中，52%退休，30.5%辞职，6.7%不在岗，16.2%被调走，16.2%离职学习，15.2%因为其他原因离开(其中，大多数人离开的最明显原因是死亡)。在所提到的 55 位中，28 位在这段时间从服务安排系统中辞职。

21. 作者们对 Michael Roemer 所提出的将表 5-1 与 5-2 中的资料用图 5-1 的形式表达出来的建议深表谢意，并且感谢他帮助完成了这项工作。

22. 参阅 MPND 的顾问人员的简介，见 Cohen, "Expatriate Advisors," 16-17。

23. MPND 顾问人员减少的原因中尤为重要的是，1992 年北欧资助(农村发展资金)中止向一项主要农村发展项目提供资金，该项目由 MPND 管理。中止的原因在于项目活动实施中的腐败。单单这一项目在 1986 年就为在 MPND 中央和地方办公室工作的 11 位侨民顾问人员提供了资助。请参阅 MPND 顾问人员的简介，见 Cohen, "Expatviate Advisors," 16-17。

24. 1995 年年初，在岗和在工作组(JP)工作的人员组合如下：计划编制主管；首席经济学家——9(JQ-Q)；首席副经济学家——20(JG-P)；主要经济学家——35(JG-N)；高级经济学家——72(JG-M)；一类经济学家——192(JG-L)；二类经济学家——180(JG-K)；经济学家助理——48(JG-J)；计划编制助理——13(JG-H)。每一层级的数字表明,虽然可以合理地确保个人会晋升到一类经济学家,但是,晋升到比这一层级更高的位置上的时间就会延迟。

25. 为了加以比较,我们提供以下数字:15 位受过 RPP 项目培训的官员中的 4 位(26.7%)、41 位受过 RMRD 项目培训的官员中的 9 位(21.9%)和 7 位受过 BEMP 项目培训的官员中的 2 位(28.6%),现在或者为援助机构工作,或者为国际 NGO 服务。

26. 有关为了将经济学家保留在公共领域各部门而提供最高工资的实践与问题,请参阅 L. S. Wilson, "Kenyanisation and African Capacity Building," *Public Administration and Development* XIII,4(1993):489-499。

27. Jane Perlez, "Citing Corruption in Kenya, Western Nations Cancel Aid," *New York Times*(1991 年 10 月 21 日),1; Martha Mbuggus, "Kenyans and the 'Chai' Syndrome," *The Daily Nation*(1991 年 12 月 18 日),1; "Bribery and Extortion," *Finance*(1992 年 11 月 15 日),18-23。

28. 东部非洲公共行政中这种(和其他的)分裂性实践在 Jon R. Moris 的一本书中被很好地回顾,参阅 "The Transferability of Western Management Concepts and Programs: An East African Perspective," 见 Laurence Stifel, James S. Coleman and Joseph E. Black, eds., *Education and Training for Public Sector Management in Developing Countries*(New York: The Rockefeller Foundation,1977),73-83。

29. 如果将 1991 年作为表 5-1 绘制的基础,那么,约克项目就将有 13 位受训人留在其目标部门中,而且那些受训人将会拥有这样的高级职位:常任秘书、计划编制主管、半国营集团改革委员会主席和农村规划部部长。

30. 例如,请注意 Berg 在 *Rethinking Technical Cooperation* 中各处所提出的没有证据支持的主张与一般性的见解。

31. 这些去激励因素在 Cohen, "Expatriate Advisors,"11-14 中有详细的解释。

32. 每一次秘密的采访都试图通过对标准化问题的回答和更为非正式的讨论引出一些观点。在与 18 位"留职者"的面谈中,有 12 位是男性,6 位是女性。除 1 人外,其他都已婚。从他们受训回来开始计算的时间长度范围是 3—19 年。在所有被采访的人员中,12 位现在要么在 MPND 要么在 MOF 供职,4 位在分支部门(sectoral ministres)工作,2 位在地方岗位(field positions)上工作。虽然这里包括当前岗位的等级层次,但是,我们并不试图挑选出一个令人满意的代表样本。

33. 1994 年,那些被肯尼亚的现代化部门雇用的人员的平均收入为 1,120 美元[Office of the Vice President and Ministry of Planning and National Development, *Economic Review 1994*(Nairobi: Government Press,1995)]。

34. 公共与私营部门的差异见 Cohen, "Expatriate Advisors,"12,16-17。

35. 在非洲进行公务员体制改革的困难在 Louis de Merode 的一本书中给予了评论,参阅 "Civil Service Pay and Employment in Africa: Selected Implementation Experiences"(staff paper, International Bank for Reconstruction and Development, Washington, DC,1991); John M. Cohen, "Importance of Public Service Reform: the Case of Kenya," *Journal of Modern African Studies* XXXI,3(1993),449-476。

36. 大多数人事卷宗中的符号是与行政不规范有关的,如在未被批准的情况下使用交通工具、超期休假、不偿还或侵吞差旅津贴或其预付款。高级官员很少会对办公室标准的质量或技术工作的时间性提出批评。因此,也就很少发布有关表扬的备忘录。

37. 经济不景气与减少援助水平持续到了1995年,请参阅"Kenya：Donor Alienation," *Oxford Analytica*(1995年6月15日)。

38. 该项目当初的设计规定,每年向康奈尔大学派出5—7位官员,在那里他们要拿到为期10个月的国际发展专业研究学位(professional studies degree)。在康奈尔他们要上有关经济学、计划编制与量化技术和计算机应用的一些基本课程。有关康奈尔项目的描述见 *Kenya Training Program* (Ithaca：Institute for African Development, Cornell University,1989年3月)。

39. 康奈尔的学位是专业性的而不是学术性的。它是一种不同的类型,而并非是次等学位。服务于捐助机构的西方专业人员也要利用一年的休息期到康奈尔读取同样的学位。

第二部分　能力建设战略

II　强化组织

第六章

层级与网络
非洲公共官僚机构中组织能力建设的战略

斯蒂芬·B.彼得森

管理一个庞大的组织并不太难。为了达到目标而高高在上行使领导职权会受到很多限制,你不能管得太细,那样会引起人们的反感。事情是由个别的人,由许多2个人、5个人和26个人的集体而不是11.5万人的集体完成的。

——威廉·克里奇将军[1]

有效管理在非洲还有许多问题有待研究,而尝试简单照搬西方管理技术的任何做法都可能以失败告终。

——戴维·K.伦纳德[2]

非洲的公共官僚机构能力可考虑从三个方面来理解:政治方面、个体方面和组织方面。前面有关能力的政治方面的论述已表明,在许多公共官僚机构中缺乏追求高绩效的政治愿望,政治精英利用国家谋取个人利益常常损及公共服务。[3] 组织能力的个体方面的研究已表明,工作人员技能有限,管理不善,且缺乏恰当方法。[4] 这些因素共同阻碍了个体的动机和绩效。

能力的第三个方面,也是本章的主题,与组织流程的设计,即流程设计(process design)有关。流程设计是指一个组织是怎样运行的。弄清楚非洲官僚机构背景下的流程设计及其如何改进,对于提高公共部门效率、减少许多改革战略的成本及其重心(centerpieces)很关键。

本章论述了非洲公共官僚机构中与流程设计有关的三个主题。一是在非洲大部分公共官僚机构中,程序和正式的层级被损毁;二是信息技术在流程再设计(process redesign)和管理中扮演着重要角色;三是网络组织原则是等级的有效替代物,并能够作为公共官僚机构中流程再设计和管理的基础。

相对来说,流程再设计模式简单易懂。第一步是确定出组织的关键性任务或一组任务(应该做什么),然后找到一个会建造网络并具有革新精神的经理或者能干的人员来完成任务(应该怎么做)。这种途径的关键是围绕一个革新型经理建设一个网络,并确保任务和网络不超出个体控制范围。这种途径与非洲公共官僚机构的运行情况相符。[5]

事实上,通过流程再设计来加强组织能力更加复杂。因为流程设计要求对一个组织的功能和运作方式有一个基本的评价,所以在非洲几乎没有流程再设计。如此仔细对照的话,很多公共组织运转得并不好,因为这些组织的目标设定得不清楚,且取得目标的战略设计得很差。对于许多官僚机构来说,其最主要的任务是提供就业。此外,流程再设计要求越过公共官僚机构的正式结构和层级,同时要对革新型经理及周围的支持者进行激励。建设网络而不是加强组织层级确认了这些公共官僚机构通常的组织状况:机构庞大、分散,管理不善,且基本上都互不相干。

肯尼亚在此领域的经验表明,网络和信息技术对于提高组织能力是如何发挥基础性作用的。尽管这些网络(生产力财富或优良的组织)很小,但这些网络能够带来绩效的极大提高。[6]比如,在肯尼亚的海关行政方面,任命某一人完成某一关键任务并且开发一个支持性网络会增加千百万美元的税收。在肯尼亚的农业部门中,人事管理上任命一位改革型的"圣人",实实在在地减少了管理上的欺骗,改进了管理的不足。[7]

糟糕的流程设计:非洲官僚机构中的层级问题

流程设计中"做什么"与组织的任务有关。在非洲的许多官僚机构中,任务历来都是安排给那些不再适合的代理机构,或者将那些更适合其他代理机构或私人部门的工作安排给不适当的代理机构。

流程设计中"怎么做"与工作的结构安排方式有关。甚至在做的内容适当的情况下,做的方式也常常不合适。正如其他地方的大多数公共官僚机构一样,非洲的官僚机构都是建立在层级制的组织原则或者正式的组织结构基础之上的。层级扮演的主要角色是协调组织内的相关联系,它通过规定支配个体行为的标准化程序或个体做出决策所依据的前提条件,实现协调的作用。[8]

有人就非洲公共官僚机构弱化的原因提出了几个论点。思想起源学派认为,程序弱化是因为其设计不是由殖民管理者就是后来由侨民顾问负责的。它们在形式上亦步亦趋或者不做修改,所以不管哪种情况,都不合适。[9]有一个相关的论点认为通过技术帮助人员引入的管理系统从根本上讲是带有偏见的或有缺陷的。管理创新(特别是就管理能力而言)的"因素比例"与非洲的实际是不一致的。[10]

以罗伯特·普赖斯(Robert Price)对加纳的研究工作为代表的文化学派认为,角色没有制度化,这样行政人员的行为就不是由合法的理性支配,而是由社会压力支配。[11]"官僚机构本身习惯于追求个体和他的群体的利益,普赖斯认为,要达到韦伯式的有合理合法的官僚机构的理想,需要一种把个体从他所在的社会群体中排斥出去的'异化的共同责任'。"[12]

第三个学派认为对有意义的交易行为的行政管理主要是由个人干预而不是由程序来进行的。[13]领导,还有官僚机构的管理通常被高度政治化。干预主义行政用于迅速迎合政治要求,确保租金,同时保证从反应冷淡的组织中得到回应,它侵蚀了程序。[14]

弱化的程序产生弱化的组织层级。尽管许多非洲官僚机构表面上是中央集权,但其实际上是由命令而不是由程序支配的相互竞争的采邑主组成的小集团。[15]公共官僚机构没有通过程序进行整合,而通常是分散的组织,其下面有众多的更小的层级。[16]这些小层级的领导者或者通过内部竞争走向更高职位,或者在孤独中消沉。个人领导和干预主义行政创造并加强了分散的组织结构,这种结构由高层的行政首长的控制幅度确定。"伸手可及"(just-in-reach)的组织控制着每一个官僚机构,以及组成官僚机构的小集团式小层级。

假定存在制约组织绩效的难以克服的障碍,那么非洲官僚机构适当的组织设计是什么呢? 这并不是个新问题。20 世纪 70 年代东非就这个问题展开过辩论。受工业社会学影响,这场辩论集中在发展型行政是否应该建立在与韦伯式的程序规定行为的合法理性(官僚层级)方法相吻合的机械组织模式上,或者集中在是否需要一个具有扁平结构并在程序上不那么刻板的有机组织模式,因为发展型官僚机构是不断变更的代理机构且变更是偶然性的。[17]在这场争辩中,一个最有趣的观点是戴维·伦纳德提出的。他认为,尽管发展型官僚机构是不断变更的代理机构,这些机构仍然是要稳定地执行程序的组织。[18]这种看法与组织理论中关于减少不确定性的组织目标的信条一致。[19]

1987 年,伦纳德重新开启了那场关于非洲官僚机构中组织绩效的争论,他提出了一种开发合理战略的方法论:

第六章 层级与网络：非洲公共官僚机构中组织能力建设的战略

到目前,我们对非洲管理体系的探索过程从根本上说存在偏见和缺陷。我们倾向于观察那些技术帮助人员正引进创新的例子……这些"因素比例"不适宜于非洲的环境。相反,我们应该研究具有更为内在化的基础的组织试验,这种试验对于其所在环境来说包含有更大的"技术合适性"机会……通用组织理论和非洲社会学的结合将会最恰当地分析和解释我们的发现。[20]

对理论的双重制约集中于同一问题：非正式组织在协调社会行为中的重要性。从组织理论开始,不断有著作证明非正式组织在弥补正式组织或层级失败中所扮演的角色。[21]从非洲社会学看,这些团体的支撑在于那些强调群体忠诚而不是个体独立的法人团体。[22]两部分理论之间的联系靠的是非正式的集体组织。为了分析如何组织工作,需要一种更新的组织理论——流程设计。[23]

非洲官僚机构中的流程再设计

流程设计是指一个组织中工作是如何构造的。流程的视点集中于工作是如何做的,而不是工作的产出是什么。组织中的工作常常是围绕工作汇报关系而进行的垂直构造,而不是围绕以提高效率为目的的工作流程而进行的横向设计。[24]流程观点认为,大部分工作效率低下的原因在于,组织的功能和垂直设计造成了任务的脱节与不连贯。这就破坏了工作流程并造成了操作上不必要的繁杂——要求产出的复杂的组织流程——和对管理层不必要的要求。流程设计是就工作流程横向地观察组织而不是就工作汇报关系垂直地观察组织。流程设计目标是通过使一个人与尽可能多的任务联结在一起的"一站式服务",消除工作流程的不连贯,并使效率最大化。通过流程再设计可使效率明显增加,但这种效率增加需要三个能动因素的细致和谐的搭配,从而达到个体生产率的最大化：

信息技术、扁平且创新的组织结构和创造性的人力资源管理。[25]流程设计通过集中个体生产率的能动因素来寻求发挥个体的生产能力。与传统的自上而下的生产率观点不同,这一观点关注于组织生产率并把个体生产率看作是多余的。

流程设计的改革可从两方面着手:流程改善和流程创新。[26]流程改善是在现行功能范围内对现行流程的增量改革。流程创新是跨越功能而引入新流程的激进变化。流程创新通常被称为"再造",它是这一时期公私部门带有争议性的主要管理战略。[27]作为"再造"理论主要政论家之一的迈克尔·汉姆,把再造定义为"对业务流程根本性的再思考和激进的再设计,从而使绩效得到巨大提高"[28]。

再造对于公私部门来说,其目标就多重效率而言在于绩效的激进提高而不是增量改善。多重效率的收益主要是靠个体充分利用组织结构和人事管理支撑的信息技术而实现的。

非洲公共官僚机构中的流程设计

由于与其起源、文化背景以及领导和管理者的政治化有关的因素,各程序步骤在非洲遭到破坏。在那里,工作几乎没有正式结构可言,现有的结构通常受形式理性而不是工具理性驱使。流程观点认为,工作是高度结构化的,伴随着组织结构的改革,它能够被诊断出并被重新设计。非洲公共官僚机构中的流程设计必须处理那些同时是不连贯、不完整、不准确、被破坏而又被忽视的程序。戈兰·海登(Goran Hyden)注意到,"组织关系与命令链几乎没有相似之处,它更像信息链(a chain letter)——信息永远不会反馈回发送者"[29]。

表6-1 比较了发达国家与非洲国家的流程再设计。流程设计的主要目标(即消除工作的不连贯)在两种不同环境中都需要,不同的是,在非洲工作中的不连贯导致了繁杂与错漏。这两种做法都需要实行裁减。在

非洲,办事程序常常过多,因为审批的过程提供了寻租的机会。除了消除不连贯之外,非洲的流程再设计还需要处理好完整性和责任的问题。完整性确保了过程得到有效和准确的贯彻执行,责任则要用于限制贪污腐化。

表6-1 发达国家和非洲国家流程再设计的比较

	发达国家的流程再设计	非洲国家的流程再设计
目的	消除不连贯	消除不连贯
原因	操作繁杂	操作繁杂
		错漏
目的		完整性
原因		不连贯
		资源约束
目的		责任
原因		弱控制
方式	扩大跨职能边界贯穿个体的流程整合	把跨职能交易简化成一个网络 贯穿网络团体的过程整合 建立人工与计算机的并行处理

非洲和较发达国家的流程再设计是不一样的。在发达国家,其目标是通过扩大跨职能的边界和主要贯穿个体的整合来实现整个过程的整合;而在非洲,流程再设计是通过在一个小层级或官僚机构的网络小集团中制约跨职能交易和贯穿网络或团队的整合来实现的。交易不得不局限于一个网络之中而不是跨职能地扩展,因为组织管理受制于个人的控制而不是程序上的控制。过程整合主要是在网络组织而不是个体的支持下进行的,因为工作人员的能力有限,需要严密的管理,并且他们手中没有决策权。最后,流程再设计应该强化责任。在非洲,这可以通过开发规定了责任的并行(比如人工和计算机)系统来实现。

信息技术作为流程再设计的一个能动因素

和组织结构、人力资源一起,信息技术是实现流程改革的三种手段之一。信息技术应该促进而不是主宰流程改革,并且不应该作为主要的手段。通过不使用信息技术的流程改革,特别是通过没有雄心的流程改进,组织能力可以取得适当的改善。在一些大型组织特别是发展中国家的大型组织中,普遍存在的惰性往往阻碍了流程的改善。这常常需要通过大规模的、广为宣传的改革来推动政府从流程改善或创新方面进行变革。

尽管微型计算机不能作为流程再设计的一种必要而充分的手段,但是它在实现非洲公共官僚机构流程再设计方面已经被证明是行之有效的。信息技术能够推动流程设计的三个基本任务:整合、完整性和责任。朱波夫认为:

> 管理者通过信息技术……实现了三个独立运作目标之一或更多——提高了连贯性(功能的整合、自动化程度的提高、快速的回应)、控制力(精确度、准确性、预见性、一致性、确定性)和综合性(可见度、分析、综合)。[30]

连贯性和控制力促进了整合、完整性和责任。通过使用一个只需几个步骤的程序,就能实现流程的大大简化和整合。数据处理周期促进了完整性,提供了工作的结构和规则;而技术则促进了跟踪管理,以确保交易的完成。通过建立提供了广泛检查跟踪的人工与计算机并行系统,责任得到了强化。从肯尼亚的经验中可以看到,电脑化的首要好处之一就是巩固了人工操作系统,而人工操作系统作为主要的参考系统会继续存在一段时间。[31]并行流程创新的出现取代了流程再设计。计算机系统复制了人工操作系统的绝大部分,反过来又用它来革新人工系统。尽管生产力没有得到提高,但是却强化了责任。

并行流程创新证明,只需通过有限的流程再设计便可以取得明显的改善。然而,在非洲的系统开发者中存在着关于是应该使用计算机去复制现行的系统还是进行完全不同的设计的大量争论。系统复制对管理要求较少,而且可能更适于作为改革的第一阶段。一旦组织已经根据技术做出调整,那么流程创新便可以紧接着作为第二阶段。

信息技术的第三个好处是综合。它很难取得成效,因为它首先需要功能良好的数据库,而且要求管理者能够从使用可以进行熟练的提炼与分析的工作人员中看到开发数据库的价值。[32]论述流程设计的文献并没有强调信息技术的综合或数据分析的作用,而是着重于管理数据的电脑化和消除职能的无效率。[33]

根据肯尼亚的大量论据,我们可以肯定,信息技术促进了流程再设计的三个基本任务:整合、完整性和责任。[34]然而,对信息技术是否适当这个问题提出质疑是很重要的。不能将信息技术的可持续性孤立于其他政府资源的可持续性之外来探讨;不幸的是,这样一种宽泛的视角常常得不到采纳。非洲政府因为无力负担周期性的费用而苦恼。[35]从宽泛的角度来看,它们承担不起信息技术的开支,但是也同样承担不起其他花销。与信息技术相关的一个问题是,它往往被滥用而没有被有选择性地用于一些关键的领域。就技能层次而言,它是完全适当的,受过基本教育的工作人员都能够使用电脑。[36]因此,信息技术既是适当的,又是可持续的。那么怎样才能最好地组织这种可行的手段,以便促进流程再设计呢?

流程再设计:在非洲官僚机构中网络比层级更为有效

定义网络组织

非洲的官僚机构常被分解为一些小集团和小层级。小层级组织反映出个人管理的而非程序控制的局限性。[37]小层级主要是一些非正式、小规模、"伸手可及"的组织,这种组织按照其领导者的控制范围来定义。

在这里,我详细阐述了小层级的概念,并且用到了"网络组织"这个术语。[38]小层级就是网络。使用"网络"这个词,是因为从理论和实践上来讲,它能在正式的小集团(小层级)范围外形成,因此促成了一个"流程"或工作的横向组织。

一个网络组织,"是一种跨越正式边界而被整合的社会网络,(而且)任何类型的人际间联系都与正式团体或种类无关"[39]。所有组织都是网络,因为它们都具有解释行为的社会关系。而对网络进行准确的表述却相当困难,因为它常常超越了组织正式的内部和外部边界。

一个网络组织就是一组社会关系,所以对其进行观察的有效方法是,从组织成员之间的义务的角度入手。卡罗尔·海默(Carol Heimer)的研究发现,网络起源于管理独特的个体规则的需要,这种规则被组织层级的通用规则所忽略。

> 那些主张组织是(并且应该是)受通用规则支配的人的观点是错误的,因为团体和网络中的生活必然要为其他一些特定的人承担责任,而这些人只能够通过负责任地采用独特的个体定位来获得满足。[40]

海默的分析并不是对损害通用规则的辩解,但它的确提醒了我们"只有互相帮助才能友好相处"的组织生活的事实。[41]在非洲的公共官僚机构中存在着小规模的网络(小层级),因为它们的管理是个人化而非程序化的。小规模的网络单独适用于管理雇员和客户合理的(和不合理的)独特要求,同时,网络规模不大使得独特个体规则需要的集约化管理得以实施。

和通用规则相比较,独特个体规则显得更复杂(它们不得不考虑更多的变量),更难于明确表述(人们不得不判断哪些变量更为重要,需要明确包括在规则的覆盖范围内),更难于管理(人们不得不判断哪一种规则更适用,而这些规则将被具体地当作指导原则或经验法则,而不是法律),更难于评估(部分地因为必须对关系而不是对个体实施评估)。[42]

小规模的网络组织能够解决大规模层级的不足之处,还能应付传统社会独特的个体需求。网络的形式看来和伦纳德的忠告是一致的,那就是非洲的管理形式将通用的组织理论和非洲社会学结合在一起。

网络的角色

在非洲国家的公共官僚机构中,网络适应组织生活的实际情况。大规模的公共官僚机构的不连贯造成了网络或小层级,这种不连贯由人事管理而非程序管理造成,由对租金而不是对合理合法的权威的追求引起。

小规模的网络能够处理与普遍主义相比之下独特主义的"更高的成本"。"独特主义与普遍主义相比是一种更为高贵的品德,它追求个性而不是寻找同类;要求保持长期关系和进行广泛的记录。"[43]处理独特主义的能力并不是控制租金的充分必要条件。网络既可以提高也可以控制租金。

网络不仅适合非洲工作方式的实际,也同样适合发达国家的实际。关键性任务常常通过团队组织执行。[44]关于质量管理的文献强调功能交叉的团队美德,而有关过程改革的文献则强调对团队的需求。[45]有关如何设计以团队为基础的组织这一方面的文献正在不断出现。[46]

网络也非常适合发展型官僚机构的偶然性任务环境,适用于能力较差的公共官僚机构中出现的偶然的内部关系。贝克(Baker)指出:"作为一个灵活的和自我适应的组织,它非常适合于执行具有独特风格的任务以及顾客和供应商对生产过程密切参与的情形,并非常适应复杂而动荡的环境。"[47]

有关网络或非正式结构在推进流程改革中的角色,将在本章后面阐述,这里我们来看网络在弥补正式结构的失灵中的角色,网络扮演的这一角色的目的在于维持组织间的协调。组织理论经常忽视非正式组织在弥补正式组织的协调失灵或无效中的角色,不太强调其在协调中的重要角色,而主要强调非正式组织把个体整合成组织的角色。[48]

唐纳德·奇泽姆(Donald Chisholm)关于非洲正式结构的协调角色的论文很有启发意义,它基于协调多边组织公共体系而不是单个组织这一问题之上。[49]奇泽姆的论文有四个论点。第一,按照赫伯特·西蒙的著作所述,组织间的相关性经常被过分夸大,因而通过正式或非正式方式进行协调的要求也被过高估计。在任何情况下,对理性化、秩序化的集体行为总有严格的限制。[50]第二,在协调中有一种过分使用正式组织进行协调的趋向,而没有认识到使用这类结构的成本和无效率问题。第三,许多协调问题可以由比正式结构更灵活、更能自我解决问题、更具活力的非正式结构解决。第四,应当对组织安排进行设计,以便正式和非正式结构能够分别应对常规和偶发事件。奇泽姆的结论是:

> 用较小的正式层级去处理那些足够简单并且已知被归类为设计精良的问题,而用非正式的机制去协调在它们之间出现的相互依赖关系——非结构化问题是大胆的也是适宜的建议,这样的趋势在公共行政部门普遍存在。[51]

在给非洲公共官僚的组织设计提供建议时,要考虑的一个主要问题就是这类组织必须处理的相互依赖关系的类型和强度,另一个问题是正式和非正式结构在提供那种协调中各自扮演的角色。

把非洲公共官僚机构看作是结构松散的非正式组织表明,应该在有

第六章　层级与网络：非洲公共官僚机构中组织能力建设的战略

必要的地方主要以非正式方式而不是正式方式促进此种协调（在层级内或层级间、在组织内或组织间）。

理解非洲公共官僚机构的另一个方法是确定需要加以协调的相互依赖关系。根据西蒙的"虚无世界论文"，我们一致认为，非洲官僚机构的相互依赖作用被过分高估了。实际上，非洲官僚机构常常是空的，因为它们过于臃肿并主要只作为就业的工具。许多部门及其工作人员互不相干，也不需要协调一致。组织中多余的层次阻碍了关键工作的协调进行。在非洲，正式机构不仅在协调公共官僚机构中天生乏力，而且常忙于不相干的事情。企图加强正式结构的能力建设战略常为了协调不相干的事务而在不相干的组织机制上浪费了宝贵的资源。

在非洲，被正式地加以协调的组织的规模受到严格的限制。然而，大规模系统的创建主要是通过以非正式方式协调几个小规模组织实现的，如同奇泽姆对公共运输系统的研究所说明的那样。因此，非洲大规模、复杂的工作原则上可以在公共部门内部得到有效协调。那里的非正式协调很普遍，而且在许多情况下相当复杂。尽管非正式结构不是正式机构的完美替代，且其在公共组织中常起反作用，但它们仍不失为一股确有益处的力量，一种特别有效的协调方式。

有几个事项应提醒大家注意。首先，非洲官僚机构中小层级的多边组织环境与较发达国家的多边组织环境有很大不同。在奇泽姆的公共运输体系研究中，层级曾是为多边组织协调而做出的一个选择，尽管这一选择代价更高、效果更差。[52]对于非洲官僚机构来说，层级并不是一种选择，它根本不起作用。

网络在管理信息技术中的角色

网络是为了处理以信息技术为基础的工作而选择的组织设计，[53]它可以将管理资源集中在个体或团队身上，这是生产力的主要源泉。虽然网络的规模较小,但是,它促使技术得到充分的利用,保证了技术在恰当的规模上被引入。最终,信息技术方便了信息在组织内的传递,进而使组织实现了扁平化并进一步为小规模的网络横向结构提供支持。

网络在管理流程改革中的角色

非洲官僚机构中的流程改革在范围上可能不是很激进,但在影响上却与发展中国家官僚机构的流程再造有着同样重要的意义。这些官僚机构的绩效水平如此之低以致流程改善将产生戏剧化的结果。改革的范围有限是因为网络的范围有限。因此,流程改革的任务是在网络的范围内压缩跨职能的流程,而信息技术则为小规模的网络像杠杆一样戏剧性地激发生产力并压缩大规模的跨职能流程提供了条件。

设计精良的网络能够推动流程改革。网络的规模不大,管理精细,能够处理偶发事件,关注个体和团队。最重要的是,它们能克服流程改革中由纵向转向横向工作流程所产生的组织不一致。对于流程改革来说,网络和团队是关键的,这是因为它们不限于上下间的汇报关系,并且提供了一个过渡性组织。网络可以绕过各个不相干的上级以及多余的纵向结构,促进更加横向、更为有效的工作流程。简而言之,网络为从垂直到横向的工作流程改变和绕过层级的战略提供了组织工具。

行动中的网络:来自肯尼亚的案例

网络组织是用来促进公共官僚机构流程改革的主要组织设计,关于这个论点的一个很好的例子来自肯尼亚,并表现在改革用来管理农业部门中人事工作的整套系统的努力上。[54]一个技术帮助小组在这个部门的正式层级内工作了近三年,帮助改革这项制度。三年后,这一改革收效甚微。一个具有革新精神的高级职员的到来,极大地提高了改革的成效。他建立了一个由负责任的和抱支持态度的职员组成的小网络,并创建了

第六章　层级与网络：非洲公共官僚机构中组织能力建设的战略

一个记录人事的数据处理并行系统。该网络不超出正式层级的范围，但能以网络领导人为中心自主运作。它保持小型的规模以确保实现密切的管理，并确保系统不被不支持的人破坏。不到一年，这一网络就建立起有效的人事管理系统，它在组织中实施这套系统并利用其革新了人工操作系统，减少了正在产生的租金。

结论

在最近一场雄心勃勃的大规模的公共部门再造运动中，其主要领导人评论说：阻碍改革的主要问题是缺乏团队精神。流程改革要求重新思考组织间的相互关系并在可能的情况下使之合理化。从理论上讲，大规模公共官僚机构的设置是为了加强纵向权威，以促进各个办公室的自我管理和责任。而从实践上讲，这些纵向权威机构所做的事情是多余的。预算通过加强个人利益来维持这些权威机构，也促使其各自为营。

并非只是非洲的公共官僚机构面临着流程改革的艰难挑战。从全球来看，公共官僚机构都面临着在纵向的组织结构中建设横向的工作流程的挑战。解决这一问题的方法是协调合作，而组织工具就是网络。就非洲来说，组织的薄弱反而是种力量，因为纵向结构薄弱，反而促进了横向网络的运作。

关于非洲公共官僚机构中的能力建设存在两种评论。首先，这些组织并非是仅有纵向结构的组织，而是通过非正式协调的小层级或网络系统构成的多边组织系统。其次，基层组织（小层级）不做重大改变，流程改革也能取得成功。这两种看法表明，涉及大规模的结构改革的能力建设是很难取得成效的，更重要的是，它无须获取巨大的生产效益。非洲公共官僚机构能力建设的关键，是在层级内部以及层级之间建立网络而不是建立层级。

171

注释

1. David Osborne and Ted Gaebler, *Reinventing Government：How the Entrepreneurial Spirit Is Transforming the Public Sector*(Plume：New York,1993),258.

2. David K. Leonard, "The Political Realities of African Management," *World Development* 15(1987)：908.

3. Robert M. Price, *Society and Bureaucracy in Contemporary Ghana*(Berkeley：University of California Press, 1975); Goran Hyden, *No Shortcuts to Progress：African Development Management in Perspective*(London：Heinemann, 1983); David K. Leonard, *African Success：Four Public Managers of Kenyan Rural Development*(Berkeley：University of California Press,1991).

4. Jon Moris, "The Transferability of Western management Concepts and Programs：An East African Perspective," 见 W. D. Laurence Stifel, Joseph E. Black and James S. Coleman eds., *Education and Training for Public Sector Management in Developing Countries*(New York：The Rockefeller Foundation, 1977); Leonard, "The Political Realities."

5. Stephen B. Peterson, "Saints, Demons, Wizards and Systems：Why Information Technology Reforms Fail or Underperform in Public Bureaucracies in Africa," *HIID Development Discussion Paper 486*(Cambridge：Harvard Institute for International Development,1994年5月).

6. 关于生产力财富的概念,参阅 Stephen B. Peterson, "Institutionalizing Microcomputers in Developing Bureaucracies：Theory and Practice from Kenya," *Information Technology for Development* 5(1990年9月)：277-326。

7. Stephen B. Peterson, Charles kinyeki, Joseph Mutai and Charles Ndungu, "Computerizing Personnel Information Systems：Lessons from Kenya," *International Journal of Public Administration* 20,10(1997年10月).

8. 有关标准化问题,见 James D. Thompson, *Organizations in Action：Social Science Basis of Administration Theory*(New York：McGraw-Hill,1967)：65。关于确立决策前提,见 Herbert Simon, *Administrative Behavior*,2nd ed.(New York：The Free Press,1957),第3章。

9. Jon Moris, "Managerial Structures and Plan Implementation in Colonial and Modern Agricultural Extension：A Comparison of Cotton and Tea Programmes in Central Kenya," 见 D. K. Leonard, ed., *Rural Administration in Kenya*(Nairobi：East African Literature Bureau,1973)：124。

10. Leonard, "The Political Realities,"908.

11. Price 认为:"传统非洲社会中的社会组织的法人性质以及相关的但更倾向于在这样的制度中占支配地位的社会相互作用,并没有为个人及官方角色的分门别类

第六章 层级与网络：非洲公共官僚机构中组织能力建设的战略

提供文化合法性。"*Society and Bureaucracy*, 206.

12. Price, *Society and Bureaucracy*, 215.

13. Leonard, *African Successes*; Peterson, "Saints, Demons."

14. 干涉主义行政的进一步原因是缺乏管理深度。程序的运行要求有足够的管理水平。非洲公共官僚机构经常缺乏足够的监管力度，从而无法保证这些程序的适当及迅速执行。

15. Hyden, *No Shortcuts*, 144-147; Robert Klitgaard, *Adjusting to Reality：Beyond State versus Market in Economic Development*（San Francisco：International Center for Economic Growth Press, 1991）：87-89.

16. Hyden, *No Shortcuts*, 146-147; Moris, "Transferability," 79.

17. Tom Burns and G. M. Stalker, *The Management of Innovation*（London：Tavistock Publications, 1961）.

18. David K. Leonard, *Reaching the Peasant Farmer：Organization Theory and Practice in Kenya*（Chicago：The University of Chicago Press）, 219.

19. Simon, *Administrative Behavior*; Thompson, *Organizations in Action*.

20. Leonard, "The Political Realities," 907.

21. Donald Chisholm, *Coordination Without Hierarchy：Informal Structures in Multiorganizational Systems*（Berkeley：University of California Press, 1989）.

22. P. C. Lloyd, *Africa in Social Change*（Baltimore：Penguin Books, 1967）, 30; 转引自 Price, *Society and Bureaucracy*, 26。

23. Thomas H. Davenport, *Process Innovation：Reengineering Work Through Information Technology*（Boston：Harvard Business School Press, 1993）.

24. Davenport, *Process Innovation*, 8; Michael Hammer, *The Reengineering Revolution：A handbook*（New York：HarperBusiness, 1995）, 4-5.

25. Davenport, *Process Innovation*, 16-18.

26. Davenport, *Process Innovation*, 5-16.

27. 关于再造理论，见 Michael Hammer and James Champy, *Reengineering the Corporation*（New York：HarperBusiness, 1993）; Hammer, *The Reengineering Revolution*; Davenport, *Process Innovation*; 以及 James Champy, *Reengineering Management：The Mandate for New Leadership*（New York：HarperBusiness, 1995）。关于发展中国家公共部门再造的一个例子，见 the Presidential Committee on Streamlining the Bureaucracy, Departmnet of Budget and Management, *Reengineering the Bureaucracy for Better Governance：Principles and Parameters*（Manila：Government of the Philippines, 1995 年 8 月）。

28. Hammer, *The Reengineering Revolution*, 3.

29. Hyden, *No Shortcuts*, 147.

30. Shoshana Zuboff, "Automate/Informate：The Two Faces of Intelligent Technology," *Organizational Dynamics* 14,（1985 年秋季）：7, 作者的着重点。

31. Peterson, Kinyeki, Mutai and Ndungu, "Computerizing Personnel Information Systems."

32. Stephen B. Peterson, "From Processing to Analyzing: Intensifying the Use of Microcomputers in Development Bureaucracies," *Public Administration and Development* 11, (1991 年 10-11 月):491-510.

33. Zuboff 强调，在获取信息技术投资的全部价值方面，信息化的重要性比简单的自动化更为显著。见朱波夫:《自动化—信息化》第 10 章。

34. 关于电脑化预算，参阅 Clay Wescott, "Microcomputers for Improved Budgeting by the Kenya Government," *HIID Development Discussion Paper 227* (Cambridge: Harvard Institute for International Development, 1986);关于电脑化账户，参阅 Thomas Pinckney, John Cohen and David Leonard, "Microcomputers and Financial Management in Development Ministries: Experience from Kenya," *Agricultural Administration* 14, (1983):151-167;Stephen Peterson, Charles Kinyeki, Joseph Mutai and Charles Ndungu, "Computerizing Accounting Systems in Development Bureaucracies: Lessons from Kenya," *HIID Development Discussion Paper 500* (Cambridge: Harvard Institute for International Development, 1995 年 1 月)。

35. Stephen B. Peterson, "Improving Recurrent Cost Financing of Development Bureaucracies,"见 Naomi Caiden, ed., *Public Financial Administration in Development Countries* (Greenwich, CT: JAI Press, Inc., 1995)。

36. Stephen B. Peterson, "Microcomputer Training for the Government of Kenya: The Case of the Kenya Institute of Administration," *Information Technology for Development* 5, (1990 年 2 月):292-307.

37. Moris, "The Transferability,"79.

38. 用于非洲发展型行政的微型层级概念像是起源于 Jean-Claude Garcia-Zamor。Garcia-Zamor 使用该概念来区分官僚机构中官僚的两大目标——寻求重大政策变化的政客及在执行中寻求增量提高的技术官僚。Zamor 并未对其组织结构加以详细说明。参阅 Jean-Claude Garcia-Zamor, "Micro-Bureaucracies and Development Administration," *International Review of Administrative Sciences* 29 (1973):417-423。

39. Wayne E. Baker, "The Network Organization in Theory and Practice",见 Nitin Nohria and Robert G. Eccles, eds., *Networks and Organizations: Structure, Form and Action* (Boston: Harvard Business School Press, 1992)。

40. Carol A. Heimer, "Doing Your Job and Helping Your Friends: Universalistic Norms about Obligations to Particular Others in Networks,"见 Nitin Nohria and Robert G. Eccles, eds., *Networks and Organizations: Structure, Form and Action* (Boston: Harvard Business School Press, 1992),144。

41. Heimer, "Doing Your Job,"143.

42. Heimer, "Doing Your Job,"148-149.

43. Heimer, "Doing Your Job,"145.

第六章 层级与网络：非洲公共官僚机构中组织能力建设的战略

44. Frederick P. Brooks, *The Mythical Man-Month: Essays in Software Engineering* (Reading, MA: Addison-Wesley, 1975), 32.

45. 关于质量管理中的团队角色，见 Edwards W. Deming, Out of Crisis (Cambridge: Center for Advanced Engineering Study, Massachusetts Institute of Technology, 1986); Joseph Juran, *Juran on Leadership for Quality* (New York: Free Press, 1989)。关于流程创新中的团队角色，见 Hammer and Champy, *Reengineering the Corporation*; 及 Robert Kanter, *The Change Masters* (New York: Simon and Schuster, 1983)。

46. Susan A. Mohrman, Susan G. Cohen and Allan M. Mohrman, *Designing Team-Based Organizations: New Forms of Knowledge Work* (San Francisco: Jossey-Bass, Inc., 1995).

47. Baker, "The Network Organization," 422.

48. Chisholm, *Coordination*, 20-28.

49. Chisholm 正在研究旧金山湾区公共运输系统。

50. Herbert Simon, *Reason in Human Affairs* (Palo Alto: Stanford University Press, 1984).

51. Chisholm, *Coordination*, 200.

52. Chisholm, *Coordination*, 200-202.

53. Mohrman, Cohen and Mohrman, *Designing Team-Based Organizations*; Jay Galbraith, *Competing with Flexible Lateral Organizations*, 2nd ed. (Reading, MA: Addison-Wesley, 1994.)

54. Peterson, Kinyeki, Mutai and Ndungu, "Computerizing Personnel Information Systems."

第七章

发展中国家的政策研究机构

查尔斯·N.迈尔斯

在发展中国家的能力建设中,独立于政府却又对政策产生影响的政策研究机构是一种重要的创新。政策研究机构的成功将会改善政策,增强政府与私营企业的能力,通报并增进有关发展政策的争论。

成功地建立此类研究机构并非易事,而使研究机构保持良好运行、保持其影响力和质量、保持其长期的理性热情则更为困难。曼谷的泰国发展研究所(TDRI)和玻利维亚拉巴斯的社会政策分析小组(UDAPSO)是两个成功的例子。这两个案例用于分析政策研究机构是如何建立的和怎样保持运作的,也用于分析它们如何适应并广泛影响由希尔德布兰德和格林德尔在第二章中所提出的能力建设的五个分析维度。

争论的关键在于:当行动环境中广为存在着人们能观察得到的变化时,政策研究机构最有可能建立;此类研究机构在组织结构、管理、人员雇用、晋升、工资待遇及员工发展中要求实行创新;为了具有影响力和建立网络,这些研究机构与政府的关系必须摆正,它们必须保持高质量,必须

第七章 发展中国家的政策研究机构

在对短期要求做出回应和指挥长期研究计划之间保持平衡。

总之,成功的研究机构对能力建设的贡献不仅要靠改善有关发展的政策及对话,还要靠检验新的组织结构和激励,设立更高的质量、激励及回应性的标准。所有这一切当然是有能力的国家的特征。

"政策研究机构"这个术语的意义是广泛的,可以理解为涵盖了为特殊的政党、意识形态、观点、私营实业或劳动工会等提供服务的组织。这里,"政策研究机构"这一术语较为专门地用于包括具有以下多个或大部分特征的组织:

- 独立于任何政党、政府或意识形态;
- 致力于中立并客观地通报政策选择,而非提倡特殊选择;
- 致力于其研究人员、研究工作、刊物及信息传播的最高质量;
- 政策焦点是对政策制定者议程的回应,但要以长期的研究计划为基础;
- 在研究中对中长期问题特别关注,虽然其中一些问题未能列入政府议程,但所有这些问题对将来经济及社会发展却有重要意义;
- 与政府及私营企业就发展政策达成共识;
- 与国外研究机构合作研究。

TDRI 和 UDAPSO 拥有以上许多共同特征。然而,在某些方面,这两个研究所也有不同之处,正如它们所处的地理位置不同一样。1992 年间的 TDRI 和 1995 年间的 UDAPSO 的主要区别见表 7-1。

1992 年间的 TDRI 是一个庞大的研究机构,研究计划包括宏观经济政策、部门经济、国际贸易、自然资源与环境、科学与技术、人力资源与社会发展等。本章提及的是 1984—1992 年间 TDRI 的运作情况。相比之下,1995 年间的 UDAPSO 规模就小得多,研究范围包括贫困、教育、就业、住房、健康及营养等。本章涉及的是 1992—1995 年间 UDAPSO 的运作情况,不过较侧重于最后两年的情况。关于 UDAPSO 的早期运作,将在第八章做详尽的说明和分析。

表7-1　泰国发展研究所(TDRI)与玻利维亚社会政策分析小组(UDAPSO)的比较

	TDRI	UDAPSO
成立年份	1984	1992
法律地位	私立	自治的政府机构
领导形式	总裁及理事会	执行理事
研究范围	全方位的发展政策	仅包括社会政策
研究主任	6	1
高级研究员	16	0
研究员	9	16
助理研究员	34	7
年度循环预算(百万美元)	4.0	0.7

尽管这两个研究机构存在很多不同点，但是它们之间也有重要的共同点：研究机构的成立、它们与政府的关系、研究计划的性质、对员工发展和激励的关注、在国际合作中所扮演的角色、长期生存的挑战以及对泰国和玻利维亚广泛的能力建设做出的贡献。

开始运作

TDRI和UDAPSO的启动——可能大部分此类研究所的启动——需要暗合四个条件：对需要的认识、政府方面有一个主要倡导者、基本资金的到位及政府的肯定。

首先是对需要的认识。20世纪70年代末，泰国政府的主要技术官僚面临急剧变化的行动环境，而这些变化是很容易认识到的，它们是第二次石油危机、经济衰退、日益增长的预算赤字、产业结构调整，以及从进口替代向出口导向转轨的初步变化。政府规划部门认识到，既没有时间也没有优秀的人员从事泰国中长期发展研究。由于环境的变化，甚至不能对日益复杂的短期问题做出有效的回应。当时有这样的一个看法,显而易见的答案是错误的,而正确的答案却不明显。泰国需要建立某种高质量的研究机构。正如曼纽尔·康特雷拉斯在下一章对 UDAPSO 的案例研究中所描述的,玻利维亚也存在类似的看法,当时,该国 1985—1987 年间经济调整的社会效果日益明显,人们也已认识到需要对社会问题进行政策研究。

第二个条件——用泰国政治的诗化语言来说——即为"控制庞大网络的教父"。在泰国,这个角色由斯诺·安纳克尔(Snoh Unakul)博士担当。他是泰国银行前行长,当时也是泰国规划部门的主任。安纳克尔声誉卓著,处事果断。他了解韩国发展研究所的历史及其重要性,试图在泰国也设立类似的研究机构。他提出了此项建议,努力筹集资金,并招募了更多"教父"加盟这项事业。实际上,当 TDRI 最终在 1984 年成立时,研究所的每一个研究项目都有一个"教父"。正如曼纽尔·康特雷拉斯描述的,在 UDAPSO 的建设中塞缪尔·多里厄·麦地那(Samuel Doria Medina)也扮演了同样的角色。他于 1991—1993 年担任玻利维亚的规划部部长(minister of planning)。

第三个条件是有国外机构——在泰国的加拿大国际开发署(CIDA)和在玻利维亚的 USAID——愿意提供关键资金。在这两个例子中,资金提供者一方面出于对斯诺博士和麦地那部长的信任,另一方面它们也希望在政策上产生主要影响。关键资金保证了初期研究的继续,保证了足够高的工资水平来吸引并留住优秀研究人才,同时也从某种程度上使研究机构独立于日常的政治压力和变化之外。当然,由国外提供关键资金也有其他较为不利的后果,这些情况将在本章后面谈及。

启动 TDRI 和 UDAPSO 的最后几步与政府的坚定支持有关。具备对需要的认识、有魄力的领导、关键资金到位等条件可以设立一个研究机构。然而,如果其他政治家和技术官僚采取敌视或者漠不关心的态度,那么新成立的研究机构可能就无法对政策产生影响力。在泰国,组建 TDRI 这样具有特殊法律性质的私立研究所需要泰国议会做出决策。在玻利维亚,组建 UDAPSO 这种分权自治的政府机构需要政府下文,规定其法律性质,包括要求拨款和接受捐赠、签订合同的权利。实际上,对上述两个研究机构的建立而言,政府是合作伙伴。

在实际操作中,上述这些步骤不是线性的,而是反复进行到各部门就支持成立研究机构达成共识。这个过程在泰国用了6年多时间,在玻利维亚则花费了3年时间。此过程也不一定总是由以下三个独立的单位参与:技术官僚、国外资金提供者和政治家。比如,在组建韩国发展研究所的过程中,对需要的认识、教父角色、关键资金及政府的坚定支持(和排除日常政治压力)均来自一个单独的部门,即总统办公室。在这一点上,正如在其他发展方面一样,韩国也许是一个特例。

与政府的关系

对于政策研究机构而言,与政府的关系是一个至关重要的问题。假如与政府的关系过于密切,政策研究机构也许会与政府形成合作关系,向政府妥协并被认为是偏向当权的政党,那么政府一旦变更,它们就很难继续生存下去。假如与政府的关系过于疏远,无论它们工作得多么出色,可能都得不到政府的重视。

这样,就存在一条微妙的界限:密切到足够对政府有影响力和有效用;疏远到足够保持客观性,保证有预测事件动向的能力并能被名副其实地理解(to be perceived as such)。

就这种关系而言,真正起作用的是它本身的性质,而不是它采取何种特定的法律形式。TDRI 是一个私立基金会,UDAPSO 是一个政府机构。就有关法律结构的术语而言,TDRI 可谓与政府的关系十分疏远,而 UDAPSO 与政府的关系十分密切。可是,它们却无一因为其特殊的法律结构而受到丝毫的影响。

TDRI与政府的关系非常密切,因为其理事会里有高级政府技术官僚,也有私营部门中有影响力的领导者。在操作层面,它起用政府中层技术官僚指导一些特别研究队伍去实施具体的项目。这些研究队伍安排议事日程,制订工作计划,参与实际工作,并撰写和传播研究结果。参与特别政策研究项目的研究队伍还向政府技术官僚提供"亲自"参与一些有关政策研究训练的机会,以便使他们对研究结果有强烈的主人翁意识。这种技术官僚与研究队伍的结合有利于议事日程的集中安排,有利于推进研究进程,建设网络,也有利于加大政策实施的可能性。1995年,这种模式在玻利维亚刚刚开始出现。

在处理有争议的发展方针问题的数据时,TDRI被政府看作是这些数据质量的裁断者。作为"诚实的经纪人"、"中立方",它帮助解决有关重大问题中的政策不协调(比如,是兴建一个新的水力发电站还是一个化肥厂)并建立有关发展政策的共识。政府认为,它的这一功能是很有用的。到1995年,这种模式在玻利维亚也初露端倪,但较为不正式且还以执行理事的个人网络为基础。

UDAPSO的主任坚决捍卫本机构拥有的自治权,为的是确保该机构不会与政府关系过于密切,或者被它所服务的对象——玻利维亚人力开发部合并。用于支持这种自治权的理由包括:需要不同的工资尺度以吸引高素质员工;需要关注的不只是短期问题;需要保持中立与客观。这些理由的力度由于来源于各种渠道的财政支持而得到了增强,但是,如果客观性被认为是为了实现妥协,这种支持就会遭到损害;如果UDAPSO被人力开发部合并的话,这种支持早就停止了。

1984—1993年间,在经历了内阁和政党变更、一场军事政变、两届过渡政府和文人统治(civilianrule)的恢复之后,TDRI继续存在着。它通过理事会内部的人员变化保持了与后继政府的密切关系,并且一直让政府技术官僚参与到特别项目委员会中。由于政府变更,TDRI 中的有些研究人员凭借他们非正式的关系网获得了更大的影响力,有些则不然,但机构整体的影响力却始终很高。无独有偶,在 1994 年,UDAPSO 也渡过了政府和党派的变更。新政府任命了新的行政长官,但是,研究计划几乎没有任何变化,仅仅是加大了努力程度,扩大了员工队伍。它对政府的影响依然存在甚至还增强了。

过去的声誉(即过去工作的质量和有用性)在一定程度上保护了这两个机构。保护它们的还有其与政府中和社会上有影响力的个人所建立起的非正式的关系网络。而最为重要的是,它们都以一流工作处理好了政界人士普遍认为重要的问题,从而使它们有能力保持或重建其对决策的影响力。这种结果主要归因于两个机构强有力的领导和其研究计划的特征。

研究计划

两个机构的研究计划有三个共同特点,这三个特点对于保持其对政府的影响力、树立声誉、积累制度与知识资本都起了重要作用。这些特点包括:对于政府的短期需要做出回应、长期研究和对将来有可能成为重大事情的政策问题做出预测。

救火

很明显,一个政策机构要是不能对政策制定者的短期需求做出回应——不愿或不能帮其"救火"——就不会有长期的影响力。TDRI 会对政府要求做出积极回应,协助政府处理各种不同问题,比如在政府与欧共体再次协商有关木薯粉出口的自愿出口限制(VER)时,向政府提供建议,分析增值税所带来的影响,预测未来的地区生产总值,以及向政府提供提高中学入学率的政策方案。UDAPSO 则应政府要求提供各种帮助,比如帮助政府协商大学预算,评估五岁以下儿童免费医疗制度的政策建议,设计收入调查,评估税收预测和一项主要的教育改革的整体适当性。除此以外,两个机构都很清楚它们扮演的救火者角色,知道它们要进行高质量的工作。[1]

长期研究

由于两个机构长期研究计划的性质,它们都能对政府当前的需要做出有效的回应。在第一年,TDRI为每一个它有可能涉足的领域制订了五年的研究计划;这些计划反映了TDRI为那五年所做的最初的关键资金储备。在UDAPSO,这一过程没有那么正规,历时也较短,因为它最初的关键资金储备只有三年。

上述两个案例都是要设计和启动深入研究的计划,这些计划是互利的并且是渐进的。每一项计划都可以使用其他计划提供的信息资源,同时每一计划都有产出,这又是其他计划和下一步工作的潜在的投入,在这一意义上它们是互利的。同时,它们将增加对潜在行为的理解,无论这些潜在行为是有关整个经济领域的(如TDRI的宏观经济研究计划),还是有关劳动力市场和贫困的(如UDAPSO的就业与贫困研究计划),在这个意义上它们同时又是渐增的。

一项在社会部门中发起的有关政府动议权的纵向监控计划使UDAPSO的研究计划受到赞誉。这些评估包括玻利维亚的社会投资基金和一个由世界银行提供基金的有关儿童干预的项目,这个项目的目的是减少幼儿营养不良现象,促进他们的认知能力开发和身体发育,提高他们将来在校求学的成功率,允许母亲更充分地参与到劳动力市场。其中一些评估被设计用来开发对研究有重大价值的以纵向或按时间顺序汇聚起来的数据集合。

TDRI和UDAPSO通过开发研究者和政府共用的机构数据库而增强

了其研究计划的互利性。两个机构均属于本国内第一批使用地理信息系统(GIS)从事研究和交流研究成果的机构。

类似于TDRI和UDAPSO的政策研究机构的一个基本设想是,如果没有潜在的研究计划,就无法做好有关政策研究的工作。有关政策问题的一流工作有赖于对相关的发展问题实施一流的研究。甚至那些要求对政府短期需要做出回应的政策工作也要依靠这种研究。

就拿上面给出的例子来说,TDRI之所以能够对帮助政府就木薯粉出口到欧共体的VER进行再次协商的要求做出回应,就是因为它有关于农业和农村地区发展的研究计划,这些计划包括对泰国东北部的木薯产量的分析以及对木薯租金收受者的分析。类似的是,这个机构也能够对分析增值税带来的冲击并预测未来区域内的生产总值的要求做出回应,这是因为它开发并定期更新了复杂的泰国经济CGE模型。它还能够向政府提供提高中学就学率的政策方案,这是因为它实施了教育研究计划,包括对教育的私人成本的分析和对教育需求的家庭模型分析。

UDAPSO之所以能够对帮助政府协商大学预算的要求做出回应,是因为它对高等教育的效率及目前的基金机制对效率所产生的效果进行过研究。它能够帮助政府评估五岁以下儿童免费保健的政策建议,是因为它研究了健康服务的需求和价格变化对健康服务消费是否确有影响。这个机构能够帮助设计收入调查,是因为它有对劳动力市场进行研究的项目。它能够对评估税收假设和教育改革的整体适当性的要求做出回应,是由于它有对教育进行研究的项目,包括对教育成本、教育市场、教育需求以及私立教育提供者角色的分析。

在这些例子中(其他还有很多,不胜枚举)都存在创造需求(demand creation)的一个要素。当政策制定者开始意识到要就某一个问题进行长期研究时,他们也会就这一问题寻求短期帮助。短期研究做得好也为就该问题进行长期研究的政策选择创造了需求。需求创造的这两个要素提高了政府对一个政策研究机构的有用性与合法性的认识。

预测

研究计划的最后一个特征是对问题的预测,这类问题不出现在政策制定者当前所关注的事务中,但很有可能出现在将来的事务中。假如调查机构推测准确,当问题对政策制定者来说果真变得重要时,研究和政策选择就可以随时展开。

例如,在政策制定者予以关注之前,TDRI 对自然资源和环境、科学技术、中学教育、卫生服务津贴及艾滋病进行了研究。在每种案例中,政策制定者都会随后征求政策上的有关建议。UDAPSO 所下的赌注是研究农村劳动力市场、保健需求、国家健康报告、未来卫生改革预测中卫生服务基础设施的成本、中学教育(即使是在教育改革关注基础教育期间)。

在选择这些研究领域时有运气的成分,但并不只是运气。另外还有研究中心颇有远见的领导,来自政府的技术官僚对未得到重视的问题的建议,以及外部顾问基于其他国家经验的建议。有些选择是简单和显而易见的,如泰国的艾滋病和玻利维亚的卫生改革。

总之,这些政策研究中心的研究计划代表它们的智力和制度资本。好的或进步的政策选择工作要想持续下去的话,这种资本必须保持和提高,而这项工作反过来又有赖于领导和员工的素质。

员工及员工培养

一开始,这两个研究中心在初、高级研究员的人数上面临着非常不同的国家禀赋。泰国在人力资本中有高额投资的历史,有到国外进行研究生学习的传统(捐赠支持),其中包括经济学博士。因此 TDRI 主要的人力资源开发问题与激励和优化使用是分不开的。TDRI 的初始工资规模与私营部门相持平。高额报酬足以吸引在世界银行、国际食品政策研究中心之类的机构中工作的一流经济学家回泰国工作。

与泰国相比，玻利维亚的资金投入较少，国际一流经济学家也相对较少。尤其是UDAPSO的起始工资水平比起TDRI来说一点儿竞争力都没有，它只是比一般政府人员收入高，但低于私营部门和有项目基金的政府职位。那么，在UDAPSO的许多人力资源开发问题中，主要的就是物色优秀人才，吸引并留住他们，对他们进行培训、晋升，并处理人员流失的问题。

TDRI的三个总裁和UDAPSO的两个领导一开始就接受了博士学位的培训。两个机构的其他人员情况没有什么相似性。TDRI的研究计划负责人及大部分研究员都拥有博士学位，而UDAPSO的高级研究员至多拥有硕士学历，大部分研究员只有学士学位。TDRI的大部分助理研究员有硕士学位，而UDAPSO的助理研究员只受过学士学位的培训，有的甚至没有完成必备的专业学位论文。

TDRI内的研究小组一般包括一个组长（通常是项目负责人）、几个助手、研究员和助理研究员。相对来说，助理研究员负责处理数据，做一些资料分析，但几乎不写报告。UDAPSO的研究小组包括一至两个研究员和一至两个助理研究员。像在TDRI中一样，UDAPSO的助理研究员负责数据处理和分析，但他们也帮助写报告，有时合写，有时独立完成。

作为研究生院的政策研究所

两个中心都雇用了最优秀的研究生作为入门水平（entry-level）的助理研究员。对于这些新研究员来说，政策研究所在一定意义上是一个"研究生院"。对新来的员工来说是学有所用，而不会在工作中学非所用。这个潜在的问题在两国都存在，但在玻利维亚尤其如此。经济学家在他们的职业生涯中做得最好的事通常是他们的论文。但是，对许多研究人员来说，提供给他们的工作与其所受的培训几乎或根本没有关联性。就连

第七章 发展中国家的政策研究机构

那些大学教员都要兼职从事咨询工作或从事第二份职业以贴补其收入的不足——他们几乎没有时间和机会从事严谨的、能提高其能力的研究。对于 UDAPSO 来说,新毕业生在这个意义上比那些早年毕业、业务已荒废的人更有前途。事实上,招收一流的中级研究员是特别不容易的。1994年,为了招聘 5 个中级研究员,该机构花费了 6 个多月时间、发布了无数的广告才找到合适的候选人。假如新雇的员工都是业务素质好的人员或比他们协助工作的高级职员更具有生产力,那么这对研究中心的凝聚力无疑是至关重要的。

TDRI 和 UDAPSO 的新职员不但利用和加强他们在大学所学的技能,同时也从高级职员那里和内部正式培训中汲取新技术。如在 TDRI,CGE 模型的使用对于技能开发是很重要的。在 UDAPSO 中,离散因变量技术(discrete dependent-variable techniques)对能力建设是同样有用的。这种模式为 UDAPSO 和 TDRI 积累了人力资本。很自然地,它同样激发了员工进修研究生课程的兴趣——在泰国是要获取博士学位,而在玻利维亚则是要完成本科学位论文和硕士、博士教育。

较之于 TDRI,进修的吸引力在 UDAPSO 中更为强烈。在 TDRI,中高级研究员已达到最高学历。助理研究员能够来去自由,而且在泰国此类人才的储备是相当充足的。而 UDAPSO 的工作有赖于研究员和助理研究员,其中包括那些还在争取更高学历的人。尽管员工进修对玻利维亚有好处,但却导致了 UDAPSO 较之于 TDRI 更高的员工流失比例。

激励与使用

TDRI 在创建之初较之于 UDAPSO 有更多的优秀人才且预计的人才流失情况也不那么严重,这些是重要的优势但不是成功的保障。TDRI 的结构是把权力和责任授予其下属六个研究计划主任。计划主任对计划和项目的概念形成、经营、人事、宣传拥有自主权。在建立和筹集研究资金方面,他们被认为是有创造力的。他们向 TDRI 的总裁负责,并对他们计划中所有的工作质量负责。

显而易见,在物色最好的员工、对于需要时提高其技能并让他们参与研究项目以便做到人尽其才方面,这些研究主任有极强的鼓动性。在多数计划中,内部职员是由研究主任挑选出来的大学教员补充的。在 TDRI 工作的职员可以在七年中享受一年的假期,可以请假,也可以兼职。TDRI 能吸引最好的大学教授投身其研究,其中一些还留了下来。内部职员互相交流、互相学习。而到 1995 年,这种模式在 UDAPSO 中还未形成。

因此,研究主任能给员工提供许多激励,并使员工脱颖而出,包括以原作者身份参与研究写作、出席国家会议、在媒体上露面、出国参加地区性会议、作为研究项目的领导、与在 TDRI 进行各种国际合作项目研究的国际专家共同工作和合写论文。研究主任也考查员工的绩效,向总裁推荐晋升他们和给他们加薪。

研究主任拥有这么多责任和决策权可能会产生滥用职权现象。确实,有些研究员因为觉得研究主任不胜任工作或缺乏足够的责任感而离开 TDRI。也有些人认为大学教授可以获得更好的工作和更多的重视。

这里存在一个替代性关系(trade-off)。人事决策权和激励措施的分散,其目的是要减少制度上的论资排辈和挂名闲差,提升绩效和质量,但是,这种结构有可能导致滥用职权。一个研究员说——或许是对的——她很少获得机会也难得露面,因为她不会打高尔夫球而她的上司却会。然而,从 1995 年的最好情况来看,收益明显大于成本,这一点将在本章最后部分再谈到。

与 TDRI 相比,UDAPSO 开始运作时缺少有潜力的人才和有竞争力的薪金制。但它的一个优势在于吸纳和留住员工,而这正是 TDRI 所迅速失去的:缺乏留住可以从事重大研究的人才的方法。玻利维亚年轻的经济学家对学习和从事高质量的社会问题研究有兴趣,UDAPSO 几乎是城

第七章 发展中国家的政策研究机构

里唯一展示才华的地方。虽然如同TDRI一样,在某种程度上它发挥了"研究生院"的作用,但这点也获得了新职员的理解和欣赏。缺乏替代性选择和具有学习机会弥补了UDAPSO与私营部门相比在薪金制度方面竞争力的缺乏。1994年,只有一个人因为私营部门提供了更高的报酬而拒绝了UDAPSO新职员的位置。

相比较而言,UDAPSO职员的正规教育水平更低,职员自身素质发展计划主要是进行培训。培训方式有几种,包括国外短期课程进修、玻利维亚的研究小组、UDAPSO组织的培训及研究小组内部提供的非正式培训。

在国际合作的帮助下,UDAPSO职员被派往国外大约三个月,例如卫生政策的暑期计划和在哈佛公共卫生学院的规划课程。其他员工被派去参加在玻利维亚提供的短期课程学习和研讨会(如数据库和信息系统方面)。UDAPSO也提供正式培训。例如,有对使用离散因变量技术的入门和高级培训(LOGIT和PROBIT),培训对象为初、中级人员,这些正式培训一直持续到受训人员具有同等水平为止。这项计划有三次入门培训、两次高级培训,旨在增强职员的技能和培训因人员流失而新受聘的员工。另一个例子是有关使用GIS的为期两周的研讨会,包括有关软硬件的装配和使用的培训、数据库和信息系统应用的培训以及研究和研究成果的展示。

和TDRI一样,UDAPSO的非正式职工培训在研究组中进行。研究项目的负责人就工作质量和工作的按时完成向UDPASO的总裁负责。质量由主任用国际专家的投入来评估,这些专家供职于有国际合作支持的研究机构中。项目负责人拥有与TDRI研究主任同样的激励以尽可能地提升研究水平。这种激励十分有力,以致领导人能为因人员流失而招聘进来的年轻员工不断提供培训。假如UDAPSO的大部分领导——中级研究员——离开单位进行更高级的研究生进修或从事其他活动,那前景将是很可怕的。

UDAPSO 的可取之处是它的一些高级员工能够不断受到激励去培训新员工,以保持研究项目的质量和 UDAPSO 招聘到这个水准的员工(有时要历经几个月)的能力。

尽管培训和激励是两个机构中人力资源开发的一部分,但初始的员工天赋和抱负产生出不同的模式。TDRI 的风险是水平差的员工想长久地待在机构中,他们憎恨那种奖励能力强的员工的激励机制。UDAPSO 的风险是素质高的职员想要继续进行高层次学习,主要是因为 UDAPSO 培训他们,给他们机会写作、发表论文并让他们以初级员工的身份发挥影响力。UDAPSO 需要继续成功地应对人员流失问题,这很可能是即将到来的某种情形。

有了高素质的研究主任和员工,TDRI 在做高质量的研究和政策工作中的成功并不令人惊讶。UDAPSO 做好研究和政策工作的能力对于领导和年轻的员工来说是一种荣耀。对于几乎没有高素质研究人员的贫穷国家来说,UDAPSO 可能是一个特别有希望的例子。

国际合作

TDRI 和 UDAPSO 的国际合作机构有两种形式。第一种形式是金融资助。两者都从国际捐赠者那里获得了关键资金支持,且都获得了计划层次和项目层次的经费支持。例如,TDRI 从美国国际开发署获得了实施宏观经济计划的经费,而 UDAPSO 从世界银行获得了进行贫困研究的经费,并通过玻利维亚公务员计划从瑞典获得了给本机构五个常任职位(permanent position)的经费支持。

第二种形式的国际合作是政策研究机构之间的合作。TDRI 和 UDAPSO 都与哈佛国际发展研究所有过密切的业务关系。在这两个案例中,与哈佛国际发展研究所的关系都是在 USAID 的帮助下建立起来的。这些联系有许多共同特征和相似的演变模式,其不同之处则与 TDRI 和

第七章　发展中国家的政策研究机构

UDAPSO之间的差异相一致。

政策研究机构之间的理想国际合作应该是长期的,要有双方机构高级人员的兴趣与责任感,要涉及一系列政策研究项目的工作,并且要促成双方合著论文的发表。在与TDRI和UDAPSO合作的最早的八年中,与哈佛国际发展研究所有关的预算主要是用于在相对少数的国际研究人员与TDRI和UDAPSO的领导层以及职员之间发展一种密切的合作关系。根据需要和邀请,哈佛国际发展研究所也向TDRI和UDAPSO派过短期的一次性顾问,但他们只是例外。一般的情况是外国专家长期参与,多次往返,围绕机构建设或某一研究项目或二者而开展工作。这种安排节约了成本,满足了TDRI和UDAPSO双方在机构和研究能力开发方面的需要,同时也促进了双方联合发表论文和合作方对哈佛国际发展研究所的新情况的了解。大约有一半的咨询专家是从哈佛派出的。另外,可获得的预算被用于资助部分咨询专家做一至三个月的连续逗留,尤其是在TDRI。这种安排也同样节约了成本。

另外一个共同的特点是双方互访。UDAPSO员工参加了在哈佛的培训项目。TDRI的一名研究人员则由哈佛国际发展研究所选派到剑桥大学进行了为期一年的学习。而且,UDAPSO和TDRI都接受过来自哈佛和其他地方的研究生。这些研究生写的论文或从事的其他项目与机构的研究重点一致。

与新研究机构的长期合作模式的演变显而易见。初期的目标是帮助建设机构和员工的能力。刚开始时,TDRI和UDAPSO还处于发展初期,人员有限,它们需要招聘更多一流的研究人员,制订研究计划,确定工作重点,保证质量并获得研究基金。相应地,哈佛国际发展研究所在初期——但延续好几年——与这些机构的合作侧重于这些方面。接下来它在机构建设和研究计划层面上为促进研究计划间的合作(尤其是在TDRI)以及研究活动的组织而提供技术咨询和帮助。哈佛国际发展研究所的建议和援助涉及人员配置、计划、融资和项目建议书的编写。同时，在信息系统的建立和出版计划的设立上也需提供帮助。

UDAPSO 和 TDRI 之间的主要区别在于培训方面。在培训员工方面，哈佛国际发展研究所在 UDAPSO 所起的作用比在 TDRI 要积极得多，包括提供关于 LOGIT 和 PROBIT 的正式培训课程，关于 GIS 硬件和软件使用的培训班，一个关于高等教育规划、研究和资格认定的强化研讨班，以及一个利用人口普查数据估算当地婴儿死亡率的培训班。

随着哈佛国际发展研究所与两个研究机构的关系的成熟以及机构人员实力的提高，它们之间关系的重点转向合作研究。实际上，上述所有活动都可以看成是过渡步骤，是对泰国和玻利维亚发展中的重要问题进行质量研究所必需的——用对政策含义的研究来加强、阐明和改善政策选择。在可以预见的将来，这类国际合作和技术援助有可能仍是美国各大学与发展中国家合作的基本模式。[2]

在合作开始一年之后，双方的关系更多地集中于一系列的研究项目，并合作发表了政策研究论文，出版了有关重大发展问题的刊物。在 TDRI，哈佛国际发展研究所帮助启动和协调了有关宏观经济政策、自然资源与环境、工业与贸易、科技、人力资源和社会发展的研究。UDAPSO 的研究成果则包括关于农村劳动力市场、中等教育和贫困方面的研究论文。

双方关系的结构因活动而异。在开始的一年半中，双方的合作关系表现为都有常驻顾问，当时首要的重点是机构发展。在 TDRI，这个模式演变为由一个小规模的由外国研究人员组成的核心研究小组长期开展研究和政策分析，在最初的 18 个月中，这些外国研究人员被挑选出来并与当地的研究人员一起形成搭档。估计 UDAPSO 也会采用这一模式，不过，常驻顾问职位预计会多保留三年。

随着时间的推移，TDRI 和 UDAPSO 之间还开展了其他国际合作。加拿大国际开发署资助了 TDRI 与加拿大大学之间的合作。联合国通过其拉丁美洲和加勒比地区经济委员会(ECLAC)给 UDAPSO 提供了专家和其他帮助。这种国际合作关系的多样化是自然的,也是可取的,因为没有任何合作伙伴在经验、人才和承诺方面具备垄断的实力。

长期生存能力

政策研究机构能够起独一无二的作用。它们也有可能是脆弱的、难于长期生存的组织。也许本章所考虑的政策研究机构的最关键问题是这些机构能否或如何长期生存和壮大、留住高质量的人才、开展高水平的研究并对政策产生长期影响。

这些机构的生存和质量面临三类共同的威胁:资金、政治变更和机构故步自封或者说自我满足。对于 UDAPSO(以及其他与其发展阶段类似的机构)的未来发展来说,TDRI 在十多年中解决这些问题的经验可资借鉴。

资金

两家机构开始都依靠外国捐助者的关键性支持。获得关键性资助会诱使机构走上完全对其依赖的路子,而迟早有一天它们会面临资助终止又毫无准备的情况。但是,这种情况在 TDRI 是不会出现的,因为加拿大的资助虽然包括了行政和管理费用,但只涉及研究领域的一部分。过去其他的研究计划和研究项目不得不寻找的资助,最初来源于其他国际捐助者(如 USAID、UNDP、UNEP、UNFPA),后来才来源于泰国国内。第二年以后,TDRI 就逐渐由以加拿大为主要资助来源最终转向寻求其他资助来源。

对政策研究机构的资助的一般演化过程是,从最初单纯依靠一家国外赞助商发展为多家赞助商,最终依靠地方的私人和公共部门支持。通过自身的质量和广泛的宣传,政策研究机构要积极地创造需求,积极地在其他国外赞助商和其他地方资助者中间培育政策研究市场。到1992年为止,TDRI已有一百多种资金来源,大部分是国内的。

1994年4月上任的UDAPSO第二任主任刚一上任就担心从USAID所获得的资助最多只能维持几年(当然并不一定是这样)。他尽最大努力挖掘不同资金来源,并且已经获得了UNICEF、世界银行、国际劳工组织(ILO)和玻利维亚文官计划的支持。到1995年年初,该机构对USAID资金的依赖程度降到了50%以下。

由融资规则而产生激励的模式的优点在于,两家机构都不得不面临市场的考验,它们不得不以高质量的工作来回应委托人关心的问题。其不足之处是:委托人所关心的并不总是与机构的发展重点相一致。而且,融资规则不利于长期的研究计划,这种长期研究计划是使政策机构能够很好地适应短期研究要求的机构资本。如果融资情况不稳,机构就要面临对市场做出过度回应的危险,从而使得该机构与其说是政策研究机构,倒不如说更像一个咨询公司。

避免这些问题需要依靠领导质量和领导的连续性,依靠一些激励措施的创造——用成功获得基金的回报来平衡高质量研究工作的回报。TDRI和UDAPSO都有出色的领导,但在激励方面都无法达到恰当的平衡,它们都难以拒绝要求在资金不足或时间不足或两方面都欠缺的情况下高质量完成工作的项目。

从长远来看,两个机构都需要找到一些主要的、至少可满足行政和管理费用的资助来源。如果那些对于现行市场的捐助者来说并不时髦的研究活动也能找到一些关键性资助,那就相当不错了。其他的研究活动和政策工作将要——而且必将要——以市场检验为条件。在TDRI,资助的一部分来自于捐赠,一部分来自于把管理费用申请做直接研究费用。在UDAPSO,管理费用于1995年被纳入考虑之中,但其他长期的关键资助来源还未确定。

两个机构的所有这些努力不只是为了确保融资能力,而且是为了使最好的员工队伍放心,认识到研究计划和员工雇用都是长期的。同时,这些努力也是为了使工资水平与其他私人部门或同行业部门相比尽可能有竞争力,从而确保员工不会离开本机构。TDRI 的工资水平虽已上调,但却没有刚开始时有竞争力,其中的部分原因在于泰国的成功发展。该问题的早期迹象是那些具有高超计算机操作能力的研究助理离职,后来,高级研究员也离开 TDRI 到工资增长更快的私营部门和各种政府机构去了。同样,UDAPSO 1995 年的工资水平也不如 1992 年的有竞争力。直到 1995 年,因员工们相对缺少其他重大研究机会,竞争力的下降才得到遏制。除非 UDAPSO 能够提高工资,否则,除了员工离岗进行研究生学习外,它还会面临其他损失。

政策机构无论多么努力地生存,即使有丰厚的资金,也无法避免失去最好的员工,这是一直存在的一个危险。这种损失会损害机构未来的质量,从长远看经济资助本身也会受到损害。这种威胁暗示,必须优先使用现有的资源,甚至为了挽留最好的员工,要增加办公室和设备,减少行政人员,减少汽车和司机,减少随意旅游和其他津贴。

政治变更

政策研究机构还受到政治变更的威胁。这种变更对 UDAPSO 这样的政府机构是直接的威胁,对 TDRI 这样的私人机构则是间接的威胁。新的领导层会把这些机构与前政府相联系而不支持它们。政治变更还和发展政策上的重大分歧有关。相对于大学和其他研究中心等竞争对手而言,研究机构可能会被看作政策问题中的"错误一方"。这些研究机构的价值可能几乎或根本得不到理解,在这种情况下,必须从整体上重新创造需求和开发市场。

当然，一个研究中心能否在政治变更中生存是没有保证的。基于TDRI的经验，最好的选择似乎应如论述与政府的关系那一节中所述，持中间和客观立场，作为中立机构努力争取在有争议的政策问题上求同存异；继续为新政府解决其认为重要的问题；对短期的需求尽职尽责；通过中层的技术官僚和有真才实干的大学教师参与研究项目，获取资助并建立起非正式的网络；在理事会这一层次上，要保持与政府内外那些具有影响力的人物的联系并不断获得他们的支持。TDRI在最后一个方面做得很成功，以至于它的理事会、高层领导以及员工中都有部长和内阁成员，而且，他们都已被新政府所吸纳。采用同样模式的还有韩国发展研究所。

研究机构的自我封闭

最后，研究机构还面临着容易自我满足并逐渐陷入研究上的自我封闭的危险。如果资金得到保障，政治变更相对温和，员工任期多年，那么，这种危险最容易发生。那样的话，一个新机构所有的活力和精力，新员工的雇用，为发挥影响力、生存和发展而做出的努力都可能消失。即使机构的质量不下降，生产力也会下降。机构的研究和政策建议是可以预见的，而不是变化的或具有挑战性的。虽然研究机构能继续存在，但它的重要性和影响力却会逐渐降低。TDRI采取了一些措施防止这种自满的产生，一些是内部自发的，一些来自于外部环境变化的压力。1995年，UDAPSO还不够成熟，没有考虑到这些问题，鉴于当时的营业额水平，机构萎缩似乎真的还很遥远。

TDRI的激励体系已做过介绍。研究领导者所犯的误用人才、徇私舞弊的错误对于提高生产质量和生产力更具危险性。只有劝退素质相对较低和生产力较差的员工、雇用新员工，才能使研究工作保持活力。大学里最好的教师和高级技术人员对研究工作的参与、与国外研究者的长期合作也能达到同样的目的。对于TDRI来说，具有良好质量、良好关系的研究中心的竞争,也会减少这种自满。这些研究中心包括:一个新的科学与技术研究机构和一个新的自然资源与环境研究机构。

正如在国际合作中所出现的情况一样,这些竞争性研究中心的产生(当一个国家发展时)是不可避免的,也是令人满意的。没有哪家政策研究机构可以保持对新思想、研究质量或正确答案与观点的永久垄断权。毫无疑问,在泰国,这正是使观念多样化、特色化、竞争化的时候。而在1995年的玻利维亚,就受过高级培训的研究人员的稀缺性而言,这种情况的出现似乎太早了一点。

结论

有几条经验可以说明,像TDRI和UDAPSO这样的研究机构对发展中社会的能力建设做出了潜在的贡献。当行动环境有较大变化时,特别是在人们对政府有新要求而政府又没有什么好的办法来应对这些要求时,这类机构就会为这一特殊目的服务并且更有可能被建立起来。政策研究机构最明显的贡献就是通过高质量的研究提出新的办法;最不明显的贡献就是对能力建设做出的贡献,尽管这一点从长远看显得更加重要。

这样的研究机构能够推动人们使用数据和证据,而不是意识形态、直觉或政治奇想。它们能针对平庸、冷漠或懒散建立新的质量和责任标准;能针对徇私舞弊、裙带关系、论资排辈或碌碌无为树立好的榜样,根据绩效、生产能力以及员工的发展来雇用和提拔员工;能针对低效、故步自封提出对研究机构和观念进行市场检测;能针对反对方提出有关发展问题的合理反驳;能针对愚昧和畏惧的不良心理建设了解别国政策研究技术和经验的机制;还能针对各种障碍、妒忌和画地为牢协助建立广泛的政府和社会关系网络,这些网络能够进而在以上各项革新中培养机构的责任,确保其利,并且培植一定数量的利益相关者。

简言之,政策研究机构能够改进有关发展的政策和推动有关发展的论辩。它们还能成为能力建设中推广改革措施的先锋和楷模,而这些改革有着许多强国的改革所具有的特征。

当然,TDRI 和 UDAPSO 的案例表明,建立政策研究机构是很艰难的,且一直要面对生存能力和质量保障的威胁。创业和守业都需要毅力、努力和运气。运气固然重要,但毅力和努力更有价值。

注释

1. 参阅 Dwight H. Perkins, "Technical Assistance in the University Context,"见 Perkins, et al., eds., *Assisting Development in a Changing World*: *The Harvard Institute for International Development* (*1980-1995*) (Cambridge: Harvard Institute for International Development, 1997)。

2. Perkins, "Technical Assistance," 1995.

第八章

玻利维亚社会政策分析小组的能力建设
一位实践者的感想

曼纽尔·E.康特雷拉斯

能力建设发展的重要性着重体现在学术研究、多边协作和政府管理等领域。尽管就这个课题进行分析框架开发和案例分析的学术兴趣不断提高,尽管捐赠组织尽力说明了通过能力建设项目提高发展中国家公共部门绩效的问题,但结果还是相当不令人满意。[1]而且,人们逐渐形成了这样的共识:发展中国家的研究能力建设对"解决社会发展中出现的问题"是必要的;加强自身执行应用研究和战略研究的能力,对发展是极其重要的。于是,发展中国家就更加需要考察这一进程如何实施。[2]

玻利维亚社会政策分析小组的经验表明,提高公共部门制定社会政策的分析能力是可能的,只是至少要具备如下四个条件:

- 这个机构能获得充分的政治支持并拥有具体的使命和重点任务;
- 强有力的管理与领导的引导;
- 雇用与保留现有最好人员的良好的内外部激励;

- 经济来源和一流的技术支持。

而且，UDAPSO 的经验表明，在一个人力资本起点低、社会部门研究传统薄弱的发展中国家，要发展一个政策研究机构以改善政策分析和制定工作，是很复杂的。它同时也表明，管理与发展研究机构必须基于四个相互关联的维度：战略管理；合作性制度安排；内部管理、行政与监督；研究工作。这几点证实了摩西·N.基甘杜（Moses N. Kiggundu）先生的观点，即"正是对运作于科学价值体系中的这一技能组合的获得、保持和有效应用塑造了有效的研究机构"[3]。

这一章反映了我于1992—1994年间在玻利维亚政府中创建与管理UDAPSO 的工作。它试图从一个实践者的视角——从概念到实施——对能力建设经验进行阐述。我与政策制定者一起吸取以前的经验教训，从事后的认识中获益。在这一过程中，我把能力建设项目应有的特别是对人员开发和当地研究机构产生的更广泛的影响和外部性放在突出位置。

尽管有关发达国家政策研究机构的文献日益增多，但还是不够。[4] 在发展中国家，历来缺乏对这些制度的演变进行的系统研究。[5] 这一章的目标之一是使这一过程系统化，从而促成查尔斯·N.迈尔斯在第七章中提到的那种比较研究。他把 UDAPSO 与 TDRI 做了比较。随着人们日益清醒地觉察到信息和分析在社会政策制定中的重要性，并且认识到"'社会制度的经纪人'……有助于形成对社会政策的共同理解，有助于为社会政策的制定与实施制造舆论……并且已经开始在整合社会政策议程的发展过程中扮演着有趣的角色"[6]，这种比较分析正越来越变得中肯。

1992 年 UDASPO 的创建，标志着玻利维亚政府正向致力于社会发展的目标转变。它不像 1985—1990 年推出的社会紧急救济基金（ESF）一样是一种短期计划方法，而是和那个随后推出的社会投资基金（自 1990 年至今）一样，是地方能力建设的长期途径，旨在识别在公共部门中培养确定问题与制定政策的内部能力的需要。[7] 它的创建是在社会部门中"公共

第八章 玻利维亚社会政策分析小组的能力建设：一位实践者的感想

调查的独特发展",也是多学科的政策取向研究的开始。[8]

帕斯·赞莫拉(Paz Zamora)政府(1989—1993年)希望使社会政策研究与分析制度化,并加强其政策制定能力,这一愿望来自政府执政近两年中社会政策将作为其优先国策的决定。经济稳定了,就会有积极的(positive)宏观经济指标,也会有适度的经济增长。摆在政府面前的挑战是提高增长率,而人力资本投资就是促进生产率增长的关键。这一观点在主要政党、舆论制造者、政策制定者之间达成了共识。这一决策在1991年9月颁布的社会战略中有详细说明,该战略界定了社会部门中政府优先的政策并设立准则保证其执行。由于政府要努力提高社会支出的效率,并把穷人选定为社会干预的目标,人力资本开发就成了这一战略的基石。基于UDAPE的成功模式(经济政策分析小组,于1984年在USAIP资助下成立的经济智囊团),玻利维亚的一个高级部门——规划协调部建立了UDAPSO。

UDAPE收集、分析并且公布了有关宏观经济发展的数据。在创建于1987年的哈佛国际发展研究所的帮助下,它对国家宏观经济指标进行了跟踪分析,从而培育了其在一般均衡模型和复杂经济分析中的分析技能,使得UDAPE能够成为与国际货币基金组织进行谈判的关键角色。实际上,随着宏观经济的稳定,UDAPE成为国家经济的监督者。[9] 到1990年,UDAPE已与不同的业务部门一起完成了许多重要的部门工作。在这一背景下,它开发了社会战略文件。在很大程度上,政府创建UDAPSO是为了更深层地追踪及实施这一战略。UDAPSO几乎完全照搬UDAPE的内部组织架构,并且也直接依赖于规划部部长。事实上,两个机构同时存在于一个部门,并与部长有经常的和直接的联系,这促成了两者之间的紧密协作。

本章由六部分组成。我首先把良好的外部环境放在突出位置。接着分析了UDAPSO的创建、组织结构、管理风格所产生的制度性影响。在了解了该机构的内外部特征后,我着手分析了UDAPSO对工作人员、外部环境和政府的影响。我描述了人力资源开发的情况,描述了有利于人力资源开发研究的技术工作和分析性工作,以及它对政策形成和实施的影响。本章是以一些简短的结论和所吸取的主要教训结束的。在管理技能与成功研究机构的运行所必需的内部价值体系的相互关系问题上,我一直试图将我的经验与摩西·N.基甘杜先生提出的问题联系在一起。

外部环境

创立于1992年的UDAPSO的发展过程必须从一系列良好的外部条件的背景来分析。从宏观层次看,政府高层和公众舆论都强烈感觉到需要一项明确的社会政策。一方面,政府认识到,它必须在社会部门中采取更多的措施并要获得相应的结果,这不仅包括争取对经济改革计划的广泛支持,也包括确保1993年全民选举的成功。同时,越来越多的政府开明人士与政策制定的关键人物坚信,有必要推进改革进程,集中力量发展人力资源,以便使得调整过程更具活力并推进经济的持续增长。而且,多边和双边国际援助机构也提出建议,一旦国家的经济稳定了,它们就非常有必要在结构性改革的背景下推进社会发展。这样一来,任何朝着这个目标努力的举措都会受到欢迎。UDAPSO的创建引起人们对其积极的期待,并且受到捐赠机构、出版社及像德国资助的拉丁美洲社会调查研究所(ILDIS)(成立于1985年,是一个独立的论坛)一样的媒体的支持。同样,与玻利维亚联系密切的世界银行关键人物从UDAPSO建立开始就对其有极大的兴趣,并且,尽可能地以各种方式给予帮助:提供可参考的文件,提供研究经费并大力提倡UDAPSO的做法。

众所周知,在玻利维亚,社会部门的资料非常匮乏。尽管家庭调查从1989年就开始了,但社会政策方面的分析仍然很不足。玻利维亚诸多大学在以政策为取向的领域的研究不是强项,各社会部门几乎没有分析性

第八章 玻利维亚社会政策分析小组的能力建设：一位实践者的感想

工作。大部分的部门报告都是趣闻式的、带有叙述特征的诊断性文章。唯一可能的例外也许就是规划部人口小组（UPP）从事的关于人口和生殖健康方面的研究了。国家统计研究所（INE）同样也做过一些研究，但未能产生广泛的影响。能用上家庭调查数据的研究工作大多是由外国咨询人员开展的。

规划部部长塞缪尔·多里·梅迪纳（Samuel Doria Medina）对UDAPSO的强有力承诺也同样重要。他领导了社会战略的部署与规划工作，这一战略强调需要一个实用的社会政策思想库。部长个人的有力承诺体现在他对我作为主任的信任和支持上。尽管过去我们没有共事过，但我们都在伦敦经济学院读过研究生，有着相同的学术背景。我们都认为政治支持和先进的思想是让社会政策在玻利维亚顺利运转的条件。这样，我在管理UDAPSO的过程中得到了实际的自由，在具体的操作中得到了我所需要的所有政治支持，小到行政事务，大到其他部门关键的后援，还有捐赠机构的大力保证等。部长清楚地认识到，需要建立一个技术分析小组，所以他从不干涉我对员工的任命，而这是我作为主任的核心责任。

规划部的认可对于机构获得像USAID提供的运作资金一类的捐赠资助是最关键的。其实，UDAPSO最初是UDAPE的一个下属单位，有6个员工，并受益于该机构的财政、基础设施和人力资源基础。与UDAPE的密切关系也帮助新成立的社会政策小组培养出在分析社会政策时对整个宏观经济障碍的高度敏感性。所以，UDAPSO与USAID签订援助合同之后，它就能够把分析人员扩充到12人，并得到了充裕的物质条件和办公设备。早些时候，UDAPSO依靠着一套良好的计算机设备和软件、最新的出版物和文献杂志以及可能参加国内国际专家会议的机会等。我很清楚，如果我们要发展成为高质量的研究中心，重要的是追踪当前文献，最大限度地利用培训机会，使我们的员工合格。与USAID的合同对于与哈佛国际发展研究所签订关于提供长期高质量技术支持的合同又起到了关键性作用。

这一系列有利的外部因素都对UDAPSO的机构发展起到了积极影响,使其呈现出组织创新的面貌。

制度创新和组织创新

UDAPSO最初的工作主要集中在对某些领域问题的分析上,如教育、健康、贫困、收入分配、小型企业发展问题、性别研究及社会部门支出的跟踪等等。次年,UDAPSO放弃了对性别和小型企业发展的研究,一是因为这些领域开始由另一政府机构掌管,二是因为政府对这些领域兴趣不高。农村发展和就业分析被引入,这在某种程度上是作为政府对这些问题产生更大兴趣的回应。

UDAPSO采取三个主要战略取向:评议取向,"让人们集中在一起共同探讨问题,交流观点";信息取向,"为了发表而产生信息";联合取向,即评议和信息活动之间的平衡。[10]这样,UDAPSO的诞生就对政府中讨论社会问题的方式产生了广泛的影响。

首先,规划部过去的工作重点主要是经济发展,而UDAPSO成立后,社会部门的政策问题就集中在这一机构中,它也就成为讨论社会政策的中心。NGO和捐助组织从此能就社会政策问题参与到与UDAPSO的政治对话中来,能在需要时求助于它,而不再需要与每个具体部门进行单独对话。

其次,由于UDAPSO在公共部门建立了一个由从低级到高级的各类专家组成的分析小组,业务部门和机构在很多情况下日益需要它的服务。负责流浪儿童、老人和妇女的机构詹塔(Junta)是第一个求助于UDAPSO的机构。它首先要求UDAPSO帮助它设计项目提案,又在世界银行的赞助下,要求帮助设计一个关于儿童健康和营养计划(PIDI)的效果评估方

第八章 玻利维亚社会政策分析小组的能力建设：一位实践者的感想

案。这个例子很好地说明了在公共部门建立一个健全的技术小组的重要性，这个小组不涉及实际操作，但它作为一个对外的评估组织，能使用政府另一公共机构——全国统计研究所（INE）收集的数据。其他部门对 UDAPSO 的接受则要慢一些。例如，卫生部在经过几年与 UDAPSO 就具体任务展开的逐步合作后——如对玻利维亚提交给泛美卫生组织报告的共同筹备——才意识到这个拥有卫生经济学家的组织能在卫生改革中，尤其是在卫生财政和成本节约研究方面，起重要作用。

为人们所公认的是，其他部门较难接受 UDAPSO，在很大程度上是因为它们把 UDAPSO 的出现当作是一种竞争。令它们意想不到的是，规划部的一个新公共机构正在进行社会政策问题研究和设计政策建议，而且，更糟糕的是，经济学家和社会学家居然讨论起健康（没当过医生）和教育问题（没做过教师）来了。然而，一旦这个分析小组在这个领域证实了自己的能力，其他部门就会发现与其合作大有好处，同时合作关系也会得到发展。

UDAPSO 最初面临的主要挑战是重组和强化教育改革任务小组（ETARE）。ETARE 是在规划部成立 UDAPSO 这一新机构的前 6 个月建立的，其间未能有显著成果。ETARE 低姿态运转，其领导被认为不适合当前的任务——设计教育改革方案并为提议确立一致的看法。在规划部部长的要求下，我承担了挑选一个主任、帮助其重新启动 ETARE 并把重点放在教育改革设计上以更好地适应社会战略这一任务。尽管 UDAPSO 对 ETARE 进行了几个月的正式监督，向它提供了必要的技术、行政甚至道德方面的支持，直到它获得自己的能力和新的个性，但这些更多地是个人的努力。当然，UDAPSO 的一些分析人员确实参与到 ETARE 的项目中，尤其是涉及教育改革方案中的财政问题的项目。这样，ETARE 在帮助规划部推进除高等教育之外的教育政策分析中扮演着主要角色。

UDAPSO 的组建也对种种私人机构和国际援助组织产生了制度化的

作用。在UDAPSO,政府现在拥有一个专业技术强又有规划部做后盾的机构,该机构同时还能协调涉及多个公共部门机构和多学科的研究项目。因此,它也参与到设计一个社会统计整合系统(与INE、所有的部门及像UNICEF之类的机构一起)、开发一个多学科和多部门的行动计划中去。其政策协调的一个很好的例子是1992年为顾问小组准备的社会部门的论文。UDAPSO的员工为规划部部长准备发言稿,而负责人则提交了一篇着重于玻利维亚面临的社会政策挑战的前瞻性论文。这篇论文颇受捐赠机构的欢迎。[11]这个例子充分说明了规划部部长对UDAPSO的信任和它在这样的国际论坛中进行政策制定的角色,它同样也肯定了UDAPSO对紧急情况的处理能力。

相似的是,NGO和其他社会活动者也可以参与到与UDAPSO的政策对话中来,它们也知道与其打交道的是政府最有权力的部门中一个半自主、技术性的机构。就它所做的事情来说,这是过去规划部中由临时国家顾问组成的部门负责的业务。该机构成立后,这样的任务就可以由一个在公共部门中有机组成的永久性机构有规律地来执行了。

一个恰当的案例是1992年在国家人口普查基础上制作的贫困地区分布图。前一次的分布图是1988年通过一个UNDP项目产生的,该项目是规划部为此项具体任务而组织的由一个外国顾问领导的国家顾问团提出的。相比之下,UDAPSO制作的分布图则是多个机构(如规划部的UPP、INE及UDAPE等)之间共同努力的结果。尽管外国顾问帮助设计了方法,但这仍然是众机构共同努力的结果,也是第一个如此广泛地利用普查数据的重要项目。贫困地区分布图无论对于公共组织、私人组织还是捐赠组织都非常有用。PIDI计划在儿童保护中心选址时就曾用这一地图来辨别周边地区,农村发展部部长也不得不用它从80个地方中选择其要集中发展的地方。到1995年,这张地图被修订再版过三次,公共部门也由此累积了经验。也正是因为公共部门的能力增强了,地图才能得

第八章 玻利维亚社会政策分析小组的能力建设：一位实践者的感想

到更新改进，能在政策制定者的要求下进行更加详细和具体的研究。当前，UDAPSO正在展开市级社会资料和贫困数据统计，以满足新的《大众参与法》（该法创设了一个管理卫生和教育基础设施的市级机构）提出的要求。

多种机构的工作为公共部门和其他活动者提供了建立重要的可操作性合作联盟的机会，也帮助UDAPSO在活跃于玻利维亚社会政策舞台上的各类投机者和活动家中赢得了突出的位置。[12]实际上，建立这些关系是我的核心职责。在这个过程中，员工中受人尊敬的高级分析人员是一笔重要的财富。

这个公共部门中的单个技术小组致力于社会问题的研究和分析，它的发展本身就是一个重要的制度创新。政府现在有了一个可用以提供信息、数据分析和建议的研究中心。捐赠机构同样也把UDAPSO视为一个严肃的技术性机构，可以向其咨询、拜访以获取学习资料，或研讨政策问题。非政府组织和学术组织同样能从它的出版物中获益，也可以邀请它的官员参加专家讨论会和其他会议以进行社会科学研究。而且，令人意想不到的是，政府开始进行社会调查，并参与到与多个机构和社会活动家的丰富多彩的政策对话中来。从某种程度来说，这一切可能要归功于UDAPSO招收的员工，他们带来了自己的个人网络，以及非官僚化、技术型的管理方式，这些激发了个人在机构内的积极性。这些特征使UDAPSO与众不同，而且它也因为没有政治雇员而得到了发展。

组织结构

UDAPSO的组织结构非常有利于培养优秀分析人员，如果人力资本是UDAPSO的首要资产的话，这也就是它最重要的发展目标。

这个小组直接对规划部部长负责。我们和他有着密切的联系。每周我们会和他本人、他的两个副部长以及INE和UDAPE的主任一起开一次历时两小时的正式会议。UDAPSO 包括三个部门和多位初高级分析员，它的管理风格是以团队为基础的：我们是"一群有着互补技能……有着共同的目的、绩效目标并且有着（我们认为我们）互相负责的观点的人"[13]。它有一个弹性的正式结构，并主要以一群能做具体工作的任务小组为组织基础。这些小组都是由一名高级分析人员和几名初级分析人员组成，但有时，也会要求更有经验的初级分析人员领导任务小组。工作的一般重点视产品而定，规定员工要在一个期限内提交具体的产品（报告、分析或论文），而不是准时、经常在办公室里上班。和大多数的公共机构（包括 UDAPE）的常规相反，这里没有考勤记录本来记录和控制员工的工作时间。这里的工作环境是以结果为导向，受雇人员的奖惩由他们的绩效决定，而不是以他们是否准时为根据。

因此，激励机制是根据提交的工作论文、任务小组领导角色、同级评估建立起来的。在年度工资评比中，高级分析员会评估所有的员工，然后和主任一起讨论如何评价他们的推荐结果。这样，通过扩大工作内涵，增加个人裁量权，开展以成绩为导向的员工选拔、任务分配和评估的过程，UDPSO 有能力在员工中培养"使命感"。这和希尔德布兰德与格林德尔、滕德勒与弗里德海姆在其他发展中国家发现的非金钱激励机制所产生的效果是相似的。[14]在 UDAPSO 这个案例中，由于员工感受到我们对主要政府官员的影响以及我们享有的政治支持，这种使命感得到了进一步增强。

我们有能力建立一个既年轻又有活力的同质的专业人员团队，这些专业人员具有一系列的共同点，如年龄（25—40 岁，多数是 30 多岁）、受教育程度（均毕业于私立或外国大学）、培训（多数是经济学家）和一种认为自己所做的是重要工作的强烈感觉。[15]女性在员工中也有很好的表现。

它的工资结构比大部分公共部门机构要高，但 UDAPSO 绝不是工资最高的组织。UDAPE 和规划部里许多具有特定时间期限的合同项目的工资更高。所以，工资不是在 UDAPSO 工作的主要动机。一个重要的动

第八章 玻利维亚社会政策分析小组的能力建设：一位实践者的感想

机是能够就有关社会部门的宏观问题进行研究。因为很多较有经验的员工曾在像小型企业发展、健康或非正式教育项目评估等具体领域工作过，但从没有涉足其他领域或者涉足从全国性的、政策的角度进行分析的需要专门技能的专业领域。对于初级员工来说，还有其他附加的动机，如得到一些具体的分析技巧培训、在跨学科的团队中工作以及提高写作技巧。另一个工作动机是尽可能跟上最新的文献以及与优秀的外国顾问互相交流。

除个别例外，人员招聘是通过不正规渠道进行的。在像玻利维亚这样人口稀少、专家缺乏的国家，个人推荐被证实是最好的招聘方法。要成为一个刚刚启动且不能严格靠严厉的权限去运作的机构中的团队合作者，一些具体的岗位就必须既需要技术能力又需要人际交往技巧，鉴于这种情况，我就从和我一起工作过的人中或者熟人推荐的人中招收了第一批成员。他们构成了高级分析人员的核心群体。第二组经济学家的招聘需要通过一个正规的审查过程，但他们仍然是通过 UDAPSO 或 UDAPE 的工作人员推荐产生的。只有一名主要的分析人员是通过报纸广告招聘的。员工变动不大并且工作关系融洽。他们在专业技术和社会政策中的"主导性"观点这两方面展开了良性竞争。这种"主导性"观点的中心是进行一种有目标地缓和贫困的尝试，这一尝试大力强调人力资源的发展是基础，强调需要在市场经济的背景下制定政策，并坚信社会部门中效率和公平同等重要。对于所做的工作，我们形成了很强的义务感和相互之间的信任感，这两点是形成一个绩效卓越的团队所需的主要因素。[16]

我的经验验证了基甘杜提出的关于战略性管理重要性的模型。作为主任，我的主要职责就是提供内部领导和处理与客户、利益相关者以及潜在威胁力量的外部关系。在这个过程中，我努力开创 UDAPSO 的个性和使命，"赋予它有别于其他组织的形象、价值观和特色"[17]。在为追求这个目标而形成的关系中，就包括与哈佛国际发展研究所签署了重要的战略性合作协议。

UDAPSO的组织发展受到了与哈佛国际发展研究所关系的影响。起初，这种关系是从早先的哈佛国际发展研究所和UDAPE的联系以及主任和哈佛国际发展研究所员工的私人关系中发展起来的。一旦UDAPSO和哈佛国际发展研究所签署了单独的合同，常驻顾问就在一系列的问题中扮演着主要角色。

哈佛国际发展研究所的角色对于政策分析小组从一开始采用何种发展方式是至关重要的。一开始，我与里卡多·戈多伊的友谊和专业联系帮助UDAPSO与哈佛国际发展研究所建立了一种相互信任和相互尊重的关系。哈佛国际发展研究所带来的和哈佛的联合是一种在玻利维亚的其他研究机构中树立威望的来源，它也令员工感到骄傲，受到激励。哈佛国际发展研究所是提供顾问和最新的相关出版物的一个很好的源泉。它是我们的一扇窗户，可以打开任何一个研究所都应该联系的复杂而又互相依赖的网络。另外，哈佛国际发展研究所的支持对于我这样一个主任来说是非常重要的，因为哈佛国际发展研究所的员工是精选出来的，具有讨论思想和评估技术工作变化的多种多样的经验。高级顾问和常驻顾问在优化研究议程和把工作重点导向一个与政策更紧密相关的角度的过程中提供了十分重要的指导。

出于三个原因，外国顾问是必需的。第一，他们用独特的技术训练员工，并通过不同的安排传授专业技术和知识。第二，他们根据最好的做法提出建议并就如何探求未来的工作或如何得到最好的结果发表意见。第三，他们充当一种"质量控制"机制，并为个别分析人员尤其是不擅长计量经济学的主任提供工作质量和所进行研究的相关性的建议。因此，对员工来说，和高质量的外国专家一起工作是一个重要的激励。

玻利维亚高水平专家的缺乏，尤其是处理社会部门问题的分析研究方面的专家的缺乏，说明它仍然需要外国顾问，可能在技术转移方面它不

第八章 玻利维亚社会政策分析小组的能力建设：一位实践者的感想

大需要，但是在出谋划策的质量控制方面绝对需要。外国顾问有一个很大的优势，就是他们能够根据自己的相关经验提供"外部的"公正观点，因此观点可能更具客观性。而且，高级顾问通常具有很强的学术背景，他们是分析人员和研究人员的榜样。这对于一个大学和研究所学术力量薄弱且很少有这类角色典范的社会来说，尤其重要。

人力资源开发

人事培训是 UDAPSO 活动的一个重要方面，而且对玻利维亚社会政策分析的发展来说可能是最具深远意义和贡献性的一个方面。它通过在玻利维亚建立研究室和实习室，派分析人员到国外去参加培训活动，从而为提供正规的培训做出了具体的努力。未来家庭调查工作的分析人员要能够处理大型数据库和使用统计软件，掌握基础及中级统计学和计量经济学以及像 LOGIT 或 PROBIT 这样的特殊分析工具，而机构内培训研究室在准备这种分析人员中起关键作用。

相似的是，像贫困评估、教育规划和健康项目（在哈佛）这样一般性领域的国外培训，使得初级分析人员在他们各自的部门获得了应有的知识技能和信心，从而承担起更大的责任，甚至使得他们成为高级分析人员。国内培训和国外课程都具有重大的作用，对员工来说都是有意义的激励。在这两个案例中，分析人员熟悉并运用最新的研究文献。在培训学员时，学术考察也起到了一定的作用。它提供了了解学习他人经验的机会。一个极有说服力的例子就是：教育分析人员在研究小组不得不就大学经费预算进行第二次谈判之前，到智利了解了高等教育的体制以及教育部所扮演的角色。

还有就是不太明显的在岗培训，即让员工作为顾问的协作者并鼓励他们参与到 UDAPSO 内外的多学科研究小组中去，使他们成为部门中多种机构工作小组的成员。这种培训使分析人员接触到理论的和概念的问题,并使他们接触到了社会部门中大量的真实生活中的问题,也与业务部门进行了接触。UDAPSO 以前的员工都强调,在多学科小组工作是他们工作的一个积极方面。比如,上了年纪的社会学专家以前就从来没有与经济学专家一起密切合作过,同样,对于大多数年轻的经济学专家来说,他们也是第一次与社会学专家、城市规划者、物理学家和教育者一起工作。在这两种情况下,他们之间的交流都是积极的。

UDAPSO 研究活动的一个方面是不太强调现场调查。因为在大多数专家型的研究机构中,理论知识比经验操作更重要。虽然提倡现场调查,但更强调理论研究。所以,比如在波特西(Potosi)区(根据人口调查数据)从事极度贫困研究工作的初级分析人员就从没有去过那个区,也从来没在那里体验过人类贫困的恶劣特征。相似的是,负责与公立大学谈判的高等教育专门小组领导都是私立大学和国外大学培训出来的,所以,他们没有玻利维亚高等教育的亲身体验。然而,最终还是鼓励所有研究成员都要参观科研机构以及所分析的项目,这样的现场调查更有价值。分析人员会不时地被派出去进行现场调查,由于他们对国内不同城市的大学进行了考察,从而了解了这些大学在当地的重要性,这就有助于他们对问题的理解。从某种程度上说,分析人员中的少数人和年轻人都存在不足之处。上了年纪的分析人员的确拥有丰富的现场调查经验,从某种程度上弥补了初级分析人员的不足。

全员培训以及对由 UDAPSO 发起组织的新型社会研究的积极接受,对玻利维亚各层次的社会政策的对话及实践有着积极的外在作用。用 UDAPE 一位上了年纪的分析人员罗德内·珀雷亚(Rodney Pereia)的话说:社会政策的"身份"提高了。据一个以前在 UDAPSO 工作、目前在伯克利攻读经济学博士的分析人员说,"UDAPSO 使他明白为什么经济学……在人成为主要关注点的领域……也是重要的"。玻利维亚教会大学经济系学生开始对社会政策问题产生兴趣就是这种提高的极佳例证。

第八章 玻利维亚社会政策分析小组的能力建设：一位实践者的感想

在20世纪90年代中期,八个涉及社会政策方方面面的课题研究项目正在进行,其中几个是在经过UDAPSO机构培训的人员指导下进行的。使用LOGIT模型研究卫生经济学的第一个课题受到UDAPSO一位现任分析人员的辩护,而这个人又监管另一个卫生经济学的课题。

正如查尔斯·N.迈尔斯在对泰国情况的一份书面报告中所说的那样,玻利维亚社会政策小组被证明是"第二个研究生院",甚至对于那些已经受过研究生培训的分析人员也是如此。在UDAPSO工作,不仅让他们学到了新的技能,而且还开展了研究生院一般没有的与政策有关的多学科训练。

研究的贡献

UDAPSO的研究议程主要由社会战略部门制定,它确定要优先进行人力资本开发、减少贫困和更有效地使用金融资源的研究。因此,在这些领域,UDAPSO有一个长期的研究计划,但同时不得不回应规划部的简要通告的具体需求。

UDAPSO召集了一组数量虽少但很重要的研究人员,在玻利维亚,这些人员很可能是第一次从定量和定性分析的角度进行家庭调查以了解社会问题的需求方(demand side)。尽管城市家庭调查已进行多年,但在玻利维亚,对这一信息进行的研究极少。所进行过的工作主要是在就业系数方面,而且是由国际援助机构人员或私人顾问实施的。[18]UDAPSO是第一个能够获得INE的整套数据的政府研究机构(在一定程度上是由于规划部部长和INE主任的合作),它有必要的硬件、软件和进行数据研究的技术帮助,更重要的是,它是作为最终产品的一个销路出现的。这种贡献在贫困和高等教育研究中得到了最好的说明。在这两个案例中,规划部得到了最新的数量信息,这一信息使规划部能够在公共政策辩论中陈述自己的理由。在高等教育方面,UDAPSO给媒体提供了硬件数据,要求就有关问题进行一场更好的公共讨论。

UDAPSO 也用科恰班巴区中唯一可得到的农村家庭(USAID 提供资金)调查数据开展创新性研究。在科恰班巴举行的一个地方 ILDIS 政策研究论坛上，UDAPSO 提交了积极的评论性研究成果。它极力提倡进行全国性的农村家庭调查，并证明把这类数据用作政策分析的益处，但它还是不能使其建议为 INE 所接受。到 1995 年止，玻利维亚只进行了城市家庭调查。

家庭调查数据的广泛使用使得 UDAPSO 的员工能够向 INE 的人员提供问卷和数据结构上的反馈信息，所以它能够影响数据收集程序，使其适合于政策分析人员，从而确保更广泛、更好地使用信息。在我们的研究证明了用这类信息进行社会政策问题分析的有用性之后，家庭调查数据更会为人们所欣赏。

UDAPSO 在家庭调查方面的工作开创了玻利维亚应用研究的新趋势，并且引进了对于建立在定性论文基础上的研究传统来说很新的先验和定量技术。另一个贡献是在研究中开始更多地以政策为取向。尽管还处于起始阶段，但这种取向所强调的对于公共部门中报告的写法和公私机构中进行研究的方式来说都是新的，因为它着重强调诊断。从其形成政策的条例来看，这种取向受到强调并且它确实迫使分析人员从一开始就思考他们研究的政策相关性，也帮助员工培养了更强的分析能力。这种贡献必须要在大学完全缺乏政策分析这一背景下来理解。[19]

除了多边和双边机构外，UDAPSO 的工作论文在其他像 ETARE 和研究型的 NGO 那样的公共部门机构中也十分受欢迎。尽管工作论文不是由外部同行评审，但他们在复印和散发前会在内部讨论。这些论文会被世界银行、拉丁美洲和加勒比经济委员会(ECLAC)、国际劳工组织以及瑞士、美国和荷兰政府设在玻利维亚的合作代理处在研究中引用。这个小组的研究也很受欢迎，并且在荷兰技术合作机构委托的关于玻利维亚

第八章 玻利维亚社会政策分析小组的能力建设：一位实践者的感想

社会科学研究现状的报告中引人注目。实际上，它基于城市地区收入分配基础之上的贫困研究工作，于1993年在咨询小组（the consultative group）中得到了强有力的支持。荷兰代表团说，他们会继续支持"像UDAPSO这样的组织在贫困研究方面进行的优秀的分析工作"[20]。对研究的宣传也是UDAPSO网络活动的一个重要部分，它使得这个研究小组能够与多边组织发展进一步的战略合作联盟，从而进行一些联合研究项目。该机构发表的研究成果的质量超越了当地的学术环境和国际发展机构。两本新书——一本论述经济增长和城市贫困，另一本论述高等教育——在国际学术刊物中受到好评。[21]工作论文仍然应该提交给部门专家以进行正式的外部同行评审，同时应该鼓励UDAPSO的员工在国际刊物中发表他们的成果。

研究能力的加强，对学术上的领导、建立在以往研究上的能力提出了要求，也需要一个稳定的分析团体。用弗里茨·威尔斯（Frits Wils）的话来说，"研究是一种高需求的活动，一种难以驾驭的活动。它要求有主题和方法上的专门知识、独立判断、创造性以及对他人的发现提出疑问的能力"[22]。并且，一个像UDAPSO那样的机构其研究工作总是与"救火"活动竞争，从为明天分析一个具体项目或预算或写作"职位论文"到为部长起草一系列关于社会部门问题的讲话。对于一个成功的政策分析小组来说，关键是在满足这种随意性和短期性需要与解释为未来提供重要政策建议的战略性研究路线之间找到平衡点。这种平衡暗示着对一些要求说"不"，并且"用相关的研究问题"明确确定优先研究项目，"并且……弄明白用系统分析技术怎样讲清这些问题"。[23]它也要求从研究中推断出政策含义，这可能是我在UDAPSO碰到的最难的任务，这方面我未受过任何正规训练。

尽管把研究成果用于政策的制定并不普遍，但最成功的例子毫无疑问是在高等教育领域实行的数据获得与分析。在这一案例中，研究成果为政策制定者服务,同时也帮助提高了公众对公立大学的无效率和不平等的认识。不管怎样,只有员工愿意把某些成果和政策建议变成可读性强的报刊文章并且准备参与到这些问题的公开辩论中,[24]这个结果才有可能。换句话说,高度技术性的学术工作论文并不足以进行广泛的公开宣传,但却为这种干预活动提供了基础。

政策的制定

制度创新、员工培训、政策研究文件和哈佛国际发展研究所的援助都应当有利于 UDAPSO 完成它的使命:制定政策并向政府提供具体的准则以实施政策。我将对 UDAPSO 在性别研究、高等教育和微观企业政策方面所完成的重要目标的程度进行评估。然而,首先我得强调这个时间期限——仅两年——无疑太短了,难以看到长远的效果。然而,在这个领域中过去已取得了重大进展,只是它在拉丁美洲才刚刚开始。[25]

员工培训和完成的研究论文提供了政策建议的重要的初期投入,它们应当被看作是极为重要的启动成本,尤其要考虑到 UDAPSO 没有年长的称职员工,大部分分析人员是年轻的,以及许多研究工作具有创新本质。这种看法或多或少有助于应付对 UDAPSO 工作的学术本质的批评。

按照哈佛国际发展研究所的查尔斯·N. 迈尔斯的建议并仿照 TDRI 的例子,UDAPSO 集中力量每年研究一个主要项目。它在第一个年度选择了玻利维亚妇女的现状作为其研究项目,之所以选择这一项目是有多种理由的。首先,在 SIF 我结识了索内亚·蒙坦诺并了解了她在这方面的工作,从中我认识到妇女在该地区发展规划中的重要作用。其次,我感觉到妇女发展的话题在发展与政策辩论中的绝对优势。这一课题因此在社会捐赠机构中获得了支持并且轻而易举地获得了基金。更重要的是,玻利维亚就这一课题早已做了大量工作,这主要是由 NGO 做的。再次,妇女的现状和她们在发展中的重要角色在"社会战略"中得到了彰显并

第八章 玻利维亚社会政策分析小组的能力建设：一位实践者的感想

被放在优先发展的位置，因此，它得到了高层政治领导人和政策制定者的青睐，而且由于这个课题符合国家优先发展的政策而获得了财力支持和人力资源。同时，在UDAPSO有一位有妇女发展方面经验的资深分析人员来协调这一计划。

我获得了规划部部长的支持和建议，而他所提出的建议被证明是非常重要的。他建议我与总统的妹妹取得联系。她是詹特的总裁，以前一直从事妇女发展方面的工作，相信她有责任改善政府中妇女的现状。经过几轮会谈，我们策划出一个多主题的、有群众参与的研讨会计划，并轻而易举地获得了该项目的基金（加拿大政府、荷兰政府、联合国儿童基金会及联合国发展基金会为此项目提供了基金）。随着研究的深入，我们更加深刻地认识到这一项目的重要性。由于得到了罗萨里奥·帕斯·萨莫拉的支持，该项目的研究结果得以呈交给玻利维亚共和国总统及其内阁，并且得到了重要媒体的报道。一周之后，我们在研究报告中推荐的计划，被呈送给巴黎的顾问团。几个月后，著名的"妇女计划"正式在詹特启动实施。该计划由索内亚·蒙坦诺领导并由瑞士政府提供基金。这个计划将实施我们在研究中提出的法律建议。它在人力开发部中的性别、种族和生育事务秘书处还获得了一个次要席位。

虽然关于玻利维亚妇女状况的许多研究是在非政府组织的主持之下进行的，并且UDAPSO的研究论文也是基于这一工作写出的，但是，我们的参与给性别研究提供了制度的合法性，罗萨里奥·帕斯·萨莫拉的支持则打开了许多方便之门。与詹特的紧密协作使UDAPSO建立起信用，同时使得它需要提供服务以解决与这项工作有关的许多其他问题。

分析小组在政策制定方面的第二个贡献是在高等教育方面。这方面的经验证明了我们的工作不仅仅是研究工作，而且还包括为发展政策及其实施细则的制定而进行的磋商、说服和倡导工作。[26]传统上，高等教育预算是以历史的沿袭为基础的。在来自各大学的压力之下，1990—1991

年度的高等教育预算在名义上增加了44%,这种情况有赖于政府对基础教育投入更大资源的努力(这也是社会战略中的优先国策之一),并且是遵守与世界银行的协议的结果,因为世界银行给负责教育改革的专门小组提供基金。规划部部长自己承揽了大学预算的谈判工作。为了实施这一政治决策,他要求 UDAPSO 为在九所公立大学中分配预算设计战略并提供指导方针。

UDAPSO 的第一项建议是,在各大学提供可供分析其学术和财政状况的信息之前应停止所有的预算谈判。到那时为止,政府和公立大学之间只是讨论了财政方面的问题,并且这些谈判通常是在财政部进行的。当 UDAPSO 列出由各大学应该提供的关于其学术、行政和财务数据的清单时,它们勉强服从了这一要求,但是,规划部很明显没有相关部门来承担评估这些数据和主持谈判工作的责任。教育部的情况也是一样,由于制度上的不足,它无法取信于规划部部长。因此,最后由政策分析小组来审核这些数据,并且提出与各大学谈判的战略。起初,规划部部长准备参加谈判,但他却越过程序,把最初一轮谈判的责任逐渐转移到我们身上。UDAPSO 的主任和他的部下一下子变成了规划部部长与各公立大学之间谈判的协调者和技术对手。

对来自公立大学的数据进行分析并以工作论文、出版物和一系列图表的方式提供研究结果,使得 UDAPSO 能够指出各大学内部效益低下的弊端,并指出存在校方基金使用不当的问题,而不是资源缺乏。这些数据和分析大都被规划部部长用作谈判的依据,并用来应付媒体的采访。而媒体又将这些数据炒作成更惊人的数字,于是,分析小组被曝光了。经过一轮艰难的谈判之后,九所大学最后的预算数字增加了17%。

次年,分析小组又准备制定按照绩效标准分不同等级增加预算的战略,鉴于上一年积累的知识和经验,一个基于已有研究论文的周密计划开始启动。这不仅提高了它数据收集和分析的专业程度,而且委派到高等

第八章 玻利维亚社会政策分析小组的能力建设：一位实践者的感想

教育专门工作组的工作人员也增强了谈判能力，加深了对各大学内部工作程序的了解。除此之外，UDAPSO认识到，有必要建立更具进取精神的公共关系。因此，工作人员必须基于对UDAPSO发表的有关各公立大学资源利用低效益的文章的批评，撰写系列文章进行回应。这种辩论持续了三个月之久，每个周末都有此类文章见报。这场辩论在玻利维亚的报界还是头一回，后来被一位受人尊敬的高等教育分析家称为"最近20年来影响最广泛、最吸引人的公开大辩论"[27]。此外，我曾在拉巴斯和圣克鲁斯参加了三次有关高教的电视辩论，并且在拉巴斯和奥鲁罗的大学里就高等教育问题进行过辩论。这些活动最终促成了政府与各大学分别签订绩效合同，承诺向各大学提供首期10%增幅的预算和以提供8%作为补充资源的具体改革项目的奖金，使得政府与公立大学间的关系有了重大突破。

除了这些具体的预算工作成果和论述高等教育问题的论文外，UDAPSO还决定将第二年的"项目"定为高等教育。因此，它在科恰班巴举行了国际研讨会，会上一些国际学者和顾问提交了有关高教的财政、效益和行政管理以及私立大学等方面问题的论文。研讨会受到了公立和私立大学的热烈欢迎，它提供了一个学术论坛，就预算谈判热中提出的许多问题以一种反思的方式进行讨论。这也是政府首次从技术上探讨高教方面的公平与效率问题，并且开创了与公立、私立大学间的政策对话。会议成果的出版得到了国际学术界的广泛欢迎。[28]

UDAPSO的公开曝光，它的政策建议与研究在媒体上的广泛传播，使得公众认为该组织是政府内专门从事高等教育的小组，是能够为高教改革提供政策指导的专门机构。这是对该组织在这一地区所扮演的政策制定者角色最好的赞词。在它与公立大学打交道的经历中，把高等教育问题提升到永久性和制度化议题高度的需要如此清楚，以致人力开发部专门设立了高等教育次席位。

UDAPSO在制定高等教育政策方面的经验,证明了撰写高质量论文以及乐于承担更有操作性的角色(如进行实际的谈判)的重要性。事后证明,这种风险是值得一冒的,因为这使UDAPSO在工作过程中获益匪浅,并且使其获得了立竿见影和意义重大的政策影响。它尽显了政策制定过程的重要性,同时也证实了马佐尼(Majone)的观点,即"要想取得重大的政策突破,不辅以具有感召力和说服力的目标分析是远远不够的……那么,要想有成效,一个分析家往往还必须是个鼓动者"[29]。正如性别研究工作那样,要想成功,在实施过程中某些重要人物的政治支持是极其重要的。

第三个案例很好地说明了这一点。考虑到社会发展战略所确立的优先发展目标和一位资深分析家在小型企业部门的经历,这一项目成为UDAPSO第一年的研究课题的主要内容。国际劳工组织计划的拉丁美洲与加勒比地区雇佣计划也很重要,它为这一研究提供了资源支持。于是,我们聘请了两位外部顾问,并且撰写了一篇有关发展小型企业的战略性论文。一系列的研讨会因得到捐助而召开,其目的是提交研究结果,这一工作获得了小型企业协会和同部门的非政府组织的好评。然而,这个领域没有相应的部门或机构要求进行这种研究或者参与到这个项目的设计与详细解释中去,因此这一研究没有立竿见影的政策影响力,在帕斯·萨莫拉执政时期差不多被束之高阁。但是在后来的政府中,工业部秘书制定了小型企业的发展战略,而这一战略的大部分内容就是两年前UDAPSO推荐的内容。这一案例证明了拥有一个对所做研究感兴趣并想投资的"顾客"的重要性。没有了这种"顾客",政策动议就可能搁浅。

结论

UDAPSO的创立极大地增强了政府分析和制定公共政策的能力。从这一角度来看,用希尔德布兰德和格林德尔的话说,它是一个高效率的组

第八章 玻利维亚社会政策分析小组的能力建设:一位实践者的感想

织。在政策制定和执行方面,它在性别研究和高等教育中所发扬的首创精神便是一个表现其高效性的好例子。这些政策建议在政府行为方面有着具体的影响。

UDAPSO 在制度及人事开发的研究上同样也有重要的影响。它设法集中所有社会部门中的政策问题,并且成为公私机构能力很强的技术对手。一旦研究小组克服了最初的一些忧虑,证明了自己的实力,它就能为公共机构提供技术帮助,同时也能对社会部门中的某些行为进行协调。

在人事开发上,两年半来 UDAPSO 训练了一小批经济分析技术方面的年轻经济学家,他们从家庭需求特征这个新视角从事社会部门问题研究。年长的分析家能够受到这一有关社会部门的世界观的影响,能够向经济学家学习,同时也能基于自己的经验和专业技能成为经济学家的老师。所有的分析人员都能在这个多学科的团队中受益。一旦这些分析者离开该机构并开创出成功的事业,就能证明员工培训的质量。有些人成了一些公共机构和非政府组织的主管,其他人则从事学术研究(从在玻利维亚设计研究生课程到成为美国大学的经济学博士生)。这种效果是最具可持续性的,因为受过训练的个体会继续与他人相互交流并且在其工作场合产生影响。对这种间接影响有一个很好的解释,那就是它早已对玻利维亚教会大学经济系产生影响。无可否认,这种影响也是此种类型和质量的研究所产生的结果。

UDAPSO 的研究是创新性的,而且影响了社会政策研究将继续采用的方式。它引进了一个更先验且更具分析性的方法,而且鼓励采用定量分析,使社会政策研究更加严密。总之,UDAPSO 使对社会政策的研究,即使是对经济学家来说,都更有吸引力且"受人尊敬"。虽说在这个组织成立之初这种影响没有被预料到,但这种影响还是非常重要的。这一结果的产生是因为一群高智商的男女采取物质的或其他的方式与这一领域的知名研究者进行了合作研究。这样,一个研究小组就形成了。在一个国家里,如果没有高质量的学术研究,那么就应好好评估一下外部情况。

在所有这些情况的产生当中,哈佛国际发展研究所和外国顾问充当了什么角色呢?也许估量他们价值(附加的)的最好途径是,考虑如果没有他们的话是否可取得所有以上提到的优点。答案肯定是否定的,至少在近一两年的短时间内不行。哈佛国际发展研究所的建议在帮助决定一般研究的重点、提供优秀学者或执业者作为顾问帮助训练员工中起着关键性作用,它是检查业已完成的工作的外国评估师。同时,如果需要,顾问们也会帮助审查研究的重点。如果 UPAPSO 在这之前早就有一个常设顾问的话,它可能会有一个结构更好的研究议程,而且,我想它还会更好地进行优先性分类并能更有效地评审工作论文,对此,我并不熟练或者缺少经验。

从另一个层面上说,当员工和外国顾问合作并且知道人们对他们的期待很大时,与哈佛国际发展研究所的合作就会给员工以激励。相似的是,去坎布里奇的可能性也总是一种激励。与哈佛国际发展研究所的合作以及它的"质量控制"功能,在增加 UPAPSO 工作的合法性上起决定性作用(尤其是在别的一些公共组织面前)。在评估 PIDI 的计划中也是如此。

尽管 UDAPSO 是 UDAPE 的一个派生物,这种组织却有必要渗透到政府的其他部门。帕斯·萨莫拉当局在劳动部设立了一个思想库,其下任政府则成立了两个:设在外交部的外国政治分析家协会,用于分析外国政策和在经济整合问题上向部长提供建议;设在人力开发部的 UDAES,用来研究高等教育问题,如资格鉴定、制订改革公立大学的计划。尽管分析部门的扩张看来可能不太成熟,而且假如玻利维亚缺乏研究基础,最好是只成立一个单独的强有力的部门,但多个部门可以带来政治分析和政策制定的能力建设中的权力分散化。事实上,发展分析小组已被学者看作是所谓的第二代改革的中坚力量。[30]

第八章 玻利维亚社会政策分析小组的能力建设:一位实践者的感想

UDAPSO 帮助玻利维亚政府解决短期和中期的政策问题,这个小组培养的能力及其信用可以让政府参与到与玻利维亚各类社会活动家、国际组织的更加技术性的政策对话中去。而且,在一个相对短的时期内,它提供了一个社会政策方面长远的中心理念,并且帮助玻利维亚创造了社会政策的意识形态。这一贡献与政策研究组织的特点息息相关,并不一定是"创造新知识,而是表现出世界的视野"[31]。

UDAPSO 的成功秘诀在哪里呢?对于这个问题,可以从需求和供给两个层面进行重点考察。从需求方面看,存在着对这类组织的需要。在政府的层面,这种组织针对社会发展和政策制定需求给出了政治承诺。创立一个社会政策分析小组可以使政府规范自己的议程,也能让多边组织清楚这是主流趋势。从另一方面来说,一些机构(像世界银行、多边捐赠组织)在数据收集、分析和项目评估方面也有需求,而项目评估现在能由专门的政府组织实施,而不是由特别的顾问执行。另外,对于 UDAPSO 在所有开发机构中所做的各种类型的研究来说,还存在不断提高的需求。

从供给关系方面来说,有一个准确的制度框架保证 UDAPSO 适于规划部。而且,该部门早已在向 UDAPE 提出建议中获得了丰富的经验。因此,成立这个社会分析部门的风险和花费相当低。事实上,UDAPSO 就其主要的捐赠者(USAID)以及它与哈佛国际发展研究所的合作来说,是 UDAPE 模式的再版。USAID 对政策分析小组的工作非常熟悉,同时也善于挖掘其人事管理潜能,并支持小组的人事培训重点。另一方面,哈佛国际发展研究所在玻利维亚及其他地方都有一些专门技术部门,能够提供可靠的技术帮助。在 UDAPSO 和哈佛国际发展研究所的员工及顾问之间形成了一个良好的、和谐的关系。最终,这个组织吸引了一小群受过良好训练的年轻分析人员,允许他们进一步深造,然后将他们安排进组织,培养他们强烈的使命感,帮助他们形成成果导向的价值观。培养强烈的团队精神是任何组织成功创立的关键,UDAPSO 的经验证明,在研究机构中,机构负责人具有很强的战略管理能力和领导能力是非常重要的。

还有可能被大家所关注的是UDAPSO的可持续能力。它在长期工作中所承受的主要风险很可能是,过多地依靠单个主要捐赠者和主要顾客。而使其经济来源基础多样化的战略将毋庸置疑地减少这种风险。联合研究项目是与多边和双边机构共同开展的,如果这项工作的质量比较可靠,那么对于UDAPSO来说,进一步探求此类战略将并不是一件很困难的事。对长期工作的稳定性的另一个威胁来自玻利维亚公共部门不断变动的性质和这个组织的政治化。对此,可以借助于顾客基础多样化、加强机构内部结构建设以及它与人力开发部的各种附属机构的关系,使风险得以降低。不过,各种技能及价值体系的保持最终会使UDAPSO继续生存下去。

从这些经验上看,我们可以得到五点教训。第一,如果一个政策研究机构想要有效运转的话,它必须在政府结构内运转并对这一区域的最高当局(the highest authority)(在玻利维亚是人力开发部)负责。而且,它必须超越各个职能部门或领导。虽然它在工作中要与各个职能部门共同合作,但它并非围绕着这些职能部门运转。它与公共部门中所有客户的良好关系还有待进一步加强。UDAPSO过于关注其主要顾客并且与规划部联系过于密切,从而易于受政党政治的热情影响。尽管它已经获得人力开发部新部长的批准,但桑切斯·德·洛萨达(Sanchez de Lozada)政府掌权后,起初对UDAPSO并不信任。从某种程度上讲,最初促使UDAPSO发展的良好外部环境也有所改变。另一方面,对于政策的实施来说,培养一个广泛的顾客阵线是很重要的。在政策制定中没有顾客的参与,这样形成的政策建议是不可能实施的,而且也不会对政策产生任何影响。政府政策影响着研究议程,但最终的决策还是要由主任或外部的委托人做出。这个想法在UDAPSO中经过了讨论,但从未实施。

第二,与某个部门有密切关系并直接参与到与社会活动者的谈判中去,这和严格地坚持作为政府的一般顾问团体之间存在着选择性的替代

第八章　玻利维亚社会政策分析小组的能力建设：一位实践者的感想

关系。第一种选择能迅速产生政策结果，但却无意中疏远了某些部门，并可能会导致制度连续性中的困难，因为在公共部门中存在政治变数。如果我们回顾一下 UDAPE 的经验，我们会发现某些部长比其他部长更多地依赖于这个机构。使用不广泛并非一定意味着这个机构的工作做得不够好。这些时间可以用于加强基础研究和员工培训。在1994年，当玻利维亚的公共部门被重组、规划部门被取消时，UDAPSO 发现想要重新配置以适应人力开发部相当困难，并且从一定程度上说，要重建新政府对其的信任度和在政府中重新获取一个突出位置相当难。

第三，这个机构应该明确规定其研究议程，追求最高质量的研究。这一点在第七章查尔斯·N.迈尔斯的话中得到了很明确的阐述。每年都制定一个主要的研究项目是关注研究活动的一个好方法，同时其他的研究领域也应当被确定并实施研究。在最初的两年，UDAPSO 在扩展资源方面有时显得不太现实。

高质量的研究需要主任一级的领导能力，而且需要获取资源的途径，即允许智囊团聘用现有的最好人才和获得高质量的技术援助。从一开始就设立与政治有关的研究议程，并且在"救火"活动和必要的基础性分析研究之间实现恰当的调和，这些都是很重要的。而且，应该有对实际的论文和政策建议的明确需求。与政策有关的研究一定要对业务部门、部长、当地政府和自治区有用。研究的普及和对政策提议的支持是关键的。公共关系的作用也不可低估：一旦研究成果出来，该组织就应当尽更大努力向各层次的人（如政策制定者、学者及公众）推广这一结果。这个机构应该综合政府在社会政策方面的各种观点作为参考。而且，应该重视这个机构的技术性和非政治性。

第四，尽管最初提供给 UDAPSO 的资金来源于国外捐赠，但从长期来看它并不能持续下去。因此，在这个机构能够采取一些措施吸引国外资金的同时，政府也应该为它提供本地资金来源以代替国外捐赠，并且应鼓励它积极参与资金募集和竞投。

第五,人造就机构。工作及雇佣条件应当具有吸引力,工作环境应该是以任务为取向的、解决问题的和产品驱动的。分析能力的建设是一个缓慢而成本相当高昂的过程。像 UDAPSO 这样的研究中心有很大潜能来培训人员,而这些人将会成为它的主要资本。因此,必须有一个很明确的制度来培训和提升这些个体,从而使他们留在机构中,帮助该机构提升人力资源基础。

注释

1. Arthur A. Goldsmith, "Institutions and Planned Socioeconomic Change: Four Approaches," *Public Administraiton Review* 52, 6 (1992): 582-587; John M. Cohen, "Building Sustainable Public Sector Managerial, Professional, and Technical Capacity: A Framework for Analysis and Intervention," *HIID Development Discussion Paper* 473 (Cambridge: Harvard Institute for International Development, 1993); Mary E. Hilderbrand and Merilee S. Grindle, "Building Sustainable Capacity: Challenges for the Public Sector" (为联合国开发计划署准备的论文, 1994)。

2. Frits Wils, *Building Up and Strengthening Research Capacity in Southern Countries* (The Hague: RAWOO, 1995), 8。

3. Moses N. Kiggundu, "Managing Research Institutions in Developing Countries: Test of a Model," *Public Administration and Development* 14, (1994): 201-222。

4. James A. Smithe, *The Idea Brokers: Think Tanks and the Rise of the New Policy Elite* (New York: The Free Press, 1991); Lindquist, "Think Tanks or Clubs? Assessing the Influence and Roles of Canadian Policy Institutes," *Canadian Public Administration* 36, 4 (1993): 479-549; Alan Jarman and Alexander Kouzmin, "Public Sector Think Tanks in Inter-Agency Policy-Making: Designing Enhanced Government Capacity," *Canadian Public Administration* 36, 4, (1993): 499-529。

5. 可能的例外是 Daniel Levy, *Building the Third Sector: Latin America's Private Research Centers, and Nonprofit Development* (Pittsburgh, PA: University of Pittsburgh Press, 1996)。

6. Fay Durrant, "Role of Information in Social Policymaking: Latin America and the Caribbean," 见 Daniel Morales-Gómez and Marrio Torres A., eds., *Social Policy in a Global Society* (Ottawa: IDRC, 1995), 176。

7. 这些经验已被实施者本人和世界银行员工加以证明和分析。见 Gerarco Avild, Fernando Campero and Jorge Patiño, *Un puente sobre la Crísis. El Fondo Social de*

第八章 玻利维亚社会政策分析小组的能力建设：一位实践者的感想

Emergencia(La Paz: Fondo de Inversión Social,1992)和 Steve Jorgensen, Margaret Grosh and Mark Schacter, *Bolivia's Answer to Poverty, Economic Crisis, and Adjustment*, World Bank Regional and Sectoral Studies(Washington, DC: The World Bank, 1992)。

8. Lindquist, "Think Tanks or Clubs?"

9. 关于 UDAPE 的发展,参阅 Ricardo Godoy and Manuel E. Contreras, "Bolivia," *HIID Conference History Volume*,即将发表。

10. Lindquist, "Think Tanks or Clubs?"556-558.

11. Manuel E. Contreras, "Social Policy Challenges for the Next Decade"(提交给 1992 年 10 月在玻利维亚和巴黎召开的协商小组的会议论文)。主要议题后来再现于玻利维亚的 Nico van Niekerk, "La economia va cada vez major, pero que pasa con la gente? Deuda o beneficio social,"见 *Politicas socials y ajuste structural*。*Bolivia 1985-1993*(La Paz: CID-COTESU-MCTH,1993)。

12. 这一点我采用 Kiggundu, "Managing Research Institutions"的观点。

13. Jon R. Katzenbach and Douglas K. Smith, *The Wisdom of Teams: Creating the High-Performance Organization* (New York: Harper Collins,1994)。

14. Hilderbrand and Grindle, "Building Sustainable Capacity,"及 Judith Tendler and Sara Freedheim, "Trust in a Rent-Seeking World: Health and Government Transformed in Northeast Brazil," *World Development* 22, 12(1994):1771-1791。

15. 这些特征同时在 ESF 高水平的绩效评估中被视为重点,见 Avila, et al., *Un Puente sobre la Crísis* 和 Jorgensen, et al.,*Bolivia's Answer to Poverty*。

16. Katzenbach and Snith, *The Wisdom of Teams*,65-67,109-111.

17. Kiggundu, "Managing Research Institutions,"203-204.

18. ESF 对就业的影响的研究就是一个好例子,该研究以家庭调查数据为基础。参看 John Newman, Steen Jorgensen and Menno Pradhan, "How Did Workers Benefit from Bolivia's Emergency Social Fund?" *The World Bank Economic Review* 5,2(1991):367-393。在玻利维亚,私人劳动力研究中心(CEDIA)使用就业模型,而私人顾问公司 CIESS-Econometrica 可能是社会数据记录的主要使用者。

19. 1995 年,在哈佛国际发展研究所的协助下,玻利维亚凯多里卡大学开设了公共行政和公共政策的硕士课程。一些学者期望政策研究能"为公共事务管理做些商学院早已为私人机构所做过的事"。C. Juma and N. Clark, "Policy research in sub-Saharan Africa: an exploration," *Public Administration and Development* (1995 年 5 月):135.

20. Netherlands Delegation, "Statement of the Netherlands Delegation," Bolivia Consultative Group, 1993 年 12 月 9-11 日(油印)。

21. Miguel Urquiola S., *participando en el crecimiento. Expansión económica, distribución del ingresa y probreza enelarea urbana de Bolivia: 1989-1992 y proyecciones*(La Paz: UDAPSO, 1994),该项目受到 Rhys Jenkins 主编的 *Journal of Latin American Studies* 27(1995 年 2 月)的好评。*Desafíos de la educación superior*(La Paz: UDAPSO,

1994）受到 Daniel Levy 主编的 *Comparative Education Review* 39,2（1995 年 5 月）的好评。

22. Wils, *Building Up and Strengthening Research Capacity*,11.

23. Lorraine Blank, Margaret E. Grosh and Pauline Knight,"Building Analytic Capacity in Conjunction with LSMS Surveys: The Jamaican Story,"未出版手稿（Washinton DC: The World Bank,1995）。

24. 参阅 Manuel E. Contreras,"Educación Superior: Contra el pacto de la mediocridad," *Momento Político*(*Presencial*) Año III,15（1993 年 7 月 9 日）:6-7;（with Miguel Urquiola S.）;"La Educación Superior en Bolivia: Un desafío por asumir," *Ventana*(*La Razon*) Año III,10（1993 年 5 月 30 日）:8-9;"Universidad que no publica, universidad que no investiga," *Presencia*（1993 年 2 月 5 日）。

25. Carol Weiss,"The Many Meanings of Research Utilization," *Public Administration Review*(1979):426-431. 对拉丁美洲的社会科学和政策制定的形势的简明分析,见 José Joaquín Brunner,"Investigación Social y decisions políticas," *Sociedad 3* （1993 年 11 月）:31-43。

26. Giandomenico Majone,"Policy Analysis and Public Deliberation,"见 Robert B. Reich, ed., *The Power of Public Ideas*（Cambridge: Harvard University Press,1988）, 156-178。

27. Gustavo Rodríguez Ostria,"Políticas públicas y modernización de la universidad boliviana,"见 Fundación Milenio, Diálogos de Milenio, no. 15, *Educación Superior en Bolivia*(La Paz, 1995 年 4 月 12 日）。

28. 见注释21。

29. Majone,"Policy Analysis and Public Deliberation,"175.

30. Merilee Grindle,"Las reformas de Segunda generación: Hacia la construcción de un estado capaz"（在拉巴斯的玻利维亚天主教大学交流的讲稿抄本,1995 年 6 月 23 日）。

31. L. Dubozinkis,选自 Lindquist,"Think Tanks or Clubs?"552。

第九章

非政府组织的研究能力建设

马莎·A.陈

当前在国际发展中,捐助者与政府间机构对于NGO的角色表现出了空前的兴趣。在这些圈子里,NGO被广泛地认为是对未解决的问题做出的制度性回应,因而人们呼吁它们在地方、国家及国际层面的发展中能发挥拓展性作用。业已证明,NGO在提供人道主义援助、健康和教育服务、信贷及小企业项目等项目层面上,是富于创新和卓有成效的。一些NGO所扮演的角色的意义不断超出项目本身,表现在影响国家政策和计划以及设计国际发展议程上。虽然它们不是什么灵丹妙药,但却展示了一种弥补政府职能、动员全民参与、试验新的发展方法的能力。

作为其不断变换的角色和得到提高的曝光度的一个方面,NGO经常涉足研究领域。本章探讨如下几个相关问题:NGO为什么需要研究能力?需要什么样的研究能力?该研究能力是怎样建设的?与NGO研究能力建设相关联的几个问题是什么?这一章的论点是,研究能力建设除了要受到NGO专门的约束外还要受到几个一般性的约束。研究能力建设的常规方法与社会学研究的常规方法和理论需要被重新检验。为了说明这些论点,本章描述了哈佛国际发展研究所的非政府组织计划正在进行的一次合作尝试,目的是帮助世界上最大、最著名的 NGO 之一——孟加拉国农村促进委员会(BRAC)建设性别研究能力。

除了 NGO 的重要性和曝光度日益提高外,人们普遍认为 NGO 存在四个方面的弱点,即有限的技术能力、有限的规模、有限的战略能力及有限的管理能力。首先,人们认为 NGO 处理复杂项目的技术能力有限,这是因为它们规模小,预算少,员工人数有限,薪水过低。这一切都使得它缺乏对高级专业技术人才的足够吸引力。其次,由于它们的干预活动的短期性、对短期项目资金的依赖性,以及缺乏对解决可持续问题的项目规划的关注,人们认为它们在"扩大"成功项目方面能力有限。再次,NGO 的战略洞察力以及和其他重要行动者的联系有限,因为它们主要(常常是仅仅)集中于微观层面和某一地区特有的干预上,这也与它们广泛共享的价值体系有关,这种价值体系导致许多 NGO 低估了其他类型研究机构的能力和意图。最后,人们认为它们的管理和组织能力有限,因为它们常缺乏必要的技术,而且它们的价值体系也存在问题。它们倾向于把有效的行政管理与僵化的官僚主义等同起来。[1]

鉴于绝大多数 NGO 都有一个或多个常见的弱点,这一部门特征化概括远不足以说明问题。首先,它建立在这样的假设的基础上:如果不是所有至少也是大部分 NGO 忙于经营当地的项目。除此之外,许多 NGO 正不断地忙于研究和获取支持。而且,许多 NGO 除了以当地水平运转,还以国家或国际的水准在运转着。事实上,许多 NGO 通过调节性政策的影响而不是扩大计划范围来逐步扩大规模,而且,许多 NGO 的战略能力、分析能力已经提高,它们按照国家、国际标准磋商政策改革问题。例如,印度的自主经营妇女协会(SEWA)从事地方层次的本行业经营管理、国家层次的政策建议和国际层次的政策倡导,这一切都促使自主经营的女工得到了认可和保护。[2]

NGO的这些共同特点不适应"旧式的"NGO。众所周知,旧式的NGO在其实际工作中已取得了专门的技能,有了一定的经营规模、战略上的联系和管理能力。实际上,许多老的组织被号召为政府官员提供技术训练,帮助政府加强计划管理。然而,这些老的组织机构——许多已经得到世界范围的认可——目前正忙于处理NGO常见弱点中的一些新变化。这些变化包括如下事实:有限的薪水及职业前景的不明确使它们很难留住那些在它们的资助下接受过高级技术和专门训练的员工;捐赠资金仍然维持着短期项目,而这些项目常削弱(或妨碍)它们自己长期的可持续的计划;它们的价值观是专业精神和官僚作风与参与性、灵活性和回应性过程的一种复杂融合。

例如,到1995年,BRAC已建立了25,000所小学并制订了一项健康计划,该计划改进了孟加拉国所有村庄治疗腹泻的方法。鉴于它的技术能力和管理能力享有世界声誉,孟加拉国政府要求BRAC帮助政府改善初级健康计划,方法是通过强化其初级健康中心的能力,提高接种疫苗的覆盖率和使用避孕药的水平。

许多NGO不再有常见弱点的另一个原因是,它们面临着一系列新的约束,这些约束与它们工作所处的高度不确定的环境相关。鉴于世界变化的步伐和危机的特性,NGO正在被要求在一种缺乏规章的制度环境中扮演一个扩张性的角色,这一环境缺乏制度、章程甚至先例。[3]NGO正在被不断地要求不但在边境地区而且在冲突的中心地区提供人道主义援助。在对索马里、柬埔寨、卢旺达等国提供人道主义援助的过程中,它们还要帮助解决冲突、促进和平。从国家的层次来说,人们不断地要求NGO不仅仅要补充政府的服务,而且还要提供国家不再提供的基本服务。在有些政府名存实亡的国家,NGO扮演着广泛而不同的公共角色。

鉴于这个变化迅速、日趋复杂的环境,NGO部门的能力建设和公共部门的能力建设一样具有多维性。它们必须增强自己的人力资源和组织能力,在部门内以及 NGO、公共部门和私人部门之间建立任务网络和它们运行的制度环境。大多数 NGO 通过多种多样的培训方法(技术上和管理上、短期的和长期的、业务的和正式的)培养它们的员工,也就是它们的人力资源。随着它们的成熟和日趋专业化,NGO 通过改善员工的招聘和政策、重新调整工作类型和权力结构、加强 NGO 内部以及相互之间的联系、引进监督信息系统等方法,力求改进它们的管理系统、组织结构。它们就某些问题或任务寻求与其他此类组织和公私部门组织建立联系和网络。鉴于它们的业务范围不断扩大,世界范围内的 NGO 也在为得到合法保护和政治空间进行游说,为责任和规则的选择机制进行辩论。也就是说,它们正努力寻求改善部门的制度环境。

在许多情况下,NGO 在努力提高政策分析、社会科学、宣传技能以及技术和管理能力。于是,一个新的不常见的 NGO 能力建设的相关领域——连接人力资源和组织能力建设的一座桥梁——是 NGO 实施研究的能力。专门从事研究或宣传的那些 NGO 的研究能力需求不同于那些既从事项目经营又从事研究或宣传的 NGO 的能力需求。这一章重点关注后面这个群体,即那些主要从事业务活动但经常是逐个问题地从事研究和宣传的群体。[4] 建设这些 NGO 的人力资源能力以进行与它们的工作相关且有意义的研究,有助于加强组织在战略规划、计划设计、政策分析和宣传方面的能力。

NGO 打算积累大量信息和经验,它们常常从不同的视角——从贫民区或乡村、从社会底层群体的视角或在紧急情况和冲突期间——独特地观察、积累信息和经验。许多 NGO 已经逐渐意识到信息和经验非常宝贵,在某种程度上可以被解读和使用。NGO 寻找使用下面的一种或多种方法来运用这些可得到的信息和经验:向自身的经验学习,告知别人自身的经验,以及影响政策。为了以这些方法运用它们的信息和经验,它们认识到需要发展这种研究能力。

建设研究能力

建设研究能力是 NGO 能力建设中一个相对新的领域。[5] 至今为止的经验表明,研究的用途不同,研究技能、框架和方法论也会相应地不同。

改进它们的实践

为了提高工作的有效性,大多数 NGO 努力发展它们分析、反省及学习自身经验的能力。比如,为了解决一些特定问题,开发未来的战略,它们经常这样做。为了承担这项能给自己的计划提供更好的指南和导向的研究,NGO 在相关的社会分析、评价方法、政策分析方面,需要进行训练。它们也需要相关的、应用性的、多学科的概念框架和方法,用其来分析所有的发展阶段——从诊断需求与约束因素到选择输入和干预;从追踪实施、回应、变化的过程到评价、分析障碍和抵抗,再到中途调整、测量和评估最终结果。

为了说明这个问题,BRAC 建立了它的研究部门来认真观察它的计划对妇女(及其家庭)生活产生的实际影响,力图改善其政策和计划。在过去几年里,BRAC 曾要求它的这个研究部门调查它的农村金融和企业促进活动对妇女的工作负荷及营养状况的影响,调查妇女参与其各种项目的时间要求,调查它帮助组织和发展起来的乡村妇女组织的可持续性,等等。

赋予发展实践活力

许多 NGO 力求提高它们分析和提供文件的技能,目的是传播和交换它们有关社会经济现实的知识、对发展问题的观点和从它们自己的经验中吸取的教训。为了进行那些能够促使它们更好地交流和传播知识及经验的研究工作，它们需要进行政策分析、项目分析和评估以及提供文件（比如案例写作）方面的训练。它们也需要宣传相关发展理论和进行辩论以找出它们的比较性经验。

BRAC为妇女开发了几个有效的计划，如果得到恰当的分析与文件提供的话，它们就能够被用以传播发展实践。这些项目当中的好几个在20世纪90年代中期被记录在案，包括两个妇女经济计划（家禽饲养和丝绸生产）和妇女生殖健康计划。

影响发展政策

一些NGO力求影响部门、国家和国际政策，这一动机是基于它们获取的实地数据和信息以及实施一些创新实践和政策的经验，基于它们从位于可信的当地基层视角和国家或国际政策视角之间这一独一无二的视角说话的能力。为了承担这一能影响发展政策的研究，NGO不仅在发展理论方面的知识、具体政策问题以及产生这些政策的政治过程方面，而且在数据收集、政策分析方面都需要进行训练。它们在如何包装、呈现其研究以进行有效宣传方面也需进行训练。

约束限制

在过去的几年间，BRAC为改变政府的某些政策进行了游说，包括棉花、人造丝绸的进口和定价政策以及粮食加工厂的营业执照政策。在游说过程中，BRAC员工从提高了的政策分析和宣传技能方面获益良多。

本书中其他的案例研究分析了在大多数研究组织中普遍存在的对能力建设的几个一般性约束。反映在本章中的NGO的经历表明，它们发现要克服这些常见的约束并且面对NGO所特有的对建设研究能力的约束特别困难。

第九章 非政府组织的研究能力建设

正如在其他案例中所描述的那样,构建研究能力的一般约束包括几个与人力资源和组织有关的约束。就人力资源开发来看,考虑到研究工作的技术和专业性质,研究组织需要找到和吸引高素质的研究人员。找到并吸引高素质的研究人员的能力部分地依赖于现有的研究人员人才库,另一方面则依靠招聘人才的研究组织所提供的工资表的竞争性。在第七章,查尔斯·N.迈尔斯在对泰国和玻利维亚的政策研究组织的案例研究中指出,泰国现有的研究人员人才库比玻利维亚的大得多,但是两国的政策研究机构都得培训和提升它们自己的员工。下一个面临的挑战就是留住好的研究人员。正是由于研究人员所具备的技术和专业技能,研究组织发现要留住好的研究人员特别难。迈尔斯以及詹姆斯·A.特罗斯特尔、约翰尼斯·U.萨默菲尔德和乔纳森·L.西蒙(第三章)发现,发展中国家的研究组织饱受研究人员经常流失之苦,因为这些研究人员相对来说较易在国外机构中找到工作。

谈到组织约束,迈尔斯也提出了研究组织本身的目标或"使命"问题。他指出政策研究机构需要平衡三种政策研究:短期研究、长期研究和预期研究。这三种政策研究通常没有明确的指导方针同时又都强调各自的相对重要性。在案例研究中提到的其他的组织约束还包括金融管理问题和滞后的激励机制。

谈到制度环境,迈尔斯讲到政策研究机构对政府和政策制定者的重要性,无论这些机构是自治的还是半自治的。他指出了政策研究机构天生面临的两难问题:一是与政府靠得太近以致不够公正;二是与政府离得太远以致不能左右政府。特罗斯特尔、萨默菲尔德和西蒙都类似地描述了研究机构和捐赠机构的关系,也列举了几个与捐赠融资有关的约束,其中包括捐赠人迅速花掉大笔资金的需要以及研究机构维持捐赠人的兴趣的需要。

在谈到研究能力的培训和技术资助对研究能力建设的影响时,其他案例研究的作者们则指出了几点不足,其中包括地方技术支持和专业培训的有限性,以及绝大多数技术支持的短暂性和偶然性特点。要提供一系列的技术支持是有可能的,从提供短期的和一次性的顾问到长期顾问,从多次访问的顾问到常驻顾问。

研究能力建设的另一个约束是缺乏一个适合这类研究要求的知识框架。当研究组织弄不清什么样的理论、假设和问题应该支配它们的研究时,或者当没有相关和合适的理论满足它们的需求时,这种约束就显现出来了。

在研究过程中,NGO 面临着尤为严重的约束是人力资源,因为它们通常不能或者说不太愿意开发人力资源、恰当运用必需的激励机制来留住员工或采用组织规范和体制。即使它们愿意和能够这样做,它们也发现很难留住那些受过培训的研究人员,因为其他机构通常能提供更高的工资或是更有保障的工作。

再进一步地说,运行中的 NGO 一旦决定了要搞研究,也面临着尤其严重的组织约束,特别是如果它们的高层管理人员或是政策制定者的管理工作太忙而不能专注于研究工作。一个常见的和最关键的组织约束是目标的不确定性,也就是说,NGO 有可能不太清楚为什么(或为谁)去做研究工作。另一个约束是目标过大,即给研究小组整体下达的各种相互竞争的目标和要求会转换成对研究人员的时间所施加的压力和要求。第三个约束就是数据过大,也就是说,承担这种竞争性研究的压力,会产生大量没有经过完全或适当分析的数据。运行中的 NGO 研究人员通常处于两难境地:一方面,要满足来自组织本身适合内部学习的要求,同时也要满足对外宣传或对政策施加影响的要求;另一方面,既要顾及短期项目的分析研究又要顾及长期政策的分析研究。

就运行中的 NGO 的沟通和纽带作用来说,该类组织的研究人员应该与两类人员沟通:内部是项目经理和政策制定者,外部是政策制定者和发展的执行者。然而,他们发现很难与任何一种人员沟通:内部人员经常对他们的研究小心谨慎,因为研究结果反映出他们计划的效率与效益;外部人员则经常怀疑他们的意见,尤其是当他们的研究结果没有经过充分的分析就写出来时。

承担研究的 NGO 不同于标准的研究组织,它们还面临着工作环境和工作方式方面的约束,特别是如果他们想从经验中学到一些东西或是给发展的实施提供信息时,开展研究就需要以行动为导向并需要多学科参与。承担研究的 NGO 可能会更注重于发展的过程(即实施其干预的作用),而不是某些具体的发展问题;为了勾画出相关的应用性框架和方法,它们常吸收许多学术上的学科规定,包括管理、法律、自然科学和社会科学诸方面的内容。分析实践经验牵涉到如何理解个别干预的管理和技术等各个方面,以及这些干预产生的社会、经济、政治原因。

总之,NGO 需要学者型的参与者,他们能在相关的社会科学框架的背景下分析计划和政策性干预。心中有了这样的挑战,哈佛国际发展研究所有关非政府组织的计划就和世界上最大且最著名的 NGO 之一进行通力合作,帮助培养研究人员开展性别研究的能力。

培养性别研究的能力:一个案例分析

BRAC 是世界上最大且最著名的 NGO 之一。BRAC 成立于 1973 年,到 1995 年拥有 12,000 多位研究人员,分散在 30,000 多个乡村工作,给低收入的家庭提供健康、教育、信贷、组织和其他方面的服务。除了它的规模和效率外,BRAC 以其很强的管理能力、技术特长、战略视角和从错误中吸取教训的能力而闻名。

BRAC 的开发活动集中在下面三个主要的计划部门:农村金融和发展、健康以及教育。另一个向这些计划提供支持服务的部门负责在培训、加强管理、建设和后勤等方面提供帮助。BRAC 的研究部门则向单个计划部门和整个组织提供研究服务和政策分析服务。它的整体管理结构是扁平式的：所有的部门领导直接向执行董事负责，在最高管理层和项目实施层之间很少有中间层。在所有的计划中，现场管理小组保持很小的规模。[6]

BRAC 于 1975 年建立了研究和评价部门，部门最初的目的是对农村的社会经济进程提供批判性的解释。它最初的研究是从调查几个村的资源分配开始的，这项研究的结果使 BRAC 相信有必要把其计划定位于最贫穷的家庭。在过去的几年中，随着 BRAC 的主要计划有了牢固的根基，研究部门不断地被要求通过实行项目前期评价和基线研究，承担项目中期诊断性研究并对项目进行监督与评价，从而提供有关组织计划执行和影响中出现的反馈信息。[7]

从 1975 年以来，BRAC 的主要研究部门已经发展成为运行中的 NGO 中最大的一个，这些 NGO 以计划干预为主要目的，而不是研究或是拥护计划。在 1995 年，BRAC 有 100 多位研究者：大约有 45 人在总部，65 人分布在多个现场部门内。为了跟上人员在数量上的增长，研究部门在培养研究能力方面，通过正规培训、在岗培训和研究合作进行了相当大的投资。[8] 部门同时也加入到与其他组织的合作研究中去（通常围绕一个特别的研究项目而开展合作）。但在与联合国妇女发展基金会（UNIFEM）及哈佛国际发展研究所的 NGO 计划的合作之前，没有任何合作是进行性别研究的。

根据 BRAC 在 20 世纪 90 年代中期的组织结构，研究部门有两个分部：健康部门和社会经济部门。这些分部着手解决一些在信用企业和教育计划执行过程中出现的问题和课题。研究活动主要集中在几个工作群体形成的主题领域：人口、健康和营养；社会经济的发展；教育和培训。

在 1975—1995 年间，BRAC 的研究部门完成了 250 多份报告。研究调查结果不仅需要通过报告,而且需要通过研讨会的讲习班来宣传。BRAC 的一些研究结果——特别是有关健康和教育的——也发表在许多国际刊物上。为了保证这些研究成果适用于 BRAC 总部和现场的工作人员,各种各样的反馈机制都设置到位。该部门每月在研究人员和高级计划经理之间组织会议。研究人员定期参加现场计划工作人员的会议。此外,研究成果被译成孟加拉语并传播给相关的现场人员。相关计划的研究人员也会定期对研究意见进行评论。

作为一个关注孟加拉国大多数最贫穷家庭人权状况及贫困减轻程度的 NGO,BRAC 对与农村妇女合作并为她们服务有着长期的兴趣并进行了长期的参与。这些妇女常代表着穷人中的最贫穷者,她们在使自己的家庭和社区摆脱贫困中扮演着重要角色。因此,BRAC 计划工作的一个有意义的部门是针对农村妇女和少女的。BRAC 创办的学校中 70% 的位置是专为女生提供的。妇女被鼓励参加实用教育、人力开发和职业技术培训课程,一些专门的妇女计划也在实施中。在所有参加 BRAC 的农村发展活动的妇女中,她们占了很大的一部分。

如果从数字上来看,这种坚决进行的对女孩和妇女参与的集中研究有积极作用。成千上万名来自贫穷家庭的女孩在 BRAC 学校中接受正规教育。几乎 100 万名贫困家庭的妇女是 BRAC 组织的农村团体的成员,她们从 BRAC 那里学习课程并获得信贷和资金。

这些数据可能会令人印象深刻,但 BRAC 作为一个质疑型和学习型组织,还探寻其他的方法来扩大范围并提高绩效。这种努力的一个表现就是通过妇女参与的统计数字质疑这种参与对妇女自己的生活以及家庭生活的实际影响。早些时候,这种关注集中在妇女对 BRAC 计划的看法上,包括妇女更喜欢的计划内容,怎样使这些计划最佳地运作,以及这些计划开展得如何。后来,这种关注集中在这些计划是否达到了影响这些妇女生活的预期目的上,集中在 BRAC 的计划是否仅仅关注妇女生活的物质条件,也集中在孟加拉国的农村妇女相对于男子的社会地位上。

BRAC 的研究部门不得不把这些变化中的关注点纳入它的研究活动中去。在 250 多份报告中,大约 10% 专门论述妇女的发展问题。许多其他的报道通过性别来对数据进行分类。然而,几乎没有什么报告对研究结果进行性别分析,也就是说,极少有人研究由社会所规定的性别的角色和关系。因此,BRAC 决定加强它的性别分析能力。

在 1992—1995 年间,应 BRAC 的邀请,哈佛国际发展研究所有关 NGO 的计划被卷入到一次建设性别研究能力的合作性努力中。这种能力建设的经验包括战略规划、技术援助、合作研究和培训。1992 年 7 月,应创办 BRAC 的主任的请求,UNIFEM 派遣了一支两人队伍去孟加拉国探讨选择哪种途径才能加强它对性别研究的能力。那个团队的成员包括 UNIFEM 的一个高级行政人员和哈佛国际发展研究所的计划主任。两人都是性别研究专家。他们和 BRAC 的研究人员一起进行了战略评论和规划训练。在那次训练中,全体工作人员得到鼓励对当前的形势和对 BRAC 未来有关性别的研究进行评价。他们被要求考虑优先研究的对象、优先研究的课题、相关理论、框架和方法以及该项研究的包装和利用。在他们的战略审视的基础上,顾问们为通过提高能力来满足这些需要推荐了几种做法,包括进行性别研究以及在 BRAC 建立一个性别资源中心。[9]

技术援助和合作研究集中在怎样评估 BRAC 对妇女及其家庭实施的干预的影响。1992 年,该组织把它的农村发展计划延伸到孟加拉国一个地区的 100 个村庄。在那里,一个国际健康研究组织——孟加拉国腹泻疾病国际研究中心(ICDDR,B) 自 20 世纪 60 年代以来就进行了人口统计监测和健康干预服务。人们期望用 ICDDR,B 监测的有关健康和人口统计指标的丰富数据证明,这些数据是调查社会经济发展和农村中的穷人,特别是妇女和儿童的福利变化之间的可能联系的一次独特良机。这些数据也被期望用来研究影响产生的机制。最后,BRAC 同 ICDDR,B 建立了研究性合作关系。

1993 年 6 月,BRAC 和 ICDDR,B 在哈佛大学举行了一次方法研讨会。它们召集大专院校的教师和实习者组成跨学科的组织,就该研究当中存在的概念和方法上的问题进行讨论。在研讨会中,很显然大多数学术界的专家都非常擅长估量影响,但宣传计划干预和过程的能力有限。基于 BRAC 和其他 NGO 计划的经验,哈佛国际发展研究所的计划主任被要求提交一份概念模型,这个模型能被用于跟踪妇女参与经济、健康、教育计划和她们生活所发生的变化的各个方面。

在研讨会结束的时候,BRAC 要求哈佛国际发展研究所的计划主任和一位来自孟加拉国发展研究所的研究人员根据这种概念模型设计一个研究项目以评估 BRAC 的计划对妇女生活的影响。这种模型被设计用来监督发展干预的影响和调查妇女生活发生变化的途径。

在这个模型里,有四种假定的改变妇女生活的途径:物质的、认知的、直觉的和关系的。物质途径指妇女获取和控制物质资源的变化。认知途径指妇女知识水平、技巧的变化和她们对赖以生存的更大外部环境的意识的变化。直觉途径指妇女的自我感知和别人对妇女感知的变化。最后,关系途径指妇女在与别人的交易或关系中签订协议和进行洽谈的能力的变化。在这个模型里,妇女可以作为个体来体验这些变化途径,也可以由与她们生活中的其他代理人有关的妇女来体验,或者由其他代理人本身来体验。这些代理人包括 BRAC 组织的村级妇女群体的成员、直系和旁系亲属、自己家族成员或者她们丈夫家族中的成员、她们居住的农村社区的成员、当地农村精英、当地政府官员、当地各种经济市场中的代理人或其他人。表 9-1 展示了这种模型,它能够用于跟踪妇女生活变化的过程。[10]

这种模型过去被 BRAC 的研究人员用来设计一个实验性研究,这一研究产生了一套检测妇女生活变化的指标。这些指标和其他来自该研究的洞察接着被用于指导讨论 BRAC 的未来政策,指导 BRAC 与 ICDDR,B 之间的大型合作研究项目。[11]

表 9-1　变化途径

变化单位	物　质	认　知	直　觉	关　系
自身	信用	非正式教育	自尊增强	
妇女团体	信用	非正式教育	团结增强	
直系家庭	资产		更尊重妇女	妇女交涉能力增强
旁系家庭			更尊重妇女	妇女交涉能力增强
家族			更尊重妇女	妇女交涉能力增强
社区			更尊重妇女	妇女交涉能力增强
精英			更尊重妇女	妇女交涉能力增强
官员			更尊重妇女	妇女交涉能力增强
市场代理人			更尊重妇女	妇女交涉能力增强
其他			更尊重妇女	妇女交涉能力增强

哈佛国际发展研究所的 NGO 计划也与 BRAC 一起参与到两个合作研究项目中去。一个项目集中在增进低收入妇女进取心的方法上,另一个项目涉及组织妇女获得经济授权的选择方式。在第一个项目中,哈佛国际发展研究所与好几个包括 BRAC 在内的 NGO 合作过,目的在于产生八个研究妇女经济课题的案例、一部根据八个案例的教训合写的专题著作和一个根据所吸取的教训而写的培训计划。[12]增进低收入妇女进取心的方法要求,承认妇女在所选经济部门中的工作,诊断妇女在特定经济部门中承受的压力,以及帮助妇女着手解决这些特殊领域的压力。BRAC 的妇女家禽饲养计划被用来说明一种部门战略,这种战略包括提高妇女的传统技能和建立必要的基础设施和服务,用以改进已被政府忽视的一个经济部门。该组织的妇女丝绸生产计划被用于说明另一种部门战略,这种战略包括培训妇女的新技巧和建立必要的基础设施和服务以开发一

个新的部门。[13]

在第二个合作研究项目里,10个南亚的NGO(包括BRAC)记录下了它们的经验。这些经验指组织收入低下的妇女争取经济权,它尤为关注当地各种形式的组织,例如贸易协会、农村合作社、贵族贷款团和村庄组织。BRAC被要求记录下它组织25,000多个农村妇女组织的经验。[14]哈佛国际发展研究所的计划主任担任该研究顾问团的一个成员,帮助举办研究设计研讨会。

1995年1月,该主任被要求对BRAC和ICDDR,B的合作研究项目进行中期评价。评价小组的其他成员包括一名孟加拉国经济学家、一名哈佛公共健康专家和一名美国医学人类学家。指导中期评价的条款要求对目前的研究进展及研究框架和方法进行评估。在其他建议案中,评价小组得出结论,研究框架需反映出很好地理解了BRAC为支持低收入妇女而进行干预的顺序和内容,反映出理解了妇女的生活所出现的令人期待的变化,并反映出理解了这些变化与妇女及其家庭的健康和福利的变化之间的内在联系。

哈佛国际发展研究所和BRAC之间的另一个合作领域是培训。1995年1月,应BRAC的要求,哈佛国际发展研究所为其研究人员举办了性别研究培训,目的在于增强他们进行性别分析的能力及回顾过去和现在性别研究的状况。培训纲要包括简明女权思想史、各类社科领域的性别分析讨论、相关性别和社会分析框架在孟加拉国的应用,及对选定的BRAC研究领域的性别"审计"。除哈佛国际发展研究所的NGO计划主任外,负责培训的人员还包括4名BRAC的研究人员和培训人员、2名来自孟加拉国的女权学者、1名来自印度的性别意识培训人员。20名BRAC的研究员、4名培训人员和2名计划人员参加了研讨会。研讨会的一个显著收获是需要拓展常见的分析框架,以便分析孟加拉国农村地区的社会制度、经济阶层、性别角色及关系之间的相互联系。[15]

性别研究能力建设的约束

研究能力建设中常见的约束

1975—1995年间，BRAC在研究能力建设时，遇到了来自内外两方面的约束。内部约束源于人力和组织资源的局限，在本书其他集中关注研究能力建设的案例研究中对此有所描述。外部约束在其他章节没有提及，它既可归类于智力约束，与正式的学术培训、社会科学及技术协助相关，又可归类于能力建设者约束，与BRAC研究部的外来顾问及外来合作者相关。

在人力资源约束方面，BRAC发现，寻找、吸引并留住研究人员特别困难。首先，它所吸纳的研究人员通常只接受过质量很差或不合适的培训。尽管有过半的核心研究人员具有国外大学的高等学位，但他们所接受的教育的学科界限和技术性质限制了他们进行跨学科研究所需的能力。其次，BRAC相对的低工资、职业生涯的不确定性使得众多研究者尤其是受过良好教育的那部分人，加盟不久便弃之而去。[16]在1995年的核心研究小组中，几乎过半的成员只在BRAC工作了不到两年，而工作5年以上的研究人员不足20%。

在组织约束方面，研究部门因对其时间的竞争性要求、研究计划不明确以及对运作中的计划缺乏交流而饱受其苦。来自计划人员及合作机构的竞争需求的压力制约了研究部门的能力，使之不能优先考虑研究项目、全面规划研究议题，不能设计更细致的个人工作计划（更小的职业生涯），也无法合理分配时间以分析研究结果。另一方面的问题就是，BRAC内部的研究人员、政策制定者和BRAC的计划规划者之间交流时间有限，态度谨慎。[17]这些组织约束的综合效果就是研究部所做的研究常常分析不充分、应用不彻底。

在智力约束方面,BRAC发现,研究人员所接受的标准的社会科学方面的训练并不一定能使其与所需从事的研究相匹配。首先,这类训练通常限制研究人员"看出"某一学科不会教他们识别出什么,或"看出"学科之间的鸿沟是什么。例如,标准的经济学强调创收或所谓高效益的劳动,而相对忽视收入保存(income-conserving)活动。这在孟加拉国就意味着燃料、饲料和水的储存及妇女在收获之后的加工劳动总是得不到经济学家的认可或重视。其次,社会科学方面的理论训练也不足以使研究人员解释和预测现实生活情况的复杂性。例如,正统人类学侧重社会规则和规范而忽视社会实践。在孟加拉国,人类学家总是低估那些自己独立生存而不需大家庭的支持和供给的妇女的人数。再次,研究人员个人的学科局限也影响他们形成普遍的、跨学科的分析框架的能力。第四,社会科学方法的训练不一定能赋予研究人员足够的能力,使他们认识不同研究框架或问题的多种方法的合理性和局限性。最后,国外大学提供的训练也很少着眼于孟加拉国农村的政治经济。

在能力建设约束方面,BRAC也面临着识别适当的研究顾问和研究合作伙伴的问题。[18]它的研究分部以某种特定的方式就一个具体研究项目与顾问签订合作协议,安排方式包括从短期、一次性顾问到长期访问顾问,甚至于一到两个常驻顾问。同时,20年来,BRAC同十多个研究机构(大部分为国外的)建立了伙伴关系,它们或向研究人员提供培训,或参与合作研究,或二者兼备。此外,由于这些伙伴大都将特定的研究框架和方法用于特定的研究项目,它们的合作更侧重于完成研究项目,而不是建设研究能力。另一方面,由于一些合作伙伴不太了解孟加拉国的农村社会及BRAC的计划,他们所提供的训练只注重研究方法,而没有全面的研究框架,有时还会误导、混淆该组织的研究议题。

性别研究的特定约束

在它们的合作过程中,除了上面描述的更常见的约束外,BRAC 和哈佛国际发展研究所还碰到两类性别研究能力建设的约束。第一类是通过区分出性别意识训练与性别研究,从而使性别研究中立化的需要;第二类是在所有 BRAC 的研究中把性别分析连成整体的需要。

使性别分析中立化。BRAC 聘请了一个性别训练小组来强化其员工对组织内男女之间的性别强弱度的敏感性。为了加强 BRAC 研究人员进行性别分析的能力,哈佛国际发展研究所的 NGO 计划主任不得不就性别分析和性别意识训练做出真正但常常又是模糊的区分。这种区分至少包括三个方面(见表9-2):首先,性别分析要注重对外部环境、对 BRAC 所工作的村庄里性别角色和关系的分析;与此相反,性别意识训练则侧重于对 BRAC 内的性别角色关系的分析。其次,性别分析基于男女角色与关系是由社会所决定的这一假设,目的在于探索这些角色的具体内容和在不同背景下性别关系的特定强弱度;而性别意识训练则着重于唤起性别角色与关系的意识,就如它们在 BRAC 内部的运作一样。再次,性别分析着重研究在孟加拉国农村中性别与社会的内部层级如何决定不同性别的角色与关系;而性别意识训练则主要是研究性别的层级。

表9-2 性别分析与性别意识训练的区别

主要变量	性别意识	性别分析
分析单位	孟加拉国农村促进委员会	村庄
目的	提高对性别强弱度的认识	分析性别强弱度
所用假设	性别层级	性别及社会层级

整合性别分析。哈佛国际发展研究所的 NGO 计划主任不得不强调性别分析或研究不应被看作是与其他研究相区分的一种训练。确实,性

别在BRAC中应视为一个关键变量,没有此变量,BRAC的所有研究都将行不通。然而,除非有一个可以对性别进行整合的共同的分析框架,否则性别就不能作为一个关键变量进行整合。因为BRAC研究人员均受过严格的训练(最常见的有经济学、医学及人口统计学方面的训练),他们对孟加拉国村庄的实际缺乏共同的了解。例如,他们对孟加拉国山区重要的社会经济风俗习惯缺乏共同的了解。这些风俗习惯包括婚姻、亲属关系、经济等级、政治派系、社会网络、地方司法及市场等。对于这些风俗习惯怎样相互作用从而决定不同性别的角色与关系以及影响妇女生活,他们的了解就更少了。

有关在性别研究训练的研讨会上对市场的讨论就说明了这个问题。BRAC经济学家认为,劳动、信用和生产市场以自由、开放、竞争的方式共同作用于市场。BRAC人类学家指出,这些市场均由亲属关系、主人喜好所控制,如谁获得聘任,谁获得何种利率的借贷,谁在何处买卖了什么。BRAC性别研究人员进一步指出,由于婚姻、亲属关系规定了妇女可以去哪里或做什么,她们与男性在劳动力、信用和生产市场方面并不能在一个公平的起点上展开竞争。这一冲突使BRAC研究人员再次对他们有关市场是如何运作的和开展性别研究的有用性假设进行评价。它同时还强调了有必要建立一个共同分析框架来分析孟加拉国农村的社会风俗、经济等级、市场制度、性别角色及关系之间的联系。

结论

综上所述,建设NGO的研究能力需要识别研究的相关类型、适当的分析框架及具备合适条件的人员。运转中的NGO所要求的这一特别的研究与其他的主流学术研究差别很大。为了提供有用的项目前期评价、中期诊断、后期评估,研究人员需要把政策分析人员、管理和实施专家、技术专家和社会科学家(了解乡村动力学)的技能结合起来。此外,为了有效地分析不同计划的综合效果,研究人员需要在同一个分析框架下综合运用多种学科的技巧。

适用于运转中的NGO的分析框架是应用性框架,它把对发展政策和实践的理解与对社会经济现实的理解结合起来。更具体地说,研究人员需运用两种常见的分析框架,一种用于诊断村庄的原动力,另一种将被用于评估计划的目标及影响。第一种框架——一种社会关系框架——将被用于对社会风俗、经济等级、家庭类型、性别角色及关系的联系与相互作用的分析。这种框架应该由研究人员在现存社会框架的概念范畴基础上开发出来,但要把它们与发展中国家当地生活的具体实际相匹配。

IDS框架列出了地方风俗中社会关系的五个相互区分又相互联系的方面,这些方面一般说来对社会不平等特别是性别不平等的分析具有意义:规则、活动、资源、人及权力。这五方面被简单解释为:如何做(规则);做什么(活动);用了什么,产生了什么(资源);谁参与,谁退出,谁做什么(人);谁决定,为谁的利益服务(权力)。[19]为了找到一个合适的社会关系框架,研究人员应该在一些重要的社会习俗中探讨上述这些方面,如婚姻、亲属关系、经济等级、社会网络、政治派别、地方司法以及地方市场。这样建立起来的一个共同框架不仅可被研究人员运用,也可被其他计划人员及规划人员运用。如果照这种方式发展和运用,这样的框架能够促成一个共同的分析基础及共同的论述语言。

第二种框架——计划评价框架——可用于评价NGO计划不同组成部分的目标及影响。它同样应由研究人员根据性别规划领域的某一项有效框架——实际需要—战略利益框架构建而成。这一体系阐述了妇女在她们生活和居住的物质条件下的实际需要,与她们在和男性关系的结构和本质中所产生的战略利益之间的区别。[20]要开发一个合适的计划评价框架,研究人员应把这个框架应用到妇女生活的实际中去。这一计划评价框架可用于编制NGO计划的目标,检验有关妇女生活变化的假设,并有助于推进 NGO 内共同分析框架的形成及共同论述语言的运用。

谈到这些智力方面的约束和挑战,运行中的 NGO 要求有一"群"特殊的能力建设者来帮助开发一种特殊的研究"品牌"。这些能力建设者是学者型的实践者,他们能够在相关社会科学领域进行计划政策干预的分析。遗憾的是,许多专业研究员对计划干预及过程缺乏足够的了解。而许多发展型实践者对研究理论与方法的了解又非常有限。然而,正如我们看到的那样,BRAC 还是能找到一些学者型的实践者来帮助建设研究能力。

建设 NGO 从事与其工作相关且有意义的研究的能力,能够加强其政策分析、战略规划、计划设计的能力。同样重要的是,建设从事能有效分析和记录其经验的研究的能力,能在 NGO 部门中传播重要的经验教训。

BRAC 的研究以两种形式为第二个目标服务。首先,由于他们所进行的研究,有些计划带来的结果超越了组织本身。最为引人注目的是,BRAC 研究中有关口服补液(oral rehydration)的计划对国内、国际口服补液疗法有影响。其次,一些研究的影响远远超出 BRAC 本身。例如,用于评估小学对儿童产生的影响的方法就广泛应用于孟加拉国、巴基斯坦、尼泊尔的政府组织与 NGO。[21] 然而,如果现有的与性别有关的研究能进行更好的分析和宣传的话,那么一些 BRAC 的研究,特别是关于低收入妇女的研究,会产生更大的影响。

注释

1. 见 David Brown and David Korten, "Understanding Voluntary Organizations: Guidelines for Donors," *World Bank Working Papers*, 258, Country Economics Department (Washington, DC: The World Bank, 1989)。

2. 在地方这一层次,SEWA 给女工提供教育、健康、金融、营销及其他服务,并组织她们抵制剥削,要求更高的工资。在全国这一层次,SEWA 通过研究与提供文件,在不同的交易和服务中提高了女工的能见性,并且为支持女工而建议印度政府采用合适的政策和计划。在国际这一层次,SEWA 提高了以家庭为中心的工人的能见性,拟就识别和保护这些工人召开国际会议,并为会议得到国际劳工组织和国际自由贸易同盟的批准而游说。SEWA 已经有意识地并一直使用更积极的术语"自我雇用"来界定那些在通常被称作是"非正式的"或"无组织的"印度经济部门中工作的妇女。

3. Grindle 和 Hilderbrand 在其用于分析公共部门能力建设的框架中,把制度环境看作是促进和制约公共部门绩效的一个重要的能力维度。在她们看来,这方面的能力包括法律规章、金融和预算支持、政策和改革计划、既定责任、权威结构和非正式的权力关系。这些特征中的每一个都被看作是双刃剑:对于有效运行起重要作用但易于导致不灵活性和僵化。对于与公共部门相对应的 NGO 部门而言,没有这些特征比约束这些特征有更大的风险。

4. 在本章的其他部分,NGO 这个术语用于指第二组 NGO。

5. 建设 NGO 研究能力的努力相对来说没有在文件记录中得到证实,也没有在理论上得到解释。至少有两部分不断增加的文献涉及 NGO 部门的研究:参与性农村评价的文献〔Tobert Chambers, "Shortcut Methods for Gathering Social Information for Rural Development Projects," 见 M. M. Cernea, *Putting People First*: *Sociological Variables in Rural Development* (New York: Oxford University Press,1985)〕;行动学习方面的文献〔D. Kolb, *Experiential Learning*: *Experience as the Source of Learning and Development* (Englewood Cliffs, NJ: Prentice Hall,1984); W. W. Revans, *The Origins and Growth of Action Learning* (Bromley, Kent, UK: Chartwell-bratt, 1982); P. Senge, *The Fifth Discipline*: *The Art and Practice of the Learning Organization* (New York: Doubleday, 1990)〕。第一种指的是一种特别的研究方法,这种方法主要受到 NGO 的欢迎;第二种指的是有关向行动和经验学习的一种特别的组织理论(这种理论又称为行动研究、组织学习、学习系统,它最初是为公私部门开发的,现在正延伸到 NGO 部门)。没有一种直接涉及 NGO 执行社会科学或政策分析的能力。出于这种原因,本章主要引用哈佛国际发展研究所本身的经验以及它与 NGO 合作的经验,而不是这些机构的文献。

6. BRAC 的高管层包括其他支持服务(客户、出版、政府关系)的负责人,以及 BRAC 零售商店(该店销售孟加拉手工艺品)和 BRAC 的商业投资企业(印刷厂、冷贮厂以及三个制衣厂)的负责人。参见 Catherine H. Lovell, *Breaking the Cycle of Poverty*: *The BRAC Strategy* (Hartford, CT: Kumarian Press,1992)。

7. 所有这些就是 Myers 所说的短期研究的需要。

8. 在 BRAC 服务过至少 5 年并展示出必要的技能和兴趣的年长研究人员受到鼓励去攻读博士学位。在 BRAC 服务过至少 3 年并展示出必要的技能和兴趣的年轻研究人员受到鼓励去攻读硕士学位。

9. 正如所展示的,资源中心会培育在此领域正在进行的争辩和研究战略的外在联系,增加信息流通,根据不同的听众群重新包装研究成果,提供在孟加拉国不能得到的信息方面的有价值的二手资料〔Marilyn Carr and Martha A. Chen, "Establishment of a WID/Gender Research Programme in BRAC"(UNIFEM 任务报告,1992)〕。在 1994 年 12 月,UNIFEM 应 BRAC 的邀请派出两名顾问帮助其起草建立一个信息和资源中心的计划。既然总部大楼完工了,BRAC 希望把建立这样一个中心的制度安排好。

10. 这个表格或矩阵图通过一连串的路径—代理相互作用(通过计算所报告的变化发生的顺序中矩阵的格数)跟踪变化的过程。指的是 Martha A. Chen and Simeen Mahmud,"Assessing Change in Women's Lives,"提交给 1993 年 BRAC-ICDDR,B 合作资源项目的概念性论文。

11. 在方法讨论会结束的时候,另一个哈佛国际发展研究所的研究人员以及哈佛公共卫生学院的研究人员被要求就健康和福利的社会经济干预的影响写一篇相似的概念性论文。

12. 见 Martha A. Chen ed., *Beyond Credit: Promoting the Enterprises of Low Income Women*(New York and Ottawa:UNIFEM and Aga Khan Foundation Canada,1996)。

13. 其他的部门战略包括:把妇女与现有的基础设施联系起来,把妇女转移到全新市场或新任务中,为妇女引进新技术和组织妇女抵制市场中的剥削。

14. 在 1995 年年中,BRAC 已将超过 100 万名妇女(和 15 万名男子)组织成 25,000 个乡村组织。

15. 见 Martha A. Chen,"Gender Research Training Workshop, BRAC, January 1995,"训练研究会报告。

16. Trostle and Simon,"Building Applied Health Research Capacity in Less-Developed Countries:Problems Encountered by the ADDR Project,"见 *Social Science and Medicine* 35,11(1992):1383。论文列举出低工资和职业生涯不确定作为在不发达国家中建设应用性健康研究能力的两种约束。

17. Trostle 和 Simon("Building",1382)把"研究人员、政策制定者和计划规划者之间交流不畅"列为不发达国家建设应用性健康研究能力的约束之一。它们指的是研究机构在与卫生部门和其他执行机构分享信息时所碰到的问题。在 BRAC 的案例中,这种约束指的是在一个执行机构中研究人员、政策制定者、计划规划者之间交流不畅,两者都是出于时间约束的缘故并且因为 BRAC 的研究人员正被要求对 BRAC 计划进行评价和评估(这就造成 BRAC 研究人员与 BRAC 计划人员之间有些矛盾的关系)。

18. 对于公共部门能力建设中固有的挫折和失败的讨论,请看本书第三部分。

19. Naila Kabeer, *Reversed Realities: Gender Hierarchies in Development Thought* (London:Verso,1994),281-282。

20. Caroline Moser,"Gender Planning in the Third World:Meeting Practical and Strategic Gender Needs," *World Development* 17,11(1989):1799。

21. BRAC 的研究人员在与许多政府和非政府组织的合作中开发出这种被称为"基本资格评价(ABC)"的研究工具。

第二部分　能力建设战略

Ⅲ　改革制度

第十章

成功的经济发展及美国印第安人保留地政府形式的异质性

斯蒂芬·E.康奈尔和约瑟夫·P.卡尔特

有关经济发展基础的研究与教学正处于从"制度问题"向"制度来自哪里?"的过渡中,对此存在着一些争论。很清楚,这种变化并不仅仅是一种思想时尚,它源于该领域的成功和挫折。

严格的理论和经验研究以及最近发生的世界性事件进一步说明了这一点,即人们治理自己的正式与非正式的制度是创造国家财富虽非充分但却必要的手段。从理论上通达地探寻由诺斯、帕特南、奥尔森和贝茨代表的一般化范式到具体的案例研究和世界银行的每日报告,再到诸如东西德和南北朝鲜之类的"自然"试验,二战后的一个核心教训似乎是,制度及从中产生的政策至少决定着一个社会是否能够接近由其资源所限定的生产可能性边界,或是否会陷入远离这一边界的贫困中。[1]

经济学家有一种近似于陈词滥调的建议,即经济发展"要求价格信号正确并且创造出一种气候,这一气候允许商业界通过提高投资回报的方式对价格信号做出回应",这一建议被证明是一件一般性的事情。[2] 但是"使价格正确"(也就是建立和支撑市场)且创造一个把寻租引导到生产性活动的环境,要求有制定"游戏规则"的全部正式和非正式的社会制度。正式制度包括法院、宪法和法律、规定。非正式制度包括从关于投票是否适当的准则到工作行为的标准等一系列制度。要使得价格和激励"正确"就需要确保制度"正确"。

诺斯抓住了基本内容:

- 专业化是生产性的,它明显地反映了(至少)人类能力范围内的不经济。
- 成功的专业化要求一定量的合作(以便在一个群体中产生所要求的物品和服务的适当组合)和交换(以便群体中的成员不仅限于消费其生产的特定物品)。
- 合作和交换要求有强制性的和稳定的分配和争议解决规则。
- 分配和争议解决规则要求由第三方执行,该第三方要受到限制,从而使其不能为自我扩大寻租而行使执行权。[3]

新的社会契约理论的基础

提出上面所列清单的能力其实是将经济发展的挑战过于简单化了。就事实而言,世界上可能有很多东西能够引致某种版本的"使价格和制度正确"的劝告。然而,在甲社会中这个劝告得到支持,在乙社会中则可能不然。更具体地说,虽然政治和市场事务的变化由苏联的崩溃引起,但无可争辩的是,"看不见的手"的力量驱使政治和经济体制得到最适当的聚合——这种适当性比起似乎要起支配作用的制度多样化来说,至少不是以足以使聚合成为一个更令人感兴趣的话题的速度进行着。

对于人类来说,植根于新制度主义者对经济发展(更具体地说是社会成功)基础的描述中的挑战性问题是,游戏规则和那些规则借以设计、实

第十章 成功的经济发展及美国印第安人保留地政府形式的异质性

施和执行的制度就是萨缪尔森所谓的共享的公共物品。这些规则的产生和维护本身使自利个体陷入囚徒困境,这就充满着背信弃义和搭便车的机会。在这种情况下,效用最大化的人表现出的平常的、自利的理性使"看不见的手"大吃一惊,而要提供互利的游戏规则和相关的制度是极其有问题的,更不用说最佳的提供了。那么,许多人怎样成功地摆脱了霍布斯式的世界呢?

对于提供具有高昂的排他性成本的公共物品所产生的大多数问题的经典解决方法是,由无私心的第三方执行——它能够约束搭便车者。[4] 这种解决方法是我们教给经济学本科生的,在"公共物品作为市场失败的一种形式和政府提高效率的角色"这一范畴之下,它通常像是有关国家的一种肯定性理论。然而,如果政府本身是一件公共物品,那么人们怎样组织自己去生产它呢?帕特南这样说:

> 部分的困难在于强制执行的成本很高……然而,更基本的问题在于,公平执行本身就是一件公共物品,容易碰到它要解决的同样的基本困境。要让第三方执行,第三方本身就必须是可信赖的,但什么力量才能保证统治者不会"背信弃义"呢?简单地说,如果国家有强制性力量,那么,管理国家的那些人会使用强制力以社会的其他人为代价来为他们自己的利益服务。[5]

当然,人们确实设立了集体行动的制度(包括政府),而且"背信弃义的"、寻租的统治者虽然很普通,但却不普遍。再看帕特南写的:

> 帮助超越集体行动问题的正式制度实际上如何又为什么要做出规定呢?看起来参与者自己不能够设立制度,出于同一理由,他们首先需要它,且一名公平的"法律给予者"同一名霍布斯式的统治者一

样是有问题的。[6]

正如我们在其他地方所写的,比如,我们不可能由于签订了一个契约以遵守我们的宪法,就不会陷入永无止境的退步中。社会控制和组织的正式机制通常应该很容易受到搭便车的影响,这是因为统治集团削弱了宪法,或者因为善意的公民等待他们的邻居承担维持这类篡夺者秩序的成本,也或者是因为惯犯骗税和闯红灯。[7]

霍布斯之谜诱使许多社会科学(甚至进化论生物学)学者通过演绎断定,人类组织专业化、交换、第三方执行和争议解决的过程所经由的正式机制和制度,必须建立在某种形式的超宪法的合作协议上——一种社会契约,它把个体紧紧连在一起。在对这些问题的探究中,或许最有代表性的经济学家的视点是道格拉斯·诺斯的《制度、制度变迁和经济绩效》一书。此书积极地正视——但却没有回答——作为社会范围内的契约、规则和产权制度的强制性第三方(即非寻租)的执行者的国家,只能被约束在一个充满了财富最大化、搭便车的个体行为者世界中第三方角色的位置上。[8]诺斯被诱导去寻求共享的"精神模式"和"意识形态"的基础。[9]在罗伯特·帕特南的《使民主运转起来》(1992)一书中,政治学家发现,"社会资本"(包含互惠、信任、文化规范等之类的网络)产生于700—800年前的市民交往,这是解释今天意大利许多地方根本不同的社会和经济发展情况的主要因素。[10]

以詹姆斯·科尔曼(James Coleman)的《社会理论基础》和乔恩·艾尔斯特(Jon Elster)的《社会的黏合剂》为代表的社会学中的理性选择运动,正着手为人们提供一种对机制的认识,通过这一机制,一种文化的共享行为和感性认识规范会塑造并约束经济人——或许产生了经济学家和政治学家已开始提倡的我们的"热心于社会学的同行"的"知识社会学"和"软性"解决办法。[11]从历史学家的视角看,巴西尔·戴维森(Basil

第十章 成功的经济发展及美国印第安人保留地政府形式的异质性

Davidson)的《黑人的负担:非洲与单一民族国家的诅咒》做出了一个定论,后殖民地非洲的特定成功与单一民族国家制度的结构一致性或不一致性直接相关,这种民族国家制度是带有大量形形色色的本国社会历史政治文化的殖民地当权者遗留下来的。[12]

最后,根据爱克西罗德的《合作的演进》的观点,进化论途径同样与竞争和合作问题的讨论和解决有关。[13]有关狭隘的自利行动者的博弈理论模型主要是产生了在多数情境下不存在的结论,而社会学家被迫紧紧抓住这样一个事实:他们正在研究一种社会动物。[14]主要的进化论学者正转向其他模型,在此模型中,很明显,人类综合运用推理、语言以及由人际关系触发的真正的社会人拥有的私人情绪化的奖惩方式来解决合作与背信弃义问题——社会人也就是有正义与内疚、亲密与孤单、爱与恨、忠诚与不满之类的"社会情绪"能力的人。[15]一个社会的文化——它对真实和可能性的实证描述以及它的有关个人和社会礼节的规范——构造了可见的机遇环境并为理性个体的"效用"能力提供了具体的内容(即品味)。一个社会契约的基础表现在这些文化描述和规范中,特别是表现在社会交往和政治合法性的规范中。最容易理解的是,社会契约中一段时期的形式和变迁是由有高度路径依赖性的文化演进的过程限定的,而不是由经济学的选择理论中看不见的手限定的。[16]

来自美洲印第安部落的证据

关于经济发展的令人感兴趣和有用的教训正出现在一个不太寻常的环境中——美国的美洲印第安保留地。自19世纪70年代初以来,在美国保留地的美洲印第安部落获得了高度的政治自主权。[17]部落政府现在拥有在它们各自保留地上对公共政策进行立法、管制和裁定的权力。在大部分保留地,部落在宪政民主下实行自治。自治体制下产生的政府限定(entail)部落的议会、法院、警察、税务、商业与环境管制部门、公共服务的提供以及基础设施的提供和维护。

目前,全国的300多个保留地上的美洲印第安部落是美国最贫穷的少数民族。保留地常有严重的失业及伴随而来的贫困这样的社会和经济症状。尽管有这些一般化问题,但在19世纪70年代初,少数部落已打破等级,随着民族自决时代的曙光开始走上可持续的经济发展道路。以前的研究已经显示,像资源捐赠和人力资本贮存这样的因素对各部落所取得的不同程度的经济成功具有极小的解释力。相反,最近20年间相对成功的部落的特征在于,创设在执行公共决策和禁止寻租方面相对有效的、稳定的政治制度。此外,有效的政治制度一方面一直有形态和权力之间的一致性特征,另一方面有19世纪保留地前部落政府的形态和权力之间的一致性特征。[18]

虽然制度对保留地的经济发展极其"重要"(这一点似乎很清楚),但我们以前的研究表明,甚至在那些成功的保留地中,制度和宪法的形态也是多种多样的。本章假设,这种多样性反映出一个"同样的问题、不同的解决方法"的过程。"问题"包括确立法治,采用伴有非印第安经济的相对自由的贸易的公共政策,维护真正程度上的政治稳定。"解决方法"由部落政府采用和实行的各种制度设计组成,包括司法、立法和行政制度。

在这一研究中,我们对许多部落中这些制度解决问题的能力的本质进行了审查。特别关注两个经济上成功且正在发展中(非博弈中)的保留地:蒙大拿州的弗拉塞德印第安人和新墨西哥的科契地印第安人。前者突出表现为高度发达的议会民主,而后者的运行靠传统的神权政治,没有成文宪法。他们是否碰到了同样的问题,但找到了不同的解决方法呢?

印第安地区的社会契约理论和制度多样性

到现在为止,我们的研究集中在对过去20年间印第安地区经济发展中相关成败的解释上。在这群拥有同一政府制度的部落中,如果有稳定

第十章 成功的经济发展及美国印第安人保留地政府形式的异质性

的部落资源和人力资本禀赋,那么,经济绩效中就会出现鲜明的差异。我们发现,如果资源和政府形式稳定的话,各部落绩效的差异是与部落政府的文化合法性的差别相一致的。特别是,20世纪大部分部落政府是由美国政府为他们创设的。对于一些部落来说,美国设计的部落政府形式与其固有的(和以文化为基础的)保留地前政治制度比较相符。对于其他部落来说,文化相符性很差。前一种部落的运转明显超过后一种。在这群政府形式差别极大却都相当成功的部落中,同样有值得注意的案例——从民主到神权政治。至少,这种差别表明一种政府形式并不适合所有的部落。这是为什么呢?

新社会契约理论假设,成功社会中的政府形式的异质性意味着这类社会用自治政府的有效制度解决一类普通问题——禁止非生产性寻租并且使政府担当第三方执行者的角色。然而,有争议的是,这类部落中的文化异质性使得对于每个部落有效的政府形式出现差别,这是通过将不同的模式与文化属性、可运行形式相匹配而实现的。[19]这些假设得到证实了吗?

用以联系文化与制度的框架

新的社会契约理论受到学科之间交流问题的困扰。尤其是,"社会资本"、"规范"和"政治文化"的概念似乎过分模糊。我们在其他地方争论过,要产生经济进步和社会健康,政府用以支撑储蓄和投资过程、专业化和交换,以及权利执行和争议解决的正式制度就必须通过有效性和合法性的检验。[20]

最低限度地说,有效的治理要求有禁止耗费投资的非生产性寻租的机制。这些机制带来的不仅仅是维持法律和秩序的明显功能,而且也带来了通过扩大规则、规章和政策来限制政府使用以破坏性寻租为目的的机制的功能。后一种有效性检验是第三方执行问题的一个版本,有效的制度要用于对限制个体在任何特别时候控制政府机关的权力的设计。没有这方面的有效设计,产权(公共的或者私人的)就不会牢靠,储蓄和投资与专业化和交换的过程就会受到挫折。在正式的书面表达中,这样的设计或许能最普遍地被看出:宪法上权力的分离、收支平衡核对、权利的宪法或法律细目、司法惯例的发展等等。然而,一个社会正式的治理制度的确不必以文字形式存在和起作用;它们可以包含在口头的或仪式的传统、符号结构和规范中,也就是包含在文化中。实际上,这就是高度发达的正式制度(从英国的习惯法到许多美洲印第安部落保留地前的政府)的基础。

让我们对"文化"再说具体一点。文化的许多属性(比如衣着款式和艺术表现)就可运行的制度形式而言不带任何隐义。新社会契约理论隐含着治理的有效制度——因为有集体物品的属性,且因为它们最终涉及政治权力的使用——要求至少在四个主要方面与一个社会的政治礼仪规范一致:

- 权威的结构,或者是对像下列任务这样的权力和责任的划分:如争议解决(司法事务),执行(强制和监管),法律和规则制定(立法事务),大众动议和授权(行政和官僚的功能)的管理和执行,对外政治、经济和军事事务(国际关系)。
- 权威的范围,或者政府在权威先前的领域上所使用的权力和责任范围。比如,一个社会的非正式规范支持还是憎恶企业的政府所有权?它是否被看作是政府实施契约的恰当角色?
- 权威的位置,或者社会组织(家庭、当地社区、部落)的层次,政治权力和责任会根据一个社会的规范而在它们中间恰当地分配。
- 权威的来源,或者是一种机制,通过这一机制,担当政府角色和通过强制方式进行控制的个体取得合法性权威,也或者是破坏合法性规范的行为。

当政治文化——正如这四个规范性维度所描述的——认定制度是合

第十章 成功的经济发展及美国印第安人保留地政府形式的异质性

法的时,"社会意见"的私人奖惩就被社会网络激活,在这一社会网络内,个体通过禁止相对于这些制度而言的搭便车和背信弃义的方式而被带入其中。[21]来自印第安地区的现场调查的无数例子说明了以文化为基础的合法性的"维持秩序"角色。假如派恩·里奇(南达科他)保留地的奥格拉·苏族部落的政府试图仿照许多部落创办自己的实业,而苏族的政治文化把对合法性的忠诚归于保留地地区的亚部落层的权威,那么这一实业的金融和管理就会首次出现危机,对企业的支持就会萎缩,搭便车者在消耗可得到的租金上就会不受约束,企业就会在从某一联邦计划中得到一轮基金后被迫倒闭。或者,如果一个部落的行政长官的正式角色是与外部的合资企业投资者签订外部协议的谈判者,且这个角色因为现有规范对共有的高层领导做了规定而不受文化规范的支持,就会发生同样情况。例如,由于部落的其他政治家和公民没能支持确保其运转的集体性努力,由部落女主席和国家汽车公司共同创办的新的制造厂只能勉强运转着。可典型的是,当女主席反对另一领导试图让别的领导的侄子来替换汽车装配厂的领班时,却没有出现任何"被激发的"支持主席办公室权威的激情演讲,对女主席的支持消失了,一场政治危机随之爆发,女主席受到弹劾,合资企业伙伴也走了。如果治理制度不合法,破坏性寻租就会以无数大大小小的形式出现。

另一方面,合法的文化制度是否会有效,或有效的形式是否会逐渐形成,并没有得到任何东西的保证。一个社会可能拥有齐全的牢固根植于现有文化规范的制度,但却会面对一个使这些制度无效的环境。为了在美洲印第安人环境条件下借鉴一种普通的模式,一个历来依靠无归属的移栖野生动物作为经济来源的部落可能没有任何理由发展起受到文化认可的合同法,而这一合同法得到了一个文化上得到认可、政治上独立的司法制度的支持。然而,在20世纪晚期的环境中,缺乏这类制度的部落政府很可能会特别无效率。[22]虽然对此进行深入讨论超出本研究的范围,但文化变迁的演进(作为与"看不见的手"相对的)机制暗示,文化和制度适应(也即导致有效的合同法和司法制度的形成)隐含的压力反应相对迟缓,并且没能提供任何有关均衡汇合的完美理论。[23]

当代大部分部落政府大约在20年前就同时被赋予了实实在在的自治政府的有效权力。在部落自治恢复以来的20年间,从一个相对同质的贫困基点和依靠联邦、州基金和制度开始,部落的经济绩效得到了提升。绩效的跨区域差别在多大程度上能用有效性差别和部落自治制度的合法性来解释呢?

今天,治理当代美洲印第安保留地的正式制度的独特历史给这种研究问题套上了难以寻找的"金丝项圈"。因为在大部分情况下,部落宪法被有效地强加给部落(且经过内政部长批准,根据外部权力的控制,这些宪法过去和现在都常常会发生变化),部落显然在其目前和历史的社会政治文化中有很大不同,印第安背景提供了观察"社会契约"和正式制度被错配的可能性。这类制度中的公共物品理论直接产生了这种假设(由于印第安背景下的"金丝项圈"的存在,这种假设是可测试的),即潜在的社会契约和一个自治社会的正式制度之间的错配会妨碍制度的合法性,并使这些正式制度运行得相对较差。此外,由于我们拥有具有同样正式制度(来自1934年的《印第安重组法》〈IRA〉)但其社会政治文化背景(契约)不同的部落,因此,印第安背景提供了将作为社会成功的核心决定因素的社会契约隔离出来的某种期望。这个期望由于以下事实而得到加强,比如,当与整个美国相比时,美国印第安社会在部落内相对是同质的,在部落间则明显是异质的。在本章的后面部分,这种分歧被用作试图理解很不相同的政府形式有效性的基础。

印第安地区的经济和政策的背景

印第安自治的复兴是近20年间一系列联邦法律和1975年《印第安

第十章 成功的经济发展及美国印第安人保留地政府形式的异质性

民族自决和教育援助法》的最直接结果。印第安部落现在一般有超过美国的州的自治权利,它们有能力建立自己的法院、警察机关、立法机关、官僚机关、商业和环境法典、税务制度、民事和刑事程序以及政权的其他大部分功能。[24]

这些部落中大部分是在20世纪30年代美国政府根据1934年的IRA草拟的宪法下运行的。IRA宪法是以商业或社会俱乐部董事会为参照模式的,它们专门规定:

- 一个拥有立法权(通常)的包括七至二十名成员的部落代议制立法机构。
- 部落主席或总统由立法机构根据议会选举方式选举或按美国行政选举方式直接普选。
- 极少或者根本不提供司法制度或功能。
- 极少列举部落政府内不同部门的权力。
- 要求美国内政部长批准对部落宪法做任何改变。

甚至没有IRA宪法的部落也常常请人草拟它们的宪法(比如在订条约时),非IRA宪法常常仿照前述的结构。[25]

一般来说,美国印第安人保留地是相当贫穷的社区。典型的情况是,保留地的失业率在45%左右(甚至没有为并不出奇的大批失业工人对美国劳工统计局官方统计的失业率的影响而做出调整)。社会一般状况相应地也不能令人满意,社会病(如自杀、犯罪)发生率远远高于美国社会整体的这一比率。

这种处于挣扎中的不发达经济的"一般"形象掩盖了保留地绩效中的多样化情况(表10-1)。一些保留地看起来几乎是纯粹的交易经济,保留地中极少有经济生产活动,大部分的就业都在社会服务部门。比如,根据美国的普查,南达科他的派恩·里奇保留地是美国最贫穷的社区。蒙大拿北部的夏延保留地的部落报告说,保留地全部收入中约95%来自于联

表 10-1 美国印第安保留地的经济绩效和制度形态

保留地	1977—1989年的收入变化(名)	1989年BLS就业[a](名)	与实际预期相关的就业(%)[b]	政府形态[c]	独立司法	文化"相配"[d]
弗拉塞德	16	83	+11	议会制	是	是
白山阿帕切	12	89	+23	行政制	不	是
科契地	10	96	+20	神权政治		是
梅斯卡列罗阿帕切	9	80—90	+33	行政制	不	是
马克树特	6	74	+5	议会制	不	是
派恩·里奇苏族	−1	50	−20	行政制	不	不
桑·卡洛斯阿帕切	−7	49	−15	行政制	不	不
罗斯伯苏族	−10	10	−38	行政制	是	不
瓦拉派	−11	26	−18	行政制	不	不
雅吉马	−12	39	−1	雅典式	是	不
克劳	−12	33	−7	雅典式	不	不
北夏延	−15	52	−4	行政制	不	不
所有保留地	−1	55	—	—	—	—

[a] BLS就业率是100%减去BLS失业率(后者把实际在寻找工作但没找到的劳动力的百分比计量在内)。

[b] 与实际预期相关的就业率表示实际就业水平与一个67个保留地的模型预测的失业水平的差异,这一模型控制着保留地政府形式、周边各县的地方经济状况、人力资本禀赋以及保留地内的产权结构。这个模型的提出和估算出自Cornell, S., and J. Kalt, "Where's the Glue? Institutional Bases of American Indian Economic Development," project report series (Cambridge Harvard Project on American Indian Economic Development, John F. Kennedy School of Government, Harvard University, 1991)。

[c] 议会制指部落行政长官通过代议制度部落议会选举的政府。行政制是指部落行政长官通过部落的保留地居民直接选举的政府。神权政治表示部落的宗教领导人任命主要的部落领导并确立部落的总政策。雅典式指民主决策权授予部落议会,在议会中,部落所有的成年成员在部落议会供职。

[d] 文化"相配"指历史上自我选举的政府形式与现代(主要是强制)政府形式的可能的一致性。

资料来源:美国人口普查,1990年;美国内政部印第安事务局:《印第安公务人员总数和劳动力估算,各种问题》。

第十章 成功的经济发展及美国印第安人保留地政府形式的异质性

邦和国家的计划,剩下的小部分收入来自于保留地的农业生产。邻近的克劳保留地,因为有极其丰富的煤和农业用地,据报道是世界上最富有的社区之一,就1988年来说,计量的人均财富超过300万美元,然而这种财富收入产生的有效比率总共是约0.01%的年回报率。[26]正如许多保留地一样,为失业工人而加以调整的克劳保留地失业率为80%—90%。

相比之下,就社会状况而言,一些保留地经济一直处于繁荣状态,且一直在迅速发展。这个事实甚至适用于那些广为宣传的有关成功地发展赌博的部落(在赌博市场中,它们能够利用主权并赢得活动范围)的案例之外。比如,蒙大拿的弗拉塞德印第安人保留地有着以农业和旅游为基础的健康的私人部门经济。在蒙大拿农村,实际收入不断增长,失业增长率十分低。密西西比的巧克陶族则利用一个有关企业的部落所有权的不同战略,使自己成为密西西比的第四或第五大雇主。早上交通高峰期时车流涌向保留地,因为成千上万的非印第安人来到部落的汽车配装分厂、工业园、贺卡工厂、购物中心以及部落办的学校和其他社会服务组织上班。亚利桑那的白山阿帕切人采用了近似的组织战略来建立以自然资源为基础的经济,这一经济是这个地区印第安人和非印第安人的经济基础。白山阿帕切保留地部落成员有12,500人,他们创办部落企业,每年税收8,000万到1亿美元,包括一个主要的伐木和锯木企业、一个滑雪场、美国最早的收费狩猎场以及一个太空制造转包人。在新墨西哥的科契地村庄,部落拥有上等的幽静社区,经营着全国最好的25个高尔夫球场之一,管理着一个大型娱乐湖上的旅游点。

解释部落间的绩效差异

当部落在一个相对于联邦和州当局的共同政策环境中运行时,当所有部落能自由地大约在同一时间、用同一方式去追求自治时,又如何解释它们经济绩效中相当显著的差异呢?对印第安部落财富的来源这个问题的回答是多层面的，但并不全面。然而在几个层面的调查上，我们相信证据是有力的。

首先，很明显，正式制度主要在"使制度正确"的意义上起作用。在前面的研究中，我们对67个最大的部落（人口超过700人）做出了跨区域的分析报告，从分析中可以得到经济绩效的数据和表面上讲得通的解释性变量。[27]这些分析以相当有力的统计信度表明，有了新古典增长理论提出的常量（包括人力资本禀赋、自然资源禀赋、市场机会等等），宪法形式就能有效地解释经济绩效中的跨部落差异。相关的结果见表10-2，这个表公布了在其他条件均相同的情况下，各种政府形式对保留地就业水平的贡献。在这个实例中，相对于用一种没有独立司法的雅典式民主统治的部落，一个直接选出来的行政长官和一个独立的审判员合起来会最大化地增加部落的绩效，就业可以提高近20（19.9）个百分点。前者是印第安地区的正式治理模式中最差的一种运行类型。雅典式民主（在印第安地区以普通议会著称）对权力没有进行分割，也没有对通过政治舞台进行寻租施以其他组织约束。它们同样使部落中每个达到投票年龄的人都成为部落议会的成员，这样就把政治舞台变成了寻租的政治集团和个人的公有物悲剧。[28]

表10-2　各种政府形态对保留地就业水平的贡献[a]

	普通议会（雅典式）（%）	议会制（%）	独立行政长官（%）
没有独立司法	—	10.8	14.9
独立司法	5.0	15.8	19.9

[a] 平均贡献就Cornell和Kalt的书中对67个部落估量的模型所规定的值进行抽样。资源禀赋和邻近的非保留地经济状况、人力资源（教育和劳动力经验）以及根据分配曲线变化图关于保留地内产权的混合管辖的程序，所有这些因素的影响是恒定的。测量贡献是相对于一个有普通议会但没有独立司法和政府形式的保留地而进行的。所显示的影响从统计上看在90%或以上的水平非常显著。

资料来源：Cornell, S., and J. Kalt, "Where's the Glue? Institutional Bases of American Indian Economic Development," project report series (Cambridge Harvard Project on American Indian Economic Development, John F. Kennedy School of Government, Harvard University, 1991).

第十章 成功的经济发展及美国印第安人保留地政府形式的异质性

在另一个研究层面,我们认为证据让人无话可说,确实存在一个在印第安部落层面上维持成功的自治的正式制度以及社会和经济成功的社会契约。前面对各种类型的正式政府结构的贡献所做的描述解释不了跨保留地经济的绩效中的所有变化。正如表10-1所显示的,部落间绩效差异明显(第1和第2栏数字),且当绩效作为与由资源禀赋和政府形式(表10-1的第3栏)规定的生产可能性边界的距离而被测量时,这种差异继续存在。尤其是,如果使得生产可能性边界恒定不变(正如资源禀赋等规定的),且使得政府形式恒定不变,部落经济绩效仍存在明显的差异。比如,白山阿帕克和派恩里奇苏族自19世纪30年代以来就有非常相似的IRA政府形式,有强有力的行政长官,没有独立审判员。然而如表10-1所示,阿帕切的运行情况比被新制度主义调和的新古典增长理论所预测的要高20个百分点(就就业率而言),而苏族运行的情况比起预测的(表10-1第3栏)要差20个百分点。

我们假设这类差别的产生是不相配的结果,不相配的一方是与位置、范围、来源和政治权威结构有关的部落固有的社会政治规范,另一方是部落政府的(强制的)正式制度。[29] 记录下许多部落最近的(通常在19世纪中期至晚期)在保留地之前的政府制度要相对容易。作为及时而中肯地接受了环境检验的自治社会,这类制度嵌入了部落固有的多种多样的文化中。在一些案例中,现代政府的基本结构与历史结构很相符,而在其他案例中,不相配则是绝对的。比如相当成功的科契地村庄从未放弃传统的神权政治,而且没有任何成文宪法。科契地在表10-1中表现出"相配"。另一方面,有一致的雅典式民主的现代克劳政府与保留地前的克劳社会的层级制、二分法政府结构极少或一点也没有相似之处。克劳属于"根本不相配"这种情况。

如果能够获得12个部落现行的和以前的政府制度的数据(表10-1所展示的),那么,把虚假退化(pseudo regression)的布尔式议事程序应用到12个部落中的任意一个,都可以使我们对现行政府制度和固有的政治文化之间的"相配"是否会有效地增强我们解释和预测部落的相对经济绩效的能力进行测试。[30]我们的测试表明,经济成功由一组充分必要条件支持。这些条件概括在框图10-1中。新社会契约理论和新制度主义再加上广泛的现场调查的确认,暗示着第2项(对政治权力的限制)和第3项(政府形态与文化规范的相配)反映了有效和合法政府的要求。它们使专业化与交换(第1项)和部落资源的生产性使用(第4项)变得可行。

> **框图10-1 根据美国印第安保留地评述经济发展的必要和充分条件**
>
> - 专业化与交换:愿意实现专门化并与更广阔的保留地外的经济体进行贸易。[a]
> - 权力限制:提供了某种把政府限制在第三方执行者角色的机制并禁止寻租的正式的非雅典式政府结构。
> - 文化合法性:支配政治事务的文化规范和目前正式的政府制度之间的一种匹配。
> - 资源:至少一种资源的有价值的存量(比如人力资本、自然资源)。
>
> [a] 指出部落愿意实现专门化和从事交换贸易是以事实为根据的:许多部落以拒绝输入非成员技工、明确的"自足"政策、关闭多种多样的市场(比如娱乐性旅游)的形式,对与保留地外面的经济进行的"国际"贸易表现出敌意。这种偏狭性一律与缺乏经济发展有关。
>
> 资料来源:Cornell, S., and J. Kalt, "Where's the Glue? Institutional Bases of American Indian Economic Development," project report series (Cambridge Harvard Project on American Indian Economic Development, John F. Kennedy School of Government, Harvard University, 1991).

第十章 成功的经济发展及美国印第安人保留地政府形式的异质性

来自当代美洲印第安保留地的证据支持以下结论:(1)经济和社会的成功要求按我们在第一部分指出的那样"使制度正确";(2)社会控制和组织的正式制度是共享的公共物品,不存在一个超然的执行者(meta-enforcer)来禁止背信弃义和搭便车;(3)成功的正式治理制度是建立在由我们能够称之为社会契约的合作规范和常规组成的一种非正式的共享制度基础上的。然而对表 10-1 的审查会提出更深层次的问题。尤其是,"起作用"的正式治理制度是什么?甚至在表 10-1 顶端的那组相对成功的部落中,我们也能发现其政府形式上的异质性。科契地村庄的神权政治相对于其他经济繁荣的部落的宪政民主显得特别突出。有效且合法的政府形式怎样弥补这种差距呢?

科契地人与弗拉塞德人:同样的问题,不同的解决途径

在当今民族自决的时代,弗拉塞德保留地的撒利希与库特内联盟部落和科契地村庄的克勒斯人是美国印第安人中经济最成功的团体(见表 10-1)。根据先前所描述的分析框架,弗拉塞德和科契地部落必然符合框图 10-1 中所列条件。显然,这两个部落都特别乐意实现专门化并参与到"国际"贸易活动中(即框图 10-1 的第 1 项),同时也都有建设经济所需的足够的(但不是惊人的)资源基础(第 4 项)。

弗拉塞德与科契地的政府组织形式却截然不同。1935 年修订的 IRA 宪法规定,弗拉塞德保留地在组织形式上从属于完整、成熟的议会民主制。这里的政府机构好像完全按照中学公民学课本上所规定的好政府的标准来设置。相反,科契地的政府组织形式没有采用 IRA 宪法标准,而是采用沿袭了几个世纪的神权政治,其机构设置、权力分配和行政程序是无章可循的。民主是不存在的,部落中的官员和工作人员由被称为酋长的一个神权政治的统治者来任命。

接下来,我们试图剖析一下弗拉塞德人和科契地人的不同形式政府如何能做到如此高效和合法。在一定程度上，弗拉塞德政府权力高度分割并坚持法治原则，这就太过简单从而不能在新制度主义的框架内对它进行剖析。然而，通过对科契地的调查，我们对高效、合法政府的因素有了更进一步的实质性理解。

以非常传统的非民主神权政治统治一个社会，很容易使我们联想到权力的腐败、专横的寻租问题……然而，新制度主义和新的社会契约理论将会从科契地的经济成功中预见到科契地政府实际上是在规范和（虽然不是书面的）文化规则下运转的，这些规则与规范把神权政治限制在第三方执行者角色上并禁止了破坏性的寻租行为。这一主要假设有待在这里加以验证。我们的研究策略是，剖析科契地政府实际运转所依靠的机制和原则。如果我们找不到解决寻租和第三方执行者问题的程序和规则，新制度主义和新的社会契约理论就得不到支持。当我们写下这些东西的时候，我们当然知道结果。然而，我们并不参与进去。尽管科契地只是一个个案，但这一事实增加了研究结果的分量。[31]

弗拉塞德与科契地目前的经济和社会状况

弗拉塞德

表 10-3 和表 10-4 综述了弗拉塞德与科契地目前的经济和社会状况。弗拉塞德保留地位于蒙大拿西部，面积约 120 百万英亩。它由撒利希与库特内部落联盟管辖，源于 1885 年赫海尔盖特条约。该条约计划把三个群体——弗拉塞德人、彭德奥略尔人和库特内人统一到一个保留地上。彭德奥略尔人和弗拉塞德人都是撒利希民族，语言紧密相关，但文化和历史存在一定的差异；库特内人不属于撒利希民族，说的语言很不同，与撒利希人相互间难以沟通。[32]彭德奥略尔人和弗拉塞德人还有结盟与合作的历史，常一起在落基山脉东部的平原上捕猎野牛。库特内人分成几个

群体散居在从弗拉塞德人和彭德奥略尔人的西北部地区到爱达荷州和英属哥伦比亚的一些区域,曾经是撒利希人的敌人。在与欧洲人建立联系前,蒙大拿西部的库特内人和平相处,有时会与彭德奥略尔人共同狩猎,防御外族侵袭。[33]

表10-3　弗拉塞德和科契地保留地的经济和社会状况

	弗拉塞德(撒利希/库特内)	科契地	所有部落
保留地人口(1990)	21,061	1,400	808,100
保留地的印第安人口(1990)	7,667	936	437,800
印第安人的失业率(1990)	17%	4%	45%
失业率的变化(1979—1990)	↓11%	↓26%	↑14%
印第安人人均收入(1990)	$6,428	$5,828	$4,478
收入变化(1977—1989)	↑16%	↑10%	↓1%
印第安中等家庭收入(1990)	$14,898	$18,036	$12,459
印第安家庭贫困率(1990)	32%	27%	47%
印第安人中学毕业率(1990)	32%	34%	31%
说本地语人数	14%	61%	52%
很少或不会说英语	3%	21%	23%

资料来源:美国1990年人口普查;美国内政部印第安事务局:《印第安公务人员数及劳动力估算》,选集。

表10-4　弗拉塞德与科契地保留地的经济结构

就业部门	弗拉塞德(%)	科契地(%)	所有部落(%)
私营	52	62	54
政府	48	38	46
管理及专业技术	22	34	18
销售及行政	21	31	25
服务	18	11	22
农业及林业	10	1	5
高科技产业	13	9	13
技术含量低产业及建筑业	16	14	18

资料来源:美国1990年人口普查。

按照赫尔盖特条约,美国当局把这三个部落视为单一的政治单元。起初,当局任命弗拉塞德的酋长作为新联盟的首领,但彭德奥略尔人和库特内人并不承认这个职位的权威。库特内人依然散居在保留地的一连串独立的居民点。直到今天,许多库特内人的聚居地仍与撒利希人保持一段距离。[34]

弗拉塞德保留地主要处于农村地区,有着丰富的农林资源。它的边界包括弗拉塞德湖的大部分,此湖泊已成为旅游、避暑胜地。最近几年,保留地的经济有了很大增长,特别是与农业和旅游业相关的零售、服务等小型商业部门。部落个体成员和部落经营的公司也从事伐木业、建筑业和农业方面的经营。当地政府也试图创办、经营许多企业,包括一个电子装配设备厂和一个木材加工厂。只是这些努力都不太成功。然而,总的来说,弗拉塞德保留地在民族自决时代的发展相当不错。该地区从20世纪80年代中期到20世纪90年代中期的收入增长和就业率的提高在印第安人地区最令人瞩目。按照1990年美国人口普查的数据,弗拉塞德地区的人均收入比全国保留地的平均收入水平高40%。自1977年联邦经费在印第安事务中达到高峰以来,其他印第安人地区都经历了实际收入下降、失业率升高的情况,而弗拉塞德地区的收入与就业率却有显著提高(表10-3)。

该地区的很大一部分人在联邦、州和部落政府工作,占整个部落劳动力的48%(表10-4)。这一事实在一定程度上反映了对于弗拉塞德人来说木材业的重要性。商用木材资源属部落共有,林业经理和林业专家属政府雇用人员。公共部门就业人数所占份额也反映出,部落政府为了取代被美国印第安事务局和其他公共机构所把持的一些职能而增强了自己的能力。

20世纪初叶,部落的土地被转给个人,后来又落入非印第安人手中,由于这一历史"分配"的原因,部落成员在弗拉塞德保留地只占一小部分。另外,部落成员与非部落成员以及来自其他部落的印第安人和非印

第十章　成功的经济发展及美国印第安人保留地政府形式的异质性

第安人间的通婚程度很高。到60年代为止，被吸收为部落成员仅要求1/16的撒利希或库特内血统。从1960年起，这一标准修订为1/4。随着经济条件的改善，似乎公民与宗教事务的传统也开始出现某些复兴。然而，与大多数其他保留地相比，弗拉塞德人的公民文化看起来与其保留地前的根源相对来说差距更大。这种差距的一个客观标志就是土著语言的保存。如表10-3所示，在弗拉塞德没有只讲土著语言的人，仅14%的部落成员会说流利的土著语，而全国的平均水平是52%。

科契地

由于科契地村庄的人均收入高于全国印第安保留地人均水平达30%多，中等家庭收入大约高于全国平均水平的45%，失业率只占4%，因此它成为这个地区经济发展最成功的部落的典型代表之一（表10-1和表10-3）。与弗拉塞德一样，收入增长和失业情况的改善表明，科契地在印第安事务的自决时代能充分利用自治权力从而成为这个国家的主要部落之一。

科契地保留地占地大约26,000亩，位于新墨西哥州的阿尔伯克基以北大约50英里的里奥格兰德河畔。科契地部落是历史上居住在新墨西哥州的几个说克勒斯语的群居印第安人部落之一。这些克勒斯人和别的群居部落承受了新墨西哥州的西班牙殖民统治的主要压力。该殖民统治始于16世纪中叶，经过一轮又一轮的镇压、奴役、反抗、平息及安居，群居部落（包括科契地）反映出的是一种典型的适应性战略，这一战略是在吸收和采纳西班牙（后来是美国）文化和经济体系的其他特征的同时，将有些事务秘密化的一种复杂的混合体。[35]

到20世纪90年代中期，科契地保留地的经济主要以旅游业及娱乐业为基础。正如前面所述，这个部落拥有一个城镇。科契地镇大约有600人，它是一个不断壮大、被合并的偏僻社区，这一社区建立在早先从

275

部落租借的土地和靠新墨西哥的神秘魅力及适宜的气候所创造的市场之上。通过科契地社区发展公司及别的部落企业和机构,科契地部落向城镇提供公共服务和基础设施,包括大量城市服务、游泳和网球设施,一个最早的高尔夫球场和科契地湖上的小游艇船坞设施。后两种服务还吸引了更多的人,特别是阿尔伯克基、洛斯阿拉莫斯及圣菲的大批人员。科契地湖是陆军工程兵部队于1975年竣工的一个工程项目的产物。竣工后,坝下的渗漏事实上破坏了保留地的原始农耕地。正如表10-4所述,今天在科契地,农业雇佣机会事实上是不存在的;相反,就业集中在管理和专业职位、销售和行政(特别是在商业部门)、服务性行业及建筑业。

科契地的经济制度深深陷入一种高度保守的文化中。宗教事务连同附属部落的社会集团及其经济组织都是高度不公开的,这与长期群居的习惯一致。个人品行及举止规范强大有力,教育得到高度重视。在25岁以上的成人中,40%多受过大学或更高的教育,而相比之下,全国印第安保留地区的这个数字不到25%。文化连续性和同质性相当高,正如讲本族语的有60%这一点所说明的(表10-3)。

弗拉塞德和科契地解决国家财富问题的方法

民族自决时代以来弗拉塞德和科契地保留地经济的相对成功,一定有很多层面的解释。经济的持续发展要求把从技术能力到社会契约的很多方面综合在一起。然而,我们已争论过,在充分必要条件的意义上社会契约是最基本的。以上的种种结论导致了这一假设:弗拉塞德和科契地正好满足框图10-1所设定的条件。根据框图10-1的目录,我们现在讨论资源的作用、专业化与交换、对权力的限制以及弗拉塞德和科契地背景中的文化合法性。

第十章 成功的经济发展及美国印第安人保留地政府形式的异质性

资源

比较优势经济学的一个强有力的解释可能预示着资源禀赋影响了经济发展的水平,而不是经济发展能否在一个社会中发生。如果没有别的解释的话,任何社会都拥有可能会影响生产行为的劳动力资源。然而在印第安地区,很多地方事实上根本不会发生非转移—依赖的生产性活动。在克劳、北夏延以及派恩·里奇这样的印第安保留地,失业率达到90%甚至更高。事实上的就业机会大部分存在于服务于其余失业人群需要的联邦资助的计划中。

像克劳这样的保留地,自然资源得天独厚。[36]在克劳,实质性的生产经济活动的缺乏表明,大量的资源并不是发展的充分条件。然而,能够发起和维持诸如表10-1所列的条件中的生产经济活动的部落,都有以自然资源及人力资本形式存在的价值很高的资源禀赋。因此,由某种丰富资源构成的资源基础对于保留地的发展来说是一个必要条件。

弗拉塞德和科契地都有大量的但并非压倒性的用以发展其经济的资源基础。对于弗拉塞德而言,肥沃的农业用地、可获利的森林资源及旅游胜地为发展奠定了基础。科契地则利用了娱乐旅游机遇、新墨西哥的气候及其神秘魅力。然而,相对于邻近的印第安及非印第安定居点来说,这些部落在任何一个方面都不是得天独厚的。相对于许多其他资源比较丰富但未能使经济活动持续发展的部落而言,弗拉塞德和科契地是通过专业化及"国际"交流来利用它们的资源的。

专业化及交流

弗拉塞德人和科契地人都以"自由贸易者"著称,他们有着旅游、娱乐、休闲及度假环境这些比较优势,而经济狭隘性产生的矛盾政策是特别不利于生产的。尽管如此,许多有着相似机遇的部落对与保留地外的经济进行"国际"贸易表示出敌意。这种敌意表现为采用明确的"自足"政策,如拒绝引进非成员的技术人员,这种政策表明它们拒绝外界的生意或资本,关闭广阔的与非成员有广泛交流的各种市场(比如娱乐旅游)。这种狭隘性跟经济发展的落后密切相关。[37]

弗拉塞德和科契地表明,重商主义倾向只表现在一个有意义的领域。科契地对于引进非科契地的高技能劳动力(特别是经理)是不能接受的,这是因为其权威的文化合法性来源(比如指挥别人在一个工作场所跑这跑那)与科契地的宗教文化之间存在着强有力的联系。很明显,科契地人不用广泛依赖非科契地的经理们和专业人员就能在经济上阔步向前,这反映出其拥有大量的科契地籍的高技能经理人员,这是令人惊讶的。这个部落不仅相对于其他部落来说大学及以上教育的水平更高,而且也有证据表明科契地人还向外输出这样的劳动力。也就是说,科契地的经理资源还包括很多曾经或正受雇于其他地区的管理及专业人士。

对于弗拉塞德和科契地而言,与外界的联系和贸易有着长期的一贯的历史。撒利希人与部落外联姻的倾向似乎早于欧洲人的到来,而且部落显然对这种事情司空见惯,就像引进马、新技术和来了新邻居一样。[38]同时,群居民族由于遭受西班牙侵略及殖民统治的打击而出现了明显的文化同一性,这种文化同一性反映了文化的连续性及适应性。更值得一提的是,新墨西哥的印第安村庄当时是(甚至在欧美人到来前就是)主要的贸易中心。[39]今天,文化上许可的联系及交流形式,在两件事上得到了充分体现:弗拉塞德人要在弗拉塞德湖畔开放一个主要的度假胜地和科契地人拥有一个由非印第安退休人员居住的小镇。事实上,科契地镇建立于20世纪60年代,是由亨特兄弟(在白银、石油及专业运动队方面富有声名)从部落租借而来的。当原来的承租人随着20世80年代早期及中期石油、白银市场的衰落而破产时,科契地人收回了租约。他们内部讨论是否迫使这个镇解散(潜在地使本部落拥有巨量的住宅)。然而,他们

第十章 成功的经济发展及美国印第安人保留地政府形式的异质性

最终决定仍留在这个偏僻社区从商。

对权力的文化合法性限制

框图10-1中的最后两类问题先后得到了最好的说明。特别是在科契地部落的这个案例中,由于其神权政治的政府得以延续并得到社会的认同,其文化上的合法性也就不言自明。让人饶有兴趣的问题是,这类政府是否和怎样被限制于扮演一个第三方争端解决人的角色,而不是一个挥霍无度的寻租工具。弗拉塞德部落用形成于20世纪30年代教科书式的民主来解决这些问题。那么,如果确实如此,它的合法性从哪里来?首先,让我们来看一下对弗拉塞德政府的描述。

弗拉塞德人。弗拉塞德保留地的撒利希和库特内联合部落是第一批采用IRA宪法(1934年)的印第安部落。在弗拉塞德部落诞生的政府是经典的三权分立的议会体制。其主要的统治和立法机构是部落议会,该议会由普选产生的10名成员组成,这些成员必须是保留地的居民。议会成员交错任期4年。该部落于1981年实行了初选,旨在鼓励在当选代表周围形成大多数人的联合。[40]

弗拉塞德政府的行政首脑为部落主席。部落主席由部落议会按议会选举的方式选举产生(而不是通过公民投票直接选举产生)。部落主席任期两年并作为议会的发言人。一名部落执行主任向部落主席报告,并监督管理该部落的8个部门,包括部落近40个计划项目和几家部落企业。该行政部门按照政府公务员制度进行管理,政府公务员制度负责弗拉塞德政府中专业人员的人事任命、晋升、薪酬、纪律和解雇。

弗拉塞德政府以其健全独立的司法体系闻名遐迩。这种司法体系包括按照街区许可制度由部落管理的部落警察力量,这一制度允许一个部落把在其他情况下由美国印第安人事务局履行的服务承包给自己。总检察长办公室作为该部落的主诉人,该办公室完全由专业人员组成,美国任

279

何一个州政府里有的专业人员都能在这里找到。部落法院体系担当民事和刑事案件初审员的角色。法官的任命和解职按照部落法令进行管理。部落法令对司法标准进行解释，并禁止部落议会插手干预司法事务。最后，在一项用以规定法律和禁止政治贿赂的重要创新中，弗拉塞德政府参加到一个部落间组成的"最高"法院中。该法院是蒙大拿州和怀俄明州的几个部落共同努力的结果，它有权审查弗拉塞德法院的上诉。该法院的法官是从参与合作的各部落中挑选的，它的规则对司法公正起着促进作用，比如规定法官不得处理涉及自己或自己部落的案件等。

弗拉塞德部落管理制度的几大要素明确揭示出它的权力制衡结构。比如，许多经济上比较落后的部落同它们的部落法院制度的政治化倾向（即通过部落法院寻租）进行抗争。这一方面例子出现的次数和其量化的结果显示出，这种政治化倾向对部落的经济发展是有害的。[41]特别是在以私营企业为主的经济中（比如弗拉塞德保留地），建立一个稳定的、非政府化的能够公正判决、公正践约的法院制度是至关重要的。[42]有意思的是，弗拉塞德司法制度中的主要成分，如参与部落间的司法上诉制度，并没有包含在该部落的宪法中。相反，它们却源于被认为是容易经常发生变化的议会法令。不过，弗拉塞德政府中的既得利益者报告说："宪法和法令都是可以改变的，但我们这里树立了一个传统，那就是我们的法院应是独立的。"

当前的弗拉塞德政府是多年重大改革的产物。洛帕治、布朗和克劳都报告说，一直到大约20世纪70年中期，保留地中的主导力量仍然是美国印第安人事务局的监管人。[43]不过，那时出现了一批领导人，他们认为开明的改革促进了对权力的分离和限制，并促使孤立的部落政府充当无利害关系的第三方执行者。比如，在1984年以前，该部落政府的官僚行政职能是按照委员会制组织的，并向既得利益的议会成员直接报告。[44]向部落主席报告的执行主任这一职位的设置，使行政功能与主要的部落政

第十章 成功的经济发展及美国印第安人保留地政府形式的异质性

客割裂开来。这种将政治与日常的部落运作分离开来的做法如同印第安地区的经济成功一样罕有。[45]弗拉塞德政府对权力分离与限制的结果是产生了特别专业化的和非寻租的政府。

一个有关弗拉塞德政府的有趣的谜团是它与部落主席相对的议会制政权结构。保留地前期的弗拉塞德社会向来是按照强有力的州长制度治理的,在这种体制下,州长个人似乎被赋予了立法、审判甚至是执法等广泛的权力。[46]根据文化"相配"标准可以预期,弗拉塞德人不会认为一个相对软弱的议会选定的州长是合法的,因为他缺乏经过直接选举的独立的政治权力基础,并且要按选举出来的议会的指示办事。相反,在弗拉塞德、彭德奥略尔和库特内部落联合体上强加一个权力强大的州长会使弗拉塞德人感到高兴,但却缺乏共有的合法性。我们可以设想得出,一个没有把权力集中于单个的强有力的州长身上但通过派别分散权力的议会制,会创造出一个在混合保留地上具有更多共享的文化合法性的政府。检验这种设想需要对这样的保留地(有很多)做进一步的调查。

科契地。当代科契地人的政治组织有三个方面特别引人注目。首先,正如兰格指出的,"科契地的官员不是按照成文法来进行管理的,也不是依照宪法……相反,问题是由官员和自治会通过数不清的'条例'来解决的,这些'条例'构成了普通法的主体。这些不成文的却很有效的法律主体是既僵硬又灵活的,而这正是形势所需要的……"[47]其次,当科契地部落的正式治理结构只是记载在研究人员的著作中而没有正式的宪政基础时,这种结构是详尽的、固定的,同时,至少从经济发展的最新记载去判断,还是非同寻常地成功的。再次,科契地人的治理方式是一种在村庄宗教领袖最终控制下运行的神权政治。

不只是当代科契地人的治理方式突出地表现为这种方式,历史上的科契地人的治理也是如此。

萨满教会(The Medicine Societies)。在20世纪20年代,戈德弗兰克

写道:"宗教团体是目前科契地文化中最为重要的因素。"[48]在20世纪40年代和50年代,这些被兰格称为萨满教会的团体,在部落中保持着中心作用。[49]本世纪的大部分时间里,有三个这样的团体:弗林特、巨人和希凯米。这些团体的主要功能都与三件事有联系:治病,为求雨而举行的静修或斋戒仪式,推选村庄的官员。[50]

最后一项功能是科契地人治理制度中的主要关系。三个萨满教会的高级巫师或首领要任命六位官员来处理村庄日常事务,传统上是这样,直到最近也是这样。弗林特团体的首领(同时也是酋长)挑选战争指挥官及其副指挥官,巨人团体的首领负责挑选地方长官及其副手,希凯米团体的首领负责挑选法师及其副手。[51]在某一年份,村庄被划分成两个"基瓦"(Kiva)——绿松石基瓦和南瓜基瓦,高级官员就从这两者之一中挑选出,同时,再从另一个基瓦中选出其副手。第二年,要任命新一届官员时,基瓦的选举顺序被倒过来,因此,村庄的两"方"之间在时间上保持一种平衡。[52]权力的分离和对寻租的限制在这种结构中是非常明显的。

到20世纪50年代止,从某种程度上讲,萨满教会的威望及其重要性明显下降。兰格把这种下降归因于教育、科契地与外部不断增加的接触以及其他一些因素。他同时发现,这种下降最明显地表现在诸如医术和天气控制等某些"职能的显性方面"。[53]然而,由于任命官员权力的延续,部落治理并通过治理实施的社会控制仍然是很重要的。但即便是这种重要性,在最近的这些年份中也在不断地改变。萨满教会的威望和重要性的下降始终伴随着它的数量的减少。1960年巨人团体的首领,也是最后剩下的成员去世了。在这种情况下,弗林特团体的首领——酋长接管了战争指挥官和州长的任命权。[54]

酋长。酋长是部落最高的宗教领袖,是科契地传统的维护者和宗教生活的指导者。他不仅是学识渊博的人,同时也是社区中地位最高的人。1927年,哥德富兰克写道:"酋长的克勒斯语名字为'cteamurni hotcheni',即

第十章 成功的经济发展及美国印第安人保留地政府形式的异质性

总首领。他用大部分时间祈祷、禁食和静修,不参与村庄的任何经济活动。"[55]祈祷和禁食是为了整个村庄的人的利益,因为酋长对整个社区的人们的身体及精神健康负有最终的责任。在他众多的名字中一个是"yaya",即"母亲",因为他被认为是整个部落的母亲。诺埃尔·杜马里斯特神父从1894年到1900年是科契地和其他村庄的牧师,他对约束酋长权力的规定进行了描述:"他完全不能介入社会纠纷,他只能是一个平和、与世无争的人。因此,他被完全解除了所有的行政权力。他既不能谴责也不能惩罚他人。他只能提出一致性的建议和劝告。"[56]一旦一个人成为酋长,他就不再在长官议会即村庄的非宗教协调机关中任职。他不再出席议会的会议,除非机构向他征询具体信息。正如一位科契地人告诉兰格的那样,"酋长去审听争论与冷嘲热讽是不妥的"[57]。

尽管酋长不参与社区的日常非宗教事务,然而,他仍然处于神权政治结构的中心地位,因为传统上只有酋长才会每年任命战争指挥官,同时,近年他也任命地方长官。在村庄所有的官员职位中,酋长是唯一终身任职的。对他的任命是由其前任执行的。当现任的酋长要去世时,他就会任命他的继任者,首要的约束是继任者必须是弗林特团体中的一员,并且应该是受过长期训练的具有丰富经验的巫师。

从另一方面讲,他自己的权力也不是无限制的。兰格写道:"从传统上看,酋长如果疏忽失职和发生不正当行为可能会(在过去也的确会)被战争指挥官检举告发。一旦委托人议事机构做出决定,酋长也可能被惩处、解职甚至处死。"[58]战争指挥官现在依然要做的部分分内工作是,"如果酋长在礼仪上失职的话就可责备他"[59]。在最近的几年中,村庄宣布了一名酋长衰老并解除了其职务。在这种情况下,酋长下台而没有任命继任者,这时,战争指挥官(及其同僚)就会挑选出新的酋长。

官员。科契地日常事务的管理掌握在六个官员手中:战争指挥官及其副手、地方长官及其副手和法师及其副手。这些不同的行政部门的职能过去是,现在仍然是不同的。传统上讲,战争指挥官是由弗林特团体的首领也即酋长任命的,他的职责是决定村庄的位置并领导部落抵御外部的袭击。另外,他们不时地监督社区的礼仪生活,同时也负责部落口头传说的保存。那些泄露部落秘密的人都要受到战争指挥官的处罚。[60]

地方长官及其副手依照传统是由巨人团体的首领任命,而最近则由酋长任命。地方长官有责任处理内部事务,并且特别要处理与村庄外部的关系。这些职位可能是较近时期的创新,并且可能是由西班牙人引进来的,因为外部事务变得越来越复杂,而外来者要么寻求以非宗教手段治理个体的类似模式,要么试图超越科契地治理的宗教结构。[61]今天,外来者指的是地方长官,村庄的绝大部分经济事务要由他和委托人议事机构处理。他同时也组织部落的生产劳动,有权处理那些没有执行他的指示的人。根据兰格所说,地方长官的决策大部分是依据先例做出的,如果没有先例,他就可向议事机构寻求决策,或向其同僚或者他的议事机构寻求建议。[62]

科契地制度中的另外两名官员是法师和他的副手。他们传统上是由希凯米团体的首领任命的。他们的基本职责与人们的身体健康以及教堂的运作有关。[63]杜马里斯特认为,他们与地方长官一样,是西班牙人的一种创新——是村牧师的仆人这个老职位的制度化。[64]不过他们的威望和影响要小于地方长官和战争指挥官。

无论是在历史上还是当今,所有这些官员的任命都是在12月进行。任期都是一年,只有在极少数情况下,特别有影响力的官员可能会多任一年。在这种情况下,整个官员阶层的任期也同时会顺延一年。不过,这种任职是一种负担并且没有任何补偿。因此,任期两年后,任职者会离职以便获得经济补偿。[65]这些职位都是由男性担任,并且无一人属于萨满教会。

长官议会。所有议会成员都是由在部落的六个主要机构中任过职的

第十章　成功的经济发展及美国印第安人保留地政府形式的异质性

成员和现任成员组成。这些人构成议会,其职位是终身的,不过应无任何不良行为(当然这显然是少见的)。戈德富兰克认为:

> 要想说明议员们到底有多大权力是很困难的……他们实质上是一个咨询机构,地方长官把内部各种事务提交给他们,例如土地出租,有时是处罚问题以及罚款。当一个人寻求一个小集团接受时或当一个妖巫将受审判时,议员们就会得到战争指挥官的通知。然而,由于他们是社区中受人尊敬的成员,因此,他们的准许是十分重要的。无论战争指挥官还是地方长官,直接反对议员已表达的意思都是值得怀疑的。[66]

我们自己的实地调查表明,事实仍然如此。议会和官员们看起来在互相征求建议,或者在一些事情上彼此征求决策意见,议会决策寻求意见一致,但对于绝大多数赞同也会感到满意。当议会对一件事情争执不下时,就会求助于六位官员,"这些官员起了高等议会或特别委员会的作用"[67]。同样,无论地方长官还是战争指挥官都常常向议会征询建议,甚至服从议会对某一决策的意见。根据我们自己的经验,如果是非宗教的内部事务,地方长官就会向议员寻求指导。

法律及秩序。科契地的司法及强化功能似乎遵循一种在政治组织中非常明显的模式,即宗教与非宗教事务的分离——地方长官在非宗教方面作为法官和执行者,而战争指挥官则在宗教方面作为法官和执行者。例如,在19世纪末和20世纪初,随着财产所有权的发展,一系列未成文的法律出现,用于专门处理非法侵占、盗窃和其他不法行为。牵涉到此类犯罪的案件主要是由地方长官处置。[68]与此同时,法律的实施常常涉及更广的范围,每位官员都向不同群体的有知识的人征求建议或寻求帮助。"议会主动参与到非宗教事务中去,而较少公开地在仪式上露面,他们在这方面的位置则被酋长带领的萨满教人员所取代……"[69]

例如,非宗教方面的控告会提交给地方长官。他审查案件,并根据先例做出判决。如果他无法做出判决,就会咨询他的副手和议会的其他成员。他们把原告和被告与证人集合起来并对他们进行审问,最后做出判决,这一判决由地方长官宣布。

概要

至少在有记载的文件中,科契地政治组织中有一段引人注目的短暂的连续(continuity)。这种组织在非宗教和宗教事务之间有明确的区别,而任命过程又把它们联结起来。它将大量权力集中在神权统治者手中,而战争指挥官的权力以及反对直接卷入非宗教事务的指令,同样也对他进行约束。在对用作寻租目的的政治权力进行宪政约束以及对政府实施制衡使其保持第三方角色上,科契地的神权政治显得异常脆弱和正式。

结论

正如梅里利·S.格林德尔在第一章所认为的,经济发展问题不是太多的国家和太少的国家的问题,而是有没有一个能干的国家的问题。按照诺斯和其他一些人的观点,我们认为,从根本上讲这是对治理制度进行设计的问题。然而,我们认为制度能力不止一个维度,同时,我们假设经济的发展也需要有效的、合法的政府。这里的"有效"指的是政府作为游戏规则的执行者,能够通过这种游戏规则把一个社会的资源和能量成功地引导到生产性的努力中去。扮演这种角色要求禁止破坏性的寻租,同时要将政府作用限制在游戏规则的一个无利益关系的第三方执行者的角色上。尽管如此,这种有效政府也必须是合法的。这就是说,作为一个社会的显著的公共物品,它的权威必须受到约束搭便车和背信弃义的文化规范的支持。

第十章 成功的经济发展及美国印第安人保留地政府形式的异质性

正如世界上的发展中国家一样,美国保留地上的美洲印第安部落正在与主权上的自治政府(sovereign self-government)问题抗争着。几个部落已经开始从不发达和贫穷的模式中脱离出来,它们正在解决使制度正确的难题。然而,因为部落间文化差异巨大,所以对于这个部落来说合法的正式政府结构不一定会适合另一个部落。结果,在发展这个方面,具有同样政府形式的部落发展绩效却不同,这些不同产生的原因是:与合法权威的规范有关的根本的社会契约的差异。在某种情况下(比如蒙大拿的弗拉塞德部落和新墨西哥的科契地部落),部落在极其不同的政治制度下运作——从民主到神权政治,但都能获得良好的经济发展。这里回顾的证据显示,构成一个社会的社会契约合法性的文化规范中的差异,使得用不同的政府结构解决经济持续发展这类共同问题成为必要。

注释

我们感谢 Tanya Kean、Manley Begay、Karl Eschbach、Miriam Jorgensen、Jonathan Taylor、Tawhid Ali 以及参与了大量现场调查的肯尼迪政府学院的硕士论文的众多作者,最要特别一提的是参与哈佛项目的部落。美国国际开发署以第 DHR—0015—A—00—0031—00 号合作协议向制度变革和非正式部门中心(IRIS)提供了支持,而经济与制度改革办公室,经济发展中心,以及全球计划、现场支持与研究局对这些支持进行了管理,正是由于以上支持这篇文章才得以发表。

1. 见 Douglass C. North, *Structure and Change in Economic History*(New York: North, 1981); Douglass C. North, *Institutions, Institutional Change, and Economic Performance*(Cambridge: Cambridge University Press, 1990); Robert D. Putnam, *Making Democracy Work: Civic Traditions in Modern Italy*(Princeton University Press, 1992); Mancur Olson, *The Rise and Decline of Nations*(New Haven: Yale University Press, 1982); Robert Bates, "Contra Contractarianism: Some Reflections on the New Institutionalism," *Politics and Society* 18,(1988), 387-401。另外,见 World Bank, *Adjustment in Africa: Reform, Results, and the Road Ahead*(New York: Oxford University Press, 1994),以及 World Bank, *World Development Report 1991: The Challenge of Development*(New York: Oxford University Press, 1991);也见 Grindle 和 Hilderbrand 所写的本书第二章。

2. World Bank, *Adjustment in Africa*, 61.

3. North, *Institutions*, 以及其他许多著作。

4. Thomas Hobbes, *Leviathan: The Matter, Form, and Power of a Common Wealth, Ecclesiastical and Civil*(London: Printedfor Andrew Crooke, 1651).

5. North, *Institutions*, 引自 Putnam, *Making Democracy Work*, 165。

6. Putnam, *Making Democracy Work*, 166.

7. Stephen Cornell and Joseph P. Kalt, "Culture and Institutions as Public Goods: American Indian Economic Development as a Problem of Collective Action," 见 Terry L. Anderson, ed., *Property Rights and Indian Economies* (Lanham, MD: Rowman and Littlefield Publishers, Inc., 1992), 33。

8. North, *Institutions*.

9. North, *Structure and Change in Economic History*; Douglass C. North, "Ideology and Political/Economic Institutions," Cato Journal (春季号/夏季号, 1988) 15—28; North, *Institutions*, 以及 Arthur T. Denzau and Douglass C. North, "Shared Mental Models: Ideologies and Institutions," Center for the Study of Political Economy(未出版), 1999年3月3日。

10. Putnam, *Making Democracy Work*, 也见 Bates, "Contra-Contractarianism: Some Reflections on the New Institutionalism"。

11. James Coleman, *Foundations of Social Theory* (Cambridge: Harvard University Press, 1990); Jon Elster, *The Cement of Society* (Cambridge: Cambridge University Press, 1989); North, "Ideology and Political/Economic Institutions," 以及 Bates, "Contra-Contractarianism"。

12. Basil Davidson, *The Black Man's Burden: Africa and the Curse of the Nation-State*(New York: New York Times Books, 1992).

13. Robert M. Axelrod, *The Evolution of Cooperation* (New York: Basic Books, 1984).

14. Ken Binmore, *Game Theory and the Social Contract: Playing Fair* (Cambridge: MIT Press, 1994).

15. 特别参见 Jerome Barkow, Leda Cosmides and John Tooby, eds., *The Adapted Mind* (New York: Oxford University Press, 1992); Cosmides and Tooby, "Evolutionary Psychology and the Generation of Culture, Part II: A Computational Theory of Social Exchange," *Ethnology and Sociobiology* 10, (1989); 还有 William F. Allman, *The Stone Age Present*(New York: Simon and Schuster, 1994) 和 Robert H. Frank, *Passions Within Reason*(New York: W. W. Norton & Co., 1988)。

16. 这个用以理解不同的社会契约的起源和演化的框架并未提到社会群体间的遗传或种族差异,它的目的仅是把第三个问题说清楚。相反,这个框架建立在一种文化演进的理论之上。另外,正如这里和前面的研究所描述的,高度成功的美国印第安社会的案例表明,把印第安文化僵化地概括成"落后的"或退步的经济发展的版本是没有意义的。相似的是,没有证据支持僵化地认为印第安文化始终如一是"进步的"。尽管与其他社会的模式一样,既有善意的也有恶意的,但还是没有单独的美洲

第十章　成功的经济发展及美国印第安人保留地政府形式的异质性

印第安"文化",仅有文化的——和社会契约的——异质性。同样见 Robert Boyd and Peter J. Richerson, *Culture and the Evolutionary Process* (Chicago: University of Chicago Press, 1985); William H. Durham, *Coevolution: Genes, Culture and Human Diversity* (Palo Alto, CA: Stanford University Press, 1991); Stephen Cornell and Joseph P. Kalt, "Cultural Evolution and Constitutional Public Choice," 载 J. Long, ed., *Uncertainty and Economic Evolution: Essays in Honor of Armen Alchian* (London: Routledge Press, 即将出版)。

17. 美国印第安事务中交谈用的语言与国际经济发展中使用的语言明显不同,这尤其是与讲本族语的人有关。在保留地土生土长的民族中,像"美洲印第安"、"部落"和"民族"这类词语一般是优先选择的词语。出于对参与我们实地考察工作的部落所给予的支持和帮助的尊重,我们在研究和写作中使用了这类术语。

18. 比如, Stephen Cornell and Joseph P. Kalt, "Reloading the Dice: Improving the Chances for Economic Development on American Indian Reservations,"见 Stephen Cornell and Joseph P. Kalt, eds., *What Can Tribes Do? Strategies and Institutions in American Indian Economic Development* (Los Angeles: University of California Press, 1992); Cornell and Kalt, "Where Does Economic Development Really Come from? Constitutional Rule among the Contemporary Sioux and Apache," *Economic Inquiry* 33, (1995 年 7 月); 以及 "Where's the Glue? Institutional Bases of American Indian Economic Development",项目报告系列,哈佛关于美国印第安经济发展的项目,肯尼迪政府学院,坎布里奇, 1991 年。

19. 见 Stephen B. Peterson 所写的本书第六章,他认为非洲公共行政中经常碰到的一个问题是,在非洲的(以及非非洲的)治理(并且为正式组织理论证实)中普遍存在的层级组织形式和过程与同非洲社会实际如何运作更协调的网络形式之间存在一种不相配的现象。

20. Cornell and Kalt, "Reloading the Dice"; Cornell and Kalt, "Where Does Economic Development Really Come From?"

21. 形式上,制度合法性是激活支持性社会意见的制度能力。大概在一个路径依赖的背景下,合法性随有效性的绩效记录而提高〔见 Seymour Martin Lipset, *Political Man: The Social Bases of Politics* (New York: Anchor Press, 1963)〕。这样一个绩效记录支持可行性的积极规范。正如 North 对共享的"意识形态"(有规范的联想)的关注所暗示的,合法性同样要求与有关正确、适当和道德的标准规范一致。在这两个案例中,当事先存在的制度受到环境压力时,政治文化规范可以通过"事前适应"演变,即有关适当的政治权力来源的规范可源于宗教事务,并经"自然选择"而合并成政治制度(Cornell and Kalt, "Cultural Evolution")。

22. 实际上,过后我们会重新检查这种后果的统计证据。

23. Cornell and Kalt, "Cultural Evolution."

24. 尽管部落主权与联邦和州当局之间的边界有争议且有点儿不稳定,但是,主要的因素在于:部落易受美国公民权利方面法律的影响(包括权利法案);部落及其拥有的企业(但不是印第安私人企业或个人)可免于非部落的征税;政府对保留地拥有极少的管制权力;国会授权的联邦管制权力常常易受不严格的实施的影响。参阅 Stephen Cornell and Joseph P. Kalt, "The Redefinition of Property Rights in American Indian Reservations: A Comparative Analysis of Native American Economic Development," 见 Lynma H. Legters and Fremont J. Lyden eds. , *American Indian Policy and Economic Development*(Westport, CT: Greenwood Press, 1994)。

25. 在导言部分,Merilee S. Grindle 建议,本书的章节部分使用案例。在这些案例中,有关什么样的政府应该负责任的决策早已通过政治过程做出,因此,其焦点是政府怎样履行其责任。然而在印第安地区,强加的政府的独特历史意味着,政府的"什么"和"怎么样"的问题常常是不一致的,许多印第安部落刚刚开始着手处理这些问题。

26. Stephen Cornell and Joseph P. Kalt, "Culture and Institutions as Public Goods: American Indian Economic Development as a Problem of Collective Action," 见 Terry L. Anderson, ed. , *Property Rights and Indian Economies* (Lanham, MD: Rowman and Littlefield Publishers, Inc. , 1992)。

27. Cornell and Kalt, "Where's the Glue?"

28. Cornell and Kalt, "Culture and Institutions,"和 Cornell and Kalt, "Where's the Glue?"

29. Cornell and Kalt, "Where Does Economic Development Really Come From?"和 "Where's the Glue?"

30. Charles C. Ragin, *The Comparative Method*(Berkeley: University of California Press,1987)。

31. 这种"做出预测并单独拉开一次窗帘"的方法论的认识论立场是有问题的。正如 Gould 在 Charles Darwin 的案例中详细证明的,一种有关在有着多种可能结果的世界的幕后藏着什么的理论预测能力,确实为我们提供了科学知识。可参见 S. J. Gould, *Hen's Teeth and Horse's Toes*(New York: W. W. Norton& Co. , 1983),特别是第9章。

32. Start A. Chalfant, "Aboriginal Territories of the Flathead, Pend d'Oreille and Kutenai Indians of Western Montana," 见 David A. Horr, ed. , *Interior Salich and Eastern Washington Indians*,Vol. II(New York: Garland Press,1974),25-116; Olga Weydemeyer Johnson, *Flathead and Kootenay: The Rivers, the Tribes and the Region's Traders* (Glendale, CA: The Arthur H. Clark Company,1969)。

33. Chalfant, "Aboriginal Territories."

34. John Fahey, *The Flathead Indians*(Norman, OK: University of Oklahoma Press, 1974); Ronald L. Trosper, "Native American Boundary Maintenance: the Flathead Indian Reservation, Montana, 1860-1970," *Ethnicity* 3 , no. 3(1976年9月),256-274。

35. Charles H. Lange, "Cochiti Pueblo," 见 Alfonso Ortiz, ed. , *Handbook of North American Indians*(Washington, DC:Smithsonian Institution,1979), 366-378;Esther Schiff

Goldfrank, *The Social and Ceremonial Organization of Cochiti*, Memoirs of the American Anthropological Association no. 33 (Menasha, WI: American Anthropological Association, 1927); Albert H. Schroeder, "Rio Grande Ethnohistory," 见 Alfonso Ortiz, ed., *New Perspectives on the Pueblos* (Albuquerque, NM: University of New Mexico Press, 1972), 42-70。

36. 更不用说人力资本。比如,克劳的中学毕业率大大超过全国保留地的平均毕业率。

37. 也见 Cornell and Kalt, "The Redefinition of Property Rights,"和"Where's the Glue?"

38. James J. Lopach, Margery Hunter Brown and Richmond L. Clow, *Tribal Government Today: Politics on Montana Indian Reservations* (Boulder, CO: Westview Press, 1990); Chalfant, "Aboriginal Territories of the Flathead."

39. Edward P. Dozier, *The Pueblo Indians of North America* (Norman, OK: University of Oklahoma Press, 1970).

40. Lopach, Brown and Clow, *Tribal Government Today*.

41. Cornell and Kalt, "The Redefinition of Property Rights."

42. Cornell and Kalt, "The Redefinition of Property Rights."

43. Lopach, Brown and Clow, *Tribal Government Today*.

44. Lopach, Brown and Clow, *Tribal Government Today*.

45. Cornell and Kalt, "The Redefinition of Property Rights."

46. Harry Holbert Turney-High, *The Flathead Indians of Montana*, Memoirs of the American Anthropological Association No. 48 (Menasha, WI: American Anthropological Association, 1937); Peter Ronan, *History of the Flathead Indians* (Minneapolis: Ross & Haines, 1890).

47. Charles H. Lange, *Cochiti: A New Mexico Pueblo, Past and Present* (Albuquerque, NM: University of New Mexico Press, 1990 [1959]), 191.

48. Goldfrank, *The Social and Ceremonial Organization of Cochiti*, 25.

49. Lange, *Cochiti: A New Mexico Pueblo*.

50. Leslie A. White, "A Comparative Study of Keresan Medicine Societies," Proceedings of the 23rd International Congress of Americanists, 1928, New York (1930), 604-619, 引自 Lange, *Cochiti: A New Mexico Pueblo*。

51. Goldfrank, *The Social and Ceremonial Organization of Cochiti*; Lange, *Cochiti: A New Mexico Pueblo*.

52. 看来,某种替代性系统在19世纪的大部分时期和20世纪初期运作过(见 Goldfrank, *The Social and Ceremonial Organization of Cochiti*)。这个系统在20世纪20年代的一个时期没有运作;从1920年到1946年,除了两个例外,所有每年一次的地方长官都来自绿松石基瓦,这导致了部落之间的冲突。自1947年以来,科契地重新采用高级官员在两个基瓦间每年轮换一次的办法(见 Lange, *Cochiti: A New Mexico*

Pueblo)。

53. Lange, *Cochiti: A New Mexico Pueblo*.
54. Lange, *Cochiti: A New Mexico Pueblo.*, 252.
55. Goldfrank, *The Social and Ceremonial Organization of Cochiti*, 40.
56. Noel Dumarest, "Notes on Cochiti, New Mexico," Memoirs of the American Anthropological Association 6, 3 (Menasha, WI: American Anthropological Association, 1919), 197, 补充强调。
57. Lange, *Cochiti: A New Mexico Pueblo*, 252.
58. Lange, *Cochiti: A New Mexico Pueblo*, 373.
59. Lange, *Cochiti: A New Mexico Pueblo*, 200.
60. Lange, *Cochiti: A New Mexico Pueblo*.
61. Lange, *Cochiti: A New Mexico Pueblo*.
62. Lange, *Cochiti: A New Mexico Pueblo*.
63. Lange, *Cochiti: A New Mexico Pueblo*.
64. Noel Dumarest, "Notes on Cochiti."
65. Goldfrank, *The Social and Ceremonial Organization of Cochiti*, 27; 也见 Lange, *Cochiti: A New Mexico Pueblo*, 215。
66. Goldfrank, *The Social and Ceremonial Organization of Cochiti*.
67. Lange, *Cochiti: A New Mexico Pueblo*, 220.
68. Goldfrank, *The Social and Ceremonial Organization of Cochiti*.
69. Lange, *Cochiti: A New Mexico Puelo*, 220.

第十一章

制定财政纪律
赞比亚的现金预算

布鲁斯·R.博尔尼克

在物价暴涨适宜地逐步结束、资本市场向自由借贷开放前,首先和最明显的需要是使中央政府财政保持平衡。

——伦纳德·麦金农[1]

人们普遍认为,发展中国家的财政纪律是成功地保持稳定的基础。然而,文献方面几乎没有提及如何在高通货膨胀的国家中建设"平衡中央政府财政"的制度能力,而这些国家的财政管理不善已经成为既定事实了。比如,迈克尔·罗默和史蒂文·拉德勒的一项关于宏观经济改革的文献调查,并未提及实行谨慎的财政政策的制度障碍。[2]同样,多恩布施为预算改革列出的清单也忽略了与预算管理有关的制度和组织问题。[3]塞劳斯基在分析中指出了这种差距,他认为,"除非政府通过适当的制度改革和协调来支持财政调整,否则,这种改革就不会是可持续的……"[4]

在政治经济文献中,格林德尔和托马斯强调指出,实施过程决定着改革的可持续性。[5] 克鲁格则指出,"建立官僚组织机构和机制……以实施所预期的政策,并不像预料的那样简单",这就使得我们更接近问题的实质。[6] 然而,要对内利斯提出的挑战做出直接的回应仍然很困难。他写道:"下一步而且是最关键的一步……就是要确切地说明提高制度绩效的精确的操作方法和工具。"[7]

本章通过考察 1993 年赞比亚为恢复财政纪律所采用的机制,从而对政策文献的挑战做出回应。[8] 该国主要的制度创新就是引进对政府经费的现金约束这一制度。现金预算体现了一种承诺,即任何支出都不能通过从赞比亚银行贷款而得到资金支持,也就是说,政府不再使用印钞票这一方式来支付费用。新法规的颁布并不能确保它就会得到服从。要使法规生效,还需要得到支持的组织调整。最终,赞比亚财政部和银行共同创立了一个联合委员会来监控每日的财政和货币情况。尽管在第一年的大部分时间里遭受到严重的现金约束,现金预算机制却给政府提供了制止财政赤字和确保财政刺激不会损害货币管理的能力。同样重要的是,现金预算给人们灌输了这样一种认识,即财政秩序正渐渐处于控制之中。在现金预算运作六个月后,财政纪律的推行得到了低通货膨胀的回报。当然,实现稳步的前进并不是没有代价的。财政部对现金严格的限量导致了政府实际运作中严重的现金削减,而这些处理手段并不是有效率的。为了赢得整个改革的稳步进行,这些问题需要得到人们的理解。

笼统地讲,赞比亚采取现金预算制度的决策,是对贝茨所称的"放弃主权"以限制行政上的任意决定权的证明。[9] 贝茨把发展政策看作是多元化时期政府行政长官和私人选手之间的博弈,前者要在稳定的政策和"背信弃义"以获取机会主义收益之间做出选择,后者却只是就是否要投资做出选择,当私人选手意识到政策制定者背信弃义的风险相当高时,他们便拒绝投资,从而导致一种低层次均衡的陷阱。为了摆脱这种囚徒困境的

第十一章 制定财政纪律：赞比亚的现金预算

后果，政策制定者可以通过实行约束其背信弃义能力的改革来"寻找束缚自己双手的方式"。

按照贝茨的模型，在赞比亚，引入现金预算机制是中央银行为防止因通货膨胀而导致的资本融资式的政府支出所设置的约束。当然，很多国家有用作同一目的的制度法则。[10]令赞比亚的情况与众不同的是，在经济下滑的20年间，主要的政府经济部门已经失去了有效管理宏观经济的能力。因此，能力建设是赞比亚经济稳定计划的基本需要。

本章的主线是对实施现金预算的步骤及新制度的作用进行描述。它探讨了博弈规则的一个主要变化怎样对稳定计划起决定性作用，这些规则怎样被制度化而成为宏观经济管理的日常工作，以及这一制度是怎样通过政府高层的强大支持和帮助其渡过周期性预算危机的适应性措施而获得合法性的，最终，这种制度是怎样产生影响随后的改革动力的负面作用的。

本章也涉及几个值得注意的技术观点：

- 引入现金预算的决策产生于与格林德尔和托马斯所描述的国家利益危机的模型相符的过程。[11]
- 尽管用于现金预算的简单的财政法则没有被普遍应用，但它适合于具有急速加剧的通货膨胀及公众对政策管理缺乏信心这样的特征的情况。
- 现金预算需要一种弹性尺度，不稳固的制度会在调整过程的压力下迅速崩溃。
- 也许最重要的是，税收的低绩效会使财政控制的实施复杂化，然而，支出约束将人们的注意力集中于对预算的税收方面实施改革的需要上。

接下来的两部分分别提供了赞比亚财政政策改革的环境和作为现金预算法规基础的宏观经济原则的背景信息。本章集中描述了如何引入、规划现金预算,描述了政府部门如何建立一种有效的监控系统来追踪财政部的现金情况及解决由其引起的问题。紧接着描述了将制度有效性作为财政控制工具的评估,并详尽阐述了一些值得注意的副作用。本章结尾是一个带有评价的总结,包括对赞比亚所用方法的可复制性的评论。

赞比亚 1993 年前的预算

在 20 世纪 80 年代,赞比亚政府的预算赤字平均为国内生产总值的 10.3%。[12] 在 1991 年,多元民主运动党(the Movement for Multiparty Democracy,MMD)以稳定与改革的政纲通过选举而执政。与此同时,赞比亚财政赤字的融资与三位数的通货膨胀一起导致了外债,成为世界最大债务国之一(人均)。[13] 新政府开始实行大范围的改革,而治理通货膨胀问题成为首要任务。1992 年下半年,政府在缩短预算差距方面取得了一些进展。然而,由于货币供应的持续迅速增长,再加上周转率将近翻了一番,通货膨胀加剧了。[14] 后者(周转率)的数据表明,大众对多元民主运动党实行改革计划的能力的信心在下降。因此,政府需要采取强硬措施来扭转潜在的走向极度通货膨胀的局势。

与 1991 年财政赤字为 GDP 的 7.4% 相比,1992 年 MMD 的预算目标是将其减至 GDP 的 1.9%。1992 年 M2 的增长目标为 30%,而上一年为 98%,[15] 不巧的是,财政政策由于一场严重旱灾的影响而被扰乱了。与洪水有关的开支超过了来自于分配紧急粮食供应的克瓦查收入。[16] 然而,1992 年的赤字为预期 GDP 的 2.2%,稍高于目标。不过,这里的标准因为 1992 年物价上涨了 191%(12 月到 12 月)、货币供应增长了 99% 而大大言过其实。

问题不仅在于旱灾。新政府发现它缺乏进行有效的宏观经济管理的能力。肯尼思·卡翁达政府执政的最后十年中,公务员的实际工资严重减少,以致公务员士气低落,调控制度也徒有虚名,而且敬业精神的缺乏

第十一章 制定财政纪律：赞比亚的现金预算

出现在主要的组织中。

只需几个例子就足以说明这个问题的影响范围。赞比亚银行自1988年以来就未拿出过审计报告，它的会计系统受到人为的和电脑错误的困扰。关于储备金和给政府的纯贷款的每月一次的报告被加以调整，以至于有时超出了全年预算的10%。类似的问题也困扰着来自中央统计办公室的经济统计数字。在财政部，没有人定期理顺赞比亚银行有关资金及收入的内部报告与赞比亚银行的会计记录之间的关系。任何有关各运营部门承担的义务的统计数字都无法得到。每月预算记录并不包括国内利息支出，这些支出只通过赞比亚银行以印钞票的形式偿还。没有人意识到从现场征税点划拨税收的商业银行会按照惯例滞留资金六周。预算办公室竭力控制1992年的支出，但它缺乏进行有效控制的能力，特别是在高通货膨胀将已获批准的预算变得子虚乌有时。

财政部部长在1993年的预算报告中强调了这些问题：

> 虽然已有人忠告政府部门要谨慎行事，但这些部门一直知道以追加拨款的形式为额外支出提供资金。收入与支出平衡还好，如果不能，这之间的差额则由中央银行或国外贷款补足……虽然去年我们有意以另外的方式处理这一问题，但我们还是不能摆脱这一模式。当政府资金短缺时，便求助于中央银行……这种方法当然不能继续下去了。[17]

部长进而声明，1993年，政府正在引入现金预算制度以重新获得对财政运作的控制权。通过终止无视资金的可获得性而为支出提供资金这一根深蒂固的做法，现金预算成为赞比亚稳定计划实施中的主要工具。

现金预算的实际决策与格林德尔和托马斯所描述的国家利益模型一致。[18]这一模型表明，尤其在风险高且国际压力大的危机时期，政策精英有了技术顾问在决策制定中的大力支持,就能够承担起领导职责。克鲁格也观察到,一场危机通过"削弱正常的政治抵抗"而使技术官僚获得了强大权力。[19]

在目前情况下,伴随着来自国际货币基金组织的压力,主要的改革实行者是财政部部长和常务秘书、预算主任以及技术顾问(包括移居国外者,这些人最初把现金预算看作一种可能的选择)。采取现金预算的决策还没被广泛讨论,同时,它在预算过程中出现得相当迟。事实上,在1992年12月中旬准备的预算报告草案中还没有提到现金预算。然而,那个月底却召开了许多会议将此计划付诸实施。财政部的绝大多数官僚是第一次听说现金预算,他们对这一不必用印钞票付账的观念的普遍反应是表示支持,却又极度怀疑坚持现金约束的可行性。[20]假如高级官员中没有人对监控委员会关于现金预算制度的报告做出强烈反应,这种怀疑就可能已经宣告已有的努力是失败的。

现金预算的宏观经济学入门知识

财政政策方面的文献为政府"印钞票"提供了理由,证明在有限的程度上将其作为财政来源是正当的。[21]最初由费尔普斯详细阐述的主要观点是,政府可以通过使通货膨胀税金的福利成本在一定范围内等同于其他税收工具的效率损耗这一途径,用筹集资金的方式把损失降到最低。[22]倘若真正的货币平衡需求是不能变通的,那么这条规则就能确保由通货膨胀引起的巨额融资。甚至于在零通货膨胀目标下,政府仍有余地通过"印钞票"来付款,印钞票的行为可以一直持续到现金余额(real money balances)的需求增长时。在这一限度内,货币供应的增长不会导致通货膨胀。[23]那么,将谨慎的财政管理与向中央银行的零借贷等同起来并不总是有效的。确实,许多赞比亚人对采用这种例外的控制机制的适当性提出了质疑。批评家指出,许多政府照常地花费,开支大大超过它们的收

第十一章 制定财政纪律：赞比亚的现金预算

入。麦金农对这样的批评家的回答是,有"赤字倾向"的发展中国家已经"用尽以前一些国家曾经拥有的所有的信用……"因此,麦金农将"严格的预算平衡"归结为一项成功的调整计划的基础。[24]

由此可见,在一些国家中适当的赤字与宏观经济稳定并不矛盾。在这些国家,储蓄率充足,现金余额的需求不断增长,金融市场足以吸收政府债务而不必极端地提高利率,公众也对政府防止形势失控充满信心。同样的做法并不适用于这类国家:三位数的通货膨胀,对支出的控制弱,存款利率低,国内现金余额需求下降,金融市场不成熟,经济崩溃和对政府是否有能力保持财政秩序缺乏信心。在这种情况下,严格的财政制度对于获得稳定所需的信誉来说是起作用的。[25]另外,在那些财政组织缺乏对运作的有效控制的地方,一个明确规则(如银行无钱则不提供资金)与一条随意批准没有资金支持的支出的规则相比,更容易实行。

亚洲的新老"老虎"的成功秘诀之一就是一致采用保守的财政和货币政策。[26]例如,新加坡断然放弃向货币管理局借贷。印度尼西亚20世纪60年代的通货紧缩则是依据了一条平衡预算规则,这条规则排除了财政部向国内借贷的可能性。[27] 1985年,玻利维亚"消除其流动预算赤字",从而使过度通货膨胀得到控制。[28]同样,阿根廷1991年通过了一项法律,规定只有到了要用外汇储备做后盾的程度时,中央银行才能发行比索储备金。[29]援引这样的先例是为赞比亚采用金预算程序这一决策获取支持。

现金预算的目的是阻止通货膨胀。这些联系通过财政交易的货币影响而发挥作用。在最基础的层面上,快速增加的货币供应量(比如 M2)无可置疑地是给高通货膨胀火上浇油。M2 快速增加的原因则可追踪到储备金(RM)的过度投入,而财政交易又是储备金变动的主要决定因素。[30]为了了解现金预算规则怎样与储备金相互联系,请留意一下在赞比亚银行中政府交易的下列效果:

- 当业务部门通过它们在赞比亚银行的账户支付时,就有储备金相应地注入到经济中。
- 当税收和从政府融资的大批贷款中回收的收益存入赞比亚银行时,就相应地提取了储备金。
- 当财政部兑现到期的短期国库券(赞比亚银行对外发行)的时候,其支付就注入到储备金中。类似地,当财政部收到给刚偿清的短期国库券的付款时,就相应地提取了储备金。
- 在赞比亚银行的政府银行账户之间的转账以及政府和银行之间的转账,对流通中的储备金没有任何直接影响。
- 当财政部从赞比亚银行购买外汇来支付外国债务时,克瓦查余额就从赞比亚银行中的财政部账户上转移到以赞比亚银行自己的名义开立的账户上。此种转账对储备金没有直接的影响。如果赞比亚银行用别的方法卖掉外汇,从流通中收回克瓦查,可能会有间接影响。这样一来,财政部的交易就杜绝了储备金的回收,最后的效果就是流通中的储备金增加。
- 当赞比亚银行把捐助资金增加的克瓦查对应基金计入财政部账户,这种从银行到财政部的转账对储备金没有影响。不过,如果财政部在国内花费克瓦查,那么相应地就会注入储备金。如果赞比亚银行把捐助的外汇卖给市场换取克瓦查,对储备金的净影响是不显著的。
- 赞比亚银行提供给财政部的贷款或透支的便利采用了转账的形式,这对储备金没有立即的影响。当财政部在国内花费这些资金时,储备金就注入到经济中去。

一般来说,克瓦查从国内经济流向赞比亚银行的政府账户,能够在流通中收回储备金;而克瓦查流出到国内经济中去,则会使储备金注入到流通中去。这些使财政交易与储备金相联系的技术性问题支配了现金预算的设计。

第十一章 制定财政纪律：赞比亚的现金预算

当然，国库券交易并不是储备金变化的唯一渠道。其他还包括：赞比亚银行的外汇买卖、中央银行的贷款与回收，以及赞比亚其他银行的收入与支出。如果中央银行采用这些交易以代替预算支出的话，那么，这些交易就会被称作"准财政"。[31]将准财政交易置于政府控制之下，对于赞比亚在稳定方面所做努力的最终成功来说是极为重要的。不过，这并不能改变赞比亚银行因没有认真管理国库券交易而不能对储备金实施有效控制这一事实。

现金预算介绍

为了阻止财政部用"印钞票"来偿还债务，财政部常务秘书给赞比亚银行颁布了一个标准说明，规定：财政部的资金要求不应得到兑现，并且借方交易不应该纳入财政账户，除非财政部在银行有足够的现金来支付开支。这项说明把"在银行里的现金"定义为财政部"综合头寸"中的纯贷方余额，它由指定账户中的统一余额所组成。[32]实质上，代表财政部的现金流出不能超过现金流入。财政部被禁止从赞比亚银行借贷或当年在银行进行纯透支，但可有例外。如果通过从中央银行外的实体中借入而事先筹集到现金（如靠出售短期国库券），这条规则仍然准许在这一预算年的任何时间点上出现赤字。

财政部进一步指示赞比亚银行把类似的现金约束应用到每个业务部门的账户上。代表一个业务部门的任何支付都不能为了遮盖借方而在账户上没有资金的情况下就登记入账。这样，业务部门就没有透支的便利，即使这意味着赞比亚银行因为资金不足不得不把政府的支票归还给第三方。

这些规则大大背离了赞比亚过去的做法，就扩大储备金来说，它是不顾后果的。这些新规则也体现了别的大多数国家对正常做法的极大背离。在这些国家中，预算交易的正常进行与日常现金余额无关。在一个预算制度运作良好的国家里,日常现金约束的实施实际上会阻碍资金的及时放开和公共服务的有秩序提供。

现金预算的规则是在财政部的书面指示下确立的,因此这些规则可以被后来的指示修正或废除。这类改变确实时有发生。令人惊奇的事是(从随后的严重预算危机来看),背信弃义的事情在频率和广度上都受到了限制。为什么会有这类约束?我认为有四种解释。

首先,与指令本身比较,现金预算的基础更为牢固。政策是经内阁认可的,是在预算演讲中公开鼓吹并经国民大会批准作为预算计划的一部分。尽管是由财政部决定确切的规则,但不能凭一时兴致而出现太大的背离。

其次,就连政府内、外那些实行新的严厉财政约束政策的批评家一般也都同意,不管支付何时到期,政府都必须停止把"印钞票"作为资金拖欠的渠道,这一一致看法是前十年的稳定计划失败的痛苦教训。在1993年,由于经济处于恶性通货膨胀的边缘,人们比以往尤为强烈地感受到需要实施财政约束。

再次,新政府正有意识地忙于争取信用。因为信用是复苏经济和维持捐助的关键,所以风险很高。政府事前宣告现金预算是稳定政策的基础,从而创造出一种如果违反规章就会招致经济上及政治上的重大代价的局面。不同于上一届政府的是,MMD声称拥有建立在许诺带来民主自由和经济改革基础上的合法性。

最后,预算办公室发现,为了对付经常性的一连串消费压力而遵从现金规则(通常)较为方便。"对呀,但没有钱了"成为有效的控制手段,尤其是当它与含糊的论点相结合时:如果我们为了你这个部门而违反规则,那我们又怎能拒付给予其他部门的额外资金呢?

简言之,改革的核心不是改变规则,而是对现金预算和组织创新的政治承诺,这些创新适合于实施现金预算规则。如果约束条款被写进法律而不是用行政指示颁布的话,这项制度会更加可靠和更有效力,这样说无疑是很有诱惑力的。针对赞比亚法律实施的糟糕记录,以法令的形式编制规章将几乎不会提高其信用。[33]因为,不管有或没有正式的法令,赢得信用的博弈只能靠始终如一地贯彻执行财政控制。

规章的灵活性

纯现金规则可以防止注入任何起因于财政交易的储备金。它将包括赞比亚银行代表政府的全部支付;它可以不顾在中央银行政府账户间的全部转账;它将不同的政府账户的借方和贷方看作为一种洗钱,并将防止赞比亚银行的牵线式融资。这种纯粹的规则可能太脆弱而经不起经济紧缩方案产生的压力,而且也难于控制。赞比亚的现金预算缓解了这种严峻的局面,为这种体制的弹性提供了一个尺度,而又不会削弱对储备金注入的基本控制。出于当前的目的,以下三种缓解措施值得注意。

首先,现金预算规则允许赞比亚银行于每年一月份给财政部提供"现金基垫",由于大多数政府账目于每个预算年度末清零,从而消除了结转余额。但是,一月份政府的基本运转不可能被拖延到新年度有充足的税收到达赞比亚银行之后。现金基垫促进了基本预算基金在一月中旬有次序地发放。原则上,这一启动资金在年终时应该与尚未动用的现金余额相匹配。实际上,这种安排需要政府在较早的目标日期偿还贷款。现金基垫不会导致储备金膨胀,因为在每年的头两周业务部门没有从结转余额中支出,它对储备金的冲击被抵消了。

其次,从1994年开始,赞比亚银行依据现金预算规则而获得授权,从而使国内基金免受糟糕的同步外部现金流转的影响。1993年的预算活动经常被外部债务束缚,而这种债务活动与不时流入的捐助资金不相匹配,这类不在服务范围之列的借方恶化了财政部的综合状况,以至于达到了阻塞正常资金提供的地步,尽管财政部的主要预算账户中存在着相当数量的贷款余额。因此,暂时的外债净流动对于用国内税收为政府活动提供资金构成了阻碍。

1994年引进的隔离机制采取的形式是给赞比亚银行临时指令：假如先前的捐赠流入不足以应付支出的话,就让其提供牵线性贷款以偿付用于基本债务支出的外汇的克瓦查成本。[34]任何一种牵线性贷款首先要求维持随后的收支平衡。这种方式使财政部在不用耗尽需要用作其他预算业务的现金的情况下,就可以履行基本的债务服务义务。

这种手段怎样影响储备金呢？牵线性贷款本身就是在中央银行中的内部克瓦查转账,它对储备金没有一点直接的影响。当财政部用这笔资金从赞比亚银行购买外汇时,就会出现一种逆向转账,这同样对储备金没有直接影响。当赞比亚银行把外汇卖给了市场,并从流通中回收储备金时,就会有间接的影响。不管怎样,如果中央银行持有外汇,则对储备金的净影响就为零,而且牵线性贷款不会危及宏观经济目标。

当捐助资金在偿还基本债务的预定日期之前到账时,赞比亚银行就被指示以悬账方式持有克瓦查对应资金而不是马上贷给财政部。捐助资金进入中央银行不会从流通中回收储备金,所以用额外的现金贷给财政部会导致储备金最后注入财政——而这恰好是现金预算所避免的。而将克瓦查对应资金贷给财政部仅是因为它需要资金来兑现外部债务。这样一来,赞比亚银行会代表财政部把克瓦查贷款登入各自的捐助账户,而把国外债务账户计入增入栏以覆盖外汇成本。这种安排使财政部的综合余额和储备金保持不变。如果捐助的外汇卖给市场,那么相应数量的克瓦查就会被贷给财政部以维持国内支出。在国际货币基金组织1994年的计划中,这种克瓦查资金被指定作为国内债务。当赞比亚银行把捐来的外汇卖给市场,而且财政部用克瓦查收入来偿还短期国库券时,对储备金的影响就不太明显。

对严格的现金预算编排的第三个修正与国内债务有关。每周政府都

第十一章 制定财政纪律：赞比亚的现金预算

不得不用未清偿债务来承兑到期的有价证券和利息支付。现金预算规则不能妨碍这些宪法性义务——更不用说一次拖欠就会损害政府的信用这一事实。国内债务的借方偶尔会把财政部的综合余额推向赤字,特别是在税收征收远低于预算时。在这种情况下,尽管会破坏现金预算约束,但还是要允许支出。然而,这时其他资金的提供就要被停止,直到通过税收流入恢复了正的净余额。这里列出的技术性问题说明了,怎样使制度更加灵活,而又不会大大地损及终止财政注入储备金这一目标。

监督与控制

同其他地区一样,在赞比亚颁布一项政策、起草一个决定是一回事,执行它却是另一回事。资金预算是如何实施的呢？

补充现金基础的决策于1992年12月制定,1993年生效。预算制度的这一根本性变革要求,在几周的时间内对许多汇报制度做出较大的调整。关键部门得到指示,要提出每日报告并交给新近由赞比亚财政部和赞比亚银行的官员、顾问组成的监督委员会。联合数据监督委员会(JDMC)负责保证以现金为基础的预算的有效实施,保证储备金的恰当管理,并保证全面执行宏观经济政策以实现计划目标。委员会要每日召开会议以审查财政和货币数据,分析近期形势,明确实质性的问题,讨论选择性的解决方案,并推荐合适的补救措施。[35]委员会每周向部长、主管人员、部门内的经济政策方面的一个技术小组以及其他的高层官员提交书面报告。这样一来,关键性问题就通过JDMC迅速报告给了高层的经济政策制定者。

最紧迫而首要的任务是要改进数据报告。实际上,起初JDMC得到的所有资料都被证明是不可靠和不一致的,包括赞比亚银行的会计记录。经过几个月的时间,随着问题被委员会识别而且被负有责任的组织单位修改,数据便得到了持续改善。对监督现金预算而言,关键报告包括：

(1）按照财政部指示条文的解释，一份表明主要的政府账目余额与综合头寸的财政部现金头寸的每日总结；(2）显示主要账目间交易的每日查询陈述；(3）来自财政部的每日税收和资金认可报告；(4）一份给所有的部门和机构的每日余额报告。赞比亚银行提供关于储备金的每日报告，并且偶尔提供对政府提出净筹资系统的要求的报告和有关国库券交易的报告。[36]后来，赞比亚银行还增加了汇率、净国际储蓄、外汇来源和使用的报告。

后面的附录中提供了一份用于监督现金预算的主要表格的简化版本。在审查这些每日账目统计和其他数据报告的基础上，JDMC 可以明确源自现金预算的偏差，预见将要出现的现金问题，并且推荐补救方案。在这项工作中，委员会以一个积极的内部游说者的身份出现，促进了宏观经济政策的健全管理。

现金预算对宏观经济的影响

在财政部高层官员和赞比亚银行的有力支持下，JDMC 作为实施现金预算的一种工具合理地发挥着作用。彻底的违规并不常见，一旦真的发生则会迅速被发现。图 11-1 到图 11-4 提供了一幅第一年系统运作成果的量化图。这些图总体上说明，尽管在一年当中的大部分时间资金受到严重约束且规则遭到了几次破坏，但现金预算为政府提供了控制财政赤字和防御因破坏货币管理而导致的财政波动的能力。在现金预算实施六个月之后，建立财政制度的努力以低通货膨胀率的方式收到了成效。

图 11-1 中显示，1993 年的政府运作使财政部的主账上有了一笔 240 亿克瓦查的原始资金盈余，[37]这是有别于过去行为的一个完全不同的转变。上一年的主账以 690 亿克瓦查（以 1993 年价格计算）的借方余额而结束。在当年的大多数时间，除了五月底的暂时下降和年底的一次较严

重的破坏之外,财政部的混合余额是正数。除此之外,为达到 IMF 为 4 月底设置的基准而尽力紧缩之后,预算办公室为应对积蓄的政治压力而进行了一次小规模的过度花费。虽然如此,这次违反现金预算比真实情况更明显。少量的负余额却无法被先前国库券销售的净增长所抵消,因为(根据委员会的推荐)为预防不测,国库券的销售已经被掩盖在混合余额之外的一笔账目中。另外,业务部门此时掌握着大量的现金余额。因此,直到当年那个日期,财政运作也没有为储备金提供净注入。

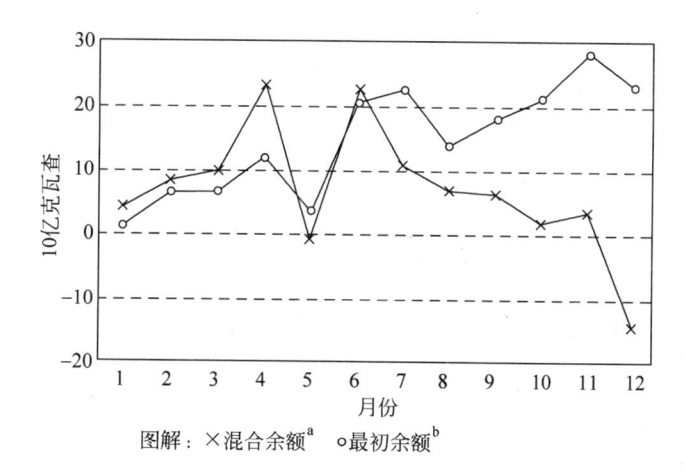

图 11-1　1993 年现金余额

[a] 混合余额不包括捐助基金账户中的临时"超量"余额。
[b] 最初余额由财政部主要账户代表。
资料来源:赞比亚银行,财政部,以及作者的计算。

现金预算较严重的缺口发生在 12 月。问题的根源——实际税收的大量短缺——可在图 11-2 中看到。到 7 月份时,财政部的税收比上一个预算年度同期累计短缺了 30%。不良税收所产生的影响、农作物贷款恢复的不利以及援助资金拉长的延期支付混合在一起。面对着这些收入的短缺,现金约束一下子就使平衡对财政来源的竞相要求成了焦点。不断的危机笼罩着 JDMC 的会议和预算办公室。现金预算需要的财政优先方式几乎没有赢得支持,而这在转移通货膨胀反应中扮演着关键的角色。这两个例子提供了对1993年财政部面临的压力感和现金预算在约束其后果中的角色的观察。

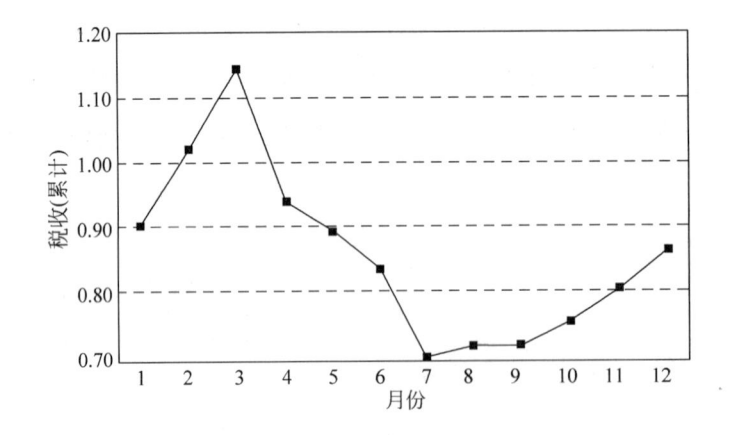

图 11-2　1993年真实的税收(1992年绩效 = 1.00[a])

[a]数值低于(高于)1.0表示,在经过CPI—通货膨胀调整后,目前的税收少于(多于)1992年同期的税收。

资料来源:赞比亚银行,财政部,以及作者的计算。

农作物融资

1993年的预算拨款200亿克瓦查作为第三季和第四季玉米市场营销和农作物融资之用。而时间到来时,却没有足够的现金满足开销。另外,将更多的营销责任交由私营者承担的计划因利息普遍过高及汇率不稳而收不到预期效果。截至9月,一场政治冲突已不可避免,为防止现金预算的崩溃必须达成妥协。在总统的命令下,赞比亚银行同意借给财政部50亿克瓦查——对这笔钱没人期待能够收回。同时,另一笔170亿克瓦查的支出,通过向农民发行高额市场利率的期票(在次年2月偿还)而被延期。虽然这种方法极不常见且为人所嘲笑,但它却在通货膨胀即将开始时有效地阻止了储备金的大幅波动,并且在1994年的预算中,它还允许财政部调节支出。总而言之,现金预算规则被50亿克瓦查扭曲,但该体系避免了货币控制方面的更大损失。

公务员工资

与公务员工会的合同在1993年4月到期。签订新合同的谈判到年中时仍停滞不前,通货膨胀也居高不下,这部分是由于价格改革,部分是由于迟迟不能对储备金增长的非预算渠道进行控制。至1993年6月,一年的通货膨胀率达到226%。按照这一看得见的数字,工会定出的工资增长幅度是从4月份开始增长200%—300%。政府谈判者(他们自己也会受这种解决方式的影响)准备了一个讨价还价的方案——将月工资增长近80%。在这一点上,财政部通过实行现金预算约束进行干预,并且认为,这个悬而未决的问题会使大家更加严重地受到通货膨胀的影响。总统接受了财政部的观点,在1月向全国发表了有关工资政策的电视演讲。演讲包括这一有关段落:

> 自1月引进了以现金为基础的预算以来,我们建立了控制预算的制度……为满足额外要求而印钞票的做法已尝试过,而且失败了、被否认了,那是一条有害的路子。[38]

最后,工资的解决办法是倒回到(scale back to)50%,并从8月份开始生效,而不是4月份。这一项措施使1993年的预算成本减少了近2/3。不幸的是,1994年1月前,政府没有采取任何措施以获取额外的税收,所以,即使是减少工资的解决方法也严重损耗了政府的现金头寸。实际上,税收继续下滑是因为税收管理不善,银根紧缩,同时克瓦查又升值,这就缩小了贸易税的基础。因为着重强调现金挤压,以及新国债的发行并未能偿付到期的证券,11月中旬以后,大笔的纯支出被用于偿还内债。在这种情况下,坚持现金预算需要在非工资资金方面做更大幅度的削减。财政部无法坚持财政约束所要求达到的程度。因为试图在12月不用打开闸门就可给基本服务提供资金,财政部指示赞比亚银行允许其在混合余额中净借出相当于业务部门所持的贷方余额数量的资金。经过11个月在严厉约束之下的运作,预算办公室从这项自由中占了便宜,致使年终混合借方达140亿克瓦查。然而,到此时,通货膨胀已经回落到一个较低的位置,对克瓦查货币余额的需求开始恢复。无论如何,现金约束作为1994年预算的核心因素于1月1日回到了适当位置。

现金预算计划的一个主要目标是,防止财政决策引起储备金的迅速增长。图11-3表明,到12月为止,财政交易实际上产生了储备金的回收。与预期相反的是,这一财政困境没有马上将储备金迅速增长的根源消除掉(尽管它肯定帮助避免了更糟的结果)。到3月初为止,储备金储存量高于目标25%。JDMC认为问题的根源是中央银行的外汇运作,因

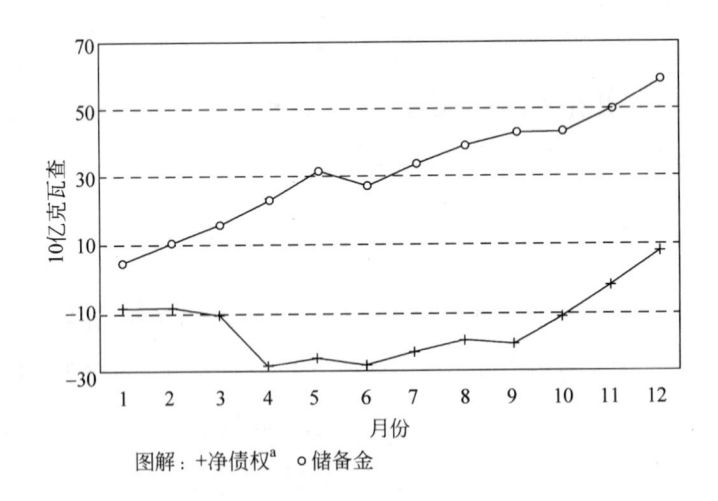

图11-3　1993年货币冲击的渐进变化

[a] 净债权数据不包括商业银行在赞比亚银行的经常账户余额。
资料来源:赞比亚银行,财政部,以及作者的计算。

第十一章 制定财政纪律：赞比亚的现金预算

为其运作还没有受到认真监督。要证明这个结论需要几个星期，而实施补救方案（涉及能源价格政策的一个主要变化）还需要再增加几个星期。由于最初没有注意中央银行的准财政交易，从现金预算获得的预期的宏观经济收益被延迟了5个月。

然而，到6月份时储备金得到控制。从图11-3中可清楚地看出5月后走势的断裂。到8月份通货膨胀走势同样断裂，这一点在图11-4中已表明。图11-4把12个月的通货膨胀走势比作两个月通胀率（年化）移动的平均标准。通货膨胀率达到接近400%的高峰后，在8月直线下降。此后，尽管有短期的起伏，但12个月通货膨胀走势迅速稳步回落。[39]到1994年9月，12个月通货膨胀率在十多年中首次在30%之下。1994年最后6个月的通货膨胀率为22%（年化）。如果没有现金预算，稳定计划就不会在1993年到1994年间结合在一起。

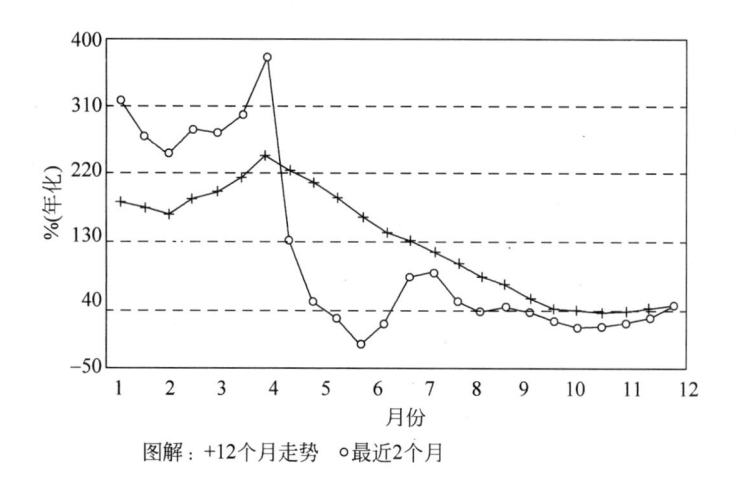

图解：+12个月走势　○最近2个月

图11-4　1993—1994年的通货膨胀情况（2个月的走势对12个月的走势[a]）

[a] 2个月平均线用于使顺序顺畅。
资料来源：赞比亚银行，财政部，以及作者的计算。

副作用

和药物一样,政策行动与规则既要按其直接作用来评判,又要按其副作用来评判。虽然现金预算在预期的宏观经济影响方面十分成功,但是它也产生了极大的副作用,这些副作用应该理解为改革过程的重要因素,它们既有消极的一面,也有积极的一面。

诱发性预算混乱

在引入现金预算之前,无秩序的预算行为在赞比亚根深蒂固。但是,实行银根紧缩的财政约束更促使各业务部门钻程序上的空子,并就预算优先考虑的事项玩弄高明的花样。主要的程序性问题在于对承诺缺乏控制。各个业务部门往往利用赊账来获得供应,然后在年底将账单作为拖欠款项提交,以此避开财务控制。1993年,财政部预计现金预算会使这一问题恶化。年底的结算表明,与1992年同期相比,1993年的实际拖欠款项几乎增加了一倍。若完全支付,1993年账单的结转将用去1994年预算中主要国内支出的6%。实际上,1994年预算只支付了不到一半的拖欠款项,其余部分只好由各业务部门用新的储备金吸纳,或者由供应方承担。这对供应方是一个沉痛的教训,能够认识到现金短缺的政府部门不再是可靠的顾客。加强对投入的控制成为1995年下一轮预算改革的一个优先要完成的重点工作。

财政部自己就找到了规避现金控制的一种富有创造性的方法。它多次发放非货币性的特别短期国债以偿还债务。这种手段不需要动用现金余额立即缴付,但是一旦国债到期,其利息会使费用大大增加。此外,特别发放的国债加大了人们对政府的净债权,而这是国际货币基金组织计划的一个主要基准指标。因此,这种代价昂贵的做法受到捐赠人和顾问的普遍谴责,但是这种事情仍然不断发生。

第十一章 制定财政纪律：赞比亚的现金预算

政府部门对预算削减的另一个反应是，使投入基本支出的资金极度匮乏，以便强化获得更多资金的理由。这种做法很普遍，许多业务部门在面临现金预算约束时似乎都采取了这种伎俩。于是，警察缺乏资金开展现场工作，但他们的部门官员却有钱去旅游。同样，外交人员发不出工资，而外交部却耗费巨资装修领事馆办公室，在外国首都的昂贵地段购买大楼。造成基本支出不足的做法可能是要刻意让政府终止现金预算，也可能只是以前通过印钞票来支付的漫不经心的做法的标志。不管是什么，这些本末倒置的优先性给要求削减预算的政府管理带来了不利影响。

从预算办公室的工作程序看，现金预算还造成了支出管理中的其他问题。以前，预算办公室会每月一次在专门的会议上检讨资金情况，会上会审查所有必需的条件。实行现金预算之后，往往在收入进入赞比亚银行的同时，资金又一点点地流出。运营部门认为，自己可以向预算办公室施加压力，要求在一个月的任何时候获得紧急资金，并且能够从次日的收入中获得资金。预算办公室不得不处理源源不断的紧急支出请求，却无法顾及当月整体需要和税收流动情况。管理层可能曾经决心要处理好这种细流资金，但实际上，有时提供特别资金会耗尽财政部的现金余额，偶尔也会使工资发放延迟。1995年，随着税收流动情况的改善，这种情况也有所改观。

上限变成下限

现金规则的简单性产生了第二个负面影响。在现金流转得到改善时，反复强调银行里的现金就变成了一个不利条件，因为它使人们产生了任何一种可用资金都可以花费掉的期待。在赞比亚的稳定计划下，对任何月份支出的约束是银行现金和计划规定的流转目标两者中数量较少的一个。一旦官员们习惯了现金约束，他们往往会将计划约束抛之脑后。实际上，有些官员渐渐把现金流转视为支出的无条件的下限，而不是一个有条件的上限。例如,在1993年的第二季度里,该计划要求出现盈余以便财政部能够累积现金余额用于弥补后半年的资金不足。这种时间上的支出不对称源自于支出(特别是用于农业和资本项目的支出)中正常的季度模式。但是,银行中有现金这一信息却变成了政客们要求获得更多资金的工具。1994年,随着赞比亚税收管理局(ZRA)的成立,税收情况有了改善,但由此也产生了一些类似的问题。

突出税收

事实上,其他副作用对改革过程是有益的。也许,最重要的有益副作用是现金预算集中关注税收问题,这是以前所忽略的问题。监督系统的早期结果是观察到所报道的收入与到达赞比亚银行的收入无关。这一观察结果激发了对去年数据的检查,通过检查暴露出相当于该年近10%的预算额的关税没有在预算年期间到达赞比亚银行。一项审计显示,这个缺口部分是由报道失误导致的,但最主要的原因是转账滞后。由于财政部没有实施监督,商业银行习惯了持有政府税收平均大约六周。当这件事情败露时,马上就新的安排进行谈判,从而将平均转账时间减少到大约六天。

主要的税收问题还在于征收绩效本身。由于预算导致了一系列的预算危机,人们对税务管理的态度就有了一个意外的变化。很明显,税务组织和对税务管理的预算支持方面都需要有很大的改变。在1994年的预算中,设置一个使税务管理专业化的新税收管理机构已经势在必行。在向ZRA的过渡中,税收的减少是因为收税员担心他们的工作而他们的老板又持一种无力征收的态度。然而,就在ZRA开始运行之后不久,税收减少的趋势有了明显改观。

除了引发对税收的积极关注外,现金预算也强调从捐赠者那里及时获取资金的重要性。JDMC发现,许多支出问题都存在于赞比亚政府中。

例如,支出问题经常因为缺少及时的文件(像传运文件、查账报告之类)而被耽误。数月都没有其他大额支出是因为需要与条件不够吻合。有些吻合问题是很简单的,只是没有引起注意,尽管其他问题由于政治冲突而根深蒂固。[40]一旦这些问题被认识到,就可以采取步骤来实施未来的程序,从而提高绩效。

聚焦数据

另一个有益作用是,监督系统要求每日都要提供精确的统计数字,并且要有一个及时发现错误和差异的程序。监督会议主要是检查每日报告,比较来自不同渠道的信息。数据问题几乎在每次会议上都会被发现,包括从银行账户上简单的数据输入错误(例如借方金额本是 35 亿克瓦查,却写成了 3.5 亿克瓦查),到预算办公室出现的没有记录到某些资金款项的颠倒情况的错误等各类问题。不断的细致审查推动了财政部和赞比亚银行官员们对他们的财政和金融交易报告的改进。许多改进措施要生根是很缓慢的。例如监督委员会成立一年多之后,依然难以获得有关基本统计资料(像当年的预算资金)的一致数据。即使如此,监督进程对那样的数据问题还是给予了持续不断的关注,使得它们难以被忽视。

克鲁格观察到,改革启动了内在的反应,这种反应又决定了改革的可持续性。[41]尽管她指的是政治经济的反应,但她的观点同样适用于政府中的流程。就这方面而言,由现金预算引起的副作用是构成改革动力的必要因素。许多因为现金预算而凸显出来的问题,如没有资金的采购,成为随之而来的改革议题。同样,现金预算也密切地关注税务行政和管理信息系统的关键性问题,这导致了程序甚至是组织方面的永久性变化。另一个副作用是资金细流问题有了完全不同的含义:不管严格的现金约束多么易于控制失控的预算系统,在更多的正常条件下,它也许都不是有秩序的支出管理方面的一套健全规则。等到现金预算成功地促进稳定计划时,它才可能远远超出它本来的目的。

结论

因长期衰退而试图调整的国家可能会因为缺乏实施微观经济改革的能力而受阻。因此,很有必要仔细看一看已经完成这一过程的国家当时是怎样做的。恰当的例子是20世纪90年代初赞比亚推行的稳定计划,特别是把现金预算用作确立财政纪律的制度约束。经过二十多年经济状况的恶化,赞比亚政府发现,其主要经济组织在实施合理的财政和货币政策方面准备不足。为了稳定经济,政府首先要培养控制消费、加强财政和货币管理的协调能力。通过迫使财政部门在其范围内运作,现金预算制度被证明是指导财政政策渡过麻烦阶段的有效指南。经过六个月的时间,通货膨胀降到十年内最低点,虽有起伏,但在1994年时一直保持基本稳定。

世界银行界定的能力建设有三个明确要素:(1)提高人力资源的质量,包括"技术官僚精英"的能力;(2)重新构造组织以使其更加有效;(3)提供政治领导以扶植能力弱的机构。[42]这三种因素在赞比亚财政改革中都是必要的。关键的制度创新就是对政府支出实施现金约束,[43]以赞比亚财政部和银行官员组成的联合委员会的形式出现的组织创新对规则中这项限制性变革提供了支持。委员会负责监察日常现金预算和其他宏观经济的统计。该委员会的运行通过对数据问题、汇报系统、运行程序、流动资金管理、IMF计划要求以及预算冲突的公开讨论,提供了一个行之有效的培训论坛。在这一过程中,它成为谨慎的宏观经济管理的强有力的说客,同时,它也对不同生产领域的人员形成压力,促使其提高工作质量。能力建设的第三个要素——政治领导也一样重要。如果没有赞比亚财政部和银行高层积极而强有力的支持,监察委员会将失去效力,而新的财政控制体系也将会迅速退回到以前的状态。

第十一章 制定财政纪律：赞比亚的现金预算

在本章涉及的主要技术点中，我要强调以下几点：

- 由于经济在恶性通货膨胀边缘徘徊，财政部部长对通过宏观经济政策调控抑制通货膨胀拥有了解释权。这些条件使得财政部部长和他的技术官僚在没有经过政治斗争的前提下，可以强制制定财政纪律（以现金预算的形式出现）。
- 现金预算规则准许发生现实性的妥协，而妥协赋予了这一体系以灵活性却又不会危及宏观经济目标。
- 由于税收不足，现金预算对管理不善的真实支出进行了超常规的压缩。而如果税收改革早一步实行，财政调整也许将会更加有序。

展望未来，现金预算制度能在赞比亚持续下去吗？经过第一年的动荡，在税务行政改革和捐助流入更加畅通的支持下，该体系在1994年步入正轨。[44]在1995年，政府重申了它将致力于"现金预算制度"。[45]但对于现金预算是否应该是财政制度的一个永久性特征，仍然存在着异议。在建立财政制度的初始阶段，将它看作是过渡制度的理由有两个。首先，对政府来说，现金约束是零铸造利差（zero-seigniorage）融资的目标。这对于长期管理不善的经济来说，是非常重要的。但是，在正常经济条件下，银根紧缩大于需求。很自然，正常情况下的预算支出不应受到日常的财政部现金流转的控制。其次，就管理宏观经济政策来说，组织一个大型联合委员会以检查日常统计工作是一种成本很高的方式。该制度在早期调整阶段相当有效，也可能相当重要，但是从长期来看，应该发展一种管理数据交换、监察财政与货币状况的低成本制度。

最后，有人会问，其他国家是否可以效仿赞比亚通过使用现金预算建立财政纪律。既然赞比亚本身能从其他国家，比如印度尼西亚、玻利维亚的经验中获益，那么就更有理由相信，赞比亚的经验能给其他国家以启迪。非官方的报道建议，该地区的其他国家已经就效仿赞比亚的预算控制制度进行了严肃认真的思考。如果这样的话，那么本章可能会为怎样着手筹备改革以及在改革道路上可能遇到的问题提供建议和洞察力。

附录：监控财政部现金余额

附录表 11-1 显示了财政部头寸表的简况，它反映的是 1994 年 4 月 25 日所报道的形势。这张表包括十三栏各种不同账目余额和账目余额数的时间系列数据（以百万克瓦查为单位）。该数据包括 1992 年 12 月底的余额、1993 年 7 月至 1994 年 3 月每月的月底数目，以及最近 19 个营运日的余额。附录解释了这个表格的内容。

栏目(a)：财政部冻结账户 a/c293。账户 293 是赞比亚银行于 1 月份提供给政府的作为缓冲资金的 133.95 亿克瓦查现金（见文中）。另外的 31,720 亿克瓦查款项反映的是 2 月中旬为保证顺利解决到期期票而贷的款。赞比亚政府的资金的偿还计入贷方。3 月 19 日的活动更改了被披露的 JDMC 导致的失误。监控委员会的功能之一是发现和更正被披露的失误，而这些失误并不罕见。

栏目(b)：财政部 a/c999。若每个预算年度结束时政府账户为零，则未清的余额被转到"x"账户。a/c999 表示那些"x"账户的合计。1993 年 12 月底之后的活动反映了这类转账的公布、公布出来的失误的更正、未清的或在年底的征集过程中国债支票的清理。后者表示 1994 年的现金支出，它们在 1994 年的预算计划中是为了以现金为基础计算余额而进行的调整。

栏目(c)：贷款与投资 a/c063。这个账户主要显示与外债支出相联系的一些活动，也表示一些国内支出，如玉米收支、肥料花费和半国营集团的资本支付，但不常见。表 11-1 表明 4 月 23 日的一项 622.833 亿克瓦查的借款。国内支出的借方通常与转入主要账户的贷方相抵消。外债支出的借方则通常与捐赠基金账户的贷方相抵消，而它们是支出余额流入的对应资金。当捐赠基金不足时，a/c063 的债务借方能由临时牵线式贷款来支付（见文中）。a/c063 项的借方被各种捐赠账户上的贷方抵消，

第十一章 制定财政纪律：赞比亚的现金预算

表 11-1 财政部头寸图（百万克瓦查）

日期	财政部冻结账户 a/c293(a)	财政部账户 a/c 999(b)	贷款与投资交易 a/c063(c)	贷款与投资国库券 a/c066(d)	贷款与投资债券 a/c039(e)	GRZ主要账户 a/c099(f)	业务部门余额(g)	其他业务费余额(h)	GRZ捐献者资金(i)	财政部综合余额(j)	GRZ综合头寸(k)	BOZ持有的国库券(l)	给政府的牵线式贷款(m)
31/12/92	-11,279	0	-53,063	32,319	70	-24,001	115,121	4,570	48,238	0	9,888	91	0
30/06/93	13,273	-48,045	-37,506	1,201	785	20,439	11,486	6,891	103,430	40,112	79,950	886	0
31/07/93	7,875	-48,045	-39,655	70	1,344	22,575	14,236	7,033	74,503	10,600	44,062	2,946	0
31/08/93	5,000	-48,045	-51,185	2,810	1,276	13,769	13,672	7,536	88,400	6,833	38,606	587	0
30/09/93	5,000	-48,045	-61,957	968	1,097	18,146	14,488	6,967	96,508	6,525	39,405	295	0
31/10/93	0	-48,045	-65,175	4,582	1,687	21,266	14,607	7,317	97,142	2,100	30,858	260	0
30/11/93	0	-48,045	-67,504	8,466	1,496	28,226	9,933	6,927	98,303	3,817	26,487	1,341	-4,162
31/12/93	1,685	-48,045	-68,818	12,301	2,129	23,044	11,726	6,959	90,093	-14,092	12,950	255	-20
31/01/94	-13,395	-101,787	-3,467	1,027	-503	5,799	14,409	6,825	100,713	11,264	16,470	530	-20
28/02/94	-16,567	-104,087	-21,685	6,153	-1,328	5,891	11,785	6,416	113,270	9,995	5,515	292	0
31/03/94	-16,567	-107,652	-37,618	1,850	-1,295	10,667	18,321	6,485	130,179	11,477	10,175	1,533	0
3月28日	-19,586	-104,144	-34,800	288	-997	9,827	14,784	6,502	124,727	6,738	2,676	1,852	0
29日	-16,567	-104,144	-37,798	1,850	-996	9,496	14,898	6,502	128,482	8,729	7,801	1,618	0
30日	-16,567	-104,145	-40,906	1,850	-1,328	6,428	20,645	6,487	132,216	6,248	11,051	1,560	0
31日	-16,567	-107,652	-37,618	1,850	-1,295	10,667	18,321	6,485	130,179	11,477	10,175	1,533	0
4月5日	-16,567	-107,488	-37,482	1,625	-1,641	12,504	16,986	6,515	130,165	12,866	10,432	1,859	0

319

打造一个好政府——发展中国家公共部门的能力建设

(续表)

日期	财政部冻结账户 a/c293(a)	财政部账户 a/c 999(b)	贷款与投资交易 a/c063(c)	贷款与投资国库券 a/c066(d)	贷款与投资债券 a/c039(e)	GRZ[a] 主要账户 a/c099(f)	业务部门余额(g)	其他业务费余额(h)	GRZ 捐献者资金(i)	财政部综合余额(j)	GRZ 综合头寸(k)	BOZ[b] 持有的国库券(l)	给政府的本线式贷款(m)
6 日	−11,567	−104,238	−41,097	1,550	−1,631	9,458	16,370	6,488	130,219	6,194	11,335	1,634	0
7 日	−11,567	−107,257	−38,351	1,550	−1,627	10,560	15,671	6,379	130,720	10,545	11,721	1,586	0
8 日	−11,567	−107,257	−38,355	1,550	−1,821	10,912	14,863	6,375	130,974	10,954	11,312	2,428	0
11 日	−11,567	−107,257	−38,491	3,255	−1,803	11,733	13,546	6,487	131,528	7,405	6,571	2,945	0
12 日	−11,567	−107,257	−38,491	2,632	−1,802	13,171	14,662	6,487	131,528	9,467	9,708	4,460	0
13 日	−11,567	−107,257	−38,491	2,632	−1,811	14,657	13,712	6,480	138,578	18,053	17,365	4,381	0
14 日	−11,567	−107,257	−44,734	2,632	−1,823	16,163	13,010	6,407	138,602	13,269	11,774	4,358	0
15 日	−11,567	−107,257	−40,840	2,632	−1,809	12,784	15,914	6,323	138,602	13,799	15,173	4,257	0
18 日	−11,567	−107,257	−40,840	8,092	−1,800	14,709	14,188	6,381	138,646	10,317	9,976	2,863	0
19 日	−11,567	−107,257	−42,912	6,092	−1,786	16,241	9,315	6,392	142,808	15,953	10,748	2,789	0
20 日	−11,567	−107,257	−47,176	6,092	−1,755	17,292	12,954	6,400	142,808	12,771	11,212	2,725	0
21 日	−11,567	−107,257	−60,167	6,092	−1,748	18,156	12,440	6,396	145,272	3,116	1,039	2,743	0
22 日	−11,567	−107,257	−62,283	6,092	−1,732	7,255	21,399	6,385	149,030	−6,129	746	2,670	0
23 日	−11,567	−107,257	−62,283	6,092	−1,732	7,255	21,700	6,385	155,822	663	7,836	2,670	0

[a] GRZ=赞比亚共和国政府
[b] BOZ=赞比亚银行
资料来源:赞比亚银行研究部。

第十一章 制定财政纪律：赞比亚的现金预算

因此这种余额并不约束财政部的综合余额。这样,外债并不妨碍国内预算的操作,除非在冲抵借方时出错。这种错误的一个例子是4月23日的债务借方被不恰当地用捐赠账户上的贷方抵消了,这个错误将综合余额减少了46亿克瓦查,人为地约束了财政部的运作。

栏目(d):贷款与投资国库券a/c066。这是国库券账户,这里的国库券销售收入被计入贷方,而用作偿还的支出被计入借方。国内债务业务的基金采用了从主账户转入此账户的形式。4月15日和4月18日之间的下降额反映了这样一个事实:一周内出售新国库券的收入略微减少了需买回到期账单的数量,但是a/c066项这样的净支出耗尽了财政部的现金余额。

栏目(e):贷款与投资债券a/c039。这个账户登记了债券交易:新债券销售计入贷方,支付利息和本金计入借方。

栏目(f):GRI主要账户a/c099。在这里,为转账到营运账户,国内税收被存入a/c099,预算基金被计入借方。现金预算把新的基金约束在这个主账户或综合头寸的最低余额中。

栏目(g):业务部门余额。这是业务部门账户的总体运转余额。一旦资金被转入业务部门,现金预算过程就将其视为已经被花费,这样,栏目(g)的余额不包括在财政部综合头寸之内。只要资金还留在业务部门账户上,储备金就不受影响,所以这笔款项只得在预算支出制表时单独处理。

栏目(h):其他业务费余额。一些预算资金因为某些目的而被计入特别账户,比如使贷款资金或项目捐款得到周转。栏目(h)表明了这些账户的混合余额,其中包括前几年的结余数。(不像大多数账户,这些账户在年底时是不结为零的;那么,自12月31日以来,余额的变化表示了整个预算年的净交易。)出于现金预算的缘故,这些余额被看作是业务部门的余额。

栏目(i):GRZ 捐献者资金。贷方金额代表从捐献者得到的外汇的对应资金,其中包括对项目和收支平衡的支持。捐献资金账户到年底并不为零,因此,这里的余额包括了这几年转入的账目。12 月底以后的增长值表现在预算年转给 GRZ 的数目。正如文中所注释的,在收到捐赠赞助时,克瓦查对应资金没有以债务形式立即计入 GRZ。赞比亚银行在悬账中拥有这笔资金,并一直持有到外汇可以投入使用时,而这笔资金主要用于外债。在这种情况下,属于捐赠账目的克瓦查债权把计入到 a/c063 借方的款项抵消,只留下综合头寸和预留资金没受影响。捐赠账户的存款应该转到 a/c063,以消除借方余额。但这种转账很少出现,因为捐赠者在对应资金的使用上受到限制。这些限制产生了一种没有实质性效果的行政管理负担,因此这些资金是可替代的。例如,如果一个捐赠者坚持把对应资金用于社会部门的方案中,那么预算办公室就能为用作国内收入的社会部门方案提供 10 亿克瓦查。从捐赠者账户转 10 亿克瓦查到财政部主账户以补偿用于这项社会部门的支出,并且从主账户把收到的 10 亿克瓦查转到 a/c063 以弥补债务支出。

捐赠外汇也可以卖给市场,同时,克瓦查收入将被转入政府的捐赠基金账户。这种交易改善了财政部的综合头寸,减轻了总体上的现金压力。这种额外基金主要用来偿付国内债务花费,并计入 a/c066 的借方。考虑到综合头寸和预备资金,这种交易一体化是中立的,因为源于外汇卖出的克瓦查增加与国内债务的流出相抵消。通过这种方式,超出外国债务支出所要求的数量的捐赠支持可以用来减少国内债务。

栏目(j):财政部综合余额。这是在现金预算规则约束下银行现金管理的关键尺度。在 039、063、066 和 099 账户里,综合头寸是财政部余额的代数总和加上年初以来捐赠资金余额的净交易。栏目(j)得到了进入财政部的主要增加数(国内税收、国库券的销售、贷款和预支款的回收、捐赠资助)以及所有的主要支出,包括向业务部门提供的资金。

看一看从4月15日到4月18日这一栏余额的下跌。这反映出：财政部账单滚动中的亏空而产生的计入a/c066借方的净额；税收进入赞比亚银行而计入a/c099贷方的净额；债券出售而计入a/c039贷方的净额；反映着被销向市场的外汇捐赠的克瓦查对应资金而计入捐赠者资金账户贷方的净额。这就说明了综合头寸是如何将所有的基本财政部账户变化的净结果合并起来的。

栏目(k)：GRZ综合头寸。这栏表明了政府在赞比亚银行的总体净余额，其中包括那些像从综合头寸中被排除出来用作现金预算的业务部门余额数。这种余额在量值上是相等的，而在赞比亚银行对政府的净要求所得的标识上是相反的。

栏目(l)：BOZ持有的国库券。赞比亚银行主要通过再贴现获取国库券，当一个国库券的持有者（通常是一家商业银行）在到期之前买回国库券时，再贴现就会出现。为了阻止这种交易，赞比亚银行收取了一项罚款性贴现利率。当赞比亚银行再贴现国库券时，它就把预备款注入到金融系统中去。这样，赞比亚银行就会不断地在特殊安排下获取国库券以还清其他的国债款项。

栏目(m)：给政府的牵线式贷款。如文中所说，当捐赠流入暂时不足时，现金预算就要结合进从赞比亚银行借入牵线式贷款的制度安排，以缓冲承兑基本外债款项对金融预算的影响。栏目(m)表明了这种牵线式贷款中未结清的余额。大多数时候这一余额是零。

注释

1. Ronald McKinnon, *The Order of Economic Liberalization* (Baltimore: Johns Hopkins University Press, 1991), 4.

2. Michael Roemer and Steven Radelet, "Macroeconomic Reform in Developing Countries,"见 Dwight Perkins and M. Roemer, eds., *Reforming Economic Systems in Developing Countries* (Cambridge: Harvard Institute for International Development, 1991)。

3. Rudiger Dornbusch, "Policies to Move from Stabilization to Growth," *Proceedings of the World Bank Annual Conference on Development Economics*(1990):19-48.

4. Marcelo Selowsky, "Comment on Dornbusch," *Proceedings of the World Bank Annual Conference on Development Economics*(1990):54.

5. Merilee Grindle and John Thomas, "Policymakers, Policy Choices, and Policy Outcomes: The Political Economy of Reform in Developing Countries,"见 Dwight Perkins and Michael Roemer, eds., *Reforming Economic Systems in Developing Countries* (Cambridge: Harvard Institute for International Development, 1991)。

6. Anne Krueger, *Political Economy of Policy Reform in Developing Countries* (Cambridge: MIT Press,1993).

7. John Nellis, "Comment on Van Arkadie," *Proceedings of the World Bank Annual Conference on Development Economics*(1989):179.

8. 计划的调整也引起了金融规划、税务改革、价格失控、金融市场自由化和半国营集团(包括缓慢的私有化)的改革。

9. Robert H. Bates, "Institutions as Investments," *HIID Development Discussion Paper* 527(Cambridge: Harvard Institute for International Development,1996 年 5 月).

10. Carlo Cottarelli, "Limiting Central Bank Credit to the Government: Theory and Practice," *Occasional Paper* 110(Washington, DC: International Monetary Fund,1993).

11. Grindle and Thomas, "Policymakers,"1991.

12. World Bank, *Zambia: Prospects for Sustainable and Equitable Growth* (Washington, DC: World Bank,11570-2A 号报告,1993).

13. 有关卡翁达政府的宏观经济管理的更详细信息,见 Young and Loxley, *Zambia: An Assessment of Zambia's Structural Adjustment Experience*(Ottawa: North-South Institute,1990), Lewis and McPherson, *Improving Exchange Rate Management in Sub-Saharan Africa* (Cambridge: Harvard Institute for International Development, 1994)和 Nolnick, *The Macroeconomic Framework for the Budget Program in Zambia* (Boston: Northeastern University[processed],1994)。Parente and Prescott("Changes in the Wealth of Nations," *Quarterly Review*, Federal Reserve Bank of Minneapolis [1993]: 3-16)基于对 102 个国家的抽样调查,将赞比亚和莫桑比克联系起来,并置之于 1960—1985 年间的"发展灾难"名单之首。Page["The East Asian Miracle: Four Lessons for Development Policy,"见 S. Fischer and J. Rotemberg, eds., *NBER Macroeconomics Annual 1994*,(Cambridge: MIT Press,1994),219-268]展示了赞比亚在其公平增长绩效的曲线图中是一个极其负面的局外者。

14. 调整过程中金融市场发展的详细情况,见 Bolnick(1995)。

15. 赞比亚共和国(1992,1993)和赞比亚银行(各个时期)。

16. Minister of Finance, *Budget Address* (Lusaka: Republic of Zambia,1993).

17. Minister of Finance, *Budget Address* (Lusaka: Republic of Zambia,1993).

18. Grindle and Thomas, "Policymakers,"1991.

第十一章 制定财政纪律：赞比亚的现金预算

19. Krueger, *Political Economy*, 125.

20. 最犀利的批评是,赞比亚银行的管制性支出留下了一个极显眼的漏洞,这使得内阁部门能够获得供给、签订合同和在其他情况下超过计划目标支出。

21. 见 Dornbusch and Fischer, "Moderate Inflation," *World Bank Economic Review* 7,1（1993）:1-44. Vegh, "Government Spending and Inflationary Finance: A Public Finance Approach," *IMF Staff Papers* 36,3（1989）,657-677。Cooper, "Economic Stabilization in Developing Countries"（San Francisco: *ICEG Occasional Paper* 14, ISC Press,1991）和 Adams, *The Fiscal Costs of Premature Financial Liberalization: Some Evidence from Zambia*（Oxford: Center for the Study of African Economies, 1994）。后一篇论文把从中央银行的零借贷与储蓄货币的零增长等同,这是不正确的。零借贷状况表明,政府控制使用铸币税,但储备资金仍能通过中央银行的其他交易扩大。结果,铸币税开辟了通向金融系统而不是财政系统的路径。

22. Edmund S. Phelps, "Inflation in the Theory of Public Finance," *Swedish Journal of Economics* 75,1(1973):67-82.

23. Anand and van Wijnbergen〔"Inflation and the Financing of Government Expenditure," *World Bank Economic Review*,3(1989)17-48〕适当区分了膨胀税（膨胀×实际货币余额）和实际铸币税（实际货币余额增长）。也见 Richard B. Goode, *Government Finance in Developing Countries*（Washington, DC: Brookings Institution, 1984）里的清楚的解释。

24. McKinnon, *The Order of Economic Liberalization*,5.

25. Blanchard and Fischer, *Lectures on Macroeconomics*（Cambridge: MIT Press, 1989）的第11章,提出了一个正式的模式:零膨胀是"名副其实"的均衡。

26. 见 Page, "The East Asian Miracle: Four Lessons for Development Policy," 见 *NBER Macroeconomic Annual 1994*, S. Fischer and J. Rotemberg, eds.（Cambridge: MIT Press,1994）: 219-268。使用国际货币基金组织数据能获得一个简单的检验〔*International Financial Statistics Yearbook*（Washington, DC: IMF,1994）〕。核查向中央政府提出的要求的货币当局数据和中央政府的储蓄数据,你就会发现,新加坡、韩国、泰国、马来西亚和印度尼西亚的中央政府在20世纪80年代对于铸币税的使用实际为零。1985年以后,相同的情况出现在玻利维亚和以色列,1990年以后,又在阿根廷出现。

27. Anwar Nasution, *Financial Institutions and Policies in Indonesia*（Singapore: Institute of Southeast Asian Studies,1983）.

28. Jeffrey Sachs, "The Bolivian Hyperinflation and Stabilization," *American Economic Review* 77,2(1987年5月):276-283.

29. Jonathan Friedland, "Argentine Economy Minister Reassures Fed Official of Currency's Stability," *Wall Street Journal*(1994年12月29日):A6.

30. 这是因为储备金的变化相对于货币乘数(M2/RM)的变化更大。例如,在赞比亚,货币乘数在1992年12月和1993年12月之间下降了6%,而储备金增长了 138%。

31. Blejer and Cheasty,〔"The Measurement of Fiscal Deficits: Analytical and Methodological Issues." *Journal of Economic Literature* XXIX,4,(1991):1664-1678〕和 Anand and van Wijnbergen("Inflation and the Financing of Government Expenditure")跟其他人一样,强调使用一切金融交易测量的重要性。

32. 详见附录。

33. Cottarelli,"Limiting Central Bank Credit to the Government."Cottarelli 指出,对中央银行贷款给政府的制度约束,甚至在被写进法律时都可以被超越或废除。

34. 固定的说明给牵线式融资戴上了帽子,但帽子不是有约束力的限制。

35. 一年以后,会议被减少到每星期三次。所有的 JDMC 会议都在赞比亚银行举行。财政部官员的出席导致了会议过于频繁的问题。

36. 赞比亚银行这时也开始开发一套每日监察储备金运转来源的系统,这一系统证明,要使来源数据与储备金实际运转的数据保持一致是相当困难的,因为赞比亚银行不提供定期资产负债表或货币调查报告。

37. 主要余额被定义为现在的收入与非利息费用的差额。这种财政余额的测定被频繁地用来测定政策的调整。

38. 见 Chiluba, *State of the Economy and Wage Policy*(Lusaka: Republic of Zambia, 1994)。

39. 上下变化的两个主要原因是,在通货膨胀下降及 8 月份实际利率变为正数以后汇率的极端变化,和食品价格正常的季节性变化。

40. 另一个削弱捐赠流量的因素是,发现反对党引起破坏政府的内部骚乱的阴谋后,在 1993 年 3 月国家宣布进入紧急状态。在年末,捐献者停止支出并断言某些部长涉足非法交易麻醉药。这种问题很明显超出了 JDMC 的权限范围。

41. Krueger, *Political Economy*,1993.

42. World Bank, *Sub-Saharan Africa: From Crisis to Sustainable Growth*(Washington, DC: The World Bank,1989), 54.

43. 按照 North 的理解〔*Institutions, Institutional Change, and Economic Performance* (Cambridge: Cambridge University Press,1990)〕,"制度"这个词指游戏规则,然而"组织"是由团队与队员组成。

44. 1994 年的初步数据表明,该年的最初国内盈余为 750 亿克瓦查或 GDP 的 3.3%,比 1993 年实际上升了 85%。把利息支出累加就能获得与净国外资助相等的 270 亿克瓦查赤字的总体国内余额。即使这样,M2 也增长了 70%,主要由于外汇交易。与 1993 年的 138% 和 1992 年的 191% 相比较,1994 年(12 月至 12 月)的通货膨胀率为 35%。

45. Minister of Finance, *Budget Address*(Lusaka: Republic of Zambia,1995).

第十二章

肯尼亚税收现代化计划中的能力建设

格雷厄姆·格伦迪

肯尼亚于1986年开始实施一项税收改革计划。作为一项既涉及税收结构又包含税收管理的广泛性改革,税收现代化计划(TMP)在1990年已具有较为正式且带有实质性特征的形式。这样的税收改革是复杂的,它涉及撒哈拉以南非洲地区典型的庞大而又相当软弱的官僚机构。为适应这一挑战,本章列举理由证明了产出导向型方法对能力建设的重要性。为了取得税收系统产出的显著提高,能力建设的干预活动(包括税收政策、管理体系、人力资源以及组织的变化)必须以协调而全面的方式实施。而且,应当密切关注进行变革的速度和顺序,只有这样能力建设的需求才能适合组织的吸纳能力,创新才能获得能力建设干预中潜在的积极交互作用所带来的收益。没有适当的行政改革,税收结构变革就只能产生有限的影响,但是,结构和管理的共同变革所产生影响将是显著而又稳固的。

肯尼亚的TMP一般被认为是成功的典范。尽管其中不乏失败和绩效不佳的因素,但作为一次在撒哈拉以南非洲地区成功的发展尝试,它是值得研究的,因为该地区通常以其在经济发展方面令人失望的表现为特色。[1] 此计划涉及能力建设的各个组成部分,就这一点而论,它有助于阐明能力建设在税收改革以及其他着眼于加强经济管理的发展项目中的作用。

本章描述了TMP的目标、活动以及到1995年中期为止它们所产生的结果,它集中于此计划的能力建设方面。为了从肯尼亚TMP的经验中汲取一些教训,有必要建立某种分析性框架和概念。尽管本章更关注能力建设的实践,但对理论的援引也是必要的。确实,对理论的援引很重要,因为能力建设使用的许多术语的定义因分析的学科及背景的不同而变化。能力建设被一些人从狭义的角度视为仅仅增加特定类型人力资本的供应;而另外一些人却从较为广义角度认为,它既包括人员又包括以可持续的方式提供某种产品和服务的制度。与之相似的是,制度开发被一些人当作正式组织的开发;而另一些人却认为它包含正式及非正式组织的关系和规则,这些规则是在允许政府和私营部门运作的市民社会中形成的。[2] 为在税收改革和现代化背景下对能力建设进行有效的讨论,赋予概念一些具体的含义,需要提出一个至少在处理税收改革计划中看似有用的概念性框架。

概念框架

最终,我们感兴趣的是"成功"的能力建设。判断能力建设是否成功需要对它的目标或产出进行识别。能力建设本身并不是一个结果。投入导向型的能力建设趋向于成为建立一个"真空容器"的载体,我们不能期望有实质性的或持续性的产出。许多著作竭力想去描述或界定能力建设,然而,就目标、范围及制度环境而言,项目与计划情形所涉范围太过广泛,因此定义会变得十分笼统和概括。照此,能力建设的定义趋于失去描述性或可操作性的价值,同时,它们也丧失了与任何干预活动的效益和效率的权威评估标准的任何联系。一个投入导向型的能力焦点可以判断一个项目的成功与否,比如,仅仅因为进行了大量的培训。相比之下,一个产出导向型的能力焦点,将对培训在促进所寻求"效果"的持续产出中的效用提出质疑。

当采用产品导向型方法时,定义能力建设的任务变得较易于控制也更为有用。在一个复杂计划(比如税收改革)的情形下,需要许多中间的或最接近的产品来共同生产高水平或最终的产品。传送简单的中间产出的能力可能仅需要单一的步骤或程序,就这一点而言,它受到相对简单的设计、实施和分析的影响。然而,最终产出必须有助于税收改革的目标。

尽管税收改革的最终或高水平的目标是众所周知的,但却值得重提,因为它们形成了判断此计划是否成功的最终基础。判断应该根据短期结果和用于长期延续这些产出的能力而做出。[3] 征税的首要目标是筹集收入以便为公共物品和服务的生产提供资金。几个次级目标决定了税收征集绩效的质量。第一,收入应随时间而浮动或伸缩,只有这样,政府收入增长的速度才能至少与经济增长一样快,从而确保预算赤字易于控制,避免经济的不稳定。第二,税负应公平或公正地分担。第三,税收体制的设计应使征税的效率成本降至最低。此项设计既包括使产生于税收的价格效应的配置效率成本最小化,也包括使得用于公共部门税务管理和私营部门税收服从(或逃避)的资源的技术效率成本最小化。一项税收改革计划要被判定为成功,就应该使得这些最终目标的全部或部分进行持续的改善。[4] 在给定一个税收制度的范围、大小及复杂性的情况下,用于改善这一制度的干涉活动可谓多种多样,其中包括培训、制度开发等"传统"的能力建设干预。它们是否属于成功的能力建设干预将取决于它们是否独立或共同地促使最终目标得以改善。

能力建设干预常被分为人力资源开发、组织开发和制度开发(广义的定义)。然而,为了在税收改革的背景下讨论并分析能力建设,有必要赋予这些术语以具体的含义并增强政策发展的作用。从本质上讲,税收体制的制度开发可分为两部分:一是涉及税务管理的广泛的机械系统的开发,这些系统由庞大的税收部门实施。二是宽泛的税收政策结构的开发,它们既反映一国的社会制度又为"税收游戏"设定规则;此结构的开发是财政部的责任。假如从并不完全独立的视角来看,这些分类在分析上和操作上都是有用的。

人力资源开发

人力资源开发包括在税收政策和程序方面对新的和现存的税务官员的培训。它也包括培训学校的建设、培训计划以及培训政策的制定。对纳税人进行有关税收法律、规章以及纳税程序的教育也构成人力资源开发的一个组成部分。税收大多是通过自我评估和税收支付系统而自愿交纳的。因此,在税收系统中,纳税人与正式的税收管理机关同为重要的参与方。

系统开发

税收管理除涉及预算、财政、人员以及管理一个庞大官僚机构所需的其他管理系统外,还涉及用于估计、收集、审计、监督和预测税收收入的广泛信息系统。在一个现代税收体系中,许多管理系统的实施都要广泛使用以计算机为基础的信息技术。而且,税收系统还延伸至税收部门之外,将纳税人也包括在内。

组织开发

组织开发的焦点在于组织变革。传统上,大多数国家的税收管理是在该国的一般行政规则下进行的。然而,这些规则常常限制着那些可用来为有效的管理提供激励的管理模式和雇佣条件。在税收改革的背景下，组织开发的使用意味着开发新的法人结构（corporate structures），这些新结构允许在管理和雇佣条件方面进行激进的变革，从而改变税收官员们的整体激励环境。许多国家正在传统的行政机关结构之外设立多种多样的税收管理机构（revenue authority）。然而，在任何法人环境中（传统的行政机关或新的税收管理机构），系统变革也总是需要某种程度的组织变革。此类由新系统驱动的组织变革属于系统开发的范畴。

政策发展

税收政策的发展有两个维度。一是税收结构的发展（税基、税率以及估价和征收方式），另一个是分析、制定税收政策及相关立法的能力的发展。后者显然涉及已描述过的能力建设的三个组成部分。前者对税收体系中的能力建设也是重要的，只是采取了间接的方式——税收结构能支持高效益和高效率的税收管理或激励纳税中的不主动与腐败行为。如果管理得当，税收政策和税收管理之间的强烈交互作用也会突显引入新税收政策的时机和顺序的重要性。换句话说，政策实施应先于或伴随着能力的开发。税收管理赋予权利上的税收政策以事实上的表述。然而，同时，税收政策发展包含在总的经济政策发展之中。因此，在最高级别上，税收政策是由财政部制定的。

能力建设项目的类型

在产出导向型的能力建设背景下，一个项目或计划并非仅仅根据能力建设各组成部分的内涵或用途而加以设计或评估，而是根据展示这些组成部分如何有助于项目或计划目标实现的必要性而进行的。大多数项目和计划的目标在于提高具体的产出。与致力于为广泛的功能建立一个"能动环境"或一般能力建设所不同的是，这些项目或计划被定义为特定能力建设项目或计划。公务员制度改革计划将被列为一般能力建设计划,因为它针对的是改善雇佣结构与条件,改善公务员培训政策(这将改善政府的一般性运作)。一般能力建设是一个必要条件,但它不是提高公共服务任何特定功能领域产出的充分条件。特定能力建设仍需取得特定的产出。[5]

致力于强化经济管理或其具体组成部分(subset)(如税收改革)的计划涉及多套复杂政策以及行政管理。此类计划既可以设计得无所不包,也可以设计得只涉及部分。一项全面的计划由一个干预活动包组成。在税收改革的背景下,这一干预活动包由在税收政策、税收体制(程序、形式与信息技术)和组织方面的变革组成。[6]这些变革需要获得分析与设计工作、测试以及培训的支持。计划的各组成部分之间的交互作用是很重要的,因此必须考虑到交互作用的顺序、时机、进度、规模和范围。例如,如果行政管理能力缺失,其发展所需的时间和资源的提供就应先于(或至少伴随)政策的推行。还应该理解交互作用与协力合作。经常出现的情况是,为取得预期产出,所有的因素都必须发挥其正常功能。如果部分项目依赖现存的适当因素支持新的干预活动,它们就容易失败。在税收改革的背景下,新政策经常由于缺乏必要的行政管理改革而失败。比如,虽然通过了增值税立法,但行政管理能力还未充分形成。另一种情况是,如果培训与政策或起支持作用的程序不同步推行,或者组织结构不利于吸引或留住受过培训的人员,培训就未必有效。为取得任何显著的结果经常需要全面而协调的方法。[7]

即使在那些为一次重大改革而计划采用全面而协调的方法的地方,一项计划的所有组成部分也不能同时实施。或者由于存在一个有关实施的合乎逻辑的顺序,或者由于存在有限的政治或能力建设资源的约束,干预活动或其组成部分就具有了分阶段、有次序地进行的必要性。为阐明干预的逻辑顺序问题,有必要考虑与税收政策、行政体制或程序的设计和实施相关的特定培训的典型作用。

第一步是设计税收政策或程序,或二者兼有。培训可以被插入设计阶段或紧随其后。在前一种情形下,培训包括对设计所使用的概念、模型或工具的展示,也包括用以考虑其他设计的创造性的头脑风暴式专题学术研讨会。如果新政策或行政程序的实施者能涉足于增强对改革的理解与责任感的设计中,那将是再好不过的了。

第二步是实施政策或管理程序,或二者兼有。特定的培训总是不得不与实施相伴。这种培训可以涉及的范围是:从就新政策或新程序而对公众和行政人员实施教育到为实施新政策或新程序的官员提供具体指导。它可能包括与实施新的计算机系统相适应的标准使用者培训。

第三步是关于新政策或新程序培训的制度化。从一般公众的角度考虑,可能要重新起草解释性材料。当对象为税收官员时,为岗前培训或进修培训提供的培训课程与材料可能需要加以修改,以便包括新政策或新程序。如果新政策和新程序是广泛的,那么就有必要对税收培训制度实施实质性改革。

在捐助者或政府出资的改革中,对税收改革顺序与时间框架的考虑是重要的。行政部门(administration)的初期能力越软弱,干预活动所需的时间就越长、越持久。一个强有力的行政部门可能有充足的能力去有效地吸收断断续续的短期建议。在这里,吸收意味着既解释又筛选短期专家(他们可能不具有分析与理解当地条件的完整机会)的建议,并把建议转变成在当地背景下可操作的结构、系统和组织。一个强度适中的行政部门可能要求较长和较持久的援助以制定适当的政策并实施它们。当延续新结构与新系统的能力被建立起来时,援助的强度就将随时间而减弱。然而,如果一个行政部门非常软弱,就有必要缓慢地引入一个较低水平的长期援助,以便增强其引入强度较大的援助计划的能力。比如,把一个高强度的计算机化的援助计划引入一个很少或没有计算机经验的组织中是很难取得成功的。为了吸收和管理一次较为强烈和迅速的计算机化的改革，改革必须缓慢地启动以积累足够的经验。任何支持政策、系统与组织改革项目的成功，都在很大程度上依赖于对所涉及的组织的能力的初期评估。这一评估将决定所提供的技术援助的方式、强度与时间框架。

关于先后顺序的另一个例子是用以支持政策实施和行政改革的组织改革时机。组织改革的紧迫性是由实施新的税收结构或体制的技能不足所导致的。一个非常软弱的行政部门不能吸引或留住具有很强技术能力的人员，在这种组织中，组织改革就成为税收改革的一个先决条件。[8]假如在现有管理与技能水平条件下，一个组织依据目前的技术不能令人满意地完成其法人使命（corporate mission），这就构成了一个软弱的行政部门。利用其现有的技术，一个实力适中的行政部门能够完成其组织使命，但是它在应对适应新技术或新使命所要求的组织变革方面会有困难。在这样的部门里，组织变革可能会被延误，但是，由于改革能够带来的技能水平比行政部门所能吸引和留住的更高，因此它的可持续性最终会使其具有必要性。然而，在组织获得所需的对根本变革的支持之前，展示新税收结构与体制（可能其应用是试验性的或应用范围有限）的成功能够使一般性的、可持续的改革具有可行性。一个强有力的行政部门被认为是这样一个组织，它能游刃有余地完成其目前的任务，具有处理组织变革的管理技能。换句话说，对于一个意欲进行结构或体制改革的实力较强的行政部门来说，如同本章所描述的组织改革是没有实行的必要的。

对于弱的或实力适中的组织来说，改革的规模是能力建设战略中另一个需要考虑的重要问题。应不应该尝试组织范围的战略或是否应该限制干预规模？在第六章，彼得森所提倡的方法是，通过在大而弱的官僚机构内挑选非正式或正式的小层级、网络或核心优势实现创新，而不是试图改革官僚机构的所有层级。一般来说，这个方法对税收机关不合适，因为

第十二章　肯尼亚税收现代化计划中的能力建设

这些机关容易成为具有发展完善的层级结构和用来估算、收集、审计和调查税收的机械系统的庞大组织。这种"硬连线"（hardwired）方法要求确保在税收立法适用上的高度一致与公平，并确保控制腐败与避税。一般来说，基础广泛的渐进方法要求在税收改革的道路上驱动整个组织。遵循这一方法，必须对所采取的步骤的顺序具有明确的洞察力，以确保整个改革最终取得成功。尽管一个税收体系存在多种功能，然而，在小层级内它们更应服从具有选择性的或目标明确的实施活动。这些功能包括深入的审计、调查和政策制定，为此，在初期阶段可开发核心优势，以后则推广至组织内更为广泛的范围内。

另一个可选择的方法是，在需要一项超出现存组织能力之外的特定功能的地方将功能外包出去，规模可大可小，例子可能包括从行政体制的计算机化到税收审计的广泛范围。然而，正如税收管理的计算机化一样，如果组织的规模庞大而且要求现有行政部门深入参与其中，再次履行一个合约的时机与顺序就变得极为关键，特别是对那些软弱或实力中等的行政部门来说更是如此。

一般来说，以合约的形式外包工作可降低生产的总成本或提高生产的效率。[9]然而在能力建设的背景下，对外包功能的分析不能仅限于直接产出的提高。它也应考虑到合约在代理组织的能力建设中的作用，包括考虑合约完成时外包出去的功能是否将被收回，特别是在那些外包功能是一项周期性活动的组织中更是如此。

能力建设干预的时机选择常常依赖于领导者的实力和投入。[10]税收政策与组织方面的变革需要获得最高政治领导的支持，以便对产生于整体社会和公共部门行政机关内的政治经济关系实行根本性调整。对更加具有渐进性的人力资源开发和系统开发来说，部级管理层的支持常常是充足的。一国之内变化着的政治与经济状况能够随着时间的推移而改变领导支持的力度。比如，迅速上升的国债与相伴而来的高通货膨胀能促使政治领导实施税收改革以恢复经济稳定,即使在这样的政策可能损害其他条件下受到优待的利益集团的地方,情况也是如此。一项税收改革计划必须准备好在这种适宜情形出现时充分利用它们,以便实施更为激进的结构性、系统化或组织性的改革。

在这一章的剩余部分,我们将阐述在肯尼亚的 TMP 背景下的能力建设概念。第一,提供 TMP 在 1995 年中期的主要特征和结果的概观,以引发对在 TMP 中所使用的能力建设干预措施与战略的讨论。第二,按照概念框架,在 TMP 中抽出具体的事例来说明能力建设成功或失败的原因。

TMP 概观

尽管税收改革被列入 1986 年预算,但 TMP 正式开始于 1990 年 1 月。[11]TMP 涉及税收结构的改革,也涉及对收入、消费和国际贸易方面的所有主要税种的管理(包括计算机化)改革。它包括由国际捐助机构(非洲发展银行、联合国开发计划署、美国国际发展署、英国海外发展署以及肯尼亚政府本身)资助的项目所提供的技术援助、设备与培训。这些项目由一系列机构实施。其中,哈佛国际发展研究所负责对 TMP、税收政策、一项税收政策制定能力的开发以及关税管理的整体协调工作。其他机构提供收入税与增值税管理和计算机化方面的援助。

在 TMP 实施伊始,税收政策与管理的责任在财政部五个部门中加以划分。其中,财政与货币事务部负责税收政策与立法的分析、制定,而税收管理职能则在四个部门——收入税部、关税和货物税部、增值税部与国内税收部之间分配。这四个税收部门雇用了 4,000 多名官员及辅助人员,然而,税收政策的职责却仅授予不到 20 人。由于财政与货币事务部负责协调国家预算的准备,因此,税收政策职能被置于财政部经济、预算政策和管理的整体职能之中。

税收结构改革

TMP中的税收结构的重大转型大致上取得了成功。税率降低了，税收结构合理化了。同时，由于税基方面的立法变化，税基得以拓宽；更重要的是，税收管理方法和能力的改善也增加了净税收（tax net）。此外，为了支持贸易自由化和降低对国内工业的有效保护，税收结构得到了改善。促进出口、开发资本市场和更多地依赖消费而非收入税基以分散税负和鼓励投资也是改革的组成部分。

主要的税率结构变化可以通过进口税、增值税和收入税的税率变化加以说明。进口税率结构通过减少税率区段（rate bands）的数目而趋于合理化，从1987—1988年高峰时的24个减至1995—1996年的6个，最高税率从170%减至40%。[12]简单的平均进口税率从1989—1990年高峰时的46%降至1995—1996年的21%。增值税税率结构也明显趋于合理化，与增值税初次被引入时（1990年）的低于50%相比，从1994年开始按标准增值税税率计算有超过76%的应征税货物。高于标准增值税税率的数目从12个减至1个，最高税率从150%降至25%。在收入税方面，最高个人边际税率从1987年的65%逐渐降至1996年的有效税率35%。公司税率也从1989年的45%降至1995年中期的有效税率35%，针对保险业和采矿业公司的差别税率则被取消。

税务管理改革

一系列新管理方法被引入税务管理中，这里仅阐述重要的管理方法。税务管理引入了两个主要的涉及整个税收系统的变化。第一个变化是在1993年给每一位潜在的纳税人发行个人身份号码（PIN）。尽管PIN系统的管理中心在收入税部门，但是它却被广泛用于所有税收部门。PIN是维持微机化税收账户和在所有税收部门分享税收信息的关键。第二个涉及整个税收系统的变化是,在1995年中期把税收部门重组成一个准独立性的法人——财政部下属的肯尼亚税收管理局(KRA)。实施这一重组的目的在于改善税收官员的雇佣条件、资源基础、税收管理的组织灵活性。后来,这一法人组织的目标与结构得到了扩展。

收入税体制方面的重要变化始于1992税收年度引入的自我评估(相对于中介评估),这一变化使得将工作人员的职能进行重大重组具有了必要性,即由例行的案头任务转变为包括审计选择、实施各种类型和强度的审计在内的工作。为此,不得不设计和引入新税收形式。为了支持自我评估体制,必须要实施一个整体的再培训计划。另一重大的管理变革是在1990年引入公司或其他商业收入的分期缴税制度(installment payment):首先,在当前税收年度的第三季度末引入一次性分期缴税;到1992年,在第二、第三、第四季度末,引入三次性分期缴税;最后,四次性分期缴税生效于1996年。收入税中所有这些革新都获得了培训和逐步计算机化的支持。收入税部的计算机化得到了不断的推进,从最初1990年的三个目标职能——注册、收入税的应收账户以及控制单据在收入税部和内罗毕各区内的公司之间的流动——扩展到1995年对所有区的单据流动控制、收据汇集(collection receipting)与信息管理。

在增值税方面所取得的核心成就是于1990年以增值税成功替代制造业的销售税。[13]在对基本的增值税体制与初始培训进行了初期设计和实施之后,肯尼亚财政部中正在进行的有关增值税的培训强调管理控制和确认能力的建设。1990年之后,该行政部门不得不应对为囊括大多数服务而在税基方面的重大扩展,同时,也要应对地区增值税办公室的数目、大小与活动范围的扩展。已注册的纳税人从1990年的不足4,000人增至1995年的18,000人。最重要的是,就在内罗毕总部收到每月的增值税盈利与支出而言,计算机化支持一个"自始至终"(front-end)的增值税收据汇集和欠税者识别系统。此外,跟踪活跃商人的注册系统、识别欠税商人和分析增值税绩效的增值税会计系统实施于20世纪90年代初期。紧随其后的是将此系统扩展至内罗毕之外的地区办公室。

海关和货物税部实施了四项重大管理改革。[14]第一,在简化进口通关程序的同时,恢复快速通关、有选择的检查程序。在20世纪80年代曾尝试过"百分之百检查"制度。在TMP下恢复有选择的检查可以重新将资源集中用于关键的海关估价、情报与调查活动,也可以将透明度与可信赖性重新引入进口程序。第二,转运控制规章与程序极大地严格化。第三,引入激进的装船前检验(PSI)计划,改善进口估价与进口控制,帮助建设海关估价能力。PSI安排的特色在于:向海关迅速提供独立的计算机化的单据以形成最低估价基础,调和海关与PSI单据以确保所有各方的一致性与责任。第四,引入新的促进出口计划。这些计划包括:1988年后的海关监管出口加工(manufacturing under bond,MUB),1990年开始的出口加工区(EPZs),1990年开始实施的免除进口货物关税及增值税计划〔出口促进计划办公室(EPPO)的计划〕适用于出口生产和为国内市场提供免税产品的生产。这些计划要求开发和使用新的管理方法,包括作为过渡措施的MUB和EPPO计划验证工作的外包。

总之,肯尼亚的税收改革有三个鲜明阶段。1986—1989年间启动了税收结构变革和对税收改革潜在范围与作用的分析。1990—1994年间延续了税收结构变革的势头,并增加了管理变革这一维度,包括开始实施计算机化。它包括从税收政策分析到新的基本行政程序等职能方面的广泛培训,然而,它也显露出源于传统公共部门法人结构中不适当的微观激励和税收部门这一实力寻常的力量对系统绩效的限制。通过将像进口装船前检验计划下的海关估价这样的特定关键职能外包出去的方式,这些障碍可以部分地得到克服。然而,很明显,最终有必要实施进一步的重大组织改革。第三阶段始于1995年的KRA下税收行政部门的法人结构变革。

能力建设的成功与失败

特定的能力建设：实现税收改革的最终目标

正如先前所述，能力建设应该是产品导向的。在刚才所概述的税收结构和管理方面的主要改革的条件下，TMP 在 1995 年中期对实现税收的最终目标所起的作用如何？在回顾 TMP 的具体组成部分和干预活动的贡献之前，有必要回顾一下 TMP 的整体影响。这种回顾可以避免"只见树木不见森林"的错误，也可以获得对所有或多或少取得成功的不同干预活动的影响的评价。

第一，在税收收益方面，如表 12-1 所示，TMP 是极其成功的。TMP 每年的普通税收收益是上升的。普通税收收益从占 1989—1990 年 GDP 的 20.9% 逐渐上升到占 1992—1993 年 GDP 的 22.8%；之后，1993—1994 年它又急剧上升至占 GDP 的 27.9%，1994—1995 年估计占 GDP 的 29.9%。始于 1993—1994 年的收益创下了肯尼亚的历史最高纪录，并超过了税收改革的收入目标——1995 年这一目标仅为 GDP 的 24%。[15] 稳定宏观经济的要求出现在 1993 年，要满足这些要求需要获得明显高于 GDP 的 24% 的税收结果。幸运的是，到 1993 年税收体制的所有改进已经积累起足够的能力，使得该系统能够对较高的税收需求做出反应且满足这些需求。

第二，由于改革的原因，征税的经济效率成本非常低。尽管在一个并不完美的世界中要详细描述一个最佳税收体系是非常困难的，但是，通常可以从税收结构效率成本的某些变革推演出变革的方向。例如，如果以较低的税率（特别是国际贸易税率）可以征收到相同或较高的税，那么，这种情形对效率的增长是有利的。在大多数情形下，税基以与税率相同或低于税率的速度扩展也表明了效率的提高。最高与平均税率的全面降

第十二章 肯尼亚税收现代化计划中的能力建设

低、所有主要税基的税率合理化与较高的税收收益结合在一起,表明经济效率已经明显提高。最令人吃惊的结果可能是在进口税方面。如表12-2所示,尽管单一的平均税率从1989—1990年的46.3%下降至1994—1995年的26.4%,但是,进口税占财政收入的比重先降至1991—1992年的9.5%这一低点,到1994—1995年又上升至16.1%。同样,正如表12-2所示,进口税占GDP的比重在降至1991—1992年的2.1%这一低点后,又升至1994—1995年的4.7%。在税收结构方面,通过更为依赖国内消费税(增值税和货物税)和取消对公司股权投资收入的双重征税,税收体系的长期效率也得到了提高。税收结构的这些变化有益于较高水平的投资和经济增长。

表12-1 肯尼亚1980—1981年至1994—1995年税收收入占GDP的数额

财政年度	收入税(%)	消费税(增值税、货物税)(%)	进口税(%)	其他税、费和收入(%)	普通财政收入(%)
80/81	7.0	8.5	5.2	3.0	23.8
81/82	6.2	8.0	5.7	2.8	22.6
82/83	6.3	7.3	4.5	3.4	21.6
83/84	6.0	8.0	4.1	3.0	21.4
84/85	6.5	7.6	3.3	3.0	20.9
85/86	6.6	7.3	3.9	3.0	21.5
86/87	6.2	8.1	4.0	2.8	21.6
87/88	6.4	9.1	3.9	2.4	22.0
88/89	6.3	9.0	3.7	3.6	22.9
89/90	6.4	8.4	3.2	2.9	20.9
90/91	6.7	8.9	2.4	3.3	21.3
91/92	7.1	10.0	2.1	3.3	22.6
92/93	6.9	10.6	2.5	2.7	22.8
93/94	10.3	11.3	4.1	2.1	27.9
94/95[a]	10.9	11.0	4.7	3.3	29.9

[a] 1994—1995年的GDP估计是临时性的。
资料来源:肯尼亚政府,经济调查,1981—1995年;财政收入估计,1982—1995年。

表 12-2　肯尼亚的收入税征集情况，1989—1990 年至 1994—1995 年

财政年度（%）	进口税（百万肯尼亚先令）	GDP（%）	与下列因素相关的进口税： 普通收入（%）	与下列因素相关的进口税： 家用进口品（%）	单一的平均进口税率（%）	最高进口税率（%）	税率区段号（%）	家用进口品应纳税[a]（%）
89/90	301.8	3.2	15.4	12.0	46.3	135	11	53
90/91	251.9	2.4	11.1	9.5	44.3	100	15	50
91/92	255.9	2.1	9.5	9.8	37.9	70	12	61
92/93	366.9	2.5	11.2	9.7	35.5	60	10	59
93/94	734.5	4.1	14.8	12.7	37.3	50	8	52[b]
94/95	929.9	4.7	15.6	15.6	26.4	45	7	63

[a] 非纳税进口品包括零关税进口品（一般占家用进口品的 12%）和免税进口品（由外交与援助机构进口的商品，因慈善捐助而进口的商品，以及出口促进计划下为生产出口产品而进口的生产要素等）。

[b] 1993—1994 年纳税进口品数量的下降主要原因是免税的难民粮食进口和干旱救济。此外，出口补偿计划于 1993 年 9 月终止，这导致 EPPO 计划下应用免税进口原材料生产出口产品的增加。

第三，税收体制的公正性至少在横向上获得了提高。通过法律措施和较严格的管理扩大增值税和收入税基，肯尼亚人的纳税基础变得更为广泛。在 1993 年引入 PIN 系统之前，只有不到 20 万家公司和个人申报税收收益。到 1994 年年底，大约分发了 160 万 PIN，可以预料这将转换为迅速增长的纳税申报人。税收改革对纵向上的公平的影响较为不确定。在高收入税率下降的同时，对雇主所提供的在很大程度上由高收入者所获取的福利的征税明显扩大。改善纳税服从状况的努力也主要针对高收入人群。比如，彻底的税收审计主要是针对收入较高的人实施的，目的在于从强制执行的更大努力中获得最大化的税收收益。

第四，增强了财政收入的稳定性。在肯尼亚经济低增长的年份里，1993—1995 年创下了税收收益的最高纪录。因此，税收收益保持高于 GDP 的 24% 的这一长期目标的前景是可靠的。除石油产品的税收之外，

第十二章 肯尼亚税收现代化计划中的能力建设

几乎所有的税率都有一个从价基础,这一基础与税基扩展措施相结合提高了税收收入对经济增长的响应度。

第五,一般来说,人们期望税收改革的努力是具有持续性的。在税收结构改革方面,1995年来所取得的改进将会因现行立法的变化而出现倒退。政策声明通常预示着结构改革的延续。[16]在新的管理方法与体系方面,人们期望1995年的收获能够因KRA的成立而得以巩固和加强,因为KRA将会放松对资源、专业人员和适当的工作激励的限制。而且,人们还期望KRA能够留住TMP培训过的官员。在那些像进口的装船前检验等体系被外包出去的地方,政府通过地方收费向这些体系提供资金。依赖长期侨民顾问的成本并不是很高。尽管这些专家在发起、协调和指导改革的过程中发挥了重要作用,但是,在1990—1995年间他们的人数总是被限制在5—12人,这与税收部门和财政部参与实施TMP的4,000名雇员相比是很少的。

一般能力建设

在大多数新政策与管理方法要求获得特定能力建设的支持的同时,为税收管理创设一个适宜的能动环境的重要性逐渐成为TMP的核心因素。一般能力建设的目标是:增加税收部门运作与维持所需的资源;使得税收行政部门能够吸引并留住有才干的专业人员;创造一个具有激励机制的组织环境,建构该机制的目的在于提高征收效率和降低因腐败活动而导致的收入遗失。从1993年开始,特定的预算措施得以实施以避免税收部门遭受全面的预算削减,因为多年来预算削减再三地令试图满足预算赤字目标的政府各部门大伤脑筋。20世纪80年代后半期以来,税收管理的经常性开支仍然接近税收的0.7%。从1990年开始,补助水平(funding level)开始下降,到1992—1993年降到0.6%以下。1993年预算所宣布的目标水平为估计收入的1%。尽管从来没有达到过所宣布的对经常性开支的目标补助水平,但是,增加的资金被分配到税收部门,因而通常都超过了税收目标。[17]在增加补助之前,到1991—1992年,预算削减使得税收部门的经常性预算中只有28%用于运营和维护(O&M)开支,这与其他政府各部门相似但情形却更糟。[18]提供给税收部门的资金的增加始于1993—1994年,而就在此时,工资水平的上升却远远落后于物价的总体上涨。物价的总体上涨导致O&M开支上升到1993—1994年占经常性开支的38%,1994—1995年占经常性开支的45%。很明显,增加的O&M开支有助于税收部门超额完成税收目标。例如,O&M资金对于现场审计和调查都是关键的,而现场审计和调查需要获得资金以管理差旅、交通和文件处理。然而,O&M资金的增加仍然不能使报酬低下的人员维持其技能水平,而这种技能水平是实施现代税收系统所必需的;同时,资金的增加也不能解决无效率的组织结构这一问题。为了解决这些问题,1995年5月通过了KRA法案,并于1995年7月生效。[19]

KRA的运作不受公共服务条款和国家公司法的控制。[20]KRA董事会拥有决定自己的雇用、解雇和工资政策的自由。在它的预算限度内,它应该能够与私营部门的工资水平保持平衡(特别是在管理、会计、审计与信息技术这些关键技能领域)。KRA的基本预算是一个财政年度预计税收目标的1.5%。如果在任一季度税收目标被超过,那么,只要综合资助金在一个季度内没有超过实际税收的2%,KRA就可以获得超过税收目标部分的3%。因此,KRA有动力去设计个人和小组的绩效激励方案以提高税收征收水平。KRA也有将多余资金保留在一个储备账户从而为将来的发展积聚资金的灵活性。一般地说,KRA的建立使得对税收管理组织的根本性重组具有了可能性,而这种重组的焦点在于对税收官员的微观激励。[21]

整个TMP的另一特征是强化对纳税人的教育与服务,这也是KRA一项主要的预期产出。所增财力的一部分专门用于税收管理,它被留出来以增加这些产出。税收体制的交易成本是由政府管理成本和私营部门服从成本共同组成的。纳税人教育与服务方面的开支增加可以降低服从成本。只要服从成本下降的数字超过管理开支的增加数量,那么,税收体系的总体交易成本就会降低。一般来说,KRA应该拥有灵活性与资源,以便将它们配置到改善主动纳税情况和减少征税总成本上去。[22]

领导能力

TMP的许多成功可以归功于财政部政治领导持续不断的支持。1991年11月后的两年间,当对肯尼亚的金融援助减少时,财政部领导的支持却增加了。金融援助的减少使得财政上难以实现更加自力更生,而这一高水平的领导支持却可以使得政策与组织发生根本性的变革。

管理改革的成功依赖于高级税务官员的支持。TMP在设计上强调要将关键部门的所有领导都牵涉进来。在这一层次,不同的税与TMP的不同组成部分(比如计算机化的努力)的绩效差异是与部门领导人的实力和投入度相关的。单个部门的管理力量也与领导人的实力极其相关,这一点也不令人感到惊奇。在很大程度上,不同的财政收入部门采取的不同行政干预(包括计算机化)的类型与成功取决于领导者和组织的实力。[23]

协调而全面的改革

TMP被设计成一项全面的税收改革计划,它涉及所有重要税收结构和所有重大税收管理方面——政策、系统(包括计算机系统)、人力资源和组织——的改革。相应地,对于这些努力的协调也就成为成功的关键。税收系统开发中的协调包括:功能协调(政策的、管理的、计算机化的和培训的协调)、部门间协调(涉及税收数据、纳税人身份、审计与征税活动、部门间责任的重新划分)和资源协调(援助和政府资源)。

伴随着分期缴税制度于1990年9月的实施,在计划实施的第一年出现了有关协调TMP功能组成部分的一个相对简单的例子。由于收入税管理获得支持设计新形式和新程序,1990年6月的预算所通过的授权立法在三个月内就得到迅速实施。此外,纳税人注册的计算机化得到了极大的发展,使得税务部门可以用电脑准备邮寄用的标签,从而能够为九月底的申报工作及时分发分期纳税申报表。

第二个较为复杂的例子是伴随自我评估系统的实施而出现的。这一政策抉择和授权立法的准备工作都是在1991年实施的,这比1993年4月底首次进行的1992纳税年度自我评估申报工作提前了两年多。这一先期工作的实施使TMP获得了充足的时间,能够帮助收入税部门仔细准备启动自我评估计划所需的表格、信息小册子、程序、内部文件、人员重组和培训。

协调TMP各功能组成部分的第三个例子与旅馆住宿特别税有关。在1991年的预算中,该税作为一种对住宿、饭店及其他相关服务征收的税而被并入增值税。那时,增值税的征收力量大部分集中在内罗毕和蒙巴萨的主要城市地区。旅馆住宿税由国内税收部(它在肯尼亚的许多地区设有办公室)征收,这是此部门征收的唯一税种;国内税收部的其他职责集中在监督各种各样的政府机构所征收的费和其他杂项税上。增值税扩展至住宿与餐饮服务导致的结果是,在增值税税基上增加了广泛分布于肯尼亚各地的大约2,000位新纳税人。相应地,伴随着对住宿与餐饮服务的征税以及对国内税收部的组织与运作的详尽研究,国内税收部与增值税部实施了合并,以便扩展增值税部的地区管辖范围,满足它不仅要应对遍及全国的旅馆和餐馆同时也要应对增值税服务区域分散所导致的范围扩大的需求。因此,相对简单的立法变化不得不伴之以主要的组织变革和对国内税收部官员的培训(使他们有助于增值税管理)。

第四个有关协调的例子涉及维持各种间接税之间的关系。除国内生

第十二章　肯尼亚税收现代化计划中的能力建设

产外,当货物税于1991年被扩展至包括进口税时,就需要改变报关单和电脑程序,并调整进口关税和增值税。进口关税被减少到包括货物税,同时,增值税按所有征税货物的标准税率设定,而在货物关税中也进行了相应的改变以达到对商品消费设定全部间接税率的目的。这样,财政部的税收政策部门就发挥着协调税收结构调整的重要作用。

改革的速度与规模

在肯尼亚进行的税收改革活动是大范围的复杂的冒险行为,为了取得显而易见的成功,需要全面的协调战略。在实力弱到实力中等的组织背景下,改革的步伐由于税收管理组织和纳税公众的吸收能力而放慢。因而,对庞大行政管理体制的基础广泛的渐进改善得以实施。政策与系统变革和人力资源与组织开发顺次进行。这一顺序安排特别关注适当的时间长度,而在这一时间长度内人们可以打造成功的能力。肯尼亚的案例充分证明,对撒哈拉以南非洲国家而言,取得产出和产出可持续性的重大变革至少需要五年时间。如表12-1所示,肯尼亚在经历了三年综合协调的能力建设努力之后,税收才得以大量增加。在TMP期间,捐助组织认识到,人们对撒哈拉以南非洲国家普遍缺乏成功的能力建设表现出了强烈关注。这一普遍关注与许多捐助人所具有的典型时间长度只有两至三年的项目规划视野相结合,导致了对TMP的持续性金融支持难以实现。除了非洲发展银行,没有其他捐助人愿意持续提供三年多或四年的支持。仅仅是在肯尼亚政府领导人为TMP持续寻求金融支持的承诺下,该计划才得以延续足够长的时间,也才能始终如一地坚持下去,直到最终取得能力建设的成功。

来自TMP的几个例子可以说明,税收管理中能力建设的成功为何需要较长时间。第一,把自我评估引入收入税是管理战略的一个重大变革。如前所述,为了启动实施过程,需要在从头至尾约两年的时间里对立法、管理程序、培训和公共教育变革的顺序加以协调。随后，为了获得一个有效的、具有选择性的、深入的审计系统，需要进行进一步的培训和组织变革，包括对收入税培训教育计划的大部分进行重新设计。为了使计划持续下去，由 KRA 担负执行责任。无疑，这一系列措施要求有一个超过通常两至三年的技术援助项目的时间规划框架。

第二个例子取自海关实施估价的能力所需的步骤。尽管海关能提供估价培训，但是由于不易获取市场信息，因此其作用是有限的。要获取所需信息既要有信息技术又要有市场信息的独立来源。在开发估价系统之前，海关电脑化应该成为一个重大的长期项目。作为一项过渡措施，装船前检验计划被用于获得独立的市场信息和建立一个最终能形成独立估价能力的估价数据库。

第三个有关能力建设需要较长时间的例子来自于税收政策发展。一位高级税收政策顾问的工作说明书通常要求专业硕士培训加上五至十年在公共金融、税收立法和税收管理事务方面的经验。内部能力开发要求具有相似能力的专业人员，而这样的专业技能在缺乏具有吸引力的雇佣条件下是难以维持下去的。就肯尼亚来说，尽管有些税收政策人员具备其中的一些条件，但是，无一人具有全部必备条件。在正常的公共服务雇佣条件下，人员保留也是难以实现的。相应地，为了为财政部税收政策工作人员寻求与 KRA 工作人员相一致的雇用条件，肯尼亚发起了一项专业硕士培训计划并制定了相应的政策。从长远看来，这一人员开发计划将有必要持续下去，以便在税收政策领域获得完全具有竞争力的内部能力。

税收政策与税务管理间的相互作用

税率与税收管理之间根本性的相互作用的性质需要加以详述，从而说明二者同时改革的重要性。众所周知，过高的税率能够减少税收。首先，纯粹的消费需求随税收导致的价格上升而降低。如果价格弹性足够高,税率的增长足够充分,那么,税收收入最终会随税率的上升而下降——所谓的拉弗曲线效应。其次,由于市场的较大份额超出非正式或并行免税市场,正式纳税市场对较高税率的需求反应得以提高。再次,较高的税率会诱发流通市场内的逃税与漏税行为。已被注意到的此类行为有:

- 商业活动以较大份额被谎报或以未记录下的现金或实物交易的方式进行。
- 为了保持在必须进行纳税申报的最低收入或营业额限度以下,分立(split up)商业企业或使其看起来比实际规模小。
- 使用政治或其他影响获得官方免税——免税值随税率而增加。
- 通过贿赂诱使税收官员接受较低的纳税。

一般来说,运行于正式市场或法律之外会被交易成本增加或交纳罚金的较高风险所拖累。逃避或避掉全部或部分的高税率抵消了这些为市场份额而增加的成本。接下来的问题就是,在促进纳税人主动纳税方面仅仅减少税率或使其合理化的效用如何?对于更严格的管理来说,减少的税率是一项完美的替代措施吗?

来自肯尼亚的经验表明,强大的税收执法与税率削减的结合是十分有效的。单独实施其中任何一项措施都只能取得有限的成功。税率下降将提高那些已处在税收网络中的人的纳税主动性。然而,要让那些一直在税收网络外经营的人主动纳税,就需要有比低税率更强的刺激物。考虑三个例子。第一,一个大型客车(发动机排量为2.5升以上)的总税率(进口关税、商品税加上增值税)从20世纪80年代中期的高达700%,降至1993—1994年的大约150%和1994—1995年的140%以及1995—1996年的125%。在20世纪80年代中期,大型进口轿车不再交纳任何关税或国内税。到1993—1994年进口纳税额升至所有大型进口轿车数量的63%与价值的48%(排除外交人员与其他有类似特权人员的免税进口）。1994年5月，新的PSI计划的引入与仍然较低的关税和税率相结合，导致肯尼亚要求大型车数量的74%与价值的61%要交纳关税和国内税。

　　第二，正如已经描述过的，随着普通与最高进口关税税率的降低，进口关税征收的一般效力明显上升。然而，绩效的提高源于税收结构与行政管理变革的结合。如表12-2所示，在1990—1993年这段时间里，当根据GDP、普通税收总收入或家用进口品进行衡量时，进口关税征收处于一个较低点。在这段时间里，最高与普通关税税率下降，税率区段数目减少。降低最高税率减少了逃避进口关税所带来的利益。关税税率更为统一或更不统一则使得为降低关税税率而进行的进口再划分失去了选择性。然而，这些影响还不足以对纳税主动性产生重大影响。到了1991年，开始引入用法律限制关税豁免的措施；1992年，部长所拥有的授予自由裁量豁免的立法权被收回，这导致了进口纳税份额的上升。关税征收在1993—1994年上升了一些，接着在1994—1995年有了相当大的上升。关税征收的上升部分地反映了最高与普通关税的降低与税率区段的进一步合理化；但更重要的是，1994年5月引入了新的PSI计划和更严格的进口放行程序。这些措施的综合效应反映在最高税率段的关税征收中，这一税率段包括范围很广的消费品（从服装与鞋类到电子产品和机动车辆）。在1992—1993年间，按价值计算，所有家用进口品中只有4.4%处于最高的60%的税率段，而其中只有34%按价值交纳关税。在1993—1994年，最高税率降至50%，但是，当所有的关税税率被增至25%时，最高税率在此年度的三个季度里又被提高到62%。1993—1994年，最高税率段的进口增至所有进口的6.3%，但其中仅有31%交纳关税。然而，当最高税率段降至1994—1995年的45%时，在这一税率段的进口份额翻了一番，达到12.3%，其中的56%交纳了关税。这一增长所代表的是：较低的最高税率与改善的估价系统相结合的强大价格影响，以及实施PSI计

第十二章 肯尼亚税收现代化计划中的能力建设

划与改良的海关进口放行与检验程序的影响。

第三,在收入税方面,最高边际税率在1987年第一次从65%下降到50%,同时,用以增加雇主提供福利的应征税值的程序也启动了。尽管那时没有显示出税收收入的重大增长,但也没有出现下降。在后来的数年里,税率被逐步降低,同时收益值增加。但从20世纪90年代初期起,开始征收外部收入税并实施了从源预扣法(pay-as-you-earn,PAYE)的审计,这些活动产生了显著影响。到1993年中期,最高税率降到40%,几乎全部收益都要纳税,而且,更具活力的PAYE审计也在实施中。对大公司来说,PAYE审计的风险变得如此之大,以致当政府在1993年为退缴税提出了一个PAYE特赦(amnesty)时,大约2/3的大公司接受了这个要约,并以完全的纳税主动性作为交换。PAYE税收收入立即跳升了大约20%。

对于张大税网的更严厉的执法措施来说,低税率通常使其在政治上更具可行性。要把潜在纳税人拉入税网就需要有能够有效识别纳税人的计划。于1993年引入PIN就是这样的努力。PIN系统的效力源于它在税收账户全部计算机化中所起的重要作用。而且,PIN的使用也可以与其他事件相联系,这些事件将预示重要的经济活动或高额的经济财富,比如大量的进口或机动车辆或不动产的登记。

TMP成功的关键在于税收政策改革与税收部门能力建设相结合所产生的支持性效果。两者中任何一个单凭自身都将使效力大减。

行政职能外包

除计算机系统的开发外,政府还承担着支持海关运作的两项主要合同。一是新的PSI安排,用来支持于1994年5月开始的关税征收。另一个是验证与协调计划,它支持EPPO计划下为出口生产而免除进口要素的关税或增值税,也支持为出口计划而实施的MUB(该职能从1995年年中起被外包出去)。[24]正如在概念框架中所述,分析常规运作职能的外包应该从其对组织产出的贡献和对组织能力建设的贡献这两方面入手。

在生产力分析的层面上,根据税收改革的最终目标可以毫不费力地判断出 PSI 计划获得了成功。根据 PSI 计划头六个月的情况,对非石油进口税征集工作的分析表明,与考虑到进口量、价格与关税税率变化时的预期情况相比,税收高出约 20%。PSI 系统给关税系统增加了什么?它提供了一个有关进口价值(在某些情形下是质量)的独立而客观的来源;由于进口是可以预先确定的,也由于海关与 PSI 规则的协调能够将"丢失的"或低估的进口识别出来,因此,它有助于进口控制;假如 PSI 与海关活动的协调可以使任何一方监督另一方,那么,它就增加了对正直性的控制;最后,它提供了有关进口的易于应用的电子信息,这种信息对海关行政人员和贸易与税收政策的制定者来说都是有用的。[25]

将来,PSI 计划也应该被添加进海关的能力建设中去。海关能够重新夺回 PSI 计划提供的职能吗?从某些角度来看,这是可能的。海关人员的诚实正直与职业道德将会由于 KRA 下的组织变革与适当的培训而得以提升。在很大程度上,海关系统的计算机化将在关税、国内税与贸易政策方面为 PSI 计划提供相似的信息。估价数据库与海关官员估价技能的开发也将有助于进口估价。然而,如果不能以与 PSI 公司相似的方式承担获取信息的成本,那么最终,关于出口国价格与质量的完整信息仍将是不可替代的。因此,从能力建设的角度来看,通过恢复海关的诚信与绩效,通过提供客观进口值以建立一个进口估价数据库并帮助开发计算机化的海关系统,PSI 计划对能力建设提供了支持。

1995 年中期,政府外包出去的第二项职能是 EPPO 或 MUB 计划下免税进口品的验证与调和(reconciliation),这些进口品是用来生产出口产品的。作为背景,1988—1991 年间通过了 MUB、EPZ 和 EPPO 立法以促进出口增长。出口发展是 20 世纪 80 年代中期以来政府的一个主要目标。

第十二章 肯尼亚税收现代化计划中的能力建设

设计这些出口计划的目的是替代自1974年就存在的出口补偿计划。出口补偿计划是关税豁免或出口生产的进口关税退税的一个简单替代方案。引入这一简化的出口补偿计划是为了弥补海关系统在管理自70年代初期就存在的关税退税计划中的不足。在90年代初期,它支付了大多数加工出口的20%的退税额。就其简单的单一税率方法而言,它缺乏成本效益并且也是关税及贸易总协定(后来的WTO)下的一项禁止性出口补贴。EPPO计划被设计为首要的出口补偿替代。然而,为进口转出口生产(inputs-into-export production)提供的关税豁免计划要求有复杂而积极的行政管理。在出口补偿计划施行了近20年之后,管理关税豁免与退税型计划所需的许多技能早已在海关中消失了。在几年的时间里,出口补偿计划逐渐被淘汰,并于1993年9月停用,从而留出时间以培养管理EPPO计划的有效能力。然而,尽管有一项得到资助的技术援助与培训特别计划,政府却无力动员起一个高效的部门支持该计划。

对EPPO计划进行可能而有效管理的关键是,培训海关官员并将他们组织起来,从而使他们能以在促进出口的同时也确保关税收入的方式实施验证与协调计划。尽管出口发展被作为一项优先考虑的政策,但是,在有效实施该计划所需的人员数量与质量方面,政府是没有能力配置适当的工作人员的。因此,一方面,真正的出口商没有获得所要求的服务质量;另一方面,利用该计划使免税商品流入市场的有欺诈行为的进口商没有受到充分的监督。同样,MUB计划的管理也欠佳。在出口补偿计划于1993年终止时,由于大多数出口补偿的使用者期望转向EPPO计划,危机已是相当明显。尽管存在明显的危机和商业界对EPPO劣质服务不断增多的投诉,合同安排却花费了近两年时间才完成。外包能弥补政府管理的不足,然而,为了确保合同的效力,委托人仍然需要进行积极有效的管理。在EPPO管理无力与领导者无能的情形下,这种类型的管理不会马上就出现。

可以说,在成功强化了税收体系的财政部与税收部门以同样的组织与领导努力实施出口计划的条件下,EPPO 的绩效欠佳让人感觉有些意外。[26]以下的一些事项有助于解释这种结果的差异。出口计划比大多数类型的征税管理更为复杂。一般来说有两个组织负责出口计划:一个制定政策,另一个实施管理。通常,各种税采用直线管理方式,而出口计划却是以圆形方式加以管理的。各财政部门负责传达实施税收管理的政策,然而,在 EPPO 型计划下,管理者在验证与协调出口商的活动中对政策制定者所准许的进口税免除进行了连续不断的更改。这样一来,两个组织之间就需要有紧密而连续的工作关系。通常,协调组织比管理一个组织内部计划更难,特别是在那些组织相对软弱的地方更是如此。在税收管理方面,共同审计的开发与财政收入部门间税收信息的共享是 TMP 相对薄弱的两个组成部分。此外,税收管理的成功与重要性对政策制定者来说是显而易见的。在同样的政策制定者控制之下,征税是直接而明显的并且能支持政府开支,然而,提高出口绩效的成功与重要性既不是直接明显的,也未必直接有益于政策制定者。出口计划的复杂性增加导致特定能力建设比基本税收征集还要困难。

结论

肯尼亚的 TMP 是一项成功的产出导向型计划。它成功地促进了一系列目标的实现,这些目标包括加大税收努力(达到 1993—1994 年与 1994—1995 年占 GDP29% 的高纪录)、提高效率、改善征税的公平性、增强财政收入稳定性、获得征税能力与绩效可持续性的美好前景。这一可持续性获得了特定能力建设与一般能力建设的支持:一项为所有政策与管理创新提供的基础广泛的计划,强化那些持续进行新政策与新程序培训的学校,税收部门运营与维持预算的增加,在 TMP 晚期阶段建立 KRA。KRA 的目标在于改善税务官员的雇佣条件,提供一个稳定的资源基础,

第十二章　肯尼亚税收现代化计划中的能力建设

并赋予税收管理以更大的组织灵活性。

TMP的成功反映出实施税收改革的一种全面而协调的方法。特别是在组织力量薄弱与一般的情况下,应当密切关注干预的适当顺序、时机、速度以及规模。

能力建设运用了全面的干预活动,其范围涉及从政策和系统改革到培训和组织发展等方方面面。为了实施干预要用到一系列的方法,既包括整个组织内渐进的系统改善、外包类似进口的PSI这样的职能,也包括开发有限的核心优势以便通过在组织内传播专业技能而为未来打下基础。

TMP的一项关键研究结果是,加强税收结构改革与税收体系改革之间的相互作用是非常重要的。无论是缺乏支持性的税收管理,还是用仍在发挥作用的不正当税收激励来强化税收结构管理,税收政策改革的影响都将是有限的。如果税基拓宽有设计合理且得到实施的控制系统的支持,那么,税率的降低和合理化就能与税基的拓宽一起对税收绩效产生显著的积极影响。虽然较低的税率减少了现有纳税人的逃税与避税行为,但是,要将潜在纳税人也引入税收网络,还需要更有效的执法措施与管理努力。

我们所得到的另一个教训是,复杂区域的能力建设计划(如庞大而又相对较弱的官僚机构中的税收管理)需要经历更长的时间,以便有时间实施培训并使革新的步伐适应税收部门的吸收能力。在经过致力于改善税收结构与改革和强化管理体制的三年持续而协调的努力之后,TMP才取得了重大成功。通过实施培训以便支持新体制,通过改革组织以便留住并吸引合适的专业人员,改革就能够持续下去,而这需要的不仅仅是三年时间。这些用以获得真正能力的时间框架超出了大多数捐助组织的计划范围。只是由于财政部领导们坚持不懈的参与,该计划才获得了足够长时间的支持,从而才取得了税收体系的产出导向型能力建设的成功。

注释

1. 例如,Edward V. K. Jaycox["Capacity Building: The Missing Link in African Development"(非洲—美洲学会"非洲能力建设:有效而持久的伙伴关系"研讨会讲稿的抄本,Reston,VA,1993年5月20日)]认为,撒哈拉以南非洲地区的发展援助通常是不成功的。

2. 可参阅 Arthur A. Goldsmith, "Institutions and Planned Socioeconomic Change: Four Approaches," *Public Administration Review* 52,(1992年11—12月):6; Douglass C. North, "Transactions Costs, Institutions and Economic Performance," *ICEG Occasional Paper* 30(San Francisco: ICS Press,1992)。

3. 许多对获得援助资金的技术援助的批评认为,尽管在援助期间可取得有益的产出,但是,当撤回援助时,这些产出经常是不会持久的。

4. 正如这里所陈述的,征税目标遵循公共财政的传统方法,即除了税式支出(如投资激励)被牵涉进去以及税收结构对公共部门整体净分配效应的贡献被分析了的地方之外,都需要把税收征集职能与支出职能分离开。TMP的分析排除了对政府支出、债务和其他融资机制的分析。尽管公共部门物品与服务的质量低下与数量不足是肯尼亚(事实上也是撒哈拉以南非洲许多国家)主要关注的问题,但是,将提高支出职能效率的目标纳入税收改革计划将使其范围拓展至整个公共部门的改革计划。然而,公共部门质量低下的产品确实会对纳税人承受税负的意愿产生不利影响,并有可能削弱他们主动纳税的意愿。

5. 特定或一般能力建设类似于特定或一般培训(或教育)的经济概念。特定培训意味着能够提高一个特定技能领域、行业或公司里的一位工人的边际生产价值的技能与经验。一般培训可提高工人在众多行业里的生产力。

6. Malcolm Gillis, "Towards a Taxonomy for Tax Reform,"见 M. Gillis, ed., *Tax Reform in Developing Countries*(Durham, NC: Duke University Press,1989),第一章。他把"综合改革"这一概念解释为覆盖所有类型的税。这里在集中于能力建设的同时,首要的关注点是一种税的结构与管理所涉及的所有方面覆盖的深度。在一次税收改革中,税种的覆盖广度是通过税率结构的协调性变革获得所期望的税收与效率影响的关键。

7. 从阐明了项目各组成部分间的合作或倍增关系的资本投资项目中可找到相似点。投资项目可能失败的原因在于:缺少某种关键投入或它的价格出人意料的上涨,取得某项关键授权上的延迟,管理不善,出现了劳工纠纷或产品市场比预期的要低迷。成功或赢利的项目通常需要该项目的所有组成部分在可接受的范围内正常发挥作用。

8. 例如,近年来乌干达税改的早期一步是税务管理局的建立,因为开始时人员水平和激励如此脆弱以致任何结构或管理改革都不可能取得成功。此外,在改革的

第十二章 肯尼亚税收现代化计划中的能力建设

初期阶段许多高级管理职位都是由外籍专家担任的。

9. 从外包中获得成本的节省或生产力提高的原因很多。承包人可能得以使用专门技术或知识来生产质量更好、更有价值的产品；合同委托人可以通过在短期内有效地租赁承包人的资本，避免对有形或人力资本的大量固定投资；或者承包人可以以比委托人更低的成本进行生产。

10. 典型的情况是，对成功的发展计划与项目的分析提出了这些要求：尽职尽责的领导，由组织政策支持的界定明确且可实现的目标，设计精良的行政管理支持系统，可得到的人的能力与其他资源，维持系统的组织支持。可参见 David k. Leonard，"The Political Realities of African Management," *World Development* 15 (1987): 899-910 对这一框架的发展。

11. 关于更详细的 1994 年 6 月的 TMP 成就回顾，见 *Kenya Tax Modernization Programme: Completion Report for the Institutional Support Project for Tax Modernization in Kenya, Phase I* (Nairobi: Ministry of Finance Government of Kenya, 1994 年 9 月)，也可向作者索取附录。该附录标题为"Tax Policy and Administration Achievements of the Tax Modernization Program in Kenya, January 1990-June 1995"。

12. 在 1995 年和 1996 年税率分别为 0.5%、10%、15%、20%、25% 和 40%。

13. 关于从销售税到增值税的转化的描述，见 Graham Glenday，"On Safari in Kenya: from Sales Tax to Value Added Tax," *International VAT Monitor* (1991 年 12 月)。

14. 关于关税与货物消费税部的现代化努力与能力建设经验的更广泛的讨论，见 Vince Castonguay，"Capacity Building in the Kenya Customs and Excise Department"（为哈佛国际发展研究所在百慕大群岛召开的能力建设讨论会准备的论文，1995 年 4 月)。

15. 见肯尼亚政府会议文件，1985 年第 1 号。

16. 例如，肯尼亚政府的政策框架文件(1994)建议，1997—1998 年关税税率将继续降低和合理化，到那时关税区段将减少至四个（包括关税免除），最高税率为 30%。这样，关税结构将与西南非洲共同市场（COMESA）跨境革新下的外部共同关税建议更趋一致。全面实施 COMESA 的目标将于 2010 年实现。

17. 没有实现经常性预算占税收收入 1% 的目标的原因在于，预算官员固守减少任何提供资金的请求的积习，而且，税务部门的征税开始超过构成 1% 的筹资估计基础的税收预算目标。预算官员固执地抵制以下这一理念：增加税收管理资金将使增加的税收收益超过增加的支出从而降低赤字。根据 1993—1994 年度的预算估计，收入税的经常性预算、增值税、关税与货物消费税为 2,230 万肯尼亚先令或只有这些部门预期收入 41 亿肯尼亚先令的 0.54%。在那一年，经常性预算增加了 490 万肯尼亚先令或 22.2%，但是收入超过目标达到 7.8 亿肯尼亚先令或 17.9%。

18. 总计算来，与 20 世纪 80 年代初期的大约 50% 相比，20 世纪 90 年代初期肯尼亚政府所有部门的 O&M 支出占经常性支出的份额界于 30% 和 45% 之间。然而，与自 1991—1992 年以来就经历了 O&M 支出增长的收入部门相比，O&M 支出在政府其余部门中却从 1991—1992 年的 44% 下降到 1994—1995 年的 30%，但是，人们预期它能从 1995—1996 年开始重新恢复增长。

19. 见肯尼亚政府的肯尼亚税收管理局法案(1995)。

20. 税收管理机构的建立有点儿类似于一个出口加工区。出口加工区可以允许自由的出口导向型的飞地经济在一个经济体内存在,而这一经济体却不能实行全面的出口发展所要求的经济调整。类似的是,由于一国政府不能实行一项力度足够大的公务员体制改革计划,以便完成一项促使一个现代而有效的税收体系运作的一般能力建设,因此,税收管理局就提供了一个在该政府内具有组织资源和灵活性的"飞地组织"。

21. 建立 KRA 的动机可归入 Goldsmith 在"Institutions and Planned Socioeconomic Change"中所讨论的"新制度理论",或 Graham Allison 在 *Essence of Decision*: *Explaining the Cuban Missile Crisis*(Boston: Little, Brown, 1971)中对组织行为"模型三"的分析。

22. 例如,讨论改善税收管理成本效益的方法,见 C. Eugene Steurele, *Who Should Pay for Collecting Taxes: Financing the IRS, American Enterprise Institute Studies in Fiscal Policy Series*(Washington, DC: American Enterprise Institute for Public Policy Research, 1986)。

23. 讨论关于肯尼亚税收体系的计算机化战略,请参见 Graham Glenday, "Perspectives on the Computerization of Tax Systems in Sub-Saharan Africa,"见 Glenn P. Jenkins ed., *Information Technology and Innovation in Tax Administration* (The Hague: Kluwer Law International, 1996)。

24. 在 Castonguay, "Capacity Building in the Kenya Customs and Excise Department"中有对 PSI 计划的更为详细的描述。

25. PSI 合同既有竞争又有合作的因素。竞争因素可以用以保持双方的诚实从而提高他们的绩效;而只有存在合作因素,进口商之间才能实现信息共享以提高双方组织的绩效并在海关内培养估价能力。

26. MUB、EPZ 与 EPPO 计划都遭受着管理不善的厄运。比如,1990 年 EPZ 立法通过之后,一个 EPZ 主管部门花了两年多时间才完全建立起来。而且,尽管私人开发的 EPZ 运营效率很高,但是,第一个政府开发的 EPZ 用了近四年时间才得以运营起来。

第三部分 技术援助在能力建设中的作用

第十三章

参与、所有权与可持续发展

艾伯特·怀特

发展援助中最容易被人所忽视与最不为人所了解的方面——促进受援者参与发展过程——是可持续发展问题最重要的方面。有关参与的必要性的著述已有很多,但是,有关如何获得参与成功的文章却很少——战略、途径、方法论、技巧和与捐助者促进和支持受助者参与的过程有关的活动。捐助者往往假定过程本身就能自我运行(take care of itself),还假定随着发展项目的实施,知识的转移与理解、受助者对技术的接受和受助者致力于进一步发展都会自动发生。像修建一条公路、建立一套供水系统或一所学校、引入一个电子化的会计系统这样的项目当然是很重要的,但是,它们很少能够有助于长期发展所引入的改善活动的可持续性或受助者如下最终目标的完成——自力更生、自给自足以及自我发展的责任感与能力。如果受助者没能有目的地参与规划与实施,项目可能会起相反的作用,即增加对捐助者的依附性。

本章展示了一个有效促进发展过程所必需的捐助者角色行为、技能与态度的模型。该模型在巴基斯坦的世界银行项目(1987—1994年)中得到了检验。尽管存在与之相反的政策声明,但是,大多数捐助机构与人员在处理发展问题时采用了传统倾向,这种倾向性与获得受助者的参与、所有权和责任感所需的倾向性是直接对立的。有效的变革与能力建设需要一个长期的计划倾向,而不能只关注短期项目。计划必须是包容广泛的,因为狭窄活动空间内的变革不可能生存于一个无法包容变革的系统内。最后,发展中对变革和受助者有目的且富有成效的参与的阻碍,是大多数(如果不是全部)国家的文化、组织与制度中所固有的。所有这些因素都必须被纳入对规划、实施与支持计划的考虑中去,以便获得受助者的参与、所有权与可持续发展。

参与和发展政策

在治理向参与式民主的全球演变中,参与发展无疑有其自身的基础。这一研究本身是很有趣的,但这不是本章的目的。[1] 这里所谈到的参与哲学与方法主要来自于伦西斯·利克特(Rensis Likert)、约翰·杜威(John Dewey)、库尔特·列文(Kurt Lewin)、卡尔·罗杰斯(Carl Rogers)的著作以及全国培训实验室的早期著作,捐助人员与发展专家中可能几乎没有人对此精通。[2] 为发展领域贡献出大多数人员与顾问的专业是不可能将这些作者的著作纳入它们的课程表的。那些与行为科学和社会科学(比如管理与组织发展、培训与咨询)联系更为密切的专业则更有可能吸收这一思想。

20世纪60年代初期对美国和平工作队所做的研究表明,具有"项目导向"的社区发展志愿者不像那些具有"人类发展导向"的志愿者一样具有战斗力。项目导向型的志愿者在确定出受援社区的需要后,就会调动资源满足这些需要;而人类发展导向型的志愿者与东道主一起工作,帮助它们确定并解决问题。人类发展(参与的)导向更有可能导致主人翁意识与献身精神（就社区而言）以及发展努力的可持续性。具有项目导向的志愿者由于缺少对自身努力的理解以及缺乏对"和平工作队"项目的奉献,更有可能变得垂头丧气、不满意、大失所望和怨恨。[3]

大量的著述表明,受助者需要更有效地参与进其发展计划中,援助者也需要改变政策与习惯以促进参与的发展。随着第九条立法（Title IX）于1966年通过,美国国会提倡在对外援助中采用更多的参与式方法。多年来,有关发展的著述一再重申参与的重要性,而且许多援助机构——比如联合国、世界银行、USAID、芬兰国际开发署以及加拿大国际开发署（CIDA）——的现行政策都呼吁对它们的开发活动的参与。[4]

正如文献中所提及的,参与的首要着重点一直在于"大众参与"（popular involvement）,或者说发展计划的预期受益者参与这些计划某些方面的规划、准备以及实施。[5] 然而,对受益人的关注未必就能为发展建立起当地的能力。顾问或援助人员能设计并实施一些计划,这些计划能够让受益人参与进来却几乎不能得到政府官员的参与,而人们期望着政府官员将来能实施这些计划。涉及大众参与的大多数发展活动利用NGO作为中介,但是,NGO与政府的关系常常是对立的（且经常是没有必要的）,于是,这样的计划就能从根本上绕过政府官员与政府机构。这不应该被解释为是对大众参与的批判。关键在于大众参与是重要的但对可持续发展来说是不够的。必须多关注政府的参与,而不仅仅只是受益人的参与。[6]

兰德尔-米尔斯（Landell-Mills）与瑟勒格尔丁（Serageldin）观察到,"虽然最终受益者可能是'人民'或'穷人',但在国际机构是由成员国联合组成的条件下,沟通渠道仍然是有关的政府"[7]。他们补充道:"捐助者中有一个不断加深的认识,即治理的改善对实现发展目标是很重要的,而且,除非采取具体的措施解决治理不善的体制性原因,否则外部援助永远不会产出持久的利益。但是,主动行动的权利与意愿本身并不能确保效力的实现。看起来,需要探究既正当又有希望的干预模式。"这一章就与这些干预模式有关。

参与政策的实施

通过它们自己的评估,捐助组织报告了在技术的转移、计划的实施与可持续性方面的低成功率。它们把没有成功的大部分原因归之于没能通过利害关系人的参与和"所有权"当地化而培养起责任感。[8] 由于技术转移的低成功率,CIDA 实施了一项导向计划(orientation program),以便为参与技术合作的顾问提供更好的准备。[9] 芬兰国际开发署则采用了一种诱使目标组织与受益者参与的方法,为项目的筹备与设计制作了手册。[10] USAID 设立了一个参与论坛,以探索把行政主管 J. 布赖恩·阿特伍德(J. Brian Atwood)的"为参与 USAID 的开发过程创造机会"的指示付诸实践的方式。[11] 世界银行的报告指出,它正在人员招聘与培训、绩效管理方面采取行动以促进参与;它将增强其工作人员在制度建设、公共部门管理以及除经济学外的社会科学方面的技能;它将为员工提供包括参与性开发在内的新培训计划。[12]

这些打算是令人鼓舞的,但是好的打算却并不总会实现。至少在过去的 30 年里人们已经认识到参与的重要性,但直到现在实施它的行动却还是如此之少;对此,我们应该问个为什么。只需实地考察一下计划,人们就保证会看出来,大多数开发机构与计划里的工作人员和顾问更可能是由于他们的技术专长(比如经济学、工程、金融分析、计算机)而不是由于管理开发、制度开发或过程以及人际交往能力而被选出来的。在极大的程度上,他们对其在促进所有权与责任感方面的作用与职责理解甚少;而且,如果说他们在履行职责方面受到过培训或支持的话,那实际上也是太少了。许多作为有生力量的人员与顾问是凭直觉履行职责的。大多数人员没有接受过或者由雇主或者由其职业教育提供的促进参与的培训或指导。我们可以很稳妥地推测出，大多数援助机构都不是为了提供实地的参与活动而组织起来的。[13]

就捐助者而言，这不是指责其缺乏责任感。可能的情况是，处于政策制定者位置的人本身对规定培训、规划以及实施的制度支持的角色没有充分的理解。仅仅说计划将得到受助者的参与是不够的，问题是，捐助者能够而且应该怎样让他们参与进来？需要什么样的技能？需要何种制度支持？在规划开发计划时，必须考虑以下问题：挑选与培训工作人员和顾问，提供一个支持系统，来自一种文化（发达的）的捐助者与来自另一种文化（发展中或转型中）的受助者之间在行为层面交互作用的动力。这一交互作用的过程可能决定计划的成功或失败、有效或无效，而且最终将决定可持续发展的成功或失败。为了实现在促进可持续发展中捐助者的新作用这一目标，捐助机构必须更好地理解在捐助者与受助者之间的交互作用层面上所需考虑的问题，以促进受助者在发展过程中的积极参与。

巴基斯坦的经验：卡拉奇水与污水管理委员会与信德（Sindh）特别开发项目

基于参与模型的一个发展方法于1987年在巴基斯坦信德省的项目中得以实施。[14]这一战略就是，利用第一个项目测试并展示该方法，然后在此基础上将其推广应用到以后的项目中。第一个项目是由世界银行与亚洲开发银行共同提供资金的卡拉奇水与污水管理委员会（Karachi water and sewage board, KWSB）的次等水供应（second water supply）与公共卫生项目。后来的项目是由世界银行提供资金的信德特别开发项目（SSDP）。世界银行指派作者为顾问，在现场以"参与观察员和过程推动者"（participant observer/process facilitator）的身份工作，并且，在世界银行任务实施期间获得了世界银行任务经理的支持和来自华盛顿的支援。

过程推动者的作用

顾问与任务经理深信，项目成功所需的任何有意义的制度变革都不得不通过当地人员对问题解决、决策、规划、实施、监督与评估过程的参与，从行为与态度层面入手。顾问的角色是，作为"过程推动者"集中关注筹备项目中所要执行的任务以及那些与制度强化和能力建设有关的任务。在此所使用的过程推动不同于传统的团体工作或"敏感性训练"中的过程推动，因为它的范围更广也更具任务导向性，而且，它遵循一种"工具性"导向，在这一导向中，过程推动者使用的许多工具和概念逐渐被转移给受助者，从而能够推动能力、自信、自力更生与独立的发展。[15]

在这项计划里，过程推动者促使工作人员对照议定的目标或行动方案，参与问题的识别与检查，评估什么正在进行，如何进行以及由谁来执行。过程推动者承担的一系列典型任务包括：

- 参加会议并推动会议的进行
- 帮助确定需求与任务
- 阐明并记录所达成的协议
- 规划任务明细表
- 监控计划的进度
- 当协议未被遵守或目标未实现时向工作人员提供解释
- 推动问题的识别与澄清并探究可能的解决办法
- 促进与世界银行的沟通
- 加快 KWSB 与世界银行决策的制定
- 举行非正式讨论
- 保证信息的传播
- 建立信任
- 强化生产性行为

过程推动者的目标是,利用这些活动和与之相似的其他活动,促使受援机构的工作人员以有助于他们的目的性参与、责任感、任何成果或决定的所有权和以其成就为荣的方式参与到项目中来,并改善完成工作的过程(准备与实施项目),而且,帮助参与者学习新技能、将新技能运用于实践并内化为有效的行为和行动。

在一个推动过程进行和向受援者提供工具的简单而有效的例子中,一个推动者拿走了会议记录,接下来他给巴基斯坦的协调人一套经他同意打印好的任务清单。第二次,他建议由他亲自做记录,并得到了允许。第三次,他递给协调人一张纸和一支铅笔。最终,协调人带来了自己的笔记本和圆珠笔并亲自记录。后来,协调人参加了时间管理培训,开始应用它,而且说他希望为KWSB的其他管理人进行这种培训。

参与观察员的作用

参与观察(从行动中学习)[16]的理论基础是工作人员与顾问不能详细而确定地计划出未来将要做什么。参与性发展是一个不断展开的学习过程。在巴基斯坦,它所涉及的学习是这样进行的:通过顾问直接参与各种活动而学习,观察过程与结果,并按照学到的去做。干预的设计与实施是按其所需进行的。变革的努力被观察、评估并成为其他变革的基础。随着受助人员与参与观察员对这一过程的共同参与,在一段时间之后,障碍与防御被排除,受助者、捐助工作人员与顾问间建立起了信任并做到了开诚布公。在通过在职培训获得了能力建设的相关利益的同时,与制度需求相适应的当地工作人员对决策的参与改善了与世界银行的沟通,并且促进了解决问题的适当办法的采纳。[17]

背景

相对而言,KWSB是一个新的组织,它是四年前由卡拉奇的三个不同组织所组成的。这三个组织仍在不同的服务规则(service rule)下发挥其职能,这些服务规则有着不同的福利救济计划,包括晋升、退休以及特定职位的不同职级,这就引发了大量的不满。不同组织的人员仍然认同自己的小组而不是整体的 KWSB,这样小组间就存在着冲突与竞争。而当时严重缺水,如果幸运的话,家庭的平均日均接水时间仅有两至三个小时。供水系统年久而破旧,严重漏水,经常破裂。由于污水与工业废水渗入漏水的空管道,地下水也受到严重污染。污水处理系统严重不足;实际上,污水根本就没有被处理。未经处理的污水倾入水流、河道,并最终流入大海。由于仅有少量雨水,污水管道与雨水的下水道被阻塞,污水流到街道上。由水传播的疾病猖獗。KWSB 管理层随时被召唤去处理一个又一个紧急情况。该组织的人员严重过剩,但是上层的管理却很薄弱。不满的客户由于水而骚乱(或者近乎要骚乱)。客户记录保存不完整,大量客户特别是大的政府客户没有支付水费。

除了 KWSB 免费提供的输水管或水罐车的供水外,居住在城市贫民窟的 1,000 万人口中近乎一半缺乏水供应。据称,KWSB 的管理层和工作人员与水罐车黑手党有关联,这些黑手党把供给贫民窟地区的水拿走卖给那些能花钱买水的人。其他的指控还有:承包人给回扣,合同仅仅写在纸面上而没有采取实际的行动,有钱人家没被列入水费名单,所付水费从未存入银行而雇员却每月都能领取到报酬。承包人与顾问为了得到款项的支付而经常要等上一年或更长时间,因为从发票到付款要涉及 174 道手续。

初期活动

在 1987 年 5 月和 6 月间,项目的初期目标是在尽可能短的时间内尽可能多地了解 KWSB。这一信息将被用作设计与开发一个全面的制度强化计划的基础。过程顾问与所有高级管理人员和一些层级较低的管理人

第十三章　参与、所有权与可持续发展

员进行了面谈,以确定他们所发现的组织中存在的问题。面谈记录被加以编辑,以便删除那些涉及个人而非常务董事的内容,并删除那些当时无法建设性解决的问题。其间还举行了与常务董事的个人分组会议,以便使其能为将要受到的批评做好准备。然后,记录以一两行问题说明的形式被重写,并将所有被会见过的人组成一个大组以进行反馈,在这一过程中,世界银行与亚洲开发银行的工作人员进行了参与或观察。

不出所料,这次会议上的第一反应是否认这些问题并对顾问进行攻击。顾问回答说,所有的问题均来自小组而不是他,如果任何议题确实不是问题,那就应将它们从名单上去掉。然而,任何问题都没被去掉。接下来,顾问要求小组中每个人都挑选出四五个他们认为十分紧急的问题,这样他们就可以从这些问题入手。作为 KWSB 中掌握相当大权力的一位高级管理人,哈米德(Hamid)(并非其真名)接着做出反应,说他们每次只讨论一个问题,从最上面开始。顾问说:"不,在这次会议里我们没有时间处理所有的问题,这样我们仅考虑那些你们作为一个小组感觉最重要的问题。"哈米德又说他们将从最上面的开始,然而顾问却指出,是他来主持这次会议,小组讨论要按他所指示的进行。于是,小组(包括哈米德)答应了,并挑出了表中那些他们感觉十分紧迫的问题。

这是高级管理人小组的第一次聚会。顾问早已决定,在某些情形下以某些形式面对面的对峙在这种文化中是可以接受的,而且哈米德又占支配地位,这样,顾问的行为就是向小组传达以下信息:在这一背景下,与强大人物的面对面对抗与意见不一是可接受的。这一行为又因为对那些愿意畅所欲言的人的承认与支持而得以巩固。

个人所打的分数被迅速制成表格,得分最多的六个问题被写在整个小组都能看到的白色书写板上。接下来,顾问要求小组讨论问题,每次一个,详述和澄清它作为决定采取某一行动的基础的原因。哈米德再一次说这些确实不是问题。顾问则反问,如果它们不是问题,为什么小组会给出最大分值。结果没有什么反应。接下来开始了富有成果的讨论。

这些问题中有一些是与常务董事有关的。由于他辜负了员工对他的期望,不是一个强有力的说一不二的领导,因此他大致被认定为是软弱的。他更喜欢较多参与的风格,不喜欢独断专行,他想要获得下属的投入与贡献,而他们对此并不理解。当顾问就与他作为常务董事相关的一个问题询问他的意见或反应时,他还未回答就被哈米德和另一位高级管理人拉菲克(Rafique)打断,接下来拉菲克就为他进行了辩护。在这种情况出现几次之后,顾问打断拉菲克,说:"我没有跟你说话,我想听听常务董事的意见。"这样,常务董事得到了发言机会并讲出了很好的理由。

大家一致同意这是一次十分有价值的会议。接着,在过程顾问的协助下,这一小组的原班人马又举行了一系列会议。会上,他们解释了 KWSB 的制度强化需要,并为一个包括在一揽子贷款中的全面制度强化计划准备参考条款。

KWSB 的管理层象征性地同意世界银行在一项任务期间所提出的所有与任务相关的要求,但在下一项任务开始前几周却什么都不去做。这样一来,过程推动者在 1988 年 6 月时仍然因评估任务而留在卡拉奇,以协助 KWSB 满足那些为了与世界银行谈判、获得它的董事会的批准并产生贷款效果而与世界银行达成一致的前提条件。推动者定期与参与人员会面,列出了所要完成的任务的清单,并实施监督以保证它们得到执行;接下来,他逐步把监督工具与责任转交到当地协作人手中。为协调这项工作而被指派为项目经理的 KWSB 官员开始使用这一清单与图表,并开始阅读管理文献以找出对其有用的其他工具与概念。

更多的背景信息

在项目准备期间,齐亚(Zia)将军被杀,军事管制法结束,随后举行了选举。在巴基斯坦人民党(the Pakistan People's Party, PPP)国民政府与信德的缪哈吉·夸米运动党(Muhajir Quami Movement,MQM)之间形成了一个不稳定的联盟。不久,联盟关系恶化并导致公开开战,人民在街上相互残杀。MQM代表的是分裂后来自于印度的侨民或他们的后代(主要居住在卡拉奇与内陆城市),而PPP在很大程度上代表着巴基斯坦土生土长的民族。在信德,这一过程小组包括信德人,他们大多来自封建的信德农村。MQM中的许多人是有责任心且受人尊敬的生意人或专业人士,但是,它的大部分成员是没有工作与充满不满情绪的城市青年。新当选的卡拉奇市市长是失业的医生,而规划与发展部部长则经营着他自己的会计公司。信德人普遍憎恨MQM,他们认为MQM控制了大多数的城市商业与工作。MQM也憎恨信德人,认为信德人使他们无法进入政府。

KWSB被置于卡拉奇市市长的主席职务之下。如果没有与MQM的最高指挥部商议,该主席则无法做出任何重大决定。两个MQM官员被指派给市长作为KWSB理事会的成员,他们实质上管理着KWSB,并主要向一位处在市长之上的MQM官员汇报工作。[18]其中一位在人事委员会工作,负责做出有关人员任命、晋升和调动的所有决定。尽管与世界银行和亚洲开发银行有冻结雇用新人的协议,但是,在他们在位的第一年间,几乎有1,000人被增加到KWSB的工资册中,他们还替换了工会成员,并将控制权给了MQM。遍及全城的MQM议员接管了水资源分配(water distribution)的阀门。治安情况恶化,特别是在偏远的信德,在那里,盗匪在乡间随意游荡,抢劫、绑架并向村民勒索钱财。在海湾战争期间,有相当一部分巴基斯坦人支持萨达姆·侯赛因,出现了强烈的反西方特别是反美情绪。

这就是KWSB不得不运作于其中、项目与制度强化不得不实施于其中的环境。而且,KWSB没有能力管理这个项目或运营与维持这个系统,更不用说控制住其财务并增加财务收入了,因此,将来它也就无法偿还其所承担的大笔债务。为什么在这些条件下实施这样一个项目?主要是由于水利部门本身存在的问题。水是生命所必需的,卡拉奇是一个有1,000万人口的迅速膨胀的城市,正面临严重的水危机。

获得顾问与重新定位

过程推动者协助为由 KWSB 高级管理人员设计的一系列制度强化活动挑选顾问,并协助监督顾问的活动。在此所遇到的问题之一是找到具有参与导向或具有适应这种导向的能力的顾问。

首次咨询是进行人力资源研究,以确定 KWSB 的实际人数以及这些人在 KWSB 中所处的位置,并将人数与工资册相匹配。第二次咨询是对 KWSB 进行全面的组织研究。当地巴基斯坦的咨询公司被邀请承担了这些活动。组织研究顾问也已同意,他们不会遵循他们所习惯了的典型的专家审计方法,而是将与 KWSB 的管理层密切合作,帮助他们找出问题、想出解决办法并实施这些办法。然而,被指派为咨询公司首席顾问的人员却把这一研究作为一次审计来处理,他收集自己的信息,得出自己的结论,并准备自己的建议。当过程推动者说他应该参与管理层的工作时,首席顾问回答说:"我们不会那样工作。"推动者回答说:"我们有一个合同约定你们将这样做。"此后,推动者与首席顾问举行了一次会议,该顾问的上司保证他会那样做。

尽管这种方法不符合顾问们通常的工作方式,但是,他们做了真诚的努力,而且时间证明这些努力是成功的。这并不容易,因为管理人员也习惯于让顾问为自己研究,而不是与自己一道研究;这样一来,他们也不习惯于接受或负责实施这些研究。后来,由于在顾问与 KWSB 之间所建立起来的信任,他们作为主要的顾问力量被 KWSB 雇用从事其他工作。

侨民项目管理顾问被雇来帮助实施新的发展任务(管理国外资助的大型开发工程)。他习惯于为客户管理项目,而不是培养客户管理自己项目的能力。他抵制变革,憎恨让其负责培训和能力建设,尽管当他被雇用时已经明白了这一要求。过程推动者不得不与顾问、发展任务主管共同制定一系列目标与任务,这样,就可以定期监督发展任务的实施并每月定期汇报情况。顾问通过能够将技能和责任向管理层转移的方式,与他们一起工作。随着时间的推移,顾问的作用变得十分有效,他日益投入到该过程中。

一个新的临时性职位是为一位 KWSB 工作人员设立的,目的是让他负责开发一个消费者教育计划并将其作为制度强化的一部分。然而,此职位一经公开,一位高级 MQM 官员的兄弟就被任命担任此职。他得到了一座房屋、一间办公室和一辆私人小汽车,但是,他其实什么都不做。有一次他离开办公室几个月,KWSB 的管理层对此也无可奈何。如果对他公平一点的话,那么就应该承认,他是一个局外人,实际上并没有得到 KWSB 高级管理层的任何支持。

培训主管这一临时职位也被一位 MQM 所任命的人员占据,他是一位高官的兄弟,但是,事实证明他尽职尽责地努力工作。他真正理解自己能够从此领域的专家们那里学到什么,他为自己的职业发展负责,并参加了几门关于培训和培训管理的课程。他尽心尽力地与一位技能高超的参与性培训管理顾问一起工作,虽然该顾问是短期受雇帮助组织培训部门的。遗憾的是,在很大的程度上,培训主管也被其他管理人员所孤立。

汤姆,一位来自一个发达国家水利部门的退休管理人员,被聘为技术顾问以共同实施组织研究。但是,他总是找借口避免与巴基斯坦管理人员见面。他更喜欢坐在办公桌前忙于一些没有必要的日常文书工作。当遭到质问时,他就反驳说他们知道他在那里,他是一种资源,如果他们需要从他那里知道什么,他们就知道到哪里去找他。在花了大量时间并最终与帮助他的一位巴基斯坦顾问进行了具体任务的分配(加上来自过程顾问的大量压力)后,他与管理人员的共同工作变得相当有效力。

人力研究顾问得到了互不一致的多套人力资源数据,对此管理层将不会予以确认或接受。这样一来，顾问们就无法完成任务，只能将任务转交给组织研究部门。但是，过了一段时间，KWSB 财务主管和该研究的首席顾问被告知，如果他们不想在某个早晨四肢折断或更糟地死在一个垃圾堆上的话，他们就应当停止，不要再试图得到那些数字。同时，与 MQM 最高指挥部关系密切的工会征用了分给管理人员的车辆，接管了办公室并为其所用，而且还继续强迫管理层雇用更多的人员。KWSB 的规模与日俱增。

最终，在通过组织研究对 KWSB 进行了重大重组之后，重组活动被向下推广到整个组织，特别是新成立的技术服务部门，该部门的大半人员被分配并得到了关于人员及其所处位置的相当准确的统计。这一统计的完成主要得益于汤姆及其巴基斯坦助手的努力。在过程顾问的引导以及技术服务管理副主管的支持下，他们与上至监管工程师下到组织最底层的工作人员并肩工作，帮助他们确定以下事项：需要什么样的活动和任务，执行任务所需的人员数量与类型，对不断变化的组织结构内的活动和工作组的合理划分，将要被分配到这些职位上的人员目前所处的位置和工作分配情况。他们宣称 KWSB 是一项必不可少的服务，而工会的消极活动在一定程度上被限制了。

进一步的活动

在首次报告中，组织研究顾问说管理人员没有被允许实施管理，理事会（若不是它就是信德政府）做出了基本上应由管理层所做的所有决策。他们建议应该界定理事会与管理层的角色与责任，权力应该下放，管理层应获准进行管理。该报告的一份复印件被上交给市长，市长看后火冒三丈。他召集一个高级管理人员会议要求确定是谁把这一信息给了顾问。当没有人毫不犹豫地吐露真情时，他命令被指派为组织研究协调人的高级管理人瓦伊德（Wajid）从顾问那里获取这一信息，并负责在传播这一信

第十三章 参与、所有权与可持续发展

息之前将其从报告中删除。

当瓦伊德进来时,过程推动者正与顾问们在一起,瓦伊德的身体明显地在发抖,他要那些人的名字,说市长想看原始的会见记录。过程推动者调解道,事先已经向管理人员保证采用匿名形式,不会将他们的名字给任何人。他让顾问们从他们的 KWSB 办公室里将会见记录拿走,或者销毁它们,或者把它们封存起来。接着,他会见了常务主管与高级管理人,并让他们放心这些信息不会传达给市长。他又面见市长向他解释道,如果他想建立一个制度强化计划以纠正组织中存在的真正问题,就有必要找出这些问题是什么,而发现问题的唯一途径是使员工放心,他们将不会因分享对这些问题的看法而受到惩罚,无论这些理解是对是错,它们都是组织不得不处理的现实的一部分。他还说,同一问题在市长上任前也在其他研究汇报中被提及。市长听后同意了,但说主要问题在于他的管理人员太软弱,他不放心由他们来管理。这是与市长的一系列碰头会的开始,这种方式使其能以一种建设性的方式了解并参与这一过程。

市长非常机智但喜欢夸夸其谈并经常离题。因此,推动者每次面见市长时,都递给他一张带有议程的纸,对此议程市长确实很理解。这一议程迫使市长每次只处理一个问题,迫使他做出决策并很好地利用自己的时间。作为 KWSB 理事会主席,市长对市议员施加影响,促使他们要求自己的选民支持 KWSB 的工作(把额外的水送入城中并提高运送效率)。此后,再没有出现因水而起的暴乱。在市长的支持和 KWSB 管理层的努力下,水费的征收得以提高,水税也大幅增长,而且,包括冻结新人员的雇用在内的控制开支的措施也得以实施。市长对管理层给予了支持,让他们准备并提交重组 KWSB 以及权力授予的建议,理事会同意了两项建议,仅做了些许修改。在要任命新部门的管理人员和常务主管时,市长邀请过程推动者参加资格审查,这部分是由于推动者在与他们的密切合作中了解了他们的能力,部分是由于贷款协议明确规定高级管理人员的任命

需得到世界银行的默许。在这种情况下,任命是根据实力做出的。顺便说一下,哈米德被任命为常务主管。

最终,市长说他希望为卡拉奇的大都市公司(KMC)设计一个与此相似的计划,于是,他成立了一个筹划指导委员会与推动者协同工作,找出问题,并为 KMC 一个类似的全面制度强化计划制定参考条款。这一项目后来并入 SSDP。

信德特别开发项目

随着 KWSB 项目的成功实施,信德政府请求对该省的其他城市基础设施项目提供援助。这一努力导致了后来的 SSDP 的出现。世界银行通过其任务经理向信德政府表示,如果没有相应的政策与制度变革,它就不会对基础设施投资感兴趣,因为政府是否有能力实施这些项目或是否有财力支持这些项目是令人怀疑的。这样一来,为了在基础设施投资、政策与制度变革计划上达成一致而开展了一系列的工作与研究,变革计划主要涉及发展规划与管理、资金管理、税收征集以及城市治理,还涉及信德政府的核心部门——服务与日常管理、规划与发展、金融、消费税与税收、地方政府、住房与市区规划以及交通。信德政府挑出四个内地城市与 KMC 一起纳入 SSDP 之中。由于卡拉奇发展局(Karachi Development Authority,KDA)将参与卡拉奇这一项目下的许多工程,因此它也被包括在其中。

信德政府的相关人士尽职尽责地完成了世界银行所交付的任务,但是,在任务之间他们实际上无所事事,就这一点而言,这一经历与在 KWSB 中的经历是相似的。后来,过程推动者削减了他在 KWSB 的工作并开始在 SSDP 兼职工作,以协助筹备这一项目,并帮助信德政府与世行的生产性交互作用做准备。这一安排的最困难之处是处理 PPP 与 MQM 之间的冲突,他们很少发生正面冲突,但却经常在背后冲突。在一个高度

第十三章　参与、所有权与可持续发展

政治化的环境中保持中立是困难的,特别是当每一方都竭力想获得推动者的支持但同时又怀疑他有可能赞同另一方时。

最明显的问题是负责规划与发展的 MQM 部长与其助理主任秘书（additional chief secretary）（部门里的高级官员）之间的冲突。这一部门的核心工作主要是参与准备这一项目。部长对此项目抱有私人兴趣并想控制它,而助理主任秘书对此感到不快,他认为该项目应在他的控制之下,他代表着政府。双方都对过程推动者施加了相当大的压力以使其支持自己而反对另一方,有时双方都认为推动者处在敌人的阵营之中。要想让双方互相接纳对方是很困难的,这要求持续不断地集中于与项目有关的问题而避免政治问题或与冲突有关的问题。一个具有极佳教育背景的当地顾问受雇与推动者一道工作,但他不能解决这个问题,最后只有以疏远助理主任秘书和部长而告终,因为他们要求将当地顾问开除出该项目。

在过程顾问与助理主任秘书的经常性会晤中,他不得不耐心地听上长达20—30分钟的高谈阔论,这些言论指责世界银行干预政府事务、使用昂贵的外国顾问、选择错误的当地顾问并过于重视卡拉奇而忽视内陆城市。助理主任秘书也抱怨工作过多,手下的人员不能胜任工作。而只有在那时,谈话的注意力才放在手边的问题与任务上。财政部与 KDA 的财政主管强烈抵制试图确定信德政府与 KDA 财政状况的尝试。KDA 的财政陷于混乱之中。信德政府报告每年都盈余,然而事实上它正靠着巨大的财政赤字来运转。来自中央政府的发展资金主要分给部长们用于选区选民的宠物项目,但却缺乏对项目的系统规划和监督,缺乏对全省范围内优先问题的考虑,也缺乏项目对于经常性开支与未来债务偿付效果的考虑。土地档案不准确、不完整,有时根本就不存在。来自财产税的财政收入仅占其原本应收入的一小部分。由当地与外国顾问共同进行的对信德政府、KDA、KMC 以及内地城市的财政与金融状况和制度强化需求的研究,在很大程度上遭到拒绝,特别是遭到了助理主任秘书与 KDA 局长的拒绝。

政策制定

由于项目规模的原因,项目筹备工作需要有第二个过程推动者的参与。由于过程推动者的作用被世行正式认可,而且在 KWSB 中已取得相当大的成功,所以,他们被当地政府接受了。当然,要让政府做出决策是很困难的,因为大多数问题涉及一个以上的部门而且部门间实际上缺乏交流。为此,过程推动者与世行的任务主管向政府提供了一个政策制定小组。这一小组由部门间工作小组、一个秘书委员会和一个内阁委员会组成。而在此之前,政府中还没有有关政策制定的正式程序或机制。

部门间工作小组被建立起来以处理特定的政策问题,这些小组是由 KMC 与 KDA 的秘书与代表以下的人员构成的。推动者会见了工作小组,但是,分析问题、探究可能的解决办法以及准备建议这些工作都留给小组去做。他们鼓励小组成员与他们的秘书、市长和 KDA 局长保持密切接触。工作小组把它们的调查结果与建议提交给秘书委员会,该委员会由主任秘书任主席(省政府的高级官员),并由核心部门的秘书、市长、KDA 局长、信德的卡奇阿巴迪(Katchi Abadi)(贫民窟地区)当局及信德环境保护局组成。然后,它们的建议被提交给内阁委员会,该委员会由相同部门的部长组成并由首席部长任主席。

初步采取的措施是将其他小组和受益人包括在其中。NGO 参与了环境与重新安置的评估。奥兰吉(Orangi)试验项目(一个 NGO)参与了工程项目的讨论,这些项目是为卡拉奇的奥兰吉区设计的。一个公民顾问小组成立了,并与交通工作小组一起工作,讨论有关卡拉奇的公共交通问题。来自卡拉奇的联邦所属地区与工业区的代表参加了土地管理工作小组。

第十三章 参与、所有权与可持续发展

更多的政治动荡

在SSDP的筹备期间，MQM的一个派系企图进行党内政变，但很快就被镇压下去了。政变的领导人离开了巴基斯坦，以后只能通过另一个省回来。部分是由于中央政府的强烈反对，据称还由于经验不足与能力不够，总理被总统免职。其丈夫被指控有严重犯罪行为而被关进监狱。她的政府被一个临时过渡政府所取代。接着，她在选举中失利，后来立即着手促使新总理下台。最终她成功了，另一个临时政府又出现了，直到她赢得下一次选举，而后又重新掌权。军队被中央政府召集以确保信德的治安状况得到控制，但是也据称是为了控制MQM。所有的MQM部长与市长都辞职了，而且大多数躲藏了起来。对几个MQM高级官员的逮捕令也已发出，党主席离开了巴基斯坦。军队又转而支持已返回该省的持不同政见者小组的成员。市长被管理人中的一个继任者取代。MQM部长的职位或由PPP或由MQM的持不同政见者小组的成员填补。一些MQM官员又东山再起，开始与军队和中央政府谈判。党的副主席企图使MQM的不同派系和解，但遭到刺杀。MQM的主要派系与持不同政见派系的斗争加剧了。

项目结果

尽管政治动荡不安，主任秘书有兴趣并积极参与（通过他，首席部长和内阁委员会也有兴趣并积极参与），工作小组和秘书委员会继续它们的工作。已经确立的机制和程序设法在政治与政府关键人员的变更中延续下来。世界银行与秘书们甚至是助理主任秘书之间形成了良好关系，助理主任秘书成了该项目的一个强有力的支持者。他说他将坚决主张，SSDP的顾问与管理层的共同工作要如同他们在KWSB中所做的那样，而不是按他们的通常方式行事。在很大程度上，早先被拒绝的研究结果与

建议被接受，并被认为是有充分根据的，进而被纳入工作小组的工作与建议中。在1993年的年度预算报告中，信德政府承认，其运营正面临庞大的赤字而不是盈余，政府将不得不控制开支。KDA也承认，它存在严重的财政问题，而且人员过剩，并为重组与制度强化制定了参考条款。通过一个较长过程的分析、讨论与交互作用，尽管在人员方面存在许多变更，有关设施项目与一个全面的政策和制度改革的一揽子协议最终还是达成了。建立一个向助理主任秘书汇报工作的半自治小组（semi-autonomous cell）（EXPACO）的协议也达成了，该小组的建立是为了便利未来政策制定过程并作为秘书委员会与内阁委员会的秘书处，也是为了管理SSDP的实施和协调未来项目的筹备工作。

华盛顿谈判的参加者有主任秘书、助理主任秘书、财政部部长、KMC行政长官与KDA局长，另外，过程顾问也参加了谈判。大多数协议在此之前就已经设计出来，因此谈判进展顺利，主任秘书（他后来成为总理的私人秘书）就与世行的良好关系问题做了评论。谈判之后，政府为EXPACO总干事与干事的职位选出了非常有能力的人员，并获得了世行的批准。在过程顾问最低限度的引导下，他们开始接手SSDP的实施和政策制定过程的管理工作。这些人员中的两个在SSDP筹备期间就已广泛参与了顾问工作。政府提议扩大EXPACO的作用，并将其他部门包括进政策制定过程中来。

方法差异：传统型对参与型

以巴基斯坦的经验为基础，我们现在能够更加明确地界定捐助人员与顾问在促进与支持参与中的角色，也能清楚地界定个人在实施这一角色中可能遇到的问题的类型。有关调查结果与结论的详细描述将要被展示，并作为进一步研究、与其他项目进行比较的基础，作为规划与设计参与性开发、挑选、培训以及制度支持系统与计划的基础。

第十三章 参与、所有权与可持续发展

在有关发展的参与型与传统型方法之间存在着根本的哲学差异。无论是捐助者还是受助者(一个目标、期待、角色定义、态度、需要、行为和关于人性的信念或设想的复杂结合体),个人带入发展情境的基本倾向性是政策制定过程中的关键因素。在很大程度上,捐助人员、顾问或咨询者的倾向将决定他们解释自己的角色与职责的方式,决定他们在实施角色中将采取的方法,也会决定他们与受助者间相互作用的性质。

在发展中存在着两种基本的倾向——传统型与参与型。二者尽管在本质上是一致的,但却完全相反,因为它们建立在极其不同的假设、期望和人性理论基础之上。这些理论是自我强化、自我实现的,因为持此理论或彼理论的人会以有助于他们所期待的结果的方式作为,并将以巩固他们的假设与期望的方式感知时事与情势。这两种基本倾向与管理理论是一致的,特别是道格拉斯·麦格雷戈的 X 理论与 Y 理论。[19] X 理论认为,人基本上是懒惰的、不可靠的、自私自利的,是必须要加以引导、控制、激励和监督的。Y 理论认为,假如能获得相应的机会,人从根本上来说是对增长与发展感兴趣的,是目标导向型的,是关注他人幸福、自我激励、自我控制和负责任的。

从根本上来说,与提供开发援助和转移技术与信息的传统倾向相比,使受助者热衷于发展过程并促进积极参与的倾向是有所不同的。为澄清这一见解,我们在表 13-1 中列出了传统倾向与参与倾向的差异。尽管参与倾向更有可能被目前有关发展的著述所提倡,但是,实践中却更可能采用传统倾向。在很大程度上,选拔、培训、奖励制度以及运作政策与方针还依然未被修改以支持参与倾向,这部分是由于发展过程中促进积极参与的角色、过程和技能还未被清晰地界定。所提倡的与实际中所做的之间存在差距的另一个因素是,在一个传统组织中,具有传统倾向的人更有可能受到控制性职位的吸引,在这样的职位上他们继续确立规则并挑选与评估他们的工作人员和顾问。对一个具有参与倾向的工作人员或顾问

来说，要在这样的体制中发挥作用并待下去是十分困难的，而且，传统的控制型体制和组织对变革的抵制力是极大的。

表 13-1 倾向对比

传　统　型	参　与　型
为了全人类的更大福祉，在发展项目中应当优先使用适用于世界上所有民族和国家的统一的原则、标准、目标与优先事项。	在他们被期待能有一个全球视角之前，人们不得不与他们自己感知到的需求、优先事项以及传统的信仰和做法达成妥协。
如果发展中国家的人民是明智的、负责任的，那么，他们将欣然接受治理、体制和技术的现代方法，这将使他们成为全球经济和社会的更积极主动的参与者。	一般来说，人们理解并更喜欢其熟悉的事物，不轻易理解和接受他们感觉陌生的事物。假如有机会研究并修改新的观念和技术以适合自己的需要，人们更有可能接受它们。
西方的体制和技术是优越的，通常适用于全球。	西方的体制和技术本身是不断变化的。把新的和传统的体制与技术结合起来的解决办法可能是优越的，特别是对那些做出此种结合的人来说更是如此。
与发展中国家中几乎没有任何海外经历的人相比，具有发达国家经验的专家在决定什么是发展所需时处于优势地位。	发展中国家的人们通常知道他们的需要，应由他们自己决定他们要发展的优先事项。
由专家主要通过单向交流提供直接的技术与信息转移更有效，而且费时少，成本低。专家在他的专长领域从受助者那里学到的很少。	如果对信息与技术的应用缺乏理解、热情与投入，那么，这样的转移是既没有效率又没有效果的。所有的人都是从他们自己的参照系、理解和做事的惯常方式出发处理新信息的。
为产生最大的影响，发展努力应集中于具有给定的时间范围、清晰而有限的目标的特定项目。	假定要改变已经确立的复杂体制会遇到困难且需要时间，那么，就有必要采取一个长期的基础广泛的发展方法。
把制度开发项目限定于成果相对确定的目标内而非徒劳地试图改变整个系统才是上策。	在不会变化的体制与环境内的有限变革所产生的影响或存活下去的机会很小。因此，必须考虑更为广泛的体制与环境。

(续表)

传 统 型	参 与 型
为有效利用有限的发展资金,具备必要专门知识的个人或公司应在最短的时间内以最有效的方式投入到受援者的全部项目中。	实施与管理项目的当地能力开发应该是开发援助的一个主要目标,而且应该具有长期的成本效益。
应雇用具有不可或缺的专门知识的专家负责发展中国家的项目计划与实施,一般来说,发展中国家在规划与项目管理技能方面缺乏这样的专家。	应雇用那些在其专业、理解与技能方面具有专长的专家,他们的专长是受援者参与项目规划与实施所必需的。
一开始,援助的提供就应通过带有明晰的目标与活动的设计精良的计划而进行,而且根据这些目标与活动计划得到评估。项目应符合计划中确立的目标与时间限制。	计划应该通过受助者与风险承担者的积极参与而设计出来,在设计过程中,目标与方案是通过交互作用获得的,它们由于人们对需求问题的日益理解而得到修正,从而能适应不断变化的条件与环境。
专家应根据所确立的国际标准和规格对工程和项目进行评估。	捐助者与受助者应一起根据共同制定的目标、对象与标准评估计划和项目。
工作应该通过正式的组织结构、所建立的程序和指定的官员来完成。	特别是在发展中国家,许多决策的做出与许多工作的完成都是在非正式的体制与组织中进行的。
个人与文化的差异不应阻碍项目的有效规划与实施以及技术的转移。	如果各种各样的参与者无法形成一种尊重、理解、信任与接受的关系,就不可能有效地进行项目的规划与实施,也不能有效地转移技术。
一般来说,人们被"胡萝卜加大棒"所驱动,不能期望他们是负责任的、可依赖的,除非他们受到控制或在这些措施中看到有利于自身的东西。	初期的动机可能不得不是"胡萝卜加大棒",但是一般说来,当人们能够为其行为负责或由于这样做而不受惩罚时,人们就会是自我激励的、尽责的。
迫切需要某些东西的人将对给予他们的东西心存感激。	人们很少能对给予他们的东西心存感激。这经常导致依赖,缺乏独立自主、自给自足与自尊,憎恨捐助者。

正如在此所界定的那样,推动发展过程假定过程推动者是在参与型范式中行事的。对所有情形或遭遇进行预测并规定适当的行为是不可能的。当面对一种特定情形时,个人必须准备以适当的态度与行为自然地

做出反应,这样的态度与行为是以这一范式中固有的假定和目标为基础的。建立在传统范式基础上的反应极有可能功能失调或不适当,在选拔、委派与培训捐助人员与顾问时,应该把这些问题考虑进去。如果工作人员或顾问不同意或不能真正接受参与型倾向,他们就不可能有效地推动发展过程中的参与。

发展背景

组织特征

在有效地促进受助者积极参与开发项目或为能力建设而设计计划的尝试中,发展推动者必须有效地理解与其一同工作的人与组织及其必须运行于其中的较大的经济、政治、社会与文化背景。推动者在其自己的文化中或在一个完美世界中所使用的战略可能是不起作用的。他们需要做好准备并能够基于所遇到的情形调整他们的战略。基于以前的信息,可以设想出人、组织与较大的环境的一些特征,而且,某些特征可以在初期的评估阶段就被识别出,但是,其他特征则要在工作过程中(参与者观察)才能被识别出并得到澄清。

从一开始的面谈中和在 KWSB 工作的过程中,组织以及组织必须运行于其中的环境的画面得以呈现。在 SSDP 的工作和巴基斯坦的其他项目中,这一画面又被进一步地详述与说明。很明显,调查结果在巴基斯坦的大多数地方都具有典型意义,而且与许多发展中国家的情形并无二致。框图 13-1 展示了组织与较大环境的最突出特征的概要。

在此项目中,那些过程顾问与世界银行工作人员不得不与其一道工作的人在这一系统内行事,而且,他们自身也是该系统的一部分,拥有该系统的许多价值观、假定与期望。为了有效地与这些人一起工作并实行变革,必须充分理解这一点。在引入发展所需的变革时,捐助人员与顾问以及当地协助人员不得不在这一背景中工作并适应它。但这并非易事。在通读列表时就可以看出,这里面存在很多障碍。如果认为可以忽视这些障碍,那就太天真了。人们必须要克服、调整或绕过这些障碍,但是,如果对此不能理解也就无法做到这一点。正如一些人所认为的,假定发展必须等到国家与人民都已准备就绪时才可以进行也是错误的。这些文化特征已经确立了数千年之久。或许这一章的要点在于,即使在这种背景下,变革和发展仍然可以发生,但其前提是,人们自身理解变革的需要并致力于发现变革的途径。发展专家只是提供了框架并推动了这一过程。

作为一个例子,KWSB拦截了给组织研究顾问的报酬,他们所规定的政策是,在任何情况下他们都不会支付回扣或贿赂。财务主管说,在组织研究协调人瓦伊德证实他们的工作是令人满意的之前,他不会支付报酬。过程顾问几次询问瓦伊德有关没有支付报酬的原因。最终,过程顾问与他对质并告诉他,由于他与顾问密切合作并且知道他们的工作令人满意,所以保证获得付款是他的责任。瓦伊德开始发抖,并以大而尖的声音说:"有这笔钱!"接着,他解释说市长指示他不要付款。如果他违抗市长的命令,就可能会被记录在档案中(在其人事档案中将会塞入一份处分决定,而且在其后来的职业生涯中都不会被撤出),如果以后任何人认为不应该支付这笔钱,他将会为此而负责。瓦伊德被夹在由过程顾问所代表的世行和市长的老虎钳之间。过程顾问接着面见市长与他讨论这一问题,他向市长解释说,他也一直在观察顾问们,他们干得不错,并指出,世行对于向这些及其他顾问支付报酬所用的时间很是关注。顾问们获得了报酬,而且,作为组织研究的一部分,支付顾问或承包人所涉及的步骤和花费的时间被大大减少,过程变得更加透明。

框图13-1集中于能够给发展制造障碍以及被大多数来自西方文化的人视为负面因素的特征。但它并没有穷尽对一种文化的描述。图中所列出的大多数类别也有积极的一面。对关系的关注包括家庭关系的亲密延伸,人们真正互相关心,留心彼此的幸福安宁。这一关注点延伸到朋友关系,能够忠实并心甘情愿地给予帮助,这在许多西方社会中是无法找到的。坦诚回报那些对成为朋友表露出真诚兴趣的人们的友谊,并且热情好客,这些在西方不常遇到的特征使得与巴基斯坦人一同工作很有价值。对权威与年龄所显示出的尊重则导致了一个较有秩序的体制。对社会义务与融洽的人际关系的关注尽管不能提高工作效率,但是的确有其优点。社会福利体制的设计是为了向社会的大多数人提供生存工资与保障,然而却扩展为制度化的腐败,这种腐败是把财富分配扩大到较大部分人口的同时补偿大多数政府雇员获得的低工资的另一种方式。发展推动者对此完全理解,因而能参与并支持此种文化的积极方面,同时促进更有效的工作态度与行为。他可以争辩与对抗,只要表现出对所对抗的人的尊重与关心。在文化内变换代理人可以用积极的方面对抗消极的方面。比如,在顾问推动者的协助下,代替哈米德的KWSB常务董事在各个管理层发起团队建设,并借助于管理人员的宗教价值观来减少腐败。

框图13-1 组织、官员及其环境经常出现的特征

基于关系而非规则、程序或绩效的体制

- 政治庇护、裙带关系、任人唯亲
- 人际关系网——倾向于建立一个关系与人情网络
- 一般期望通过个人影响、徇私舞弊、相互恩惠与相互敲诈勒索绕过体制办成事情
- 很少尊重规则、法律或权力;依赖于关系
- 分配工作与升迁依靠的是关系而非功绩
- 政治任命的管理者很少能控制住下属;缺少惩戒
- 管理层的外部压力;强加的约束、期望与要求
- 管理者被夹在政党与工会之间

- 政治不稳定——人员与政策的变化基于掌权的政治集团
- 机会主义——期望利用政治职位谋取个人私利,满足家庭与关系网的人情

宗族的、部族的、封建性的倾向

- 倾向于形成互相支持的排他集团、派系
- 缺乏交流;信息有选择地分享并以之作为权力
- 对集团外的人缺少信任或关注
- 倾向于与集团外的人维持表面热诚而可靠的关系
- 倾向于保持安全的互相交往;蔑视缺乏耐性、无礼、情绪化与失控的表露(对职位较低的人例外)
- 倾向于个人亲自处理事情而不愿放手;有报复倾向、复仇心理
- 通常有选择性地与下级(有时是职位相同的人)面对面直接发生冲突
- 惯于背后论人长短,诽谤中伤,负面地批评他人
- 惯于寻求同盟,对抗其他集团
- 抵制集团问题的解决与决策的做出。更喜欢一对一的交互作用
- 缺乏与其他集团的协作

独断专行、自上而下的管理、等级制度

- 集权式的管理与决策
- 年长者掌握权力与职权
- 管理者没有获准进行管理——由委员会或高级政府官员管理
- 缺少职权下放与决策参与
- 惩戒倾向,很少奖励与认可
- 生存倾向,害怕犯错误,缺乏冒险意识;求稳

- 不愿向上交流；倾向于汇报上级所愿意听的事情
- 不愿做出决策或承担责任
- 把决策往上推或获得许多签字以避免承担责任
- 通过从一个办公桌或办公室到另一个办公桌或办公室的这种有序的文件处理方式实现管理
- 严格遵守官僚政治的管理程序
- 缺乏工作道德，很少对工作或高绩效提供激励；无所事事更为稳妥
- 顺从上级
- 期待有人告诉或教导自己如何去做，不独立思考或问问题，不挑战上级或专家的观点；生搬硬套地进行学习
- 消极、悲观

关注形式而非实质

- 极端关注地位、职位、头衔、权力、资格证
- 期望得到适合自己地位的待遇——认可、尊重、额外津贴、特权
- 关注礼仪，举止得体
- 遵从年龄、资历、地位
- 提升靠的是资历（或人际关系）而不是才干
- 关注报告的外表等，关注是否符合要求，而不怎么关注内容

对成就或效率的低需要

- 很少制订计划——倾向于危机管理，事先通常不做准备
- 倾向于逃避而不是直接面对问题
- 很少受决策或协议的约束（这容易颠倒）
- 不能坚持不懈地实行方案与协议

- 缺乏对时间与活动的组织
- 会议中不断地打岔
- 即使有工作说明书,也几乎等于没有,缺乏清晰的任务分派
- 几乎没有成文的程序
- 很少或没有对活动进行监督,缺少反馈,缺乏控制
- 冗员过多,每日工作仅几个小时(但露面是为了得到薪水)
- 很少关注培训或员工发展

非正式的制度与组织

- 为了完成工作,开发不遵循已确立的正式程序或沟通线路的非正式制度
- 建立非正式的关系与接触网络,并通过它进行工作
- 建立非正式、不成文的程序、期望、规则与制裁措施
- 个人或网络的需要、目标与程序优先于正式组织的需要、目标与程序
- 薪资的低水平促使人们期望通过贪污腐化来增加薪水
- 通过贪污腐化获得的金钱在网络内实施分配(分享)
- 根据支付期望给予许可证或许可,甚至对例行处理过程也一样

心态和行为差异

或许捐助者在发展计划中所面对的最困难的问题和最令人沮丧的事情是来自于价值观、利害关系与优先考虑事项之间的冲突。捐助者与受助者在需求与目标方面的差异并不总是清晰的,因为在很大程度上,它们产生于根本的、可能无意识的价值观、假定和期望。受助者不可能公开与捐助者分享他们的见解,特别是当他们感到他们可能遇到消极回应时。

在捐助者知道受助者的看法之前，也可能要花些时间细心观察，建立信任，而且他们可能永远不会完全了解对方。

表13-2列出了当捐助者与受助者交往时通常会出现分歧的情况，但这些差异很少被认识到并加以讨论。对于以获取成就、"让我们把事情做完"的倾向行事的捐助人员与顾问来说，左边的利害关系与态度是很典型的。而对于行事并生存于有着框图13-1所标识的特征的组织与制度中的受助人员来说，右边的那些利害关系与态度是很典型的。具有类似左边那些态度的受助者更有可能与他们行事于其中的整个社会脱节，如果这样的话，他们就可能要承受相当大的要求符合社会规范的压力，特别是来自非正式体制的压力。在对这两栏进行的比较中，当人们的行事方式受到不同假设、态度与期待的交互作用控制时，就要考虑到后果；当遇到这种差异时，就要考虑态度上与行为上彼此会产生的反应；还要考虑对发展计划的影响。

这些差异能导致沮丧、失去耐心、沟通中断、无效的工作关系，有时也会使双方发怒或相互憎恨。为了帮助受助者识别并实施发展所需的变革，捐助者需要采纳一种管理这些差异的策略。变革是很困难的，尤其是那些不断被体制从整体上加以巩固的态度和价值观方面的变革。人们学习如何在一种体制内运行。他们越有效，回报就越大，他们也就愈加支持维持该体制；越是无能为力，他们就愈加觉得受到自己无可奈何的体制的控制。

可能不仅仅需要变革这些受助者的态度与行为，最终，整个体制也需要实现变革，而这一变革可能需要针对许多前沿问题的长期、持续不断的协同努力。捐助者所持的目标狭隘的短期项目倾向是不可能获得有意义的、可持续的变革的。如果KWSB只局限于狭窄的目标而且仅仅关心一个项目，那么，这个项目将极有可能只取得有限的成功。即使SSDP项目，在一个全面、长期的计划方法下，也是将焦点放在一系列的项目上。

表 13-2 不同的假设与态度

捐 助 者	受 助 者
关注项目的规划、设计、实施与完成的实际要求,关注建立延续这样的活动所需的制度能力。	与变革和改善相比,更关注政治现实与个人生存;与建立未来的能力相比,更关注当前可见的项目。
期望人们投身于项目的目标且主动把事情完成。	常常不会认同项目的目标,不愿主动去冒险,因为这样做有可能受到惩罚。
期望人们从项目、组织与国家的利益出发,个人的需要与目标服从于项目的需要与目标。	觉得他们有责任支持他们的家庭——经常是延伸了的家庭,而且,不得不首先顾及他们个人的和生存的需要。
期望管理人员做出决策以加快实施与执行项目。	抵制涉及风险而且可能需要他们承担责任的决策。
关注时间与资源的有效利用、精心的规划与准备及活动的组织。	可能很少有时间观念或很少关注规划,趋向顺其自然地处理事情。
期望受助者能坚持到底地执行协议,遵守时间表,并实现目标;根据在顾问工作或项目期间需要完成什么来看待时间;今天或明天发生的事是极其重要的;存在一种紧迫感。	可能感觉不需要实施方案或遵守目标与时间表;今天认为协议是讨论或交互作用的一部分,明天可能就觉得没有什么关联性;今天所发生的与项目有关的事相对来说重要性不大。
在不拖延工作的前提下,期望每一个相关的人都集中精力完成工作,都能关注获得人员、设备、空间、交通工具以及其他所需的必备条件。	趋向首先关注职位与工作头衔、人员办公室空间的大小、装备、交通工具等,接下来才是要做的工作。
关注方便性、把事情做对,以及通过效率的提高或合法的捷径或变更体制的手段在系统内工作,但是避免使用个人接触或影响。	关注官僚程序,不做任何偏离,除非通过个人关系网中某人的个人喜好而实施了干预。
更喜欢直接面对问题、议题和分歧,并关注理解问题,据此找到解决办法。所涉及的人员不应该亲自处理问题。	趋向于避免直接面对问题或揭露问题的真相——那些问题经常是个人化的或政治化的,且通过直接冲突无法解决。
强调公开交流,与那些被卷入到一个计划或项目的任何方面的人员分享信息,并且假定获得的信息越多,理解就越充分,他们就能够做出更多的贡献。	趋向于扣留信息或有选择地分享信息,因为分享信息是很危险的,它有可能被滥用或用来反对某个人。信息是权力,它给掌握信息的人一种相对于没有信息的人的优势。

（续表）

捐　助　者	受　助　者
尝试与可能在计划或项目中有相关利益的各层级的人一同工作，以获得他们的责任感和积极支持或帮助，或做出决定。	趋向于以自上而下的职权或通过人际关系行事，那些掌权者可能憎恨甚至企图防止捐助者与其他人交往。
根据业绩挑选或鼓励根据业绩挑选从事项目或计划工作的人——最合格的人担任特定的工作。	可能接受业绩（merit）观念，但在实践中支持根据政治或个人人情来选任人员。
期望人们有积极、乐观的态度；相信目标会实现，项目会成功。	趋向于消极悲观与谨慎；假定事情不会按计划运作更安全，因为事实也差不多就是这样。
根据在执行任务与达成目标中各自的角色看待与受助者的关系；期望热诚的关系、合作、投入、兴趣、积极参与、可依赖性、责任感、守信用、勤奋、足智多谋、首创精神、领导能力与团队合作。	看待与捐助者关系的标准是：他们的地位与声望是将得到提升还是将被贬低或将他们置于政治上或职业上的风险中；捐助人员是否有适当的证书或年龄足以使人肃然起敬；他们是否遵守礼节；他们如何与人进行个人交往。或者根据有关主人与客人义务的文化期望看待这种关系。

过程推动：角色、技能与态度

目标与活动

发展过程推动者可能是参与管理直接的发展援助的任何人。他要与各种各样的参与者共同管理该过程，其目标是：获得受助者积极而负责的参与；在捐助者与受助者间建立团队工作与伙伴关系；培养受助者的所有权与献身精神；考虑和适应项目或计划必须准备、实施与继续运行于其中的背景；有效地完成识别、定义、准备、实施与评估这一项目周期。他要把重点放在促进双重目标实现的战略上，这一双重目标是：满足国家优先需要的、现实的、负担得起的、可持续的项目或计划，以及培养受助者的发展能力。在学习如何有效利用那些不能被期望承担推动者角色的技术专家或顾问方面,推动者也向受助者提供了帮助。尽管由于篇幅的限制不能详述与发展过程推动相关的活动,但是,框图13-2对主要活动进行了概述。

框图13-2 过程推动者的活动

吸引参与者与建构参与

- 使受助者参与以下过程:直接面对问题,识别与解决问题,确立目标,制订计划,做出决策,实施计划与决策,监督、评估与纠正错误
- 为这些活动提供框架并促进这些活动的开展
- 协助包括他自己在内的有关参与者澄清角色与职责

促进利益相关者与受益人的参与

- 协助确定应该参与的个人、小组与机构
- 促进适当的人在适当的时机参与
- 便利沟通并促进各参与者间建设性的交互作用

促进参与和沟通

- 无独裁情形的参与
- 促进向建议、想法与可供选择的方案敞开言路
- 对参与、首创精神、贡献、不同意见予以认可
- 授权给受助者特别是那些地位较低的人
- 保护受助者免受捐助者的压制,下属免受上级的压制
- 阻止主宰或控制小组活动的企图
- 模范共享(model sharing)与公开
- 提供鼓励、支持与承认

- 挑战并协助对于预设、信念、惯例、传统与现状的验证
- 处理并帮助解决冲突与分歧
- 促成协商与一致
- 促进并推动通过协商一致做出决策
- 促进并推动团队建设

观察与报告

- 为协议提供文件证明
- 观察、监督并报告过程与进展
- 使参与者始终对协议实施负责
- 提供反馈,提出相反意见(有建设性地)
- 协助识别障碍并克服它们
- 加快做出决策并采取行动

倾听与咨询

- 作为共鸣板(sounding board)倾听并设法真正去理解
- 传达尊重、接受、信任以及私人的敬意
- 适当地指导和建议
- 支持变革与改善的尝试

通过参与过程帮助受助者学习

- 评估需求、设定目标和优先事项
- 规划与组织
- 参与解决问题并做出决策
- 时间管理
- 对结果负责
- 学会如何学习
- 变革管理
- 建构并促进利益相关者与受益人的参与

发展过程推动绝非一个容易扮演的角色,它完全有别于通常所期望的或所回报的东西,同时,也有别于通常在学校和大学内外所教授的东西。在西方社会里,个人学习的是竞争而不是合作、开口说而非仅仅听,学习的是做领头人或追随者而不是参与者、做支配者或顺从者而非平权主义者,学习的是去统率或控制而非促进自我引导或独立。改变这一根本倾向而学习伴随技能绝非易事,但它并非不可为。KWSB 与 SSDP 项目的大多数顾问刚来时都缺乏促进参与的倾向与技能,但是,在为项目工作了一段时间后,有许多人已经能适应这一倾向并学会了许多相关技能。

必备的态度与品质

发展过程推动者的活动不仅要求有参与倾向和相关的理解与技能,而且也要求具有个人的特定态度与品质。捐助人员与顾问完全有可能遇到以下情况:拥有容易滥用的权力,发现自己陷于磨炼自己耐性的处境中,面对着模棱两可与含义混乱,觉得他们的价值观、原则、标准与期望遭到亵渎,感觉其他人未能履行他们的协议与承诺,觉得他们将为未能实现计划目标而负责。对他们与受助者的关系及他们在实现目标过程中的有效性来说,他们处理自己的感情与情势反应的方式将会产生重大影响。

此类情境中态度与行为的功能失调更有可能在有传统倾向的人身上找到,对此尽管可能存有争议,但是,如果赞成并清楚地表达了参与倾向的人不能有效应对挫折与失意,或者如果他们的个人需求与特征与其作为推动者的角色相冲突,那么,他们将无法履行这一职责。比如,一个对地位与认可有很高需求的人会遭受角色混乱之苦,他希望被人看作一个通晓技术的专家顾问,而实际上他并不具备这一领域的经验与专长。一个缺乏耐心、不愿听取别人建议、性情急躁和在与人交流时傲慢自大、自视优越、失敬无礼的人,将不能履行这一角色。反之,如框图 13-3 中所列出的那些态度与品质则是有效促进参与所必不可少的。

框图 13-3 有效的过程促进者的态度与品质

目标承诺与目标行为

- 真正投身于目标参与、发展与能力建设
- 需要成就,但应具有能降低标准与期望的相应能力
- 具有在将目标控制在视野范围之内的同时延缓达到满足的能力
- 坚定不移,坚持任务导向,稳定、一致、谦恭
- 积极乐观的态度

权力

- 对主宰或权力的低需求
- 建设性地利用权力的能力
- 对正确与否的低需求,不好与人辩论
- 对认可与地位的低需求
- 谦虚,不傲慢自大或高高在上

听取不同的观点与意见

- 愿意并有能力倾听
- 容忍分歧的存在,尊重不同的看法、观点与意见
- 承认他人的贡献或潜在的贡献
- 愿意并能够理解他人的立场
- 认可他人观点和来自于他人视角的正当见解
- 有能力适应不同见解而不是放弃自己的价值观

个人控制

- 耐心
- 能控制自己的情绪

- 能忍受敌意与化解冲突
- 非防御性的
- 不具有报复倾向,能原谅与忘记
- 尽管不赞同他人的行为,但却能与之沟通并接受其行为
- 自信与个人的安全感
- 幽默感

关心他人
- 真心关心他人并有建立人际关系的能力
- 对他人的情绪与反应感受灵敏
- 不基于个人的道德准则做出判断,不苛求
- 信任但不轻信

在这些特征中,大多数的含义是不言自明的,但是也有一些还需加以解释。比如,权力是一种被感知的影响、学历背景、知识与专长的结合体。如果捐助人员或顾问想要得到受助者的认真对待的话,他必须能被感知到拥有权力。如果他们所处的职位不能帮助受助者得到他们想要的东西,或者如果他们没有所需的地位,他们极有可能被忽视或充其量被容忍。捐助机构必须挑选出那些拥有得到受助者尊重的背景的人员与顾问,接下来,通过给予他们受助者所能感知到的权威、认可与支持而授权给他们。

然而,随权力而来的是职责。为了提升自己的地位或赢得别人的奉承、羞辱他人或减损他人的地位,为了置他人于从属与顺从的职位,或者只是为了把自己的意愿强加给他人,权力就会太经常也太容易遭到滥用,而且经常是不知不觉地滥用。权力也可以按照应有的方式被控制,以便授权他人、提升他人的地位以及在人们需要保护时保护他们,同时,还可以用以促进相互依赖与独立、互相尊重、合作和个人的成长与发展,以及

用以促进交流、确保合作、加快那些双方均认为对计划适当的决策的制定。

需要解释一下愿意并能够理解他人的立场和认可他人的观点、关注点与见解的正当性。捐助者必须真正而非仅仅从表面上理解,在对需求、目标、优先事项、方法、程序、实践、价值观与标准的感知上,捐助者可能与其共同工作的受助者完全不同。这种差异并不总是容易区别与解决的。来自不同背景的人,特别是来自完全不同的文化背景的人,极有可能根据完全不同的参照系面对同样的情形。需要对这些差异加以识别、澄清、包容或者直接面对,尽管这并非易事。必须要处理分歧,但是,应该以理解、接受、容忍的方式处理,而且,如果适当的话,还要以一种幽默的方式处理。在这里,受助者所承受的压力也必须得到承认。受助者在一个非正式体制内行事,而捐助者对该体制可能知之甚少,而且,捐助者也可能无法理解这一体制对受助者所提出的要求。对这些要求不敏感或缺乏理解,会阻碍沟通、问题的解决与有效发展战略的确认和实施。

结论

用第一个项目KWSB来实地测试与示范对受助者参与发展过程的促进,并将这一经验推广至始于SSDP的后续项目,这样的战略是成功的。借款者有意义的参与、贡献、理解、所有者身份与奉献精神在这一过程中都得以实现,而且,在建设信德政府与KWSB的独立发展能力方面取得了相当大的进步。KWSB的发展项目尤其成为项目管理和与之相关的采购、支出、项目监督与会计以及建设监督的样板。信德政府致力于重大的政策与制度改革。EXPACO获得了在政府内管理政策制定与实施的能力,且完全有机会在SSDP和包含于世界银行借款计划中的后续项目之外继续扮演这一角色。

KWSB—SSDP项目引起了广泛的注意:世界银行把它挑选出来,作为在世界银行的参与方法应用研究中被审查的六个项目之一；巴基斯坦政府建议世行在巴基斯坦其他省也采用类似的方法；UNDP 提议其在别国的项目中采用类似的模型。豪尔默斯（Holmes）与克利须那（Krishna）认为："可论证的近期最佳的政府制度变革案例开始于一个传统部门的特定项目，它是由在巴基斯坦信德省所做的工作提供的整个政府'自下而上'的制度改革。"[20]

原则上，受助者积极参与发展项目的价值和捐助人员与顾问参与过程推动的价值现在已被广泛接受，而且，在这些项目中又再次被肯定。这些项目显示出即使在非常困难的条件下参与所起的作用。

过程推动是需要技能的。但是，过程推动技能与相应的行为与态度特征供应不足，并且在选拔与分配中很少被考虑到，也很少能得到回报。它们可通过培训建立起来，然而，正如世界银行的沃彭汉斯报告所建议的，它们应该与选拔、分配、晋升和支持工作人员的政策修改一道进行。然而，考虑到大多数捐助组织中根深蒂固的制度化官僚作风与对变革的抵制，这需要重大的重新定位和具体的变革努力。关注焦点从项目转移到可持续发展将伴有一些成本，但是从长远来看，随着捐助者变得更熟练于他们重新定义的角色，受助者变得更习惯于参与和承担更多的责任，这种成本将有望被减少。然而，如果成本效益是依据受助者的所有者身份、项目影响与可持续发展而评估的，那么毫无疑问，发展推动者的使用和工作人员与顾问的重新定位将比大多数其他捐助机构的普遍做法更具有成本效益。

注释

1. 关于治理的历史与理论背景的讨论，见 Deborah Brautigan, "Governance, Economy, and Foreign Aid," *Studies in Comparative International Development* 27,3(1992 年秋):3-25。

2. 作为在巴基斯坦所开展的活动的基础，参与方法论在很大程度上是 Kurt

Lewin 及其同事的作品派生的产物。受 John Dewey 早期作品特别是 Dewey 的"沉思式学习"和"干中学"的影响,Lewin 认为,人类的许多被认为独特的东西事实上是从其社会与文化环境中吸纳并内在化的东西。他还受其同时代的人比如 Douglas McGregor、Abraham Maslow、Rensis Likert、Gordon Allport、Carl Rogers 以及其他人的影响,他们把人类看作是具有潜在理性的可信赖的动物,但是受到了无意识或潜意识的态度、价值、标准、设想与动机的影响。Lewin 引入"行动研究"的概念,根据这一概念,个人主要通过"解冻"过去的信念、态度或假定的过程而从经验中学习,跟着是一段时间的"实验与变化",而后是重新冷冻。他认为,对涉及变革的学习来说,仅仅有信息是不行的。如果人类想从根本上接受再教育,那么,他们自己必须参与其中。Rensis Likert 通常被认为是参与管理之父,而在解释促进与推动互相成长与发展的"帮助关系"方面,Carl Rogers 可能是最有影响的人。

3. Calvin W. Taylor, Gary de Mik, Michael F. Tucker, Albert R. Wight and Kan Yagi, "Development of Situational Tests for the Peace Corps" (Salt Lake City, UT: Department of Psychology, University of Utah, 1965,根据和平工作队合同)。"人类发展倾向"这一术语是由 Wight 创造的,作为研究小组的一员,他于 1965 年开始设计并实施社区开发培训,该项培训的基础是培养和平工作队志愿者以使其参与所在社区发展的研究与情景测试。

4. 回顾关于这一话题的早期著述,见 J. M. Cohen, G. Culagovski, N. T. Uphoff and D. Wolf, *Participation at the Local Level: A Working Bibliography* (Ithaca, NY: Cornell University, Center for International Studies, Rural Development Committee, 1978),以及 J. M. Cohen and N. T. Uphoff, "Participation's Place in Rural Development: Seeking Clarity through Specificity," *World Development* 8(1980):213-215。在"Statement of Principles on Participatory Development"(1993 年 11 月 16 日)中,美国国际开发署行政官 J. Brian Atwood 说:"对发展过程而言,没有什么比参与更为基本的了。"同时,他又补充道:"我们必须为我们参与其中的发展过程创造机会。"赫尔辛基大学知识服务有限公司报道,它已经以与目标组织和受益人一同工作的参与性方法为基础帮助芬兰国际开发署开发了工作手册。世界银行资产管理工作组在世界银行的绩效评估报告("Effective Implementation: Key to Development Impact: Report of the World Bank's Portfolio Management Task Force", The World Bank,1992 年 9 月,通常被称为沃彭汉斯报告)中指出:

- 世界银行成功与否由(应由)"实际的"利益决定(可持续发展的影响),而不是由贷款批准、好的报告或支付情况决定(P.ii);
- 成功的实施要求在利害相关者参与和"所有权"地方化的基础上做出承诺(P.ii);
- 过去大多关注项目的完善性,而当地的责任感与"所有权"却很少被注意(P.6);
- 最令人满意的项目更有可能是这样的项目:在准备阶段借款者参与最多,而且,结果可能也是借款者投入度最高。

工作组建议,世界银行的角色应被界定为:通过充分参与项目的确定、筹备与实

第十三章　参与、所有权与可持续发展

施,促进借款者做出承诺并负起责任。Robert Picciotto("Institutional Learning and Bank Operations: The New Project Cycle,"草稿,World Bank,1994)建议,世界银行的项目周期应变为"把借款者与受益人——而非银行——置于周期的中心",而且,"把所有者身份、参与和能力建设特征并入周期内"。

5. 请特别参见 Bhuvan. B. Bhatnagar and Aubrey C. Williams eds., "Participatory Development and the World Bank: Potential Directions for Change," *World Bank Discussion Paper* 183(Washington, DC: The World Bank, 1992), Michael M, Cernea, "The Building Blocks of Participation: Testing Bottom-up Planning," *World Bank Discussion Paper* 166(Washington, DC: The World Bank,1992)。在其关于"参与发展"的文章中,Robert Picciotto〔"Participatory Development : Myths and Dilemmas,"A Policy Research Working Paper(Washington, DC: The World Bank,1992),3〕认为,个人直接参与影响其生活的资源配置决策已成为重要的发展主题。这样,"生产过程中全部人员的更广泛参与以及更公平地分享其利益"成为发展援助委员会(OECD)20世纪90年代发展合作政策声明的关键要点。人们的参与是联合国开发计划署1993年人类发展报告的特定核心问题。由Mary Schmidt和Tom Carroll为世界银行准备的"参与的原始资料技术文稿"将重点集中于作为中介的NGO和参与上。

6. 在其关于参与性发展与集中关注大众参与(Bhatnagar and Williams, "Participatory Development," 8)的世界银行专题研讨会后的闭幕评论中, Sven Sandstrom 认为:"我们在看待参与时,需要将其与世界银行在每个国家的工作中的所有其他因素结合起来。如果我们能把参与置于一个更大的框架中,我们就可以把参与作为贯穿世界银行的主流思想。"后来成为世界银行行长的Lewis Preston在其为沃彭汉斯报告(世界银行,1992)所写的导言中说,世界银行"必须更多地依靠借款者的领导能力并培养借款者的奉献精神,加强项目机构的参与,适当时还要加上受益人"。在一篇未必代表世界银行观点的文章中,Holmes 和 Krishna 评论道,"大多数关于参与的讨论一直集中在基层以及对项目层面受益人的直接影响上",但是,"由于政府在可持续发展中的核心作用,公共部门参与的维度是至关重要的"。而"在没有政府参与的前提下试图促进参与,其结果将会是有限的"(Malcolm Holmes and Anirudh Kristna, "Public Sector Management and Participation: Institutional Support for Sustainable Development"草稿,The World Bank,1994年12月15日)。在1995年2月23日举行的USAID第十次参与论坛上,Sigifredo Ramirez在讨论捐助者如何促进城市社区的参与性开发的报告中说,需要给予地方当局(与NGO相反)更多的信任,提供给他们必要的培训与技术援助,教他们如何更有效地参与社区的工作。

7. Pierre Landell-Mills and Ismail Serageldin, "Governance and the External Factor," *Proceedings of the World Bank Annual Conference on Development Economics* (Washington, DC: The World Bank,1991):309-310.

8. 例如,在与加拿大国际开发署(CIDA)的合作研究中(在 Daniel J. Kealey 和 David R. Protheroe 的报告"People in Development: Towards More Effective North-South Collaborations"中,这是为CIDA所做的研究,1993年10月),在促进国内的协作者获

401

取技能与知识方面,外籍技术援助的成功率为 10%—20%。Robert Picciotto("Institution Learning")报告说,大约有 1/3 的世界银行借款业务所产生的结果是不能令人满意的(也就是说,没有实现他们主要的相关目标,没有产生令人满意的发展效果)。目前已完成项目的不到一半被列为具有可持续性(也就是说,可能会随时间而维持他们的利益)。由世界银行管理组合特别行动小组所做的世界银行近期绩效评估通常被称为沃彭汉斯报告(世界银行,1992),该报告表明大约 20% 的世行项目被认为是有问题的项目,也就是说,在实施中遇到了重大的困难。

9. 来自 Dan Kealey 的个人通信。开发这样一个项目的努力在 Kealey 和 Protheroe 的"People in Development"中曾报道过。

10. 来自赫尔辛基大学知识服务公司的信息。

11. 参与论坛是为 USAID 工作人员举行的一系列会议,始于 1994 年 2 月,目的是探究实施参与性发展的管理人员原则的方式。

12. 关于世界银行 1992 年绩效评估的后续摘要公布在沃彭汉斯报告中:World Bank, *Getting Results: The World Bank's Agenda for Improving Development Effectiveness* (Washington, DC: The World bank, 1993)。

13. 在 1994 年 2 月 23—24 日于华盛顿特区举行的世界银行参与项目规划学习问题的会议摘要中,有关"世界银行内的变革战略"的会议报告,该报告称,"世行的效率被自上而下、专家模式的开发路径所限制。即使是全力参与的世行职员仍然缺少信心与能力做这样的工作,工作人员需要知识与技能、资源与时间以及更大的能动环境",78。

14. 世界银行金融分析师与任务经理 Neil Boyle 和 Al Wight 曾在巴西共同从事和平工作队培训工作,二人持这样的观点:对发展援助项目的惯常关注应该通过受助者参与而代之以可持续发展,他们提议在巴基斯坦测试这一建议。这一建议受到那时的 Yoshiaki Abe 处长的支持。

15. 这一方法在很大程度上应归功于 Robert Blake 的仪器装备实验室的培训创新。据报道,在社会心理学家 Muzafer Sherif 的建议下,培训中各小组中的培训者被仪器所取代,这些仪器被设计成为小组的参与者提供通常由培训者用以管理小组的工具与概念。Blake 的方法后来被 Morton 和 Wight〔Robert B. Morton and Albert R. Wight, *Proceedings Manual for the Organizational Training Laboratory*,(Sacramento, CA: Aerojet-General Corporation, 1963)〕用于参与性管理培训中。Wright 则用它培训被关押起来的青少年违法者(1963—1964 年),用于社区发展与和平工作队的跨文化培训〔Albert R. Wight, *Trainers' Manual for and Instrumented Experiential Laboratory for Peace Corps Training*, U.S. Peace Corps contract, 1968;以及 Albert R. Wight and Mary Anne Hammons, *Guidelines for Peace Corps Cross-Cultural Training*(Washington, DC: Office of Training Support, U. S. Peace Corps, 1970)〕。人们也建议把它用于教育〔Albert R. Wight, "Participative Education and the Inevitable Revolution," *The Journal of Creative Behavior* 4, 4(1970 年秋): 234-282〕。

16. 关于参与观察的更完整描述,见 William F. Whyte, *Learning from the Field: A*

Guide from Experience (Beverly Hills: Sage Publications, 1984); 以及 Lawrence F. Salmen, *Listen to the People: Participant Observation in Development Projects* (New York: Oxford University Perss, 1987)。

17. Neil Boyle and Albert R. Wight, "Policy Reform: The Role of Informal Organizations," *Infrastructure Notes*, Urban No. OU-5 (Washington, DC: The World Bank, Infrastructure and Urban Development Department, 1992 年 9 月).

18. 在与 PPP 的一次枪战之后,委员会成员之一被抓住并因谋杀罪而被监禁。另一位,据称由于把应给 MQM 的钱据为己有而被扒光了衣服,头朝下挂起来,在 MQM 的一个审讯室被用鞭子猛抽,此后他逃离巴基斯坦。两个人后来又出现并官复原职。

19. Douglas M. McGregor, *The Human Side of Enterprise* (New York: McGraw-Hill, 1960).

20. Holmes and Krishna, "Public Sector Management and Participation."

第十四章

为政策分析与实施进行的技术援助和能力建设

克利弗·S.格雷

1993年,在一个带有自我批评性质的著名演说中,世界银行非洲地区副行长爱德华·杰科斯(Edward Jaycox)将由捐助者提供的侨民常驻技术援助描述为"一支削弱非洲能力发展的破坏性力量"[1]。

杰科斯并不只是批评捐助者本身,他还对非洲政府将本国专业人员"推到一边"的做法提出了指责。他将这种拒斥性行为归之于以下因素:剥夺了政府用于支付有竞争力薪金的预算资源的经济低效、种族划分、允许"内部集团"强化对受训新雇员的嫉妒的政治权力垄断。

在杰科斯发表演说的前后,联合国发展计划(UNDP)的非洲地区分部(the Regional Bureau for Africa)与国际发展方案有限公司(Development Alternatives International, Inc.)发表了一个有关"常驻专家—协作者模式失败"的报告。在当时的 UNDP 非洲地区分部主管所写的前言中,他将这一根据著名发展经济学家埃利奥特·伯格(Eliot Berg)的观点准备的报告说成是 UNDP 商标的全国技术合作评估与规划(NaTCAP)过程的派生

第十四章 为政策分析与实施进行的技术援助和能力建设

物。伯格指出：

专家关注的是完成工作而不是培训,他经常擅长于自己的工作却不是一个好的培训人,他对在自己影响下的协作者傲慢自负,并且有时由于待的时间太长而阻碍了协作者的职业生涯发展。协作者太少并且经常不是适合这项工作的人员；而且,在项目实施过程中,选拔协作者的时间太晚,这些人要么没受过培训,要么辞职去找更好的工作了。[2]

杰科斯和伯格提出的解决方法包括：停止或至少是较大程度地减少常驻技术援助；撤销那些项目实施机构,因为捐助者为了提高其投资项目的实施效率而为这些单位网罗了当地的行政人员；"推动公务员制度改革"[3],这就意味着世界银行要为高技能的公务员提供报偿并且为培训和设备提供资金。

在努力建设发展中世界的所有地区而不仅仅是非洲国家的政策分析与实施能力的40年时间里,哈佛国际发展研究所和它在哈佛的继任机构观察了杰科斯、伯格和其他人所认识到的这一问题的许多相关案例。另一方面,作为几个上述批评者公然抨击的常驻技术援助项目的实施者(愤世嫉俗者或许会说是受益人),哈佛国际发展研究所躲开了有关这些失败的大部分指责,并表示对人们所提出的一些更为严峻的解决方案持保留意见。同样的情况也出现在其他几个提供这类援助的组织中,它们有时与哈佛国际发展研究所竞争技术援助合同,有时则与它合作。

本章的目的在于,为使用技术援助进行政策分析与实施领域的本地能力建设提供现实的替代性方案。我首先会对这样的能力进行界定,接着,考虑能力建设是否在我们所选择的领域中被恰当地作为技术援助的核心目标,如果不是,那么,在评估技术援助活动时还应当考虑其他什么目标,这样就可以将技术援助与能力建设的关系放置在这一背景下。

在可供选择的技术援助方式(常驻顾问、短期咨询人员和多种多样的地方工作人员培训模式)前提下,在它们之间配置可替代的资源会导致复

405

杂的问题。我展示了使用侨民政策顾问与通过对协作者的海外培训而进行能力建设之间的替代关系。

然后,我对挑选出的技术援助承办商特别是哈佛国际发展研究所的项目实施经历进行了回顾,对其在建设现代化的本地能力中的成功与失败的例子进行了描述。我找寻失败的原因,回顾承办商(不管是以机构身份还是以个人身份出现的政策顾问)为了应对这些情况所做的事情,并且从这些经历中总结教训。总结部分描述了设计和实施未来的技术援助活动的方法,这些方法有可能增大干预活动对能力建设的贡献。

为政策分析与实施界定本地能力

如果 X 国中至少有一位侨民被政府雇用或者能够在政策制定者提出邀请时为政府提供建议,如果他受过足够的培训并有着足够的分析经济问题的直觉,能够预测不同解决方案的适当结果,并且在政策实施之后能够提出增加而不是减少社会福利的政策措施建议,那么,我们就可以说,该国存在着与本地的政策分析和实施能力不能分割的组成部分。确实,这个人没有必要拥有分析每一个可观察到的事件的技能。相反,认识到某一给定问题超出该人的知识范围且需要引入外部智能,这本身就可以被认为是政策分析与实施能力的一个组成部分。

这样的人越多,X 国的本地能力就越强。同时,很明显,在 X 国内出现一批高素质分析家,并不能确保政府就能评估或实施福利增强政策。拥有"充足的"能力还要求具备以下组织和制度条件:

- 肯定有一个或更多的组织激发分析者的才智,让他们处理重大事件,并且确保他们的研究结果和建议以一种可以理解的形式提供给政策制定者;
- 即使政治环境最终必须要选择不同的政策结果,该国的制度框架必须确保政策制定者对这样的组织提出咨询,并对其研究成果和

第十四章 为政策分析与实施进行的技术援助和能力建设

建议进行考虑。

技术援助的多种目标

杰科斯、伯格和其他人暗示,认为能力建设至少在政策分析与实施领域是技术援助的排他性目标是错误的。当人们被邀请在一个有关能力建设的会议上发言,或者当别人付钱要自己就这一题目准备一个报告时,通常会赋予能力建设以非同寻常的重要性。同时,无须将其作为发展援助中最要紧的事。

大多数发展援助手段所表达的目标是使净现值(NPV)最大化,它是目标国家(target country)未来 GDP 流量的起始点。国外对政策分析和实施的技术援助能够同时以两种主要方式或分别以其中的一种方式增加 GDP。第一,通常由外国(但并不必须是外国)作为以技术援助培养本地设计与实施经济和社会政策的能力的传送者,这些政策能够使未来 GDP 的 NPV 比没有这些外国传送者时更高。而且,不管这样的人是否创造了在其离开后能够持续下去的本地能力,作为顾问人员,当他们在这个国家时设计并确保实施了一些在有限期间内提高 GDP 的政策。

换言之,技术援助的传送者可以将其专长运用于分析宏观经济事件(财政、货币、贸易等)和部门发展问题,设计政策措施、公共投资和其他干预性活动(这些活动的实施将会改善经济绩效)。而且,顾问自己不管能否借助于第三方如国际货币基金组织或世界银行的影响力,都能说服权力当局实施这些措施,而且其时间可能会延续至这一顾问离开之后。

除非顾问改善了本地能力,否则,一旦顾问离开,当局对变动环境的政策反应将不会好于没有接受技术援助时。即使这样,在这些援助项目实施期间,所建议的政策措施在扣除技术援助的成本之后,可能在将 GDP 流量提高到足以产生正的 NPV 方面还是能够取得成功的。

因此,为了在事后有效地评估一项特定的政策分析与实施的技术援助活动,人们不得不考虑其对经济绩效的直接影响,同时还要考虑其通过增强当地能力而间接地对经济绩效产生的影响。对两种影响的评估都是高度主观性的活动,具有明显的不确定性特征。由于一个或多个国外顾问人员的干预性活动会使得一个国家的 GDP、出口和就业数字在一段时间内比没有这些顾问人员时得到更大的提高,那么,人们又如何对提高了多少进行评估呢? 人们如何区分顾问人员的直接与间接影响,并且预测将会到来的经济绩效改善(当地分析家在顾问人员的帮助下或受到其培训而设计出了更好的政策,从而导致了经济绩效的改善)呢?

直接与间接的影响在技术援助干预活动的设计阶段是同等重要的。一国获得自我持续增长的虽不充分但却必要的条件是,它必须拥有本地的政策分析家,这些分析家至少能够向政策制定者(即政治领导者)展示如何避免一些严重错误,如那些导致共产主义世界与许多发展中国家走向急速经济滑坡的失误。相应地,任何长期政策顾问的干预性活动的工作范围必须正视将技能与经验向当地专业人员实行转移的问题,这一点是值得捐助者或接受者加以考虑的。[4]

相反的方面并不是很明显。也就是说,这种国家的条件是,即使是以实施中的一些延误为代价,但协助外国顾问人员工作的一国人力资本相当先进,以致如果顾问人员不通过当地技术协作者而任意根据需要设计和实施政策,那么,与通过协作者而完成工作的情况相比,他们所获得的收益就会减少。[5]

然而,更为典型的是一种偶然的形势,它产生于这种政策顾问项目中:一位顾问人员在政策分析、设计与向政策制定者提出建议的直接干预活动中的 NPV,大于其为了将当地技术人员融入项目过程而导致的干预活动延迟情况下的 NPV。项目设计者面临的关键操作问题是,确定直接顾问工作与为某一特定国家设计的技术援助项目中政策分析与实施能力建设之间的相对重要性。

第十四章 为政策分析与实施进行的技术援助和能力建设

作者曾经在三个大洲的五个发展中国家担任过常驻政策顾问,并且从一个短期访问人员的视角观察过在其他许多国家工作的常驻政策顾问人员。[6]虽然对这些干预活动的 NPV 进行评估并非不可能,但却相当困难,而且,我怀疑在大多数情况下,即使只是要有说服力地确定 NPV 的正负都是难以做到的。然而,我确定从我的经历中得出了以下结论:确实很有必要为任何政策分析与实施的技术援助项目创造高度的灵活性,从而为回应变动的当地环境条件而在直接顾问工作与能力建设之间转换重点。

使用侨民顾问与培训协作者

直接顾问援助与能力建设两者之间的替代关系(trade-off)的一个明显维度是,在常驻侨民顾问或短期顾问与培训投资之间进行技术援助项目预算的划分。如果计划用于侨民技术援助的支出被重新分配给培训活动,那么,要计算有多少协作者可以接受某种或其他的海外培训是很简单的事情。

1992 年,作为 UNDP 的一位咨询人员,我在一篇有关为蒙古提供的技术合作政策框架的论文中使用了这种分析。[7]由于蒙古是西方技术援助事业的新对象,当地协作者说这种分析使他们大开眼界。对他们来说,尤其具有诱惑力的是,常驻顾问人员服务大约一年的成本可以支持四位蒙古人获得外国文凭或学制一年的硕士学位(参阅表 14-1)。

如果财政成本相对容易估算,那么,收益就会是另外一回事。在试图比较使用不同技术援助资源的收益时,产生了以下问题:
- 侨民顾问人员的工作范围通常要求他们将时间用于培训,而能够严肃对待这一职责的顾问人员如果得到受训人员的合作,将对能力建设做出很大贡献。不管他们的活动是否被标明是这样的,还是他们只不过对协作者发挥着积极的示范作用,情况都是如此。

表 14-1　侨民顾问或培训者与蒙古工作人员海外培训的成本等价表

Ⅰ. 捐助机构提供的单位成本估价（千美元）[a]

	单位	最小量	最大量	中间值
侨民工作人员				
常驻顾问或培训者	1 年	100,000	180,000	140,000
常驻志愿者	1 年			21,000
短期咨询人员	1 月	10,000	20,000	15,000
蒙古工作人员海外培训				
一年学位（文凭）课程：				
西方大学	1 年	35,000	40,000	37,500
菲律宾	1 年			10,000
外国实习医师	2 月			7,500
外国短期课程	2 月	12,500	15,000	13,750

Ⅱ. 以侨民顾问或咨询人员 1 单位时间（中间值）的成本而接受培训的蒙古工作人员数

培训类型	单位	常驻顾问或培训者	常驻志愿者[b]	短期咨询人员
一年学位（文凭）课程：				
西方大学	1 年	3.7	0.6	0.4
菲律宾	1 年	14.0	2.1	1.5
外国实习医师	2 月	18.7	2.8	2.0
外国短期课程	2 月	10.2	1.5	1.1

[a] 对侨民工作人员的成本估价表明了大多数（而并不是全部）人员安排所处的范围。在那些所表明的范围内,中间值是由作者计算出来的。否则就是由 UNDP 单独做出的估计。

[b] 美国和平工作队、联合国志愿者组织、英国志愿者服务组织（VSO）等。

- 根据所培养的政策分析和实施能力而测算不同培训投资的回报是不足以进行事后评估的,更不能进行预测。获得外国奖学金的个人在他们的工作环境中可能最有能力也可能没有能力将其所学用于既定工作。确实,不能保证他们将来的工作会由于培训而

第十四章 为政策分析与实施进行的技术援助和能力建设

得到改善,而且,很有可能,他们会马上从事政策分析与实施以外的工作,正如我在本章后面所要提到的那样。

技术援助传送者的项目经历

为大多数有关政策分析与实施的技术援助干预活动提供资助的机构,是以立法或其他指导方针为行动基础的,这些立法或方针引导它们与其他机构一起帮助发展中国家和转型国家的组织培养设计与实施公共政策的本地能力,以便促进持续的经济和社会发展。[8]哈佛国际发展研究所就是这一领域中一个重要的技术援助传送者,虽然无论如何它不是唯一的一个。它的主要目标是"促使得自于发展活动中的知识与经验传遍全世界,并且确保这些知识与经验能够为那些必须最终决定要做些什么的人所用"[9]。

虽然像哈佛国际发展研究所这样的资助机构和传送者有着如此的既定目标,但是,对他们来说,令人泄气的经历经常是:他们所遇到的受助机构政府领导者或经理的行为好像是要表明,政策分析与实施的持久能力建设是他们最不关心的事情。例如,在某些案例中,哈佛国际发展研究所与其他传送者曾工作于这样的政治领导者手下,他们更多地受个人野心、裙带关系和部落文化或腐败的驱使,而缺乏推动国家发展或将一个得到改善的公共服务部门传给其后继者的渴望。这样的领导不仅不利于吸引和激励有竞争力的工作人员,而且他们的存在本身就足以使工作人员感到泄气。这样的形势在肯尼亚很盛行,它的财政部与经济规划组织不时地与这种现象相联结,结果,在项目结束时,它的政策分析能力比哈佛国际发展研究所开始工作于肯尼亚的1976年还要低。[10]

其他案例的情况稍微好一些,传送者经常不得不与其他领导集团打交道,这些领导者对组织发展的态度更多的是良性的漠视而不是彻底的非政治化。这些人是卑鄙的机会主义者而不是强盗,他们很典型地通过迎合主管人员的短期所好而寻求对君主、总统或首相的影响。他们对工作人员需求的理解局限于一个小圈子中(有时只是一个人),这个小圈子能够担负起执行来自于上层领导者要求的差事。

这样的领导者缺乏远见,没有认识到应该发展一支有着足够竞争力的专业人员队伍(例如他们能够足以以同事的身份处理国际金融机构提出的要求),或者他们看不出其中的利益所在。因此,他们拒绝捐助者和外国顾问人员提出的要培养这样的工作人员的要求。有关这种管理者的一个很好的例子是作者于1986—1990年期间在摩洛哥领导一个常驻顾问项目时所遇到的经济事务部部长。[11]另一个例子是在哈佛国际发展研究所蒙古顾问项目的短期时间里(1993年7月—1994年12月)我所遇到的一位蒙古国家发展局(NDB)主席。[12]

在人类活动的每一个领域,与做不好工作相比,要做好工作需要付出更多的努力,并且会产生更沉重的压力。有竞争力的人事行政涉及抓住创新、展开判断、冒风险和在主管面前证实一个人的行动。由于缺乏将激励强加于人事管理者身上的政治领导权,对于认真负责的管理人员和其外国同事创造用于吸引和留住有竞争力的政策分析家的激励机制的努力,这些人事管理者就会拒绝支持甚至是加以阻止,从而确保自己职位的稳定。[13]

很明显,政策分析与实施的组织与制度的先决条件会遭到像以上所述情况的损害。虽然通过合格的人力资源将来能够被用于政策分析工作的形式,潜在的能力可能仍然存在,但是,这种情况所产生的去激励因素使得这种可能性降低,并阻碍了新才能的开发。

另一方面,有关政策分析与实施的技术援助史中的正面材料表明,一般说来,发展中国家的政治领导者与机构管理者并不注定就要阻碍能力建设。例如,作为肯尼亚的规划部部长,从1964年年底开始直至其1969年被暗杀前,汤姆·姆博亚(Tom Mboya)立志进行率先增长(progrowth)

第十四章　为政策分析与实施进行的技术援助和能力建设

的政策设计,这表明,他关心工作人员工作好坏的差别,并且对他的高级外国顾问提出的建立一支有竞争力的肯尼亚工作人员队伍的努力给予了积极的支持。[14]这一努力使肯尼亚政府在早期招聘进了当时最为能干的肯尼亚经济学家菲利普·恩代格韦（Philip Ndegwa）,接着又将哈里斯·穆尔（Harris Mule）送往国外培训并给予迅速晋升,他后来被肯尼亚捐助团体和外国顾问看作是肯尼亚最出色的技术官员。[15]引入特定的经济学家服务安排体系缩小了政府内外合格工作人员的收入差距。到了20世纪70年代,财政部自身的人才对其政策制定产生了建设性的影响,但是,在前面所提到的压力之下,尽管获得了来自于美国国际开发署、英国、加拿大、欧洲共同体、UNDP和其他地方的成百万美元的资金,这一能力最终还是消散了。

另一个正面例子是拉丁美洲早期解放者卡洛斯·利拉斯·雷斯特利波（Carlos Lleras Restrepo）的做法。他在1966年被选为哥伦比亚总统,并任命埃德加·古铁雷斯（Edgar Gutierrez）担任国家规划部（NPD）部长。古铁雷斯与哈里斯·穆尔一样,在哈佛大学获得了经济发展硕士学位。在将工作低效的人员赶出NPD之后,古铁雷斯进行了严格的招聘工作,并对在美国培养博士学位人才进行了大量投资。NPD很快就成为发展中世界一个最为专业化的经济政策机构。在设计其雇员薪酬包时,保证它相对公务员规则具有适当灵活性,并且能够保持与私营部门相比或多或少的竞争力。虽然该部门不时面临着迅速的人事更替,但受过培训的哥伦比亚经济学家越来越多,从而足以使得任何一位认真负责的新NPD负责人都能够迅速组建起一支有竞争力的人员队伍。

在另一个案例中,从1970到1975年,连续两位获得哈佛经济发展硕士学位的埃塞俄比亚规划部部长伯莱·阿贝（Belai Abbai）和特克莱·格代姆（Tekalign Gedamu）都认真严肃地对待能力建设,他们每年都与当地的经济学毕业生会面,并积极支持一项重大的外国培训活动。[16]后来在共产党人德古(Dergue)统治的15年间,这一能力被部分地驱散、部分地转向对不确定的国家利益的服务中去。新政府不断被一个笨重的规划机构(据传闻其拥有200位专业雇员,他们中大多数接受了被德古政府所破坏的当地大学或者是东欧大学的培训,但是,这种培训的效果是令人怀疑的)所拖累,但1995年年中的时任部长经济学家迪尤里·穆罕默德(Duri Mohamed)采取了具体措施以建设真实的能力。[17]

在印尼经历了20世纪60年代的恶性通货膨胀之后,各机构都要或多或少依靠自己去建立独特的薪酬包,这个薪酬包中相当大部分是实物救济、项目津贴与从事第二职业。[18]几位由总统苏哈托所安置的技术官僚利用其官僚职位(不必提及其在预算程序中的关键性角色)吸引并留住有竞争力的工作人员。同样,他们还利用这一国家有利的资源条件(这一条件是因他们能够阻止石油税像尼日利亚那样多样化而获得的)为海外专业人员培训提供大量资金。[19]后苏哈托时代印尼的能力建设也在很大程度上受益于政治稳定性和限制有才之士流动的文化环境。

1983年,哥伦比亚财政部部长谢勒夫·西塞(Sheriff Sisay)委托我调查其专业雇员的潜能并提出一个全面的培训项目。部长详细审阅了最后的建议,他对其雇员的绩效与潜能之间的差距表达了强烈的关注,并愿意牺牲短期产出以保证最好的雇员受到培训。与一个1985年开始的哈佛国际发展研究所顾问项目协力,西塞支持建立一个经济分析小组。但是,这一成就由于他1988年因病退职而其继任者对能力漠不关心而消散。1994年7月军事政权接管了这一国家,这对能力建设是致命一击。

最后一个例子是1986年以前的摩洛哥经济事务部部长泰厄布·本切克(Taieb Bencheikh)。他在与USAID资助的顾问小组谈判时明确指出,他对开发分析能力非常重视。虽然在项目开始前他被调往另一部门,不能再对他以前的部门进行干预,但他后来还是努力与哈佛国际发展研究所的工作人员沟通,并对能力建设问题发表了很有见地的演说。

确切地说,这里所提到的所有积极案例并非全都满足了"充分的"能力建设的三个先决条件,即合格的人力资源、运行良好的组织与支持性的制度环境。更为经常的情况是,虽然可以找到有才干的工作人员但他们却被不适当地安置;也可能出现的情况是,政策由既定的利益而非技术官员的建议决定。

除以上提到的案例以外,其他发展中国家也承受着政策分析能力的持续退化,在某些情况下,这种能力退化是由局部的复兴造成的,而其他情况则不然。[20]在撒哈拉以南非洲地区,这样的国家包括中非共和国、加纳、坦桑尼亚和赞比亚,在此,我们无须提及那些受到国民冲突折磨的国家,如安哥拉、莫桑比克、索马里、苏丹和乌干达。一项重要的新研究提供了有关中非共和国、加纳、坦桑尼亚、玻利维亚和斯里兰卡的能力退化案例的材料。[21]

来自于技术援助项目史的教训

可以从前述的案例史中吸取的第一个教训是,事实上,在一个特定组织中开发政策分析与实施能力是难以预测的。看来,它首先依赖于接受了政治领导者委托而管理组织的人是否以极大的利他主义履行客观的职责,从而赋予开明的领导以完整的定义。另一个可能并不是很重要的因素是这些人的管理技能。如果处于肩负责任、人们看得见的岗位上的人是利他的,那么即使他不是好的管理人员,也能够吸引认真的政策分析家与其共同工作,而缺乏利他主义精神的好的管理者,能够吸引那些在帮助他们排除贪污受贿或者晋升到更高职位的过程中扮演核心角色的人。

对于被安置到政策领域管理机构中去的个人履行客观职责的情况,极为重要的政治领导者的偏袒并不是预报器。也就是说,领导者对专业化政策分析是什么是否有些想法,是否认为它有着积极的价值,是否愿意不时地实施它所提出的政策建议,或者相反,漠视政策建议,除了忍受

IMF和捐助机构指令的措施之外不在经济政策制定上再多走一步,这些看起来并不是决定是否做出任命的标准。

因此,像肯尼亚的乔默·肯耶达(Jomo Kenyatta)、埃塞俄比亚的黑勒·塞拉瑟(Haile Selassie)、摩洛哥的金·哈桑(King Hassan)和冈比亚的达沃德·哲沃拉(Dawad Jawara)这样的国家领导人都多次安置了一些能够被称为是开明领导者的人作为经济规划或财政部部长,而他们的继任者或者与他们进行轮换的人员都是一些不够开明的部长。在大多数国家,内阁的组成和部长职务的安排通常更多的是一种实现政治均衡性的行动,而不是技能与工作需求之间的科学搭配。

从这些案例中所得到的第二个教训是,政策分析能力一旦在任何一个像哈佛国际发展研究所这样的技术援助传送者工作于其中或者与其共同合作的组织中出现,它就要承受由于传送者或相关的资助机构不能控制的因素所导致的退化。能力的侵蚀可以是渐进的也可以是突发性的,可以是部分的也可以是全部的。例如,在某些案例中,政治控制力可能从那些虽然不支持政策分析但至少容忍它的人员手中,转移到那些将其作为实现他们目标的障碍而加以强烈反对的人手中。同样,在任何时刻,开明的部长和司长可能因为生病、交流到其他岗位、政治上的失宠或者被吸引到报酬更为丰厚的职业中去而离职,而且可能会被不那么开明的人所代替。这种转变可以是内阁任命程序的政治特征的结果,也可以是由这样的个人导致的:他能够明显地激励与管理政策分析人员却有着不同的议程。在其他案例中,政策分析家工作的经济背景能够被破坏到这样的地步:诱导甚至是迫使他们寻求其他工作机会以便维持生计。在许多非洲和拉丁美洲国家,不断加剧的通货膨胀以及随之而来的财政压力和实际收入的突然下降,降低了开明的管理人员留住有竞争力的工作人员的真诚愿望。

总之,任何捐助者或技术援助传送者,如果认为自己找到了设计一个保证在任何特定协作组织中建设持久能力的项目的途径,都是在自欺欺人。

另一方面,技术援助传送者肯定能够向个人协作者传输"在全世界发展活动中所获得的知识与经验",这其实是在重复赖特·珀金斯(Wright Perkins)的话。即使那些协作者后来退出了传送者希望要建设其能力的组织,也能够随后以其他方式将这些知识与经验用于支持他们国家的发展。人们可能会正视几个特定的情况,在这些情况中,由技术援助建设的能力可能会在目标机构之外不断产生社会价值。

- 先前的协作者可以被提拔为他们培训前所服务的组织之外的公共机构的领导人,在这些机构中,他们对政策制定的贡献足以(或者有可能)给予投资于他们身上的技术援助资金以有利的回报,例如,前协作者可能会由于被成功地安置在规划与财政部、中央银行、货币委员会、总统或首相办公室或部门规划单位中而对政策制定做出贡献。所有可能情况中最好的是,随着特定机构的命运由于管理层的竞争力和正直或者因国家领导层的影响而上下起伏,有能力的政策分析家将会轮换到那些当时对政策制定具有影响力的机构中去。
- 在大多数国家中,更为经常出现的情况是,协作者一起离开公共政策领域,转而工作于国内外的国际机构、公共企业或者私营部门中。与这一情况不同的是,由于受到动态化管理到来的吸引,他们在以后或近或远的某个时间会回到政策领域。这种动态化管理认识到薪酬差异的问题并且设计了特别的薪酬包,以便将任何临时性的收入降低控制在可容忍的限度内。[22]
- 第二种不同情况是,协作者离开公共部门政策领域之后再也不会回来。这样一来,问题就在于他们与技术援助传送者相联系的效果是否会在其后来的职业中产生充分的社会价值,从而给予人力资本投资以正的回报。在全球(世界范围的)福利框架以外,要让一个侨民和永远离开这个国家的协作者产生这种回报是不可能的。可以想象的是,作为私营或公共企业的经理或者作为捐助机构的当地执行人,留在国内的协作者能够产生很高的社会价值。

- 最后,即使受过技术援助传送者培训的政策分析家当前已经或将来很有可能做出具有社会价值的贡献,而这种社会价值不足以抵消帮助成本,但是,如果加上技术援助项目对现时的政策制定所做出的贡献的社会收益的话,这种干预活动的 NPV 可能仍然会被证明是正的。

在一些国家中,负责政策分析的机构工作环境难以得到改善,从而在可见的将来吸引和留住有竞争力的工作人员的前景将是很渺茫的;即使有竞争力的工作人员能够在有限的一段时间内被吸引住,要招到足够多的替代者补充离开的人员所造成的空缺以确保人员轮换的可控性也是不太可能的。在从上到下的部落文化和腐败现象都得以制度化的地方,这种情况很有可能发生,在上面所提到的案例中,肯尼亚和冈比亚看来属于这种情况。

在恶性通货膨胀已经危害到工作人员的报酬而国家经济复兴的日期却无法预测的国家里,相同的形势也很可能会盛行。在许多经济转型的国家里,这种情况必然会出现。看来它也会出现在赞比亚,自从 1995 年年中开始,这个国家的财政部就没有成功地为始于 1991 年的顾问项目招聘到合格的协作者。[23]

未来政策分析与实施能力的建设

技术援助的传送者能够通过两种方式中的一种或两种方式同时并用来增大其对能力建设的贡献。第一,它们能够采取特别的措施激励有竞争力的专业人员留在协作机构中,在这一过程中,如果有可能得到机构管

第十四章 为政策分析与实施进行的技术援助和能力建设

理人员的支持当然最好,如果不可能的话,则无需他们的支持。第二,它们将发展中国家的政策能力不仅仅看作是协作机构留住有竞争力的个人(这些人是技术援助传送者帮助培养的)的能力,而是比这更为广泛意义上的能力。以下是由能力建设的观察者多次提议的特别措施:[24]

- 对财政部和人事管理机构施加影响,以创造能够吸引有竞争力的人员的服务条件;
- 为工作人员提供基础设施和设备,以便他们更好地发挥其专业潜能;
- 通过改善主管人员的管理活动提高士气;
- 确保有竞争力的工作人员不受到种族、宗教和社会歧视;
- 为关键个人设计超出公务员水平的具有竞争力的特定薪酬包;
- 设计培训项目以提高人员保留率,如颁发在政府外部难以销售的(marketable)证书;
- 劝诱外国和多国机构不要从政府内部有竞争力的工作人员中招聘人员。

在作者看来,以上前四项措施应该成为任何为建设能力而实施的技术援助项目的工作部署的内在组成部分。然而,后三项措施却提出了更为复杂的问题:

- 捐助机构经常使用特别项目包,以确保获得人们对它们的项目的特别关注。如果一个项目投入了充足的资源,这样的关注就能够被证明是正当的。然而,将工作人员从其他职责中转移出来以及被排除在这种项目包之外的人的怨恨也形成了一种成本。
- 使用难以销售的证书预示着,人们将受到诱使接受不利于他们发挥其天生的经济潜能的培训模式。
- 减少外国机构"偷猎活动"的努力有效地形成了劳动力市场的障碍,它将妨碍有才能的人实现其赚钱潜能。当地雇员为外国机构工作所获得的金钱回报是否能与社会回报相一致，既取决于这些机构正在做出的贡献的价值，也取决于雇员们做出了多少贡献。

无论采取了什么措施，而且不管它们的正当性如何，技术援助的捐助者与传送者必须为这种可能性做好准备：在项目实施的组织中，它们不可能培养起可以与外国顾问人员相提并论的当地人员持久的分析能力。既然存在这种结果，捐助者与传送者必须以更为宽广的视角看待能力建设。

基于长期的经验，捐助者和技术援助的传送者必须正视这一事实：在大多数发展中国家以及暂时处于转型期的国家里，不管有多少资金曾经投资于它的能力建设中，任何一个给定的受助机构（事实上在整个受助政府中）的能力都将注定是短命的。相应地，捐助者和传送者应该考虑如何培养不附属于特定机构的通用政策分析能力，在或长或短的时间内一旦时机成熟，这种能力就能够被有效地用于特定的工作。

在不同的国家，具有相关才智（政策分析技能）的适当智囊团也是不同的。对于这样的角色来说，大学、独立的政策研究机构和咨询公司是最主要的候选者。可是，这些机构正如政府机构一样，也要承受导致其自身能力涨落的变迁兴衰。在某些时间点上，为一个特定的政策分析角色挑选出的最适当的人才可能包括少数与任何这样的机构都没有隶属关系的个人。

摩洛哥的哈佛国际发展研究所顾问项目表明，捐助者与技术援助传送者需要以更广的视角看待能力建设，需要提出根据这一视角得到的能够发挥潜能的措施，在正式的项目协议所清楚说明的工作范围中，这种需求却通常被遗漏。与哈佛国际发展研究所项目相互影响的最有能力的经济学家被证实是拉巴特大学和卡萨布兰卡大学的一群教师和一位硕士研究生。[25]毫无疑问，该项目最为重要的研究产出是对12个当地产业对价格控制和价格放松的反应进行的调查研究，这项研究为期三年，由三位与哈佛国际发展研究所订立合同的拉巴特大学的讲师组成的小组负责实施，并且涉及与两位常驻顾问的经常性交流。该项目结束后,研究报告由USAID出资得以发表。

在常任工作人员反对的情况下(他们最终与小组进行了合作),要获得部长对这一合同的赞同是一个艰苦的过程。在三年的时间里,部长将两位听众派到学术小组、他们的外国同事中以及机构主管人员身边,并进行了严肃的人员互换。然而,部长领导层忽视了哈佛国际发展研究所提出的一项建议,该建议要求在项目完成后将使用大学教师和其他当地咨询人员的做法制度化。

至于那个被招录进当地机构的研究生,他的政策研究才能不断得以开发,到1990年项目结束时,他得以去国外攻读博士学位。然而,他受到当地机构成员的憎恨,没有人想要尽力留住他。因此,在1994年获得学位后,他紧接着加入了一个当地的经济组织。

哈佛国际发展研究所项目也帮助促成了蒙特利尔大学(它的经济学系与一个附属的研究机构)和拉巴特大学、卡萨布兰卡大学教师之间的协作性研究安排。加拿大通过三个不同的项目对这种协作提供了支持,与USAID相比,它所提供的帮助充分表明,它对摩洛哥经济政策分析能力的建设更感兴趣。[26]

从所有这些关系中我认识到,该项目对摩洛哥政策导向的研究能力建设做出了显著的贡献。[27]一旦摩洛哥的政治背景使得经济政策制定对技术官僚的需求提高,这些人以及由他们培训的人的才智就很可能要发挥作用。

总结

哈佛国际发展研究所和其他政策分析与实施的技术援助传送者对建设广义政策与分析能力的贡献,肯定已经超出了通过建立很可能会在当前协作机构中保持较长时间的能力而获得的任何成就。如果哈佛国际发展研究所与其他传送者在启动所讨论的项目时,能够将这一远景目标牢记在心,那么,他们完全不同的行动能否产生更好的结果呢?

标准的技术援助项目的工作范围要求传送者为最合格的协作者在受助机构中安排协作性职位,并及时将他们送到国外培训,以便回来后能够在顾问人员手下充当替角,然后将工作从他们手中接过来。如果顾问发现现在的协作者明显不能学以致用,而机构之外有人所接受的培训能够产生积极的回报,那么又该怎么办呢?

与坚持项目协议要求所不同的是,哈佛国际发展研究所顾问人员曾经面临这样一些能够令他们对能力建设做出更大贡献的形势:破坏不具竞争力的协作者对海外培训的显而易见的渴望;不顾资源分配要求(或其中缺乏这种要求)而将所配置的资源转移到机会目标上。如果没有这样的机会目标,最佳的替代方案就是,通过将海外培训限制为临时的短期课程或观光考察来节省项目培训预算的支出。

总之,我们要向技术援助的捐助者、传送者、财政与规划部部长们和其他人提议的政策分析与实施的能力建设战略的要素如下:

- 如果能够发现在将来的某些时间里、在任何地点的政策分析网络中都有可能做出贡献的受训候选人,项目协议与预算中的培训规定就应该在招聘受训人方面具有灵活性。

- 利用其在受助国的关系,技术援助的传送者应该寻找有前途的候选人,无论他们在哪里,也不管他们与当前项目有怎样的名义关系。为此,传送者要动用其所有的技能、经验以及他在促成国外或国内培训中的关系,以帮助他所考虑的个人发挥潜能。

- 捐助者与技术援助传送者应该使机构管理人员对使用当地政策分析人才的优势变得敏感起来,使他们认识到,对这些人才的使用可以根据需要、人才的可获得性以及为此支付的资金的状况而采取全职或兼职形式。这一战略对于公务员招聘体制来说是很可取的，因为招聘体制中的条款很少允许雇用有才能的政策分析家。

- 作为对关注政策分析与实施的机构中的常驻顾问项目的补充，或者作为可能的替代方案，捐助者应该推动并资助一些政策研究活动，这些研究活动能够吸引处于任何地方的当地人才，它们可能以当地的政策研究机构为基础，也可能事实上是"无拘无束"的。通过这样的活动，它们所召集到的捐助者与外国研究人员能够提高当地机构的技能，并帮助当地开发非正式的政策分析网络。当机构掌握在开明的管理者手中时，这些分析网络的参与者会不时地涉足政府政策的制定。[28]

注释

1. Edward V. K. Jaycox, "Capacity Building: The Missing Link in African Development"（非洲—美洲学会"非洲能力建设：有效而持久的伙伴关系"研讨会讲稿的抄本，Reston, VA, 1993年5月20日）.世界银行非洲地区办公室分发，华盛顿特区（1993年5月20日），2。

2. Elliot J. Berg, *Rethinking Technical Cooperation: Reforms for Capacity Building in Africa* (Washington, DC: United Nations Development Programme/Development Alternatives, Inc. , 1993), 101.

3. Jaycox, "Capacity Building," 6.

4. 这并不排除以提供危机应对措施为目的的短期技术援助活动，这种活动的根本机会成本是以这种方式承担的：让顾问人员关注培训当地的分析家而不是为直接的实施设计方案。

5. 通过协作者"完成工作"的意思是，让他们参与到分析中来，引导他们理解最终的政策建议，并使他们有能力在政策制定者面前证明这些建议的正当性。

6. 这些国家是肯尼亚、哥伦比亚、埃塞俄比亚、印度尼西亚和摩洛哥。

7. UNDP承认该论文是催生了Berg研究的同一NaTCAP过程的一部分，但是，它对文中的平衡分析感到很不舒服。由于这个以及其他原因，UNDP没有发表该报告。

8. 转型国家是那些从中央计划经济向市场经济过渡的国家。

9. Dwight Perkins, "Director's Statement," *1991-1993 Biennial Report* (Cambridge: Harvard Institute for International Development), 1.

10. 参阅Cohen和Wheeler在第五章中给出的受训肯尼亚工作人员损耗表。作者策略性地放弃了对两个基于其个人观察的因素的探究,这两个因素有助于解释过高的人员保留率。比如说,某些机构的保留率达25%,即在某些机构中存在着渎职机会,而且一些回归者在公共部门(名义)工资偏低的情况下却可能缺乏找到其他受雇机会的创新精神或竞争力。

11. 一个足以表明这一部长态度的奇闻是:在与哈佛国际发展研究所援助的机构的工作人员面谈时(这是他在该项目实施的四年间唯一一次同意举行的面谈),该部长被提醒哈佛国际发展研究所曾请求将该机构仅有的一位受过培训的当地经济学家重新安排到该机构。这位经济学家在哈佛国际发展研究所的要求下被雇用,但不久就被重新安排去从事行政工作。在对该单位需要具有经济技能的人员这一评论做出反应时,这位部长冲一位刚被雇用的工商专业的研究生示意并说:"嗨,你可以做计量经济学的工作。"对此,那个人很紧张地提出了异议。部长让我们在最终将那位经济学家安排回本单位之前再等两个月。在该项目结束时,他也没有挽留这位经济学家。同时,将这一机构从一个价格控制机构提升为一个经济研究机构的过程中仍然缺少专业的经济学家,而这是耗资150万美元的资助资金的主要目标。

12. 有一个非常相似的奇闻适用于这种情况。哈佛国际发展研究所项目主管成功地将当地第一位获得美国经济学硕士学位的蒙古人吸引到了NDB。管理层事实上对她根本不重视,当项目主管回家探亲回来后,他发现她已经离开了这个机构。

13. 在六个发展中国家(玻利维亚、中非共和国、刚果、摩洛哥、斯里兰卡和坦桑尼亚)中,新近有关这样的官僚行为的丰富资料,请参阅 Mary E. Hilderbrand and Merilee S. Grindle, "Building Sustainable Capacity: Challenges for the Public Sector"。

14. Edgar O. Edwards 当时是里斯(Rice)大学经济学系教授。

15. Philip Ndegwa 的最后一个肯尼亚政府职位是中央银行总裁。毫无疑问,肯尼亚规划部的所得就是马克雷雷大学的所失。请参阅 David K. Leonard, *African Successes: Four Public Managers of Kenyan Rural Development* (Berkeley: University of California Press,1991),该书对 Harris Mule 在肯尼亚精英政治中的崛起提供了解释性的分析。Mule 于1986年离开政府,起因是由 Moi、Saitoti 和同事主持的一项贪婪的所谓公共投资项目(托克维尔水坝项目)。

16. 哈佛国际发展研究所的前任机构——发展顾问服务机构在这一期间向现场派出了一支常驻顾问小组,并且积极地投入到能力建设活动中去。作者作为该项目最初的现场主管工作了18个月。

17. 例如,他向哈拉雷的非洲能力建设基金会(ACBF)请求帮助。

18. 请参阅 Clive Gray, "Civil Service Compensation in Indonesia," *Bulletin of Indonesian Economic Studies*(1997年3月)。

19. 请参阅 Brian Pinto, "Nigeria before and after the Oil Boom: A Policy Comparison with Indonesia," *World Bank Economic Review* 1,3,(1987):419-446。培训中有一些是由资助者提供的资金,但是,资金的绝大多数来源于政府预算。从1982年起,哈佛国际发展研究所曾拥有管理用于印尼公共部门经济学家学位培训的大约4,500万美元政府投资的权力。详细资料请参阅利平克特的第四章。

20. 参阅 Jaycox,"Capacity Building"和 Berg, *Rethinking Technical Cooperation*。

21. Hilderbrand and Grindle,"Building Sustainable Capacity."

22. 在"Kenyanisation and African Capacity Shuffling," *Public Administration and Development* XIII,4(1993)中,L. S. Wilson 描述了肯尼亚背景下这种薪酬包的成本与收益。由于哈佛国际发展研究所在肯尼亚农业部为期 18 年的干预性活动将要结束,世界银行对它的专业人员提供了资助,他对此尤其感兴趣。

23. 这一认识是基于作者对项目文件的审阅和与项目工作人员以及外部观察员的讨论而得到的。

24. 这些措施中的几个是由 John M. Cohen 提议的,R. Wheeler 的分析见第五章。

25. 这些大学教师中的一位同时是财政部的高级官员,那位硕士生被招聘进该项目的受援机构。

26. CIDA 与国际发展研究中心(IDRC)。

27. 该项目以哈佛国际发展研究所的剑桥培训项目为补充。拉巴特小组的两位成员正好在工业研究开始之前参与了一个哈佛国际发展研究所夏季专题研讨会,其中一位通过这个研讨会中途获得了哈佛的经济发展硕士学位。

28. 加拿大 IDRC 在其超过 25 年的存在时间里,曾经系统地履行了这样的职能。1988 年在多个捐助者的支持下而成立的设在内罗毕的非洲经济研究联合会(AERC),在非洲的几个国家中推动了这种网络的发展。USAID 对亚洲政策研究机构的支持(特别是对韩国发展研究所和泰国发展研究小组的支持)也具有同样的目的。在文章写作期间,USAID 启动了一个为期四年、耗资 1,000 万美元的项目,该项目采取"无拘无束"的模式,以只取首字母的形式被称为 EAGER(通过经济研究获得公平与增长)。

第十五章

一个转型国家中的能力建设

来自蒙古的经验教训

威廉·G.比卡尔斯

对于有效的能力建设,特别是在宏观经济政策制定这一真正具有挑战性的领域来说,一个从计划经济走向市场经济的国家应该是理想的环境。而许多政策制定的困难——它们曾经使其他发展中国家的政策失败——在转型背景下应该是可以避免的。

首先,在许多能力建设项目中,最为严重的根本性问题之一是:它们没有考虑到环境因素是这一图景(picture)的一个重要组成部分,不考虑环境而仅关注人力资源(甚至组织)的视野是过于狭窄的。[1] 在一个转型环境中,尽管环境就是一切……但是,捐助者与受助者实际上根据旧体制遗留的问题与创伤以及向新体制转移的挑战等,以相同的方式实施分析、组织项目文件并要求援助。在一个政府的整个运作领域透明公开的转型国家中,就集中关注具体的目标机构而言,能力建设与"制度强化"之间的区分比在任何其他地方都更重要。

第十五章 一个转型国家中的能力建设：来自蒙古的经验教训

其次,发展中国家中的能力建设项目已经趋向于受供应驱动,而且,受助者没有给予相应的重视。正如一位援非的观察人士所言,"最令人烦扰的是它(技术合作)没有得到非洲政府的认真管理,因为大致上最好的情况下它被受助者看作是一件不花钱的事情,最坏的情况下它被视为一件强加给他们的事情"[2]。然而,在转型国家中,与捐助者共事的国家面对巨大的宏观经济震荡,已自愿选择了彻底的改革之路。需要外部技术援助是无可争辩的。与一个供应驱动的援助过程相关联的受助者方面的问题(比如,不愿意投入必需的资源,即使这些资源仅仅是工作人员的时间与努力,对监督项目结果和做出改善项目的调整缺乏兴趣,以及利益相关者的抵制等),应该不如其他地方严重。[3] 这些国家同时正在进行的政治改革也应该有助于弱化利益相关者阻碍必需的变革的能力。[4] 实际上,每一位政府雇员,从警察到中央银行的总裁(governor),为了应对被彻底地加以重新界定的工作,都不得不培养新的技能。在所有技术援助项目中培训需求都凸显出来。这次培训一开始就有着很大的优势:高水平的教育是后社会主义社会的特色,与接受大量的外国援助的其他国家的人口相比,识字率与具有高等教育背景的人口的百分比通常是非常高的。这些受过教育的人构成了一个很大的人才库,他们从项目中受益,并且稍微减轻了困扰其他国家能力建设项目的一个问题:新培训过的政府人员趋向于立即离开他们的低收入职位,投奔私营部门中效益好的工作。[5] 就政府外部称心如意的工作而展开的竞争是十分激烈的。

由于这些原因,在这类项目的用途正受到攻击时,研究转型国家能力建设项目的效果就具有特别的意义。尽管需要强有力的治理能力是得到广泛认可的,但是,把外国的援助作为开发那种能力的工具是否合适也受到普遍的质疑。[6] 如果一般来说转型国家的独特环境导致良好的结果,那么,这一经验可能暗示,这是在其他发展中国家中提高能力建设项目的途径。而另一方面,如果人们发现能力建设计划仍然存在问题,而且,即使在这些有利的环境中其价值也令人怀疑,那么,我们就可能不得不承认,实施援助的整体途径本身的弱点比以前所认识到的要严重得多。在最低限度上,这种经验将表明,必须注意到能力建设极端困难,而且必须小心谨慎地将其纳入到在其他地方设计与实施此种项目的考虑之中。

哈佛国际发展研究所在蒙古的能力建设经验显示出了令人困扰的迹象,即这类项目不仅极不可能取得预期的目标,而且,它们事实上常常起着相反的作用。以下是该经验的一些要点。

首先是紧迫感,在转型时期它可以起到巨大的正面作用,但却易于因援助过程本身而遭受挫折。随着援助过程渗入政府的活动,真正花在处理捐助者问题上的时间与精力可能比花在开发独立处理问题的能力上的要多。这种情形在一个像蒙古这样传统上严重依赖苏联的援助与顾问的国家是特别可能发生的。在这种意义上,援助计划对真正的能力建设具有内在的破坏性。

其次,在受助者政府内,即使是对一个雄心勃勃的改革议程表面上的接受(也就是对于转型过程所要达成的目标的共识)也是缺乏的。这一阻力的有些成分为意识形态性的;仍然有许多人(其中一些是政府高官)不愿接受这一观点:市场通常会发挥作用,而中央计划却不会。

进一步而言,转型时期趋向于以激烈的势力范围之争为标志,并伴随着政府机构角色的重新界定。在这种情形下,援助可以发挥多余的反作用的角色。许多援助计划并不是强化改革,即并非真正建立使受助者"有效果地且有效率地履行适当的任务的能力",它们在把援助给予那些真正从事改革的人的同时,也不加区分地将其给予了政府内的抵制力量。[7]

由于共识的缺乏,"能力建设"这一术语表面的政策中立性是很危险的,且易导致误解。在一个后社会主义经济中,任何有意义的能力建设都必须与改革议程联系起来,同时必须帮助政府实施一种全新的工作方法。强化错误的制度能阻碍真正的治理能力的开发。这里的"强化"不仅指

第十五章　一个转型国家中的能力建设：来自蒙古的经验教训

提高人员的技能,而且,通过接受捐助者的支持,一个组织的许多其他方面也会被强化;它对其重要性有一种隐含的接受,它创造或强化了与捐助者的关系,这种关系常常在受助者的政治权力扩张中形成一种利害关系,它接受能帮助它把自身支撑起来的援助,不论它所追求的政策是好是坏。在这些情况下,每一个援助项目都有一个政治维度。然而,许多捐助者以政治不干预为幌子,忽视其计划的这一方面。

一个相关的问题是,设计与实施将焦点集中于整体环境的项目是极端困难的,而整体环境是"能力建设"概念的最大优势。如何设计一个充分授权的项目？谁是这一项目的适当协作者？显然,没有受援者全心全意的参与,有效的能力建设就是一句空话。而项目的设计如何才能将这一事实考虑在内？当发现缺少参与时,捐助者采取什么样的态度才合适？或者也会有更复杂的情形,在这些情形中,某些权力职位不乏真正的改革者,但在其他职位上也存在改革的反对派。蒙古的经验表明,许多捐助者有着强大的动力,试图将资金与天才专门用在具体部门身上,甚至与具体机构形成效忠关系,他们在对付这些情况时准备不足。

最后,即使在转型国家中,能力建设的援助过程通常也主要由捐助者驱动。这一趋势导致了两个问题。一是在捐助者群体内,关于转型过程的优先事项与目标不一致的程度达到了令人吃惊的地步。捐助者与其小组甚至常常不去认真、努力地理解后社会主义经济与众不同的特征。对深入而广泛的变革的需要为技术援助项目提供了一个好的机遇,然而,许多捐助者忽视了这一机遇,反而集中于那些范围有限、"产出"易于界定与衡量的项目。二是即使当这种一致存在于纸上,也少有证据表明,大多数捐助者曾经认真地尝试以一种确保他们以推进改革的方式来设计与实施计划。相反,我们发现,自私自利的捐助者的活动,目的在于维持影响,培植党羽,赢得上司的好感,或仅仅是不错过参与其特别喜欢的领域。在这一过程中,有意义的限制性(conditionality)的缺位为受助者创造了相当大的破坏性诱因。

对于其他国家的开发实践者来说,这一描述的大部分耳熟能详。在此,有意义的是,即使转型挑战的性质明确,这些倾向看起来也难以克服。此外,考虑到转型期巨大的风险,没有收益的援助项目不仅仅是资源浪费;而且,它们常常是起反作用的,因为它们可能弱化改革的推动力,并且使得生活像往常一样维持下去。对蒙古与其他转型国家来说,后果会是极其有害的。我们应该问一下这种情形在其他发展中国家是否也发生过。

哈佛国际发展研究所蒙古项目:"支持经济改革的战略干预"

从1993年6月到1994年12月,哈佛国际发展研究所蒙古项目持续了18个月。[8]尽管这段时间较短,但是,对于蒙古的转型过程来说,这却是一个关键阶段。在此期间,一个成功的项目可能会对蒙古的经济发展做出重大贡献。1990年在乌兰巴托的中央广场上演的仲冬绝食抗议使得蒙古的改革戏剧性地开始了,但是,到1993年中期改革的步伐已经显著地慢下来。1992年6月,通过民主选举产生的第二个后共产主义政府是由共产主义"蒙古人民革命党"组成的。尽管该政权拥护改革议程,但是其步骤比前一个联合政府要谨慎得多。尽管在该政府的治理下,宏观经济稳定化已取得相当大的进步,月通货膨胀率从1992年的12.8%降到1993年6.9%,而且在1993年5月创立了统一的挂钩美元的浮动汇率,但是,它在很大程度上避免采取结构改革方面的根本但却艰难的措施。

该项目的核心组成部分是对国家发展委员会(National Development Board, NDB)的援助,这将是本章的焦点。NDB是内阁机构,获得了非常广泛的授权,这些授权包括经济政策的全面协调、投资计划与外国援助协调。[9]它是由前国家计划委员会直接派生出来的,该委员会的大多数工作人员包括部长与副部长都被录用并被培训。到达伊始,哈佛国际发展研

第十五章 一个转型国家中的能力建设：来自蒙古的经验教训

究所顾问就发现，NDB 的工作人员对改革和市场体制态度粗暴。对于这样的组织而言，这种态度是可以预料得到的。他们不能确定自己在新体制中应扮演的角色，失去了大量的权力，怀疑并憎恨这一转型及其带来的剧变。

在管理层面，NDB 几乎没有采取什么措施以应对这些变化。尽管自 1990 年以来，计划委员会已经经历了两次更名与正式的重组，但是，大多数人员仍然履行他们以前的职责。[10]这些职责几乎总是按部门来界定，就如同在单个计划委员会中一样。NDB 在最近的改组中设立了一个宏观经济政策部，但是，那个部没有指派负责财政问题的官员，而且，尽管有一个负责住房的官员、一个负责文化的官员和一个负责教育的官员，却没有人负责银行与货币政策问题。无独有偶，在制订公共投资计划的技术与投资政策部中，有负责金属工业、化学工业、轻工业的官员，也有公共投资扮演的角色比私人投资要小得多的其他部门官员，但是，没有人负责关键的能源部门，只有一个人负责道路与交通，没有人负责电信。这些人员安排基本上由惯性决定，随着政府中实际工资的下降以及 NDB 预算（像所有政府组织的预算一样）的削减，几个雇员或离职或被解雇。看起来，该组织几乎没有认真处理这一形势，并确保重要空缺职位的人员填充。例如，原来负责电信的官员在裁员中被解雇，这在很大程度上是由于她太年轻。同时，年龄较大的人员仍留在他们的职位上并负责根本不算重要的部门。

尽管有大量去捐助者国家出差的机会，但是人们普遍认为 NDB 的工作人员是旧体制的代表，技能与思想态度都已陈旧过时。他们中的大多数几乎没有什么实质性的工作要做。他们为部长准备报告，但所涉及的问题大多数超出了他们的职权范围；他们参加其他部的会议，但他们对所讨论的问题几乎一无所知，而且他们在其中所扮演的角色也不明晰；在很多情形下，他们仅仅继续编制那些计划时代的资料——那是他们过去经常干的事情,尽管目前这些资料基本上没有什么用处。一位长期在乌兰巴托的外籍顾问描述了与来自各个部代表开的一次会议,在会上他可以立即认出 NDB 官员——年龄较大且一言不发。笔者的一位积极参与商业、金融以及改革运动的蒙古朋友曾说过,NDB 是一个他根本就不会去造访的政府组织。

这种对改革的脱离反映在 NDB 在政策制定过程中的制度角色上。它不是去发现一个新的和适宜的角色,相反,NDB 的领导在很大程度上想拼命地、尽可能多地保留或重新夺回以前拥有的权力。在援助协调中,它的中心作用表现在一个它曾经获得成功的领域。[11]在财政部设定的财政准则内,NDB 也保留了公共投资计划的职权。然而,即使在这两个领域内,当其职责极其明晰时,NDB 的现实作用也比其在纸面上所显现的看起来要小得多。国际货币基金组织、世界银行与亚洲开发银行这三个最大的多边捐助机构,都主要与蒙古银行(BOM)与财政部(MOF)一道工作。其他几个部(包括贸易与工业部、对外关系部)是关键的双边捐助人的主要协作者。业务部门也维持与捐助者的直接联系。尽管 NDB 在公共投资计划中继续扮演着重要作用,但是,这一预算的规模非常小,因为大多数的投资是由外部资源提供资金。

努力维持与加强对资本分配的核心控制力的做法,将 NDB 置于了改革过程和蒙古的 IMF 协议的直接对立面上。尽管在蒙古与 IMF 的提高结构调整便利性协议(Mongolia's Enhanced Structural Adjustment Facility agreement)中结束定向贷款(directed credit)是一个关键的政府承诺,但是,在公共投资计划中他们例行公事地将商业银行的低息贷款提供给关键项目。其中包括给国有工业企业的贷款,对这些企业来说,NDB 扮演着一个游说者的角色。1994 年 NDB 的工作计划包括这样的项目,如"为包括'乌盖尔兹(Ugalz)''蒙古舍夫罗(Mongolshevro)''布利盖尔(Buligaar)''戈比(Gobi)''蒙诺斯(Monnoos)'和'伊尔梅尔(Eermel)'

在内的工厂实现现代化提供技术与工艺上的支持",并且"为了冶金厂的正常化运作,为了确保生产国内与国外市场都需要的产品的工厂的运营而进行财政投资,这些工厂包括一个注射器企业、一个在巴盖克汗盖(Bagakhangai)的马肉工厂、一个在乌兰固木(Ulaanggon)的水果加工厂、一个在考夫德(Khovd)的水泥厂和一个在达尔汗(Darkhan)的硅酸盐砖厂"。[12]它起草了一个关注年度计划的新"国家计划法",规定违反该计划的组织将受到法律的制裁。[13]

最具改良主义的部门是 MOF 与 BOM,NDB 经常就这些问题与它们产生纷争。通过效仿清晰的新角色与国际标准,MOF 和 BOM 的领导与下属形成了对转型过程需求的最清晰的理解。[14]尽管预算紧张,但是它们还是成立了由聪明伶俐的年轻下属组成的核心小组负责政策问题。第四个宏观经济政策制定组织是贸易与工业部,它与 NDB 的情形相似。自从几乎控制全部国内及对外贸易的那些日子以来,他们也失去了大量的权力。毫不奇怪,内阁内最严酷的势力范围之争是在 NDB 和贸易与工业部之间展开的,二者都不如以前那么有势力,在新体制里都没有一个清晰的存在理由。

显然,如果 NDB 要在经济政策制定中扮演一个有意义且积极的角色,必须进行较大力度的改革。在与 UNDP 和 NDB 会面之后,项目顾问把他们试图强化的能力界定如下:

> 蒙古经济政策制定中的一个弱点是压倒性地关注短期目标:减少预算赤字,控制通货膨胀,使企业私营化,为关键工业与基础设施部门中存在的最紧迫危机找到临时性解决办法。因此,迫切需要成立一个高水平的机构,为蒙古当前面临的经济挑战开发一个远景规划。其工作应包括:
>
> • 为蒙古的经济发展分解出需优先考虑的中期与长期事项,并

制定发展战略；

- 把公共投资计划与对外援的利用融入发展战略；
- 与其他包括财政部和蒙古银行在内的关键经济机构协调,确保财政与货币政策的实施与发展战略的一致；
- 协调政策研究活动,以帮助不同部门间制定适当、一致的政策,并解决跨越部际界限的政策方面的纠纷。[15]

该报告接着指出,NDB能够在政策制定中扮演这一角色,但是,为此将需要进行一次彻底的全面革新。它指出了几个具体的问题。它所提供的建议包括一个有关NDB的职员聘用需求的全面审查(包括管理层面的)。接着是逐步组织一个由年轻的具有语言技能的专业人员组成的核心小组;与其他关键经济机构实现更紧密的协调;从集中于年度投资计划与条块监督转向融预算投资开支与外资援助于一个全面发展战略,这一战略是通过经济分析并利用新技能和工具形成的。

项目顾问在介绍这一有关NDB目前情况的批评性评价时,尽量有意识地避免这样的错误,即巩固一个在经济管理中基本上起负面作用的机构,除非该机构事先准备要从根本上重新界定其角色。

这一报告尽管在表述NDB的弱点、根本的态度与背景问题上相当直率,但是,还是被NDB的领导很好地接受了。他们还采取了一系列措施,包括提拔较年轻的部门副主管或主管,重新界定工作人员在NDB的宏观经济政策部(三个关键部门之一)的职责。这样,NDB官员将首次负责财政与货币分析,而且至关紧要的是,他们要开始准备一个新报告——一个含有宏观经济分析的中期发展战略。该组织还雇用了几个较年轻的新成员。

对NDB的援助就是在此框架内提供的。援助包括如通货膨胀分析与预报、外债问题、帮助准备报告(这些报告是要求NDB为政府准备的)

第十五章 一个转型国家中的能力建设：来自蒙古的经验教训

等等。总的来说，援助是相当成功的，而且，看起来该工作维持了NDB领导对该项目的支持。

然而，一年半以后，还是难以看到任何深化改革的实质性进步，尽管对改革的需求是如此迫切。中期报告被拖延了几次，到1994年12月时还没有开始。相反，NDB的领导以及下属在一个提交给政府的冗长的发展"概念"报告上花了大量时间，该报告预测了到2010年蒙古的发展状况。报告很像是一个中央计划者而非经济学家的文件，宣布什么将会发生而不是分析与规划。一个最近从美国一所大学回国的经济学硕士被分配从事银行与货币问题工作，她是最有前途的新的年轻人员之一，但三个月后她就辞职了。NDB没有招募新人替代她，而是分配了一名官员负责财政与货币问题以及其他工作。

造成这些极其混杂的结果的一个原因是，NDB决定的项目管理方式。NDB有三个政策部门：宏观经济政策部门、技术与投资政策部门以及经济合作政策部门。哈佛国际发展研究所顾问作为宏观经济学家，被NDB的领导分派至第一个部门，尽管项目资料从来没有把这一职位界定得如此狭窄。不久就日益明显的是，NDB把该顾问的职责基本上看作是仅限于与一个部门合作，而该部就人员技能与影响而言是三个部门中最弱的，它在NDB内及政府政策制定过程中的角色非常模糊。

在NDB，该项目工作的中心目标应该是向其他两个正做着NDB的主要工作——投资计划与援助协调——的部门传授宏观经济学知识，并把宏观经济学结合进他们的计划中。然而，这些目标在NDB内不被人理解，也为其他部门所抵制。部门领导觉得，他们的下属太忙以致没有时间学习宏观经济学。这一情形导致了其他问题。比如，尽管NDB负责为他们的顾问提供一个翻译人员，但是，所有具有良好英语技能的人员都在经济合作部，而安排该部的一位成员帮助"另一个部门的顾问"被证明是不可能的。

435

更普遍的情况是,尽管认识到需要较年轻的工作人员以及培训,但是,NDB 领导对改革过程缺乏基本的理解与认同感是推进改革的一个主要障碍。例如,NDB 认为应该有一个成员负责银行与货币问题。

在准备长期发展概念报告时,在所有的生物技术、电子与钢铁的讨论中都没有提到金融部门改革与发展的需要,直到相当迟的一天,有人提交给项目顾问一份报告,建议增加它。当他们艰难地查明 1994 年发生了什么时,许多工作人员却对其部门将在 2010 年进行项目开发感到不悦。对 NDB 的领导而言,这一报告与对其工作人员进行宏观经济培训相比,是一个更需要优先考虑的事项。它意味着再次强调计划与计划者的重要性。从实践的意义上来说,该报告没有任何益处,或者说对他们没有产生作用。

对该项目来说,这是一个难题。哈佛国际发展研究所顾问下决心要把重点放在整个转型环境上,并用该项目促进改革过程的程度来衡量进步。在早些时候他就意识到,仅仅提升 NDB 所从事的工作的能力不会给改革过程任何有意义的支持。事实上,就 NDB 对改革问题的总立场而言,的确存在一个真正的危险,即在不改变该立场的前提下强化这些能力会使转型受挫,或引导其向与项目目标不相容的方向发展。

哈佛国际发展研究所工作人员对这些利害关系的反应是采取下述战略。首先,他们始终如一地尽力拒绝为不适当的工作(比如长期报告)提供帮助,但同时为这种拒绝提供清晰而具有建设性的解释。尽管这一方法很少能说服 NDB 自己放弃做那样的工作,但拒绝通常是被接受的。其次,他们继续向 NDB 的领导强调评估中提出的要点——需要吸纳良好的年轻人员,在他们的工作中使用新技能,培养政策研究能力等等。

再次,也是最重要的一点,在三个机构中,所有哈佛国际发展研究所顾问都把他们的工作范围扩展到包括其他政府机构。值得庆幸的是,项目的职权范围宽泛到足以实现这一扩展,因为允许除 NDB 或其他协作机构外的政府部门较充分地利用项目人员的技能是一个方便的途径。尽管初期 USAID 与 UNDP 对项目职权范围的"模糊性"都表示关注,但最终正是该模糊性为项目取得实质性成就提供了可能性。

比如,到位不久,哈佛国际发展研究所顾问就建立了一个有关宏观经济监督与预测的部际工作组,鼓励 NDB 的人员参与。通过这一工作组,项目顾问能够与 MOF、中央银行和国家统计办公室的经济学家和领导发展工作关系。哈佛国际发展研究所小组也建立了与总理办公室的经济顾问、燃料能源部以及各种各样的学术机构的接触。他们的工作包括国民生产总值的监督与预测、简单预算预测、货币问题与银行部门改革的分析、关于通货膨胀的测量问题,以及对能源和农业政策与其他能源部门问题的宏观经济后果的分析。在乌兰巴托的项目中,哈佛国际发展研究所小组的这一工作是非常独特的。大多数顾问,除与其他机构的接触外,看起来只紧紧地贴住分配给他们的协作者。

回顾过去,哈佛国际发展研究所项目所实现的真正能力建设并非在最初的协作机构中,而是在顾问与之工作的其他机构中。在 NDB 内部讨论哈佛国际发展研究所的评估报告与其建议所引发的初期骚动之后,该报告的实用性被证明是有限的,因为它从来没有在 NDB 范围外流传。这在当时看来是适当的;该报告相当关键,而且它应该会使 NDB 的领导处于困窘之中。竞争部门应该能够利用它来发难,毕竟那些部门不必进行同类评估。然而,由于这一报告的要旨是为了生效,它不得不经受某个与整个政策制定过程有关人士的思量,这个人可以强化 NDB 要重新界定其在改革过程中的角色的需求,并促使 NDB 为满足报告中所设定的目标而不断前行负责。当时应该很明显的是,NDB 领导工作中的问题单单通过与这些领导的讨论是无法解决的。UNDP 参与评估过程对 NDB 按其建议行动注入了少量外部压力。UNDP 的角色对 NDB 的领导施加了一些影响,因为它是 NDB 作为主要协作者的项目中唯一重要的多边组织。然而,日益明显的是,一段时间后这一关系成了相互支持与共同利益的关系,而且,可以相信的是,即使没有取得足够的进步,UNDP也无论如何不会终结其对NDB的援助。

根本的问题

该项目在NDB取得更好结果的主要障碍是,正当项目顾问设法发动改革与变革时,大规模涌入蒙古的援助正大大地降低NDB遵从其建议的任何激励。[16] 从一个较为宽泛的层面上看,这一援助在整个政府内创造了一种"因循守旧"(business as usual)的氛围。出于本能,政府的领导们不会是改革者。随着经济危机由于援助而减弱,以及来自于捐助国和机构无条件的支持,他们并不倾向于实施必要但困难的新改革。外国的援助似乎为无限期地延续现状提供了机会。

NDB受到的来自于多边与双边捐助者的注意令人瞠目。随着哈佛国际发展研究所项目的结束,NDB拥有了不到50人的专业人员队伍(其中大多数几乎不讲或不会讲英语),其中5人由于长期学习而在外,其他几个人外出短途旅行。尽管规模较小,但是,该机构却拥有一个哈佛国际发展研究所顾问(他的工作被延伸至与UNDP直接接触)、两个负责援助协调的UNDP顾问、一个日本顾问、一个新的欧盟TACIS援助协调组以及一个为期一年的ADB技术援助计划(一次派三人或四人待两三个月)。此外,该机构还偶尔有来自韩国的经济学家进行为期三四周的造访。一个相对较小的组织,有着公认的弱点,却能一次接到如此多的项目(这些项目不可避免地存在重叠、混乱并受到其他工作的干扰),这些是怎么可能发生的呢?这就提出了有关项目设计过程的严重问题。

比如,正如以前所谈到的,尽管在宏观经济政策制定方面,NDB实际上不起作用,哈佛国际发展研究所宏观经济政策顾问却被分派至NDB。选择这一协作者看起来主要是由UNDP强化NDB的愿望促使的,而没有

第十五章 一个转型国家中的能力建设：来自蒙古的经验教训

认真考虑这是否会对整个政府有益。一旦顾问到位，那么，由于那里存在许多其他相似的善意但界定模糊且不认真实施的项目，因此观察到一个生产性的且集中的工作计划的可能性就会有所减小。

同样的问题存在于几个不同的部门中。在蒙古，一个令人瞩目的现象是要进行的技术合作项目的数目通常与机构的数量不成比例，而由于这些机构的工作人员或领导数量有限，且并非真正致力于援助目标，因此，它们并不能有效地利用这些项目。对这一现象有几种解释。首先，由于捐助者在蒙古的竞争，对于准备接受技术合作项目的机构来说，它们的供应似乎是无穷尽的。这样，一个组织能接受的主要援助限制条件是索要或接纳它的主动意愿。尽管就从更重要的工作中划拨出稀缺人员和其他资源而言，一个援助项目的受助者的成本常常是相当大的，但是，对那些管理不善的或其工作并不十分紧急的机构来说，这些成本并不明显。

这是转型环境中一个特别重要的问题。还没有适应新体制的部门中很少有实质性的工作，因此，处理如此多的项目，内部机会成本是很低的。那些认真对待其工作且管理良好的组织却不同，它们将不会允许援助项目的数量达到让其无法集中精力工作的程度。此外，如果抛开它们的问题反映出的将使得有效利用援助变得不可能的根本态度，那些较弱的机构看起来是最急需援助的机构。捐助者也倾向于发展与"他们"的机构和"他们"的部门的联系，而且非常不愿意承认出现在其项目中的问题的严重性。

NDB和粮农部（Ministry of Food and Agriculture）即为这些综合征中的两个例子。农业是蒙古经济中关键部门，非常受捐助者的欢迎。然而，农业的改革进展极其缓慢，粮农部经常遵循阻碍进步并弱化蒙古经济的政策。粮农部为由国家控制且管理不善的农场和面粉厂要求实际利率为负的大笔赊欠（large credit at negative real interest rate），就是蒙古货币政策中一个最大的问题，而且这一要求也减轻了农场管理要适应市场条件的压力。在另一个例子中,尽管大量的证据表明,在同一地区较小的私营农场种植同样作物的产量更大、获利更多,但是,1993年粮农部还是发布规则,为新的小麦农场的大小设定了最低要求。

尽管事实是粮农部正继续执行这样的政策,但是,由于人员的急剧减少而导致利用技术援助能力变弱的粮农部还是源源不断地接受援助。[17]这一持续不断的支持部分地反映出这样的事实,即许多捐助者完全忽略了设计其援助计划中的许多问题。他们脱离其项目发生环境而孤立地看待项目,对自己的计划可能对整个改革过程所产生的影响并不关心。这一观点反映出捐助者缺乏对结果的关注,而这在捐助者驱动的项目中是一个普遍的问题。

由这样的境况导致的有悖常理的激励是很明显的。对机构而言,至少没有受到激励去认真对待这些援助的内容,或采取强有力的措施去实施项目建议,因为没有证据表明不这样做将有任何不利的后果,听从其顾问们的建议常常是困难的或在政治上是冒险的。在技术援助项目中,几乎没有捐助者用任何条件限制(conditionality)将继续提供支持与受助者的具体行动联系起来。

条件限制是一把双刃剑,如果误用能造成许多危害。[18]不过,在蒙古的案例中,多数能力建设项目的条件限制缺位是一个远比IMF强加的条件限制更为严重的问题。当然,其他捐助者中没有一个像IMF那样挥舞着如此重的一根大棒,这或许可以解释为什么大多数捐助者先依赖胡萝卜接下来是更大的胡萝卜。很难避免这样的印象:那些捐助者认识到,如果他们强加一个条件限制或其他重大的成本作为接受其援助的代价,受助者就会直率地说"不"。这样的答案似乎是捐助者不想要的,即使所涉及的可供选择的项目对蒙古几乎毫无益处。

在受助者看来,既然有以赠予为基础提供的大多数非项目相关的技术援助、国外出差、办公设备与其他有利条件等可以预料的附带好处,自己就有一种强烈的激励去接纳尽可能多的技术援助,而后几乎不用真正费力气就可以胡乱对付过去。只有一个格外认真的部长能顶住这些压力。一些具有好的领导与观念的组织也讨厌潜在的重要工作,完全陷入玩援助游戏之中。即使当项目是依靠贷款而非赠予来筹资时,也不清楚决策者是否认真考虑过贷款融资的成本。[19]

蒙古的哈佛国际发展研究所项目工作中最令人烦扰的问题是强化 NDB 的可能性,该项目援助的是一个蒙古政府中最不致力于改革过程的组织。当然,对这一问题没有容易的解决办法。NDB 是 UNDP 首要的政府搭档。它是一个负有投资计划与援助协调职责的政府机构,它当然有权帮助实施那项重要工作。然而,NDB 过时的工作方法、在吸引并留住优秀新人员方面的无能、不断表现出的对改革过程的冷淡都表明,项目资金花在其他地方将会更好。比如,假如这些任务中的大多数在 MOF 内处理,其领导将可能大量地参与改革过程,将更有可能把它们处理好。其他的选择也值得考虑。

在任何好的能力建设项目中这类问题都应被摆上桌面,在转型时期的能力建设议程中,这类问题应是最为重要的。政府中已经有人认识到这一需求,假如有机会,他们可能会提议进行变革。确实有可能的是,这一项目对 NDB 的支持阻止了政府勇敢地面对这一问题。

其他转型国家能力建设项目的教训

蒙古对援助的依赖使得其特别容易受到来自于无效的、起反作用的项目的侵害。但来自这种项目的潜在害处在其他转型国家也是非常大的。

与实施渐进式改革的国家如中国和越南不同,蒙古是经历了一个突然而全面的经济与政治改革的转型国家之一。尽管两种背景下相同的教训有许多,但是也存在差异。渐进主义国家中的项目可能暗示着制度改革的自由度较少,在那些国家中,改革反对派不大可能允许此类捐助者参与他们的机构,而这在蒙古是可能的。

一方面,哈佛国际发展研究所在蒙古的经历与许多后社会主义国家的工作是特别相关的。蒙古是第一个这样的国家,它以一个保守政府取代其原来的改革政府。这一逆转目前在其他几个国家也已发生,而且将来十分有可能在更多的国家出现。对于正尝试着保留或恢复一个无法独立生存发展的经济体系的政府或机构来说,在它们的能力建设中所出现的问题将需要那些国家的注意。相似的问题在一些独联体国家也出现了,这些国家完全跳过改革政府阶段,直接让保守政府掌权。

从哈佛国际发展研究所的蒙古项目可以得到什么样的教训呢?

将能力建设与转型过程的政策目标连接起来

转型背景下的能力建设必须被理解为具有非常具体的政策内涵。该术语表面的无害与政策中立性必须被明确地加以抛弃。项目应创造与加强在某种程度上与市场经济一致的有效发挥其作用的组织。在市场经济中,直接的国家参与被减少到最佳水平,新观点、新技能和新管理方法受到欢迎,而指令性(中央管制)经济的做法被抛弃。必须注意区分真正投身于改革的组织与对改革只说不做的组织,支持后一类型的组织几乎肯定是起反作用的。

比如,仅仅设法"鼓励私营部门的成长"或"促进中、小型企业的发展"是不够的。由于政府各部与老的国有企业有紧密联系,且坚信国家在分配投入方面的巨大作用,所以通过它们引导对私营部门的支持,这些项目就可能恰恰与项目意图适得其反。然而,在蒙古,那些项目的大多数或者是通过 NDB 或者是通过贸易与工业部管理的,这两个政府机构对支持新兴私营企业的兴趣很小。在那段时间,大多数观察人士认为,撤销那两个组织将有可能是促进私营部门在蒙古发展的最具建设意义的措施之一。

不要忽视外援的政治影响

大量的援助涌入转型国家对其国内政治有巨大影响,特别是对那些生活水平相对较低和少量私营资本流入的国家来说更是如此。转型期必须是一次持久的、影响深远的变革。援助趋向于通过为变革减轻经济压力以及加强接受援助的政府或具体组织的力量,从而支持现状。这是必须加以考虑的非中立性形式。在转型期,关于新体制的一切实际上都是公开的,这一事实对经过深思熟虑的能力建设是一个巨大的机遇,但它也带有危险性。在此期间,汹涌的内部政治斗争是相当激烈的,其中一些最激烈的斗争将由集团发起,比如大型国有企业、大型国有农场的管理人员和雇员、计划者等等,由于他们的地位受到改革的巨大威胁,这些集团总是在议会、内阁以及地方政府中有他们的政治保护人。

没有经过深思熟虑把其对政治形势的影响考虑在内的援助计划,也可以导致与其意图直接相反的结果。特别要予以避免的是:捐助者倾向于建立对具体机构的忠诚,并在该关系的倾向性已变得明朗后还继续堂吉诃德式的探求,以援助它们。

关键瓶颈在最高层而非底部

大多数能力建设项目倾向于采用"自下而上"的方法,关注提高受助者的专家与职员的技术方面的能力。[20]然而在蒙古,关键的瓶颈最为经常地出现在机构领导层面,问题并非是容易弥补的技能欠缺,而是缺乏献身改革过程目标的精神。对于工作于援助过程的正常外交变数下的捐助者,处理这样一个问题是特别困难的。对于产生一个较积极的结果而言,主权问题和一个较自私的捐助者虑及个人私利而不愿得罪受助者政府都是抑制性因素。但事实上,"自上而下"的方法仍然是后社会主义改革计划的根本方法,在这些改革计划中工作人员有着传统的被动性;同时,不对受助机构的工作进行重新界定与重组,新技能也不会按所设计的方式被加以利用。

集中于根本目标,而非任何具体的协作者

前三点表明了挑选合适的项目协作者的重要性,也暗示了当错误出现且被进一步的援助所巩固时所导致的危害。在实践中,假如在项目实施前进行这样的分析不会有难度,那么,一个人如何设计一个能避免这样的错误或在其出现后能纠正它的项目呢?假定环境很重要,那么,谁又是经授权可以处理可能出现的广泛问题的适当协作者呢?

首先,在没有对接受方机构的吸收能力进行现实性的评估之前,以及在审核那里正在进行的或已计划的其他项目之前,是不应着手开展能力建设项目的。在这一阶段,某个高于实际用户机构(user agency)的政府组织必须参与进来。从理论上讲,作为避免大量差项目的一个方法,捐助机构与受助政府都应对这一评估感兴趣。

其次,就广泛的转型环境而不仅限于目标组织而言,该项目的授权范围应明确项目目标,并应明白地说明该项目的目标是:评估特定协作组织在新体制中发挥其预期作用的能力,提供并评估取得同样目的的多种可供选择的方法。如果他们认为这是可能的,就应当要求顾问为提高目标组织适当处理工作的能力提供具体的方法建议,这些建议经讨论后,应该写入详细的工作计划中。为使其具有效力,这样的报告不仅应提交给其工作正被审核的组织,而且还应提交给上一级政府。应当认真而努力地确定一个级别较高的政府部门(该部门支持项目的目标并有权适当地处理这一报告),并使其参与其中。在有些情形中(如援助税务当局),不可能有一个可供选择的替代财政部的实施机构,但是,将有可能做到的是,在该部门内对选择做一个全面的评估,并使外部其他部门参与这一报告

第十五章 一个转型国家中的能力建设：来自蒙古的经验教训

的审查。

再次，哈佛国际发展研究所项目的广泛授权是该项目获得的大多数成就的关键，在此授权内，顾问可以与一系列政府组织密切协作。关于这一点，授权范围应明确，无论何时，所设定的目标都涉及对一个以上机构进行协调。如果不是孤立地进行刚才阐述的评估，而是结合其他相关机构工作的相似分析，那将会是最有效的。如果可以把这样一项任务包括在授权范围内，那将会很完美。如果不能，接下来与那些机构中的其他项目相配合也是极为有帮助的。

认识到失败的可能性并设计应对机制

第二种方法是通过条件限制的使用来实现的，在这种方法中，对于协作方问题的担心会深植于项目中。失败的可能性也应写入每一项目的授权范围内，并明确用以确定和采取强有力措施纠正或取消趋于失败的项目的机制。应该鼓励项目管理层考虑把工作转移给另一个替代组织，暂停该项目直到出现某些变化，或者完全取消它。这里，某些高于主要用户的政府部门的参与也将是极其有帮助的。

这一目标似乎如此不可能实现的事实表明，能力建设面临的这一问题很严重，即谁拥有采取强硬措施的激励。项目专家的自身利益会推动他们正面地评估进展。趋向于遵循自己的议程的捐助者，无论是官僚主义的还是战略性的，为了其自身利益，面对选择项目协作者、界定目标等可能存在的问题，也不可能发现它。当然，接受方政府作为承受成功的或失败的援助项目后果的人民的代表，有责任最大限度地利用捐助者的支持。然而，正如我们已看到的，即使在转型背景下，我们仍不能把激励受助方集中于长期的国家目标看作是理所当然的。

不过，对所有可能的困难而言，失败的项目无论被认定是失败的，还是最终被终止或更改，都可以作为能力建设的著名案例，因为它正好可以

445

给受助者以正确的教训。它也有助于捐助者与顾问群体的值得赞扬的能力建设目标的实现。

无法留住好的工作人员常常是管理不善而非低工资的标志

能力建设项目中一个通常的问题是,由于对于工资的严格财政限制,无法使有能力的人留在政府内。在蒙古,与留住人员相比,紧缩的政府预算是一个更为严重的问题。由于以下几种原因,许多政府机构能够吸引并留住有能力的人员:相对的工作安全感;传统的心态,人们把政府工作看得比私营部门工作更体面;政府雇员从援助项目中可得到好处,比如到国外学习并旅行(一个主要的收入来源);掌握新语言与技能的机会;社会上许多受教育的人为最称心如意的私营部门的工作而竞争。管理良好的组织加上挑战性的工作使认真的雇员处于忙碌之中,在寻找并留住好雇员方面令人出奇地成功。

一个比人员的素质更经常发生且更为严重的问题是,政府机构不能最充分地使用它们的人员。当评估协作方工作人员的现状时,后社会主义国家中的项目应尽力仔细区分两种情况:一种是由于外部财政限制而导致的问题,另一种是由于内部管理不善和缺乏明确的组织目的而导致的问题。后者常常被误认为是前者。

选择适当的个人做顾问也是至关重要的

在蒙古的众多项目中,外国顾问的素质是项目取得成功的主要障碍。一位蒙古的政策制定者,也是一位在十分困难的条件下坚持工作的一心一意的改革者,在与和他一起工作的一些新专家讨论问题时观察发现:

蒙古人习惯于与外国顾问一起工作。我们与俄罗斯人有70年的合作经验。最先来的人非常好,但是随着时间的流逝,他们变得越来越差。最后一批比蒙古人还差。坦率地讲,我们是一些专家的老师。[21]

在援助项目中,必须注意选择适当的人——有技能的人,能在困难的情形下生活与工作的人,有动力完成任务的人,真正有兴趣与他们的协作者共同分享其技能的人——任顾问之职。在转型环境中,每一个顾问都有双重角色:一是其专长领域的专家,一是受助国刚刚接受的新制度的榜样。不幸的是,并没有发挥帮助作用的顾问所从事的项目实际上向协作者传达的是这样的信息:"改变的事物越多,他们越保持原样";或者"不要对我期望过高,同样,我也不会对你期望过高"。

为应对这样的情形,条件限制与严格的审查过程(包括高层政府的参与)也是必要的和适当的。只有在把这视为提高项目效力的尝试时,坚持对受助者的更严格要求才是有效的。这也需要对外国人员提出相似的较高期望。

无效率的援助项目会削弱而非促进转型过程

随着援助项目影响的深入,转型期需要接受的主要教训之一是,成本与收益的经济分析正不断地被持久地陷于以极低效率与极其迟钝地回应市场力量为标志的过程所削弱。[22]援助过程充斥着浪费、政治手段和官僚主义,对于一个正获得来自捐助者相当大关注的国家来说,它可以如此轻易地渗透进整个政策制定过程,以至于几乎要求给予受助国超乎寻常的注意(superman focus),以避免其将注意力从应该汲取的教训中转移开。关于转型国家政府恰好不应做什么的问题,一个典型的捐助者驱动的援助项目是最好的例子。此外,在援助过程中受助国的角色是一个在经济成本收益分析中闻所未闻的角色。

实际的情况甚至更坏。成长在社会主义社会的人可以极其细微地洞察到花言巧语与现实间的差别。事实上,他们在自己的成本收益计算方面是非常拿手的。在传授效率方面做得很差却一直挣着大把咨询费的顾问们非常符合这一世界观。受助者的现成反应是,根据其自己政治上的好处或得到新的电脑、出国旅行的机会等来衡量一个项目的益处。在许多情形中,要考虑的成本(如果有的话)在性质上是相似的,而且,对于一个观察人员来说,它们都是相当模糊的。

有意义的成本与收益是能使社会从整体上得到增益的成本与收益。由于捐助者与受助者都不关心这些因素,因此,也就难怪这些项目的结果充其量是被忽略并常常是起反作用的。

寻找无论在什么组织中都会有所贡献的人

当所有其他的努力都失败了,甚至当所有其他的努力都优雅地离去时,对能力建设而言,仍然有机会发现并激励能量充沛和具有新观念的人,无论他们在什么组织中,也无论他们的兴趣是什么。至少在目前,这样的人在转型国家中非常多——他们真正为改革而兴奋,渴望学习新技能并把它们应用到他们国家的具体情形中去。如果一个顾问在一年内与三个这样的人建立了联系,培养他们的热情,帮助他们应用他们的能力,那么,他就是正在做出重大的贡献。顺便提一下,正是这些人能让顾问了解其所工作的国家到底发生了什么,以及有多少确实是可能发生的。

结论

本章提出的问题在多大程度上不同于其他发展中国家的那些问题?它们在多大程度上可以应用于其他地方?由于种种理由,哈佛国际发展研究所在蒙古的经验教训应该与其他情形中的项目相关。

首先,根据定义,每一个能力建设项目都是一个转型项目。从中央计划向市场转型的突然性与全面性使得转型因素处于一种特别的完全解脱

第十五章 一个转型国家中的能力建设：来自蒙古的经验教训

状态之中，但是，这仅仅是差异程度的问题，而不是质量上的不同情形。

其次，哈佛国际发展研究所在蒙古的经历与援助工作在任何危机情形中的经历有着特别明显的相似之处。在那些危机情况下，如果没有坚定地着手解决根本的结构性问题，危机状态的缓和建立起来的可能是依赖而不是能力。

回到本章的开头部分，最重要的是，我们在蒙古的经验表明，援助过程的内在弱点甚至比我们通常所认识到的要严重得多。尽管作为一个概念，能力建设刻意建立在早期技术合作项目令人遗憾的经历之上并防止其重演，但是令人不安的是，几乎没有证据显示从其他国家失败的项目中获得的教训已经使得蒙古的结果有所改善。许多捐助者似乎已把蒙古看作是推销其相同的旧产品的新市场。在受助国中，这些资源的可用性削弱了改革的动力。结果，援助过程似乎在蒙古再现了其他发展中国家所熟悉的问题——嘲笑挖苦，债台高筑，倾向于说而不做，控制援助资金的政府机构的角色非常不合理，由大批当地人做出的聪明但从社会的角度来看却不经济的选择（把他们的能力导向利用援助资金）。由于转型国家中的风险是如此之高，所以我强调了在那里失败的项目可能导致大危害。然而，这里的区别仍然仅仅是一种程度上的差异。

在何种程度上外国援助能支持变革而非支持现状？看来，出于主要源于庞大的官僚主义捐助组织以及受助国政府内部动力的那些理由，存在着一种对支持现状的压倒性倾向。因此，我们必须承认存在着这样的危险，即目的在于支持转型过程的援助项目（包括但不限于那些前计划经济中的项目），可能会弄巧成拙。只有在捐助者与受助者双方均真正致力于变革过程这种罕见的情况下，援助才可能达到其最终的目标。如果只有一方有这种献身精神，但项目设计得能够加强期望与要求最大的一方的力量，那么也有可能取得巨大的成功。然而，最经常发生的情况是，捐助者与受助者忙于其他事务。由于不能真正致力于改革，像宏观经济政策制定这样的敏感区域中的能力建设可能被证明是一个空想目标。

后记

1996年6月30日,几个反对党组成的联盟——蒙古民主联盟在议会选举中大获全胜。民主联盟在以前议会的76个席位中仅占6个席位,而在新一期议会中却赢得了76个席位中的50个。这是75年来蒙古人民革命党首次不再统治这个国家。

在本后记的写作过程中,新政府正在成形。新政府将着手对内阁进行彻底重组,目前的计划草案包括取消NDB和贸易与工业部,其相关职能将转移给其他部门。投资预算将从NDB转向MOF,对外关系部将从贸易与工业部的手中接管贸易与投资政策,并从NDB那里接管援助协调。贸易与工业部的工业政策职能将转移给一个新的工业与农业部,这个小机构将处理与这些部门有关的一般政策问题,并避开以前贸易与工业部和粮农部在其各自部门里所起的控制与游说作用。

在其存在的最后一年里,NDB继续成为争议的中心。首先,NDB在其亚洲开发银行公共投资计划项目长达18个月的第一阶段结束后,提出了一个冗长而详细的中期战略计划作为其关键成果。然而,后来才发现,由NDB准备并在政府内部交流的该文件的蒙古语版和其与亚洲开发银行的顾问们共同准备的原版本存在重大差别。尽管目前还无法确定这对援助NDB是否会有长期影响,但这一矛盾延误了该项目第二阶段的开始。其次,UNDP与蒙古政府的联合管理开发计划为政府起草了一个重组方案,尽管NDB的所有缺点广为人知,但是,根据该方案它还是将被重新命名为"经济部"并被正式奉为"政府的经济顾问",它的重要职责不仅没有丢掉,反而增加了大量新职能。如果执政党在新议会中保留其多数席位,那么,NDB主席就将被视作总理职位的首要候选人。

这些新情况给本章增加了新视角。首先,它们突出了过去五年在蒙

第十五章 一个转型国家中的能力建设:来自蒙古的经验教训

古所做的如此之多的"能力建设"工作毫无意义且没有收益的程度。尽管它们几乎没有任何产出是显而易见的,但是,用于强化 NDB 的几百万美元还是被拨付。最终,前计划委员会被废除了。其次,长时间支撑 NDB 的政治支持分歧曾一度具有巨大的潜在重要性。假如 NDB 的主席成为总理,那么,蒙古经济发展的后果——如果承认市场导向的改革与接受经济原则的关联性在转型国家中是必要的话——必将是极其严重的。

最后,令人高兴的是,蒙古案例援助对象不当的政治后果最终被证明是无关紧要的。蒙古人民自己证明其完全有能力决定他们希望选择的道路,捐助者对前体制的支持几乎不能影响他们的看法。考虑不周的援助项目所造成的破坏不应被夸大到超过它们的益处。热心于枝节事务(more than irrelevance)的援助组织可能从蒙古的发展中汲取一些经验教训,这些经验教训将会是特别重要的。

注释

我要感谢 Naomi Chakwin、Lester Gordon、Clive Gray、Merilee Grindle 以及 Mike Reynolds 对本文早期草稿提出的非常有益的意见。

1. Merilee S. Grindle and Mary E. Hilderbrand,本书第二章。
2. Pierre-Clave、Damiba 为 Elliot Berg 的 *Rethinking Technical Cooperation*: *Reforms for Capacity Building in Africa* (New York: United Nations Development Programme/Development Alternatives, Inc., 1993)一书所写的前言。
3. Berg, *Rethinking Technical Cooperation*, 94.
4. Berg, *Rethinking Technical Cooperation*, 97.
5. John M. Cohen, "Building Sustainable Public Sector Managerial, Professional, and Technical Capacity: A Framework for Analysis and Intervention," *HIID Development Discussion Paper* 473(Cambridge: Harvard Institute for International Developmnet,1993): 19-25.
6. 可参见 Grindle and Hilderbrand, "Building Sustainable Capacity," 5-10, and Cohen,"Building Sustainable Public Sector,"4-6。
7. Hilderbrand and Grindle, "Building Sustainable Capacity,"3.
8. 该项目由 USAID 提供资金并由 UNDP 管理,其目标是强化三个重要的政府经济政策制定机构,目的是更充分地把它们并入宏观经济政策制定过程并使转型过程顺利进行。这三个机构分别是：国家发展局，它是一个计划机构；国家私有化委员会；附属于贸易与工业部的市场研究学会，它是一个刚成立的智囊团与商业支持组织。这些组织中的每一个均配置一个常驻顾问。然而，该项目的授权范围十分广，必要时可以允许哈佛国际发展研究所工作人员与其他政府机构一同工作。

9. "NDB 主席的职责与职务已被确定如下：处理与国家发展观念（national development concept）的规划、长期开发战略、经济和社会发展的指导方针有关的主要问题，确保经济安全与平衡、宏观经济协调发展、专利与统计、标准化与测量等。"见国家发展委员会的国务部长与主席 Ch. Ulaan 于 1995 年 3 月 6 日在一个有关中央政府程序的研讨会上做的题为"政策制定、计划以及资源配置"的报告。

10. 其首先被变更为"国家发展部"，接着在 1992 年又变更为"国家发展委员会"。

11. 尽管 1993 年关于政府的法律界定了各个部的角色，但是，关于政府内部的援助协调职责的分配还不清晰。内阁于 1993 年颁布的政府第 132 号决议赋予 NDB 以下职责："决定对外援助与贷款的宏观经济水平；确立援助的主要领域、优先事项、贷款与援助使用计划；确定需要技术援助的项目；做出关于项目的最终选择并提交给政府批准，控制其实施，协调参与组织间的活动，并在外国投资政策框架内采取共同行动。"

12. NDB1994 年未出版的工作计划。

13. 最终该法未提交给议会，这部分是由于我们的顾问和 UNDP 所表示的关注。然而，NDB 已经起草好了该法的新版。

14. 蒙古避免了财政部与中央银行间的冲突，这种冲突在许多转型国家中阻碍了改革的进程，同时，它对前联盟政府也是一个主要问题。MOF 与 BOM 在几个问题上存在着利益冲突——典型的是为银行资本结构调整、偿还官方债务或支持农业企业这样的项目融资。这两个组织间没有重大的意识形态上的分歧，这是自 1992 年年末以来蒙古宏观经济稳定化项目取得成功的一个关键原因。

15. William Bikales, "Report on the Operations of the National Development Board of Mongolia with Recommendations," Harvard Institute for International Development, Ulan Bator, 1993.

16. Milton Friedman 在其首次发表于 1958 年后来收入 G. Ranis ed., *The United States and the Developing Countries* (New York: W. W. Norton, 1964) 的文章 "Foreign Economic Aid: Means and Objectives" 中提出了有关对外援助影响的深刻问题，其中包括它支持现状、阻碍而非促进变革的倾向。

17. 据计算，在 1994 年 11 月有 53 个非行政人员的粮农部有 34 个正在进行的技术援助项目。尽管其中一些非常小，但是，外国顾问告诉作者"确实是这样，该部不能应对这么多的项目"。除了部里欠缺翻译人员与交通工具之外，项目间也存在许多重叠，而且不同项目的目标也有不一致之处。

18. Peter Boone, "Grassroots Economic Reform in Mongolia," *Journal of Comparative Economics* 18(1994):354 对 1991 年蒙古首次 IMF 谈判中的条件性影响做的有趣描述。

第十五章 一个转型国家中的能力建设：来自蒙古的经验教训

19. Berg 在 *Rethinking Technical Cooperation* 第五章谈到，即使在贷款融资项目中，技术援助的使用者也不是出钱的人，因此对成本感觉迟钝。我进一步想指出，即使具有监督援助资金使用的全部职权的协调机构可能把贷款融资项目的成本看作是可以忽略不计的，如此多的债务也会积聚到足以引起捐助者关切的地步。减少借贷成本的任何措施，比如优惠借款（concessional lending），增加了这一现象发生的可能性。

20. 关于这种方法的正当合理性在文字作品中的实质性描述见 Hilderbrand and Grindle,"Building Sustainable Capacity," 13,以及 Cohen,"Building Sustainable Public Sector"。

21. 此人是处理许多捐助者事务的一个组织中的最高官员，他要求对其名字与职务保密是可以理解的。

22. Berg, *Rethinking Technical Cooperation*, 第五章。尽管 Berg 的分析是极其有趣的，但是，其关于无产出项目对受助者构成成本的讨论集中在所浪费资源的机会成本上。在一个转型环境中（也极有可能在其他地方），常常存在着来自于此类项目的很大的附加成本；它们能阻碍或逆转改革进程。

参考文献

Abby, H. 1994. Assessment of Capacity Building Needs for Economic Management in Kenya. Nairobi, Kenya: United Nations Development Programme. June.

Adamolekum, L. 1993. A Note on Civil Service Policy Reform in Sub-Saharan Africa. *International Journal of Public Sector Management* 6 (3).

Adams, C. 1994. *The Fiscal Costs of Premature Financial Liberalization: Some Evidence from Zambia.* Oxford: Centre for the Study of African Economies.

Adamu, G. 1994. Ghana: *Pilot Study of Capacity Building.* Cambridge: Harvard Institute for International Development.

"Africa: World Bank." *Oxford Analytica* (June 3, 1993).

Allison, G. 1971. *Essence of Decision: Explaining the Cuban Missile Crisis.* Boston: Little, Brown.

Allman, W. F. 1994. *The Stone Age Present.* New York: Simon and Schuster.

Anand, R., and S. van Wijnbergen. 1989. "Inflation and the Financing of Government Expenditure." *World Bank Economic Review* 3 (1): 17-38.

Atwood, J. B. A. November 16, 1993. Statement of Principles on Participatory Development. USAID.

Avila, G., F. Campero, and J. Patino. 1992. *Un Puente sobre la crisis. El Fondo Social de Emergencia.* La Paz: Fondo de Inversion Social.

Axelrod, R. M. 1984. *The Evolution of Cooperation.* New York: Basic Books.

Baker, W. E. 1992. "The Network Organization in Theory and Practice." In N. Nohria and R. G. Eccles, eds., *Networks and Organizations: Structure, Form and Action.* Boston: Harvard Business School Press.

Bank of Zambia, various dates. *Main Economic Indicators.*

Barkow, J., L. Cosmides and J. Tooby, eds. 1992. *The Adapted Mind.* New York: Oxford University Press.

Bates, R. 1988. "Contra Contractarianism: Some Reflections on the New Institutionalism." *Politics and Society* 16: 387-401.

Bates, R. H. 1996. "Institutions as Investments." *HIID Development Discussion Paper* 527. Cambridge: Harvard Institute for International Development.

Bayley, D. H. 1966. "The Effects of Corruption in a Developing Nation." *Western Political Quarterly* XIX (4): 719-732. Reproduced in Heidenheimer, et al, 1989, 935-952.

Berg, E. J. 1993. *Rethinking Technical Cooperation: Reforms for Capacity Building in Africa.* New York: UNDP/Development Alternatives Inc.

Bhagwati, J. N. 1978. *Foreign Trade Regimes and Economic Development: Anatomy and*

Consequences of Exchange Control Regimes. Cambridge, MA: Ballinger.

Bhatnagar, B., and A. C. Williams, eds. 1992. "Participatory Development and the World Bank: Potential Directions for Change." *World Bank Discussion Paper* 183. Washington, DC: World Bank.

Bikales, W. 1993. Report on the Operations of the National Development Board of Mongolia with Recommendations. Ulaanbaatar.

Binmore, Ken. 1994. *Game Theory and the Social Contract: Playing Fair*. Cambridge: MIT Press.

Birdsall, N., D. Ross, and R. Sabot. 1994. "Inequality and Growth Reconsidered." Paper prepared for the American Economics Association Meeting, January, Boston, MA.

Blanchard, O., and S. Fischer. 1989. *Lectures on Macroeconomics*. Cambridge: MIT Press.

Blank, L., M. E. Grosh, and P. Knight. 1995. *Building Analytic Capacity in Conjunction with LSMS Surveys: The Jamaican Story*. Unpublished manuscript. Washington, DC: World Bank.

Blejer, M., and A. Cheasty. 1991. "The Measurement of Fiscal Deficits: Analytical and Methodological Issues." *Journal of Economic Literature* XXIX (4): 1644-1678.

Bolnick, B. 1995. *Early Sequencing of Interest-Rate Liberalization: Interest Rate Policy in Zambia, 1993-94*. Boston: Northeastern University.

Bolnick, B. 1994. *The Macroeconomic Framework for the Budget Program in Zambia*. Boston: Northeastern University.

Boone, P. 1994. "Grassroots Economic Reform in Mongolia." *Journal of Comparative Economics* 18: 329-356.

Bossuyt, J., G. Laporte, and F. van Hoek. 1990. *New Avenues for Technical Cooperation in Africa: Improving the Record in Terms of Capacity Building*. Maastricht: European Centre for Development Policy Management.

Boyd, R., and P. J. Richerson. 1985. *Culture and the Evolutionary Process*. Chicago: University of Chicago Press.

Boyle, N., and A. R. Wight. 1992. "Policy Reform: The Role of Informal Organizations. Infrastructure Notes." Urban No. OU-5. Washington, DC: Infrastructure and Urban Development Department, World Bank. September.

BRAG. 1994a. *The Present and Future of a Research at BRAC*. Deliberations and Recommendations from a Workshop.

BRAC. 1994b. *Building Research Capacity*. A Proposal for BRAC's Research and Evaluation Division.

Brautigan, D. 1992. "Governance, Economy, and Foreign Aid." *Studies in Comparative International Development* 27 (3): 3-25.

Brinkerhoff, D. 1992. "Technical Cooperation and Training in Development Management in the 1990s: Trends, Implications and Recommendations." *Canadian Journal of Development Studies* 20 (3).

Brooks, F. P. 1975. *The Mythical Man-Month: Essays in Software Engineering.* Reading, MA: Addison-Wesley.

Brown, L. D., and D. C. Korten. 1989. "Understanding Voluntary Organizations: Guidelines for Donors." *World Bank Working Paper* 258. Country Economics Department. Washington, DC: World Bank.

Brunner, J. J. 1993. "Investigacion social y decisiones politicas." *Sociedad* 3 (November): 31-43.

Bureau of Indian Affairs, U. S. Department of the Interior. *Indian Service Population and Labor Force Estimates.* Various Issues.

Burns, T., and G. M. Stalker. 1961. *The Management of Innovation.* London: Tavistock Publications.

Buych, B. 1989. *The Bank's Use of Technical Assistance for Institutional Development.* Washington, DC: World Bank.

Carr, M., and M. Chen. 1992. *Establishment of a WID/Gender Research Programme in BRAC.* Report of a UNIFEM Mission.

Castonguay, V. 1995. *Capacity Building in the Kenya Customs and Excise Department.* Paper prepared for the Harvard Institute for International Development Conference on Capacity Building, March 29-31, Bermuda.

Cernea, M. M., ed. 1985. *Putting People First: Sociological Variables in Rural Development.* New York: Oxford University Press.

Cernea, M. M. 1992. "The Building Blocks of Participation: Testing Bottom-up Planning." *World Bank Discussion Paper* 166. Washington, DC: World Bank.

Chalfant, S. A. 1974. "Aboriginal Territories of the Flathead, Pend d'Oreille and Kutenai Indians of Western Montana." In Horr, D. A., ed., *Interior Salish and Eastern Washington Indians*, Vol. II. New York: Garland.

Chambers, R. 1985. "Shortcut Methods for Gathering. Social Information for Rural Development Projects." In M. M. Cernea, ed., *Putting People First: Sociological Variables in Rural Development.* New York: Oxford University Press.

Champy, J. 1995. *Reengineering Management: The Mandate for New Leadership.* New York: HarperBusiness.

Chen, M., and S. Mahmud. 1993. *Assessing Change in Women's Lives.* A Concept Paper for the BRAC-ICDDR, B Collaborative Research Project.

Chen, M., L. Chen, W. Mahmud, and R. Pelto. 1995. *Mid-Term Review of the BRAC-ICDDR, B Collaborative Research Project.* Report of a Mid-Term Review Mission.

Chen, M. 1995. *Report of a Training Workshop.* Gender Research Training Workshop,

BRAG, January.

Chen, M. 1995. *Beyond Credit: Promoting the Enterprises of Low-Income Women*. New York and Ottawa: UNIFEM and Aga Khan Foundation Canada.

Chew, D. C. 1990. "Internal Adjustments to Falling Civil Service Salaries: Insights from Uganda." *World Development* XVIII (2): 10003-10014.

Chiluba, F. 1994. *State of the Economy and Wage Policy*. Lusaka: Republic of Zambia.

Chisholm, D. 1989. *Coordination without Hierarchy: Informal Structures in Multiorganizational Systems*. Berkeley: University of California Press.

Clarke, M., ed. 1983. *Corruption: Causes, Consequences and Control*. New York: St. Martin's Press.

Cohen, J. M. 1995. "Capacity Building in the Public Sector: A Focused Framework for Analysis and Action." *International Review of Administrative Sciences* 61 (3): 407-422.

Cohen, J. M., G. Culagovski, N. T. Uphoff and D. Wolf. 1978. *Participation at the Local Level: A Working Bibliography*. Ithaca: Cornell University, Center for International Studies, Rural Development Committee.

Cohen, J. M. 1993. "Building Sustainable Public Sector Managerial, Professional, and Technical Capacity: A Framework for Analysis and Intervention." *HIID Development Discussion Paper* 473. Cambridge: Harvard Institute for International Development.

Cohen, J. M. 1993. Importance of Public Service Reform: The Case of Kenya. *Journal of Modern African Studies* XXXI (3): 449-476.

Cohen, J. M., and N. T. Uphoff. 1980. "Participation's Place in Rural Development: Seeing Clarity Through Specificity." *World Development*: 213-235.

Cohen, J. M. 1993. "Foreign Advisors and Capacity Building: The Case of Kenya." *Public Administration and Development* 12 (5): 493-510.

Cohen, J. M., and S. B. Peterson. 1997. "Kenya: HIID's Advice and Training." In D. H. Perkins, ed., *Assisting Development in a Changing World: The Harvard Institute for International Development*, 1980-1995. Cambridge: Harvard University Press.

Cohen, J. M. 1991. "Expatriate Advisors in the Government of Kenya: Why They are There and What Can Be Done About It." *HUD Development Discussion Paper* 376. Cambridge: Harvard Institute for International Development.

Colander, D. C., ed. 1984. *Neoclassical Political Economy: The Analysis of Rent-Seeking and DUP Activities*. Cambridge, MA: Ballinger.

Coleman, J. S. 1990. *Foundations of Social Theory*. Cambridge: The Belknap Press of Harvard University Press.

Commission on Health Research for Development. 1990. *Health Research: Essential Link to Equity in Development*. New York: Oxford University Press.

Contreras, M. E. 1992. *Social Policy Challenges for the Next Decade*. Paper presented at the Consultative Group Meeting for Bolivia, Paris, October.

Contreras, M. E. 1993. "Universidad que no publica, universidad que no investiga." *Presencia* (February 15).

Contreras, M. E., with M. Urquiola S. 1993. "Educacion Superior: Contra el pacto de la mediocridad." *Momenta Politico* (*Presencia*). Ano III (15) 9 July: 6-7.

Contreras, M. E. 1993. "La Educacion Superior en Bolivia: Un desafio por asumir." *Ventana* (*La Razon*). Ano III (10) 30 May: 8-9.

Cooper, R. N. 1991. "Economic Stabilization in Developing Countries." *ICEG Occasional Paper* 14. San Francisco: International Center for Economic Growth, ICS Press.

Cornell, S., and J. P. Kalt. 1995. "Where Does Economic Development Really Come from? Constitutional Rule among the Contemporary Sioux and Apache." *Economic Inquiry* 33. Cornell, S., and J. P. Kalt. 1991. "Where's the Glue? Institutional Bases of American Indian Economic Development. Project Report Series." Cambridge: Harvard Project on American Indian Economic Development, John F. Kennedy School of Government.

Cornell, S., and J. P. Kalt. 1994. "The Redefinition of Property Rights in American Indian Reservations: A Comparative Analysis of Native American Economic Development." In L. H. Legters and F. J. Lyden, eds., *American Indian Policy and Economic Development*. Westport, CT: Greenwood Press.

Cornell, S., and J. P. Kalt. 1992. "Culture and Institutions as Public Goods: American Indian Economic Development as a Problem of Collective Action." In T. L. Anderson, ed., *Property Rights and Indian Economies*. Lanham: Rowman & Littlefield Publishers, Inc.

Cornell, S., and J. P. Kalt. 1992. "Reloading the Dice: Improving the Chances for Economic Development on American Indian Reservations." In *What Can Tribes Do? Strategies and Institutions in American Indian Economic Development*. Los Angeles: University of California at Los Angeles.

Cornell, S., and J. P. Kalt. Forthcoming. "Cultural Evolution and Constitutional Public Choice." In J. Long, ed., *Uncertainty and Economic Evolution: Essays in Honor of Armen Alchian*. London: Routledge Press.

Cosmides, L., and J. Tooby. 1989. "Evolutionary Psychology and the Generation of Culture, Part II: A Computational Theory of Social Exchange." *Ethology and Sociobiology* 10.

Cottarelli, C. 1993. "Limiting Central Bank Credit to the Government: Theory and Practice." *Occasional Paper* 110. Washington, DC: International Monetary Fund.

Damiba, P-C. 1993. From foreword to E. Berg, *Rethinking Technical Cooperation*. New York: UNDP/Development Alternatives Inc.

Davenport, T. H. 1993. *Process Innovation: Reengineering Work Through Information*

Technology. Boston: Harvard Business School Press.

Davidson, B. 1992. *The Black Man's Burden: Africa and the Curse of the Nation-State*. New York: New York Times Books.

de Merode, L. 1991. "Civil Service Pay and Employment in Africa: Selected Implementation Experiences." *IBRD Staff Paper*. Washington, DC: International Bank for Reconstruction and Development.

Deming, E. W. 1986. *Out of Crisis*. Cambridge: Center for Advanced Engineering Study, Massachusetts Institute of Technology. Denzau, A. T., and D. C. North. 1993. *Shared Mental Models: Ideologies and Institutions*. St. Louis: Center for the Study of Political Economy. Unpublished (March 3).

Desafios de la educacion superior. 1994. La Paz: UDAPSO.

Dia, M. 1993. *A Governance Approach to Civil Service Reform in Sub-Saharan Africa*. Washington, DC: World Bank.

Diamond, L. 1991. "Nigeria's Perennial Struggle." *Journal of Democracy* II (4): 73-85.

Dornbusch, R., and S. Fischer. 1993. "Moderate Inflation." *World Bank Economic Review* 7 (1): 1-44.

Dornbusch, R. 1990. "Policies to Move from Stabilization to Growth." *Proceedings of the World Bank Annual Conference on Development Economics*.

Dozier, H. E. 1970. *The Pueblo Indians of North America*. Norman: University of Oklahoma Press.

Duesenberry, J., C. Gray, J. Lewis, M. McPherson and S. Younger. 1994. *Improving Exchange Rate Management in Sub-Saharan Africa*. Cambridge: Harvard Institute for International Development (processed).

Dumarest, Fr. Noel. 1919. "Notes on Cochiti, New Mexico." *Memoirs of the American Anthropological Association* 6 (3) July-September: 139-236.

Durham, W. H. 1991. *Coevolution: Genes, Culture and Human Diversity*. Palo Alto, CA: Stanford University Press.

Durrant, F. 1995. "Role of Information in Social Policymaking: Latin America and the Caribbean." In D. Morales-Gomez and M. Torres A., eds., *Social Policy in a Global Society*. Ottawa: IDRC.

Ekpo, M. U., ed. 1977. *Bureaucratic Corruption in Sub-Saharan Africa: Toward a Search for Causes and Consequences*. Washington, DC: University Press of America.

Elster, J. 1989. *The Cement of Society: A Study of Social Order*. Cambridge: Cambridge University Press.

Esman, M. J. 1991. *Management Dimensions of Development: Perspectives and Strategies*. West Hartford, CT: Kumarian Press.

Evans, P. 1992. "The State as Problem and Solution: Predation, Embedded Autonomy, and Structural Change." In S. Haggard and R. Kaufman, eds., *The Politics of*

Economic Adjustment. Princeton, NJ: Princeton University Press.

Fahey, J. 1974. *The Flathead Indians.* Norman: University of Oklahoma Press.

Firth, R. 1964. *Essays on Social Organization and Values.* LSE Monographs on Social Anthropology, No. 28. London: Athlone Press, University of London.

Foss, K., et al. 1988. *The Effectiveness of Technical Assistance Personnel.* Stockholm: DANIDA, FINIDA, NORAD, SIDA.

Frank, R. H. 1988. *Passions Within Reason.* New York: W. W. Norton & Co.

Frederick, W. H., and R. L. Worden, eds. 1993. *Indonesia: A Country Study.* Washington, DC: U.S. Library of Congress.

Friedland, J. 1994. "Argentine Economy Minister Reassures Fed Official of Currency's Stability." *Wall Street Journal* (December 29).

Friedman, M. 1964. "Foreign Economic Aid: Means and Objectives." First published in 1958. Collected in G. Ranis, ed., *The United States and the Developing Countries.* New York: W. W. Norton & Co.

Galbraith, J. 1994. *Competing with Flexible Lateral Organizations*, 2nd edition. Reading, MA: Addison-Wesley.

Garcia-Zamor, J.-C. 1973. "Micro-Bureaucracies and Development Administration." *International Review of Administrative Sciences* 29: 417-423.

Gillis, M. 1991. *Tax Reform in Developing Countries.* Durham, NC: Duke University Press.

Gillis, M. 1989. "Towards a Taxonomy for Tax Reform." In M. Gillis, ed., *Tax Reform in Developing Countries.* Durham, NC: Duke University Press.

Glenday, G. 1995. "Perspectives on the Computerization of Tax Systems in Sub-Saharan Africa." *HIID Development Discussion Paper* 446. Cambridge: Harvard Institute for International Development. Also in TRS, Taxation Research Series No. 9 (May 1993) and in G. P. Jenkins, ed., *Information Technology and Innovation in Tax Administration.* Norwell, MA: Kluwer Law Publishing.

Glenday, G. 1996. *Tax Policy and Administration Achievements of the Tax Modernization Program in Kenya*, January 1990-June 1995.

Glenday, G. 1991. "On Safari in Kenya: From Sales Tax to Value Added Tax." *International VAT Monitor.* December.

Godoy, R., and M. E. Contreras. 1997. "Bolivia." In D. H. Perkins, ed., *Assisting Development in a Changing World: The Harvard Institute for International Development*, 1980-1995. Cambridge: Harvard University Press.

Goldfrank, E. S. 1927. *The Social and Ceremonial Organization of Cochiti. Memoirs of the American Anthropological Association* 33. Menasha: American Anthropological Association.

Goldsmith, A. A. 1992. "Institutions, Planned Development, and Socioeconomic

Change." *Public Administration Review* 42 (6).
Goldsmith, A. A. 1992. "Institutions and Planned Socioeconomic Change-Four Approaches." *Public Administration Review* 52 (6): 582-587.
Goldsmith, A. A. 1993. "Institutional Development in National Agricultural Research: Issues for Impact Assessment." *Public Administration and Development* 13: 195-204.
Goode, R. B. 1984. *Government Finance in Developing Countries.* Washington, DC: Brookings Institution.
Gould, S. 1983. *Hen's Teeth and Horse's Toes.* New York: W. W. Norton & Co.
Gould, D. 1980. *Bureaucratic Corruption and Underdevelopment in the Third World: The Case of Zaire.* New York: Pergamon Press.
Gourman, J. 1993. *The Gourman Report: A Rating of Graduate and Professional Programs in American and International Universities.* Los Angeles: National Education Standards.
Government of Kenya. 1986. "Economic Management for Renewed Growth." Sessional paper No. 1. Nairobi, Kenya: Government Printer.
Government of Kenya. 1995. "The Kenya Revenue Authority Act, 1995" *Kenya Gazette Supplement* No. 36 (Acts No. 3) June 5. Nairobi, Kenya: Government Printer.
Government of Kenya. 1986. *Policy Framework Paper.*
Gray, C., L. Khadiagala, and R. Moore. 1990. *Institutional Development Work in the Bank: A Review of 84 Bank Projects.* Washington, DC: World Bank.
Gray, C. S. 1980. "Civil Service Compensation in Indonesia." *Bulletin of Indonesian Economic Studies.* March.
Greene, M. P. 1991. *Research for Development: A Grants Program for the Third World.* Washington, DC: National Academy Press.
Grindle, M. S., and J. W. Thomas. 1991. "Policymakers, Policy Choices, and Policy Outcomes: The Political Economy of Reform in Developing Countries." In D. H. Perkins and M. Roemer, eds., *Reforming Economic Systems in Developing Countries.* Cambridge: Harvard Institute for International Development.
Grindle, M. S. 1994. "Sustaining Economic Recovery in Latin America: State Capacity, Markets, and Politics." In G. Bird and A. Helwege, eds., *Latin America's Economic Future.* London: Academic Press. Grindle, M. S. 1995. *Las reformas de segunda generation: Hacia la construction de un estado capaz.* Transcript of lecture presented at the Universidad Catolica Boliviana, La Paz, June 23.
Habte, D. 1992. "Building and Strengthening Research Capacity in Health: The Challenge to Africa." *Journal of Diarrhoeal Disease Research* 10: 73-78.
Haddow, P. S. 1982. *The Post-Graduate Training and Utilization of Professional Planners and Economists in the Government of Kenya: Recommendations to the Government and Donor Agencies.* Report prepared for the Ministry of Economic Planning and Development and the Canadian International Development Agency. ANNEX III

（July）：118-121.

Hajji, N., L. Jai'di and M. Zouaoui. 1992. *Prix et Concurrence au Maroc—Douze etudes sectorielles*. Casablanca：Najah El Jadid.

Hammer, M. 1995. *The Reengineering Revolution：A Handbook*. New York：Harper Business.

Hammer, M., and J. Champy. 1993. *Reengineering the Corporation*. New York：Harper Business.

Haouach, A. 1994. *Morocco：Pilot Study of Capacity Building*. Cambridge：Harvard Institute for International Development.

Harvard Institute for International Development. 1994. *1991-1993 Biennial Report*. Cambridge：Harvard Institute for International Development.

Heidenheimer, A. J., M. Johnston and V. T. LeVine. 1989. *Political Corruption：A Handbook*. New Brunswick：Transaction Publishers.

Heimer, C. A. 1992. "Doing Your Job and Helping Your Friends：Universalistic Norms about Obligations to Particular Others in Networks." In N. Nohria and R. G. Eccles, eds., *Networks and Organizations：Structure, Form, and Action*. Boston：Harvard Business School Press.

Hilderbrand, M. E., and M. S. Grindle. 1995. "Building Sustainable Capacity in the Public Sector：What Can Be Done?" *Public Administration and Development* 15（5）：441-463.

Hilderbrand, M. E., and M. S. Grindle. 1994. *Building Sustainable Capacity：Challenges for the Public Sector*. Final report for UNDP Project INT/92/676. Cambridge：Harvard Institute for International Development. March.

Hirschmann, D. 1993. "Institutional Development in the Era of Economic Policy Reform：Contradictions and Illustrations from Malawi." *Public Administration and Development* 13. Holmes, M., and A. Krishna. 1994. *Public Sector Management and Participation：Institutional Support for Sustainable Development*. Draft paper. Washington, DC：World Bank.

Huberts, L. W. 1989. "The Influence of Social Movements on Government Policy." In B. Klandermans, ed., *International Social Movement Research*, Vol. 2. Greenwich, CT：JAI Press.

Hyden, G. 1983. *No Shortcuts to Progress：African Development Management in Perspective*. London：Heinemann.

International Monetary Fund. 1993. *International Financial Statistics Yearbook*. Washington, DC：IMF.

International Monetary Fund. 1994. *International Financial Statistics Yearbook*. Washington, DC：IMF.

Israel, A. 1987. *Institutional Development：Incentives to Performance*. Baltimore：Johns

Hopkins University Press (for the World Bank).

Jarman, A., and A. Kouzmin. 1993. "Public Sector Think Tanks in Inter-Agency Policy-Making: Designing Enhanced Government Capacity." *Canadian Public Administration* 36 (4): 499-529.

Jaycox, E. V. K. 1993. *Capacity Building: The Missing Link in African Development.* Transcript of speech presented to the Conference on African Capacity Building: Effective and Enduring Partnerships at the African-American Institute, May 20, Reston, VA.

Jenkins, R. 1995. *Review of Participando en el crecimiento.* Journal of Latin American Studies 27 (February).

Jorgensen, S., M. Grosh, and M. Schacter. 1992. *Bolivia's Answer to Poverty, Economic Crisis, and Adjustment.* World Bank Regional and Sectoral Studies. Washington, DC: World Bank.

Juma, C., and N. Clark. 1995. "Policy Research in Sub-Saharan Africa: An Exploration." *Public Administration and Development* (May).

Juran, J. 1989. *Juran on Leadership for Quality.* New York: Free Press.

Kabinet Pembangunan VI beserta Buku Alamat Pejabat Negara Republik Indonesia 1994, or "Book of Addresses of State Functionaries of the Republic of Indonesia" (Jakarta: Badan Penerbit Alda, 1994).

Kantner, R. 1983. *The Change Masters.* New York: Simon and Schuster.

Katzenbach, J. R., and D. K. Smith. 1995. *The Wisdom of Teams: Creating the High Performance Organization.* New York: Harper Collins. Kealey, D. J., and D. R. Protheroe. 1993. *People in Development: Towards More Effective North-South Collaborations.* Study for the Canadian International Development Agency. October.

"Kenya: Donor Alienation." 1995. *Oxford Analytica*, June 15.

Kenya Training Program. 1989. Ithaca: Institute for African Development, Cornell University. March.

Kiggundu, M. N. 1994. Managing Research Institutions in Developing Countries: Test of a Model. *Public Administration and Development* 14: 201-222.

Killick, T. 1989. *A Reaction Too Far: Economic Theory and the Role of the State in Developing Countries.* London: Overseas Development Institute.

Klitgaard, R. 1991. *Adjusting to Reality: Beyond State versus Market in Economic Development.* San Francisco: International Center for Economic Growth, ICS Press.

Klitgaard, R. 1989. "Incentive Myopia." *World Development* XVII (4): 447-460.

Kolb, D. 1984. *Experiential Learning: Experience as the Source of Learning and Development.* Englewood Cliffs, NJ: Prentice-Hall, Inc.

Krueger, A. O. 1974. "The Political Economy of the Rent-Seeking Society." *American Economic Review* 64 (3).

Krueger, A. 1993. *Political Economy of Policy Reform in Developing Countries*. Cambridge: MIT Press.

Lal, D. 1984. "The Political Economy of the Predatory State." *World Bank Discussion Paper* 105. Washington, DC: World Bank Development Research Department.

Landell-Mills, P., and I. Serageldin. 1991. "Governance and the External Factor." *Proceedings of the World Bank Annual Conference on Development Economics*. Washington, DC: World Bank.

Lange, C. H. 1979. "Cochiti Pueblo." In Ortiz, A., ed. *Handbook of North American Indians*. Washington, DC: Smithsonian Institution. 366-378.

Lange, C. H. 1990 \[1959\]. *Cochiti: A New Mexico Pueblo, Past and Present*. Albuquerque: University of New Mexico Press.

Leach, Mark. 1993. *Building Capacity Through Action Learning*. IDR Reports. Boston, MA: Institute for Development Research.

Leonard, D. K. 1993. "Professionalism and African Administration." *IDS Bulletin* 24 (1).

Leonard, D. K. 1977. *Reaching the Peasant Farmer: Organization Theory and Practice in Kenya*. Chicago: University of Chicago Press.

Leonard, D. K. 1991. *African Successes: Four Public Managers of Kenyan Rural Development*. Berkeley: University of California Press.

Leonard, D. K. 1987. "The Political Realities of African Management." *World Development* 15 (7): 899-910.

Levy, D. 1996. *Building the Third Sector: Latin America's Private Research Centers, and Nonprofit Development*. Pittsburgh: University of Pittsburgh Press.

Levy, D. 1995. Review of *Desafios de la educacidn superior*. Comparative Education Review 39 (2) May.

Lindauer, D. L., and B. Nunberg, eds. 1994. *Rehabilitating Government: Pay and Employment Reform in Africa*. Washington, DC: World Bank.

Lindquist. 1993. "Think Tanks or Clubs? Assessing the Influence and Roles of Canadian Policy Institutes." *Canadian Public Administration* 36 (4): 547-579.

Lipset, S. M. 1963. *Political Man: The Social Bases of Politics*. New York: Anchor Press.

Lopach, J. J., M. H. Brown and R. L. Clow. 1990. *Tribal Government Today: Politics on Montana Indian Reservations*. Boulder: Westview Press.

Lovell, C. H. 1992. *Breaking the Cycle of Poverty: The BRAC Strategy*. West Hartford, CT: Kumarian Press.

Majone, G. 1988. "Policy Analysis and Public Deliberation." In R. B. Reich, ed., *The Power of Public Ideas*. Cambridge: Harvard University Press. 156-178.

Marsden, D. 1994. "Indigenous Management: Introduction." In S. Wright, ed.,

Anthropology of Organizations. London: Routledge. 35-40.

Mbuggus, M. 1991. "Kenyans and the 'Chai' Syndrome." *The Daily Nation*. December 18.

Mbuggus, M. 1991. "Bribery and Extortion." *Finance*. November 15: 18-23. McGregor, D. M. 1960. *The Human Side of Enterprise*. New York: McGraw-Hill.

McKinnon, R. 1991. *The Order of Economic Liberalization*. Baltimore: Johns Hopkins University Press.

Merquior, J. G. 1993. "A Panoramic View of the Rebirth of Liberalism." *World Development* 21 (8).

Minister of Finance. 1993. *Budget Address*. Lusaka: Republic of Zambia.

Ministry of Finance, Government of Kenya. 1994. *Kenya Tax Modernization Programme: Completion Report for the Institutional Support Project for Tax Modernization in Kenya, Phase I*. Nairobi: Ministry of Finance, Government of Kenya. September. Ministry of Planning and National Development. Undated. *Review of Individuals Departing the Scheme of Service*. Nairobi, Kenya: Ministry of Planning and National Development.

Mohrman, S. A., S. G. Cohen, and A. M. Mohrman. 1995. *Designing Team-Based Organizations: New Forms of Knowledge Work*. San Francisco: Jossey-Bass.

Moore, M. 1995. *Institution Building as a Development Assistance Method: A Review of Literature and Ideas*. Stockholm: Swedish International Development Authority.

Morgan, P. 1993. *Capacity Building: An Overview*. Paper prepared for a Workshop on Capacity Development November 22-23 at the Institute on Governance, Ottawa, Canada.

Moris, J. 1973. "Managerial Structures and Plan Implementation in Colonial and Modern Agricultural Extension: A Comparison of Cotton and Tea Programmes in Central Kenya." In D. K. Leonard, ed., *Rural Administration in Kenya*. Nairobi: East African Literature Bureau.

Moris, J. R. 1977. "The Transferability of Western Management Concepts and Programs: An East African Perspective." In L. D. Stifel, J. S. Coleman, and J. E. Black, eds., *Education and Training for Public Sector Management in Developing Countries*. New York: The Rockefeller Foundation.

Morss, E. R. 1984. "Institutional Destruction Resulting from Donor and Project Proliferation in Sub-Saharan Countries." *World Development* XII (4): 465-470.

Morton, R. B., and A. R. Wight. 1963. *Proceedings Manual for the Organizational Training Laboratory*. Sacramento, CA: Aerojet-General Corporation.

Moser, C. 1989. "Gender Planning in the Third World: Meeting Practical and Strategic Gender Needs." *World Development* 17 (11): 1799-1825.

Mukandala, R. 1994. *Tanzania: Pilot Study of Capacity Building*. Cambridge: Harvard Institute for International Development.

Nairn, M. 1995. "Latin America's Journey to the Market: From Macroeconomic Shocks to Institutional Therapy." *ICEG Occasional Paper* 62. San Francisco: International Center for Economic Growth, ICS Press.

Nasution, A. 1983. *Financial Institutions and Policies in Indonesia.* Singapore: Institute of Southeast Asian Studies.

National Development Board 1994 Workplan, unpublished.

Nellis, J. 1989. "Comment on Van Arkadie." In *Proceedings of the World Bank Annual Conference on Development Economics 1989.* Washington, DC: World Bank.

Nelson, J., ed. 1990. "Orthodoxy and its Alternatives: Explaining Approaches to Stabilization and Adjustment." In *Economic Crisis and Policy Choice.* Princeton, NJ: Princeton University Press.

Netherlands Delegation. 1993. *Statement of the Netherlands Delegation.* Bolivia Consultative Group, December 9-11. Mimeo.

Newman, J., S. Jorgensen, and M. Pradhan. 1991. "How Did Workers Benefit from Bolivia's Emergency Social Fund?" *The World Bank Economic Review* 5 (2): 367-393.

Nicholson, T. 1994. "Institution Building: Examining the Fit between Bureaucracies and Indigenous Systems." In S. Wright, ed., *The Anthropology of Organizations.* London: Routledge. 68-84.

Nogueira, R. M. 1987. "Life Cycle and Learning in Grassroots Development Organizations." *World Development* 15 (Supplement): 169-177.

North, D. C. 1990. *Institutions, Institutional Change, and Economic Performance.* Cambridge: Cambridge University Press.

North, D. C. 1988. "Ideology and Political/Economic Institutions." *Cato Journal* (Spring/Summer): 15-28.

North, D. C., and R. Thomas. 1985. *The Rise of the Western World.* Cambridge: Cambridge University Press.

North, D. C. 1981. *Structure and Change in Economic History.* New York: Norton.

North, D. C. 1992. "Transactions Costs, Institutions and Economic Performance." *ICEG Occasional Paper* 30. San Francisco: International Center for Economic Growth, ICS Press.

North, H. W. 1992. *Capacity Building and Technical Cooperation—Managing the Connection.* New York: NaTCAP/UNDP. June.

Nzapayeke, A. 1994. *Central African Republic: Pilot Study of Capacity Building.* Cambridge: Harvard Institute for International Development.

OECD. 1991. *Principles for New Orientations in Technical Cooperation.* Paris: OECD Development Assistance Committee.

"Office of the Vice President and Ministry of Planning and National Development." 1995. *Economic Review* 1994. Nairobi, Kenya: Government Press.

参考文献

Olson, M. 1982. *The Rise and Decline of Nations*. New Haven: Yale University Press.

Osborne, D., and T. Gaebler. 1993. *Reinventing Government How the Entrepreneurial Spirit is Transforming the Public Sector*. New York: Plume. Ostrom, E. 1992. *Grafting Institutions for Self-Governing Irrigation Systems*. San Francisco: ICS Press.

Ostrom, E. 1990. *Governing the Commons*. Cambridge: Cambridge University Press.

Ostrom, E. 1994. "Neither Markets Nor States: Linking Transformation Processes in Collective Action Arenas." In D. C. Mueller, ed., *The Handbook of Public Choice*. New York: Basil Blackwell.

Pacheco, R. G. 1994. *Bolivia: Pilot Study of Capacity Building*. Cambridge: Harvard Institute for International Development.

Page, J. 1994. "The East Asian Miracle: Four Lessons for Development Policy." In S. Fischer and J. Rotemberg, eds., *NBER Macroeconomics Annual 1994*. Cambridge: MIT Press. 219-268.

Parente, S., and E. Prescott. 1993. "Changes in the Wealth of Nations." *Quarterly Review*. Minneapolis, MN: Federal Reserve Bank of Minneapolis. 3-16.

Perkins, D. H. 1995. *Technical Assistance in the University Context: The HIID Experience*. Paper prepared for the HIID History Conference, March 29-31, Bermuda.

Perlez, J. 1991. "Citing Corruption in Kenya, Western Nations Cancel Aid." *New York Times*. October 21:1.

Peterson, S. B. 1995. *Hierarchy Versus Networks: Alternative Strategies for Building Administrative Capacity in African Bureaucracies*. Paper prepared for the Harvard Institute for International Development Conference on Capacity Building, March 29-31, Bermuda.

Peterson, S. B. 1991. "From Processing to Analyzing: Intensifying the Use of Microcomputers in Development Bureaucracies." *Public Administration and Development* 11 (September-October): 491-510.

Peterson, S. B. 1994. "Saints, Demons, Wizards and Systems: Why Information Technology Reforms Fail or Underperform in Public Bureaucracies in Africa." *HIID Development Discussion Paper 486*. Cambridge: Harvard Institute for International Development.

Peterson, S. B., C. Kinyeki, J. Mutai, and C. Ndungu. 1995. Computerizing Accounting Systems in Development Bureaucracies: Lessons from Kenya. *HIID Development Discussion Paper 500*. Cambridge: Harvard Institute for International Development.

Peterson, S. B. 1995. "Improving Recurrent Cost Financing of Development Bureaucracies." In N. Caiden, ed., *Public Financial Administration in Developing Countries*. Greenwich, CT: JAI Press.

Peterson, S. B. 1990. "Microcomputer Training for the Government of Kenya:The Case of the Kenya Institute of Administration." *Information Technology for Development* 5 (December): 292-307.

Peterson, S. B. 1990. "Institutionalizing Microcomputers in Developing Bureaucracies: Theory and Practice from Kenya." *Information Technology for Development* 5 (September): 277-326.

Peterson, S. B., C. Kinyeki, J. Mutai, and C. Ndungu. Forthcoming. "Computerizing Personnel Information Systems: Lessons from Kenya." *International Journal of Public Administration*.

Pfaff, W. 1995. "A New Colonialism? Europe Must Go Back into Africa." *Foreign Affairs* LXXIV (1): 2-6.

Phelps, E. S. 1973. "Inflation in the Theory of Public Finance." *Swedish Journal of Economics* 74 (1): 67-82.

Picciotto, R. 1992. "Participatory Development: Myths and Dilemmas." *A Policy Research Working Paper*. Washington, DC: World Bank.

Picciotto, R. 1994. *Institutional Learning and Bank Operations: The New Project Cycle*. Draft paper. Washington, DC: World Bank.

Pinckney, T., J. Cohen, and D. Leonard. 1983. "Microcomputers and Financial Management in Development Ministries: Experience from Kenya." *Agricultural Administration* 14: 151-167.

Presidential Committee on Streamlining the Bureaucracy, Department of Budget and Management. 1995. *Reengineering the Bureaucracy for Better Governance: Principles and Parameters*. Manila: Government of the Philippines. August.

Price, R. M. 1975. *Society and Bureaucracy in Contemporary Ghana*. Berkeley: University of California Press.

Putnam, R. D. 1992. *Making Democracy Work: Civic Traditions in Modern Italy*. Princeton, NJ: Princeton University Press.

Ragin, C. C. 1987. *The Comparative Method*. Berkeley: University of California Press.

Republic of Zambia. 1992, 1993, 1994, 1995. *Budget Address*, presented to the Parliament by the Minister of Finance. Lusaka.

Revans, R. W. 1982. *The Origins and Growth of Action Learning*. Bromley, Kent, UK: Chartwell-Brant.

Rodriguez O., G. 1995. "Politicas publicas y modernization de la universidad boliviana. In Fundacion Milenio." *Didlogos de Milenio*, no. 15, *Education Superior en Bolivia*. La Paz (April 12). Roemer, M., and S. Radelet. 1991. "Macroeconomic Reform in Developing Countries." In D. H. Perkins and M. Roemer, eds., *Reforming Economic Systems in Developing Countries*. Cambridge: Harvard Institute for International Development.

Ronan, P. 1890. *History of the Flathead Indians*. Minneapolis: Ross & Haines.

Sachs, J. 1987. "The Bolivian Hyperinflation and Stabilization." *American Economic Review* 77 (2) May: 279-283.

Salmen, L. F. 1987. *Listen to the People: Participant Observation in Development Projects.* New York: Oxford University Press.

Sandbrook, R. 1991. "Development for the People and the Environment." *Journal of International Affairs* 44 (2).

Sanderatne, N. 1994. *Sri Lanka: Pilot Study of Capacity Building.* Cambridge: Harvard Institute for International Development.

Schroeder, A. H. 1972. "Rio Grande Ethnohistory." In A. Ortiz, ed., *New Perspectives on the Pueblos.* Albuquerque: University of New Mexico Press. 42-70.

Selowsky, M. 1990. Comment on Dornbusch. In *Proceedings of the World Bank Annual Conference on Development Economics 1990.* Washington, DC: World Bank. 53-56.

Senge, P. 1990. *The Fifth Discipline: The Art and Practice of the Learning Organization.* New York: Doubleday.

Simon, H. 1984. *Reason in Human Affairs.* Palo Alto: Stanford University Press.

Smithe, J. A. 1991. *The Idea Brokers: Think Tanks and the Rise of the New Policy Elite.* New York: The Free Press.

Srinivasan, T. N. 1985. "Neoclassical Political Economy: The State and Economic Development." *Politics and Society* 17 (2).

Steuerele, C. E. 1986. *Who Should Pay for Collecting Taxes: Financing the IRS.* American Enterprise Institute Studies in Fiscal Policy Series. Washington, DC: American Enterprise Institute for Public Policy Research.

Streeten, P. 1993. "Markets and States: Against Minimalism." *World Development* 21 (8) August.

Strong, M. F. 1991. "ECO '92: Critical Challenges and Global Solutions." *Journal of International Affairs* 44 (2).

Tatto, M. T. 1987. *An Assessment of the LASPAU/AID Training for Development Programs in Latin American and Caribbean Universities.* Harvard University Ph. D. Dissertation.

Taylor, C. W, G. de Mik, M. F. Tucker, A. R. Wight, and K. Yagi. 1965. *Development of Situational Tests for the Peace Corps.* Salt Lake City, Utah: Department of Psychology, University of Utah under Peace Corps Contract.

Tendler, J., and S. Freedheim. 1994. "Trust in a Rent-Seeking World: Health and Government Transformed in Northeast Brazil." *World Development* 22 (12): 1771-1791.

Thompson, J. D. 1967. *Organizations in Action: Social Science Basis of Administration Theory.* New York: McGraw-Hill.

Trosper, R. L. 1976. "Native American Boundary Maintenance: The Flathead Indian Reservation, Montana, 1860-1970." *Ethnicity* 3 (3) September: 256-274.

Trostle, J., and J. Simon. 1992. "Building Applied Health Research Capacity in Less-Developed Countries: Problems Encountered by the ADDR Project." *Social Science Medicine* 35(11): 1379-1387.

Turney-High, H. H. 1937. *The Flathead Indians of Montana: Memoirs of the American Anthropological Association*, No. 48. Menasha, Wisconsin: American Anthropological Association.

United Nations Development Programme. 1993. *Human Development Report.* New York: Oxford University Press.

United Nations Development Programme. 1992. *Human Development Report.* New York: Oxford University Press.

United Nations Development Programme. 1991. *Human Development Report.* New York: Oxford University Press.

United Nations Development Programme. 1990. *Human Development Report.* New York: Oxford University Press.

United Nations Development Programme. 1993. *National Capacity Building: Report of the Administrator.* New York: UNDP Fortieth Session. March.

Urquiola S., M. 1994. *Participando en el crecimiento. Expansion economica, distribucion del ingreso y probreza en el area urbana de Bolivia: 1989-1992 y proyecciones.* La Paz: UDAPSO.

USAID. 1988. *The Effectiveness of Private Voluntary Organizations. Report of the Advisory Committee of Voluntary Foreign Aid.* Washington, DC: USAID.

van Niekirk, Nico. 1993. "La economia va cada vez mejor, pero que pasa con la gente? Deuda o beneficio social." In *Politicas sociales y ajuste estructural. Bolivia 1985-1993.* La Paz: CID-COTESU-MCTH.

Vegh, C. 1989. "Government Spending and Inflationary Finance: A Public Finance Approach." *IMF Staff Papers* 36 (3): 657-677. Wade, R. 1990. *Governing the Market: Economic Theory and the Role of Government in East Asian Industrialization.* Princeton, NJ: Princeton University Press.

Weiss, C. 1979. "The Many Meanings of Research Utilization." *Public Administration Review.* 426-431.

Wescott, C. 1986. "Microcomputers for Improved Budgeting by the Kenya Government." *HIID Development Discussion Paper 227.* Cambridge: Harvard Institute for International Development.

White, L. A. 1930. "A Comparative Study of Keresan Medecine Societies." In *Proceedings of the 23rd International Congress of Americanists, 1928.* New York. 604-619.

Whitehead, L., ed. 1993. "Special Issue: Economic Liberalization and Democratization: Explorations of the Linkages." *World Development* XXI (8): 1245-1393.

Whyte, W. F. 1984. *Learning from the Field: A Guide from Experience*. Newbury Park, CA: Sage Publications.

Widner, J. 1994. "Reform Bargains: The Politics of Change." In D. S. Lindauer and M. Roemer, eds., *Asia and Africa: Legacies and Opportunities in Development*. San Francisco: ICS Press. 59-97.

Wight, A. R., and M. A. Hammons. 1970. *Guidelines for Peace Corps Cross-Cultural Training*. Washington, DC: Office of Training Support, U. S. Peace Corps.

Wight, A. R. 1968. *Trainers' Manual for an Instrumented Experiential Laboratory for Peace Corps Training*. U. S. Peace Corps Contract. Washington, DC: Office of Training Support, U.S. Peace Corps.

Wight, A. R. 1970. "Participative Education and the Inevitable Revolution." *The Journal of Creative Behavior* 4 (4) Fall: 234-282.

Williamson, O. E. 1985. *The Economic Institutions of Capitalism*. New York: The Free Press.

Wils, F. 1995. *Building Up and Strengthening Research Capacity in Southern Countries*. The Hague: RAWOO.

Wilson, L. S. 1993. "Kenyanisation and African Capacity Building." *Public Administration and Development* XIII (4): 489-499.

World Bank. 1994. *Adjustment in Africa: Reform, Results, and the Road Ahead*. New York: Oxford University Press.

World Bank. 1993. *Zambia: Prospects for Sustainable and Equitable Growth*. Report 11570-ZA. Washington, DC: World Bank.

World Bank Portfolio Management Task Force. 1992. *Effective Implementation: Key to Development Impact (The Wapenhans Report)*. Washington, DC: World Bank.

World Bank. 1989. *Sub-Saharan Africa: From Crisis to Sustainable Growth*. Washington, DC: World Bank.

World Bank. 1991. *World Development Report 1991: The Challenge of Development*. New York: Oxford University Press.

World Bank. 1991. *The Bank's Work on Institutional Development in Sectors: Emerging Tasks and Challenges*. Washington, DC: World Bank Public Sector Management and Private Sector Development Division. May.

World Bank. 1990. *World Development Report*. New York: Oxford University Press.

World Bank. 1993. *World Development Report*. New York: Oxford University Press.

World Bank. 1989. *Sub-Saharan Africa: From Crisis to Sustainable Growth*. Washington, DC: World Bank.

World Bank. 1984. *Towards Sustained Development in Sub-Saharan Africa*. Washington, DC: World Bank.

World Bank. 1993. *Handbook on Technical Assistance*. Washington, DC: World Bank

Operations Policy Department.

World Bank. 1993. *Getting Results: The World Bank's Agenda for Improving Development Effectiveness*. Washington, DC: World Bank.

World Bank. 1984. *The Bank's Work on Institutional Development in Sectors: Emerging Tasks and Challenges*. Washington, DC: World Bank Public Sector Management and Private Sector Development Division. May.

World Bank. 1993. *Zambia: Prospects for Sustainable and Equitable Growth*. Washington: World Bank, Report 11570-ZA.

World Commission on Environment and Development. 1987. Brundtland Commission Report. *Our Common Future*. New York: Oxford University Press.

Young, R., and J. Loxley. 1990. *Zambia: An Assessment of Zambia's Structural Adjustment Experience*. Ottawa: North-South Institute.

Zartman, W, ed. 1995. *Collapsed States: The Disintegration and Restoration of Legitimate Authority*. Boulder, CO: Lynne Rienner.

Zuboff, S. 1985. "Automate/Informate: The Two Faces of Intelligent Technology." *Organizational Dynamics* 14 (Autumn).

作者简介

威廉·G.比卡尔斯(William G. Bikales),哈佛大学经济学博士,哈佛国际发展研究所在蒙古乌兰巴托的战略干预支持经济改革项目(1993—1994)的副研究员。作为擅长金融、贸易及工业发展的发展经济学家,他曾任中国大陆以及中国香港和台湾地区顾问之职。

布鲁斯·R.博尔尼克(Bruce R. Bolnick),耶鲁大学经济学博士,哈佛国际发展研究所发展顾问。目前,他作为美国援助的马拉维经济管理和改革项目的高级经济顾问在马拉维的利隆圭工作。从1991年至1994年,他在卢萨卡担任财政部经济顾问,在宏观经济稳定和税收政策方面颇有研究。其研究领域集中于发展中国家的货币、财政以及金融市场政策。

马莎·A.陈(Martha A. Chen),宾夕法尼亚大学南亚地区研究博士,哈佛国际发展研究所副研究员,肯尼迪政府学院讲师。她所擅长的领域是乡村发展、消除贫困、非政府组织以及发展中的妇女。她是《信用之外:一种提升女性事业心的具体途径》(1995)一书的编者,并与他人共同编写了《畅言:东南亚妇女的经济授权》,其作品广泛涉及发展问题。陈博士曾长期居住在孟加拉国和印度。

约翰·M.科恩(John M. Cohen),科罗拉多大学政治学博士和密歇根大学法学院法学博士,哈佛国际发展研究所研究员(Fellow),其专业领域包括农业和畜牧业部门管理、乡村发展工程、项目设计与实施以及分权化和参与。他曾为埃塞俄比亚和也门政府工作,并且因参与哈佛国际发展研究所的咨询和培训项目,而在肯尼亚的农业和畜牧业发展部、规划和国家发展部、财政部工作11年。他出版专著、合著以及发表论文共达50多部(篇)。

曼纽尔·E.康特雷拉斯(Manuel E. Contreras),哥伦比亚大学经济学博士,哈佛国际发展研究所在玻利维亚天主教大学(Universidad

Catolica Boliviana)的人力资源发展项目副主任,天主教大学公共政策和管理硕士项目讲师。以前,他曾任玻利维亚社会政策分析小组首任主任。康特雷拉斯对玻利维亚教育改革的发展很感兴趣,他在最近出版的一本书中撰写了有关玻利维亚高等教育政策一章。他近期的作品主要关注的是20世纪早期玻利维亚的经济史。

斯蒂芬·E.康奈尔(Stephen E. Cornell),芝加哥大学社会学博士,圣迭哥加利福尼亚大学社会学系副教授、系主任,肯尼迪政府学院的美洲印第安人经济发展哈佛项目的合作主任。他在与美国和加拿大的印第安民族共同致力于经济发展和部落政府问题的工作方面有着广泛的经验。康奈尔教授也是下面两本书的作者之一:一本是即将出版的《宪法、文化、国家财富、道德建构和种族身份:一个全球视角》;另一本是《原住民的回归:美洲印第安人政治的勃兴》。

格雷厄姆·格伦迪(Graham Glenday),哈佛大学公共政策博士,哈佛国际发展研究所研究员。他是税收政策的高级常驻顾问,哈佛国际发展研究所税收现代化项目协调人。自1986年起,他就税收政策问题向肯尼亚政府财政部提供建议,并为肯尼亚地方政府改革项目下的地方政府融资和政府间财政关系问题提供建议。作为资本投资项目的评估和融资专家,他曾在莱索托、布隆迪、尼泊尔和乌克兰任税收政策顾问。

克利弗·S.格雷(Cliver S. Gray),哈佛大学经济学博士,哈佛国际发展研究所研究员,哈佛大学经济系和肯尼迪政府学院讲师。他是《项目评估入门》(第2版,1993)以及《非洲乡村的基本卫生保健:马里乡村卫生项目,1978—1982》(1990)的作者之一,他还撰写了许多关于发展经济学的著作和论文。他曾任肯尼亚、印度尼西亚、埃塞俄比亚、哥伦比亚、摩洛哥、乌兹别克斯坦和摩洛哥等国的顾问。

梅里利·S.格林德尔(Merilee S. Gridle,主编和撰稿人),麻省理工学院政治学博士,哈佛大学肯尼迪政府学院国际发展专业的爱德华·S.

梅森教授,哈佛国际发展研究所研究员。作为发展中国家政策制定比较分析专家,她目前专注于政府在支持发展中的效力的研究。她是《挑战国家:拉丁美洲和非洲的危机与创新》(1996)一书的作者,并与约翰·W. 托马斯合著了《公共选择和政策变化》(1991)。她参与了哈佛国际发展研究所在东南亚、拉丁美洲和中美洲的项目。

玛丽·E. 希尔德布兰德(Mary E. Hilderbrand),哈佛大学政治学博士,哈佛国际发展研究所发展合作人。她擅长发展中国家和发达的工业化国家之间的发展政治经济学以及国际关系的研究。她对非洲和拉美充满研究兴趣并参与了在那里的项目。其作品涉及政治经济学领域的多个方面,包括实施经济调整计划、制度能力建设和技术合作。目前,她在玻利维亚负责管理关于开展公共政策和管理硕士教育计划的哈佛国际发展研究所项目。

约瑟夫·P. 卡尔特(Joseph P. Kalt),加利福尼亚大学洛杉矶分校经济学博士,福特基金会国际政治经济学教授,哈佛项目(美国印第安经济发展和为美洲土著领导者实施的全国行政官员教育计划)的共同负责人。此外,他还在哈佛大学肯尼迪政府学院任经济学和数量分析项目的主任。他是《部落可以做什么?美国印第安经济发展中的战略和制度》(1992)一书的作者之一,其著作广泛涉及印第安发展经济学领域。

唐纳德·F. 利平克特三世(Donald F. Lippincott, Ⅲ),哈佛国际发展研究所出版物主管,负责研究所的公关,以及研究所系列图书、工作文件、两年一次的报告的管理与出版。他先前曾在哈佛国际发展研究所的培训办公室担任研究所学术顾问达七年之久,在此期间,他给许多来自发展中国家的政府官员提出过建议并与他们密切合作。作为几个有关培训管理的国际案例研究的作者,他曾为印度尼西亚国家银行撰写过一个案例——《培训领导人的困境》。他获得了塔夫兹大学佛莱舍法律与外交学院的法律与外交专业文学硕士学位和波士顿大学的工商管理硕士学位。

查尔斯·N.迈尔斯（Charles N. Myers），普林斯顿大学经济学博士，研究发展中国家的健康、教育、劳工市场政策的经济学家。他是哈佛国际发展研究所常驻顾问，泰国发展研究所（1985—1991）和玻利维亚社会政策研究小组（1994—1995）的项目经理。先前，他曾任哈佛国际发展研究所健康计划的协调人，也曾是菲律宾健康财政发展项目的分析人员。1996年，他开始为联合国开发计划署工作，协助建立东南亚政策分析网络。

斯蒂芬·B.彼得森（Stephen B. Peterson），加利福尼亚大学伯克利分校政治学博士，哈佛国际发展研究所项目合作人。他是为加强埃塞俄比亚预算与开支管理系统而组成的埃塞俄比亚分权化支持活动项目党的负责人。作为比较公共行政、公共部门管理、金融管理和规划的专家，他主要研究以计算机为基础的信息系统在这些领域的应用，并发表过许多论文。

乔纳森·L.西蒙（Jonathon L. Simon），哈佛国际发展研究所发展合作人。他是一个支持对儿童生存中的重要问题进行应用性健康研究的全球项目——儿童健康应用研究项目的主要调查人和项目主管。西蒙先生关于强化研究能力和项目发展的作品使得政策制定者获得了应用性的、与政策相关的健康研究信息。他的研究兴趣还包括发展中国家的城市健康。目前，他即将获得哈佛大学人口与国际健康学博士学位。

约翰尼斯·U.萨默菲尔德（Johannes U. Sommerfield），汉堡大学医学人类学（传染病学）博士和大众健康学硕士，德国鲁普莱奇—卡尔斯（Ruprecht-Karls）大学海德堡分校热带卫生与公共健康系副研究员，哈佛国际发展研究所应用痢疾研究项目的前项目合作人。其著作广泛涉及有关健康社会学、国际健康人类学、传染病的人类学方面的能力建设问题。作为拯救儿童、GTZ及Kreditanstalt für Wiederaufbau等组织的顾问，他的足迹遍及非洲、印度尼西亚和巴基斯坦。

詹姆斯·A.特罗斯特尔(James A. Trostle),加利福尼亚大学伯克利分校博士,曼荷莲学院法弗(Five)学院的文化、健康与科学项目负责人和法弗学院人类学助教,哈佛国际发展研究所应用痢疾研究项目的前项目合作人。他主要研究包括国际健康传染病学、国内与国际研究能力、药物使用在内的大众健康问题。他近期的文章涉及政策健康研究在拉丁美洲的影响,并且在恩格尔(Engel)和佩德雷(Pedley)的《癫痫症:一本综合性教材》(1997)中撰写了"认识癫痫症:对特征的理解"一章。

约翰·R.惠勒(John R. Wheeler),肯尼亚计划与国家计划部有关公共投资规划的海外发展管理顾问。他是分权化的规则系统、国土资源评估、资本预算组合计划方面的专家,哈佛国际发展研究所的肯尼亚乡村开发、预算、经济管理项目资源管理顾问。他获得了纽卡斯尔-安-泰恩(Newcastle-on-Tyne)大学和东安哥拉大学的土地使用与自然资源规划学位。

艾伯特·R.怀特(Albert R. Wight),犹他大学组织(产业)心理学博士,世界银行顾问,哈佛国际发展研究所俄罗斯私有化中心莫斯科项目的前项目合作人。他的主要兴趣点与职业经验集中在组织和制度的开发、培训、冲突解决、学习和记忆方面。他的论文"作为一种培训工具的跨文化分析"将发表在福勒和马姆弗德(Mumford)主编的《不同文化的原始资料集:跨文化培训法》(第2卷,1997年5月)中。他在全球许多国家都工作过,其中包括俄罗斯、巴基斯坦、密克罗尼西亚和巴西。

图书在版编目(CIP)数据

打造一个好政府:发展中国家公共部门的能力建设/(美)格林德尔编;孟华,李彬译.—北京:商务印书馆,2015
（公共管理名著译丛）
ISBN 978-7-100-11531-5

Ⅰ.①打… Ⅱ.①格…②孟…③李… Ⅲ.①发展中国家-国家行政机关-行政管理-研究 Ⅳ.①D523.1

中国版本图书馆 CIP 数据核字(2015)第 194115 号

所有权利保留。
未经许可,不得以任何方式使用。

打造一个好政府
——发展中国家公共部门的能力建设
〔美〕梅里利·S.格林德尔 编
孟华 李彬 译

商务印书馆出版
（北京王府井大街36号 邮政编码 100710）
商务印书馆发行
北京冠中印刷厂印刷
ISBN 978-7-100-11531-5

2015年11月第1版　　开本 787×1092　1/16
2015年11月北京第1次印刷　印张 31
定价:72.00 元